Band 29

Schriften zum Sozialrecht
hervorgegangen aus den von Prof. Dr. Ulrich Becker begründeten
„Schriften zum deutschen und europäischen Sozialrecht"

Herausgegeben von
Prof. Dr. Peter Axer | Prof. Dr. Ulrich Becker, LL.M. | Prof. Dr. Karl-Jürgen Bieback | Prof. Dr. Winfried Boecken | Prof. Dr. Hermann Butzer | Prof. Dr. Ulrike Davy | Prof. Dr. Ingwer Ebsen | Prof. Dr. Dr. h.c. Eberhard Eichenhofer | Prof. Dr. Maximilian Fuchs | Prof. Dr. Richard Giesen | Prof. Dr. Alexander Graser | Prof. Dr. Andreas Hänlein | Prof. Dr. Friedhelm Hase | Prof. Dr. Timo Hebeler | Prof. Dr. Hans Michael Heinig | Prof. Dr. Stefan Huster | Prof. Dr. Gerhard Igl | Prof. Dr. Jacob Joussen | Prof. Dr. Markus Kaltenborn | Prof. Dr. Thorsten Kingreen | Prof. Dr. Wolfhard Kohte | Prof. Dr. Heinrich Lang | Prof. Dr. Elmar Mand | Prof. Dr. Johannes Münder | Prof. Dr. Ulrich Preis | Prof. Dr. Stephan Rixen | Prof. Dr. Christian Rolfs | Prof. Dr. Reimund Schmidt-De Caluwe | Prof. Dr. Heinz-Dietrich Steinmeyer | Prof. Dr. Astrid Wallrabenstein | Prof. Dr. Raimund Waltermann | Prof. Dr. Felix Welti

Susanne Moritz

Staatliche Schutzpflichten gegenüber pflegebedürftigen Menschen

Nomos

Die Deutsche Nationalbibliothek verzeichnet diese Publikation in
der Deutschen Nationalbibliografie; detaillierte bibliografische
Daten sind im Internet über http://dnb.d-nb.de abrufbar.

Zugl.: Regensburg, Univ., Diss., 2013

ISBN 978-3-8487-0722-5

Die Schriftenreihe „Schriften zum Sozialrecht" ist hervorgegangen aus den
von Prof. Dr. Ulrich Becker, LL.M., begründeten „Schriften zum
deutschen und europäischen Sozialrecht", Bd. 1-19.

1. Auflage 2013
© Nomos Verlagsgesellschaft, Baden-Baden 2013. Printed in Germany. Alle Rechte,
auch die des Nachdrucks von Auszügen, der fotomechanischen Wiedergabe und der
Übersetzung, vorbehalten. Gedruckt auf alterungsbeständigem Papier.

Meinen lieben Eltern

Vorwort

Die vorliegende Arbeit wurde im Sommersemester 2013 von der Fakultät für Rechtswissenschaft der Universität Regensburg als Dissertation angenommen. Literatur und Rechtsprechung wurden bis Mitte Juni berücksichtigt.

Die Dissertation ist während meiner Tätigkeit als wissenschaftliche Mitarbeiterin am Lehrstuhl für Öffentliches Recht und Politik an der Universität Regensburg entstanden. An ihrem Gelingen haben viele Menschen Anteil, denen ich an dieser Stelle danken möchte. Allen voran meinem Doktorvater Herrn Prof. Dr. Alexander Graser für die engagierte, angenehme und unkomplizierte Art der Betreuung sowie die vielfältigen Anregungen im Entstehungsprozess der Dissertation und darüber hinaus.

Herrn Prof. Dr. Kingreen sei Dank gesagt für die Erstellung des Zweitgutachtens sowie Herrn Prof. Dr. Gerhard Igl für die Aufnahme in die Reihe „Schriften zum Sozialrecht".

Ein großes Dankeschön geht an meine Kollegen am Lehrstuhl, namentlich an Veronika Apfl, Andrea Barcan, Stefan Reiter und Lina Schneider für die schöne gemeinsame Zeit.

Aufrichtig danken möchte ich auch Marius Mietzner, nicht nur für die kritische Lektüre der Arbeit.

Schließlich bleibt noch den mir wichtigsten Menschen zu danken, meiner Familie. Meinen Schwestern Julia und Valentina Moritz danke ich von Herzen für ihre Zeit und Mühen bei der Lektüre und insbesondere der Formatierung der Arbeit, die mich ansonsten vor große Probleme gestellt hätte. Innigsten Dank, den ich in Worte nicht zu fassen vermag, schulde ich meinen Eltern für ihre bedingungslose Liebe und Unterstützung. Ihnen ist dieses Buch gewidmet.

Regensburg, im Juni 2013　　　　　　　　　　　　　　　　Susanne Moritz

Inhaltsverzeichnis

A. Einleitende Thesen	15
B. Begründung	17
I. Missstände in den Pflegeheimen	17
1. Lebenssituation der Pflegebedürftigen in den Pflegeheimen	17
2. Begriff der Pflegemissstände	21
a) Begriffsklärung	21
b) Gewaltbegriff	22
aa) Direkte Gewalt	24
(1) Physische Misshandlung	25
(2) Psychische Misshandlung	26
(3) Vernachlässigung	26
(4) Freiheitseinschränkung	27
(5) Finanzielle Misshandlung	29
(6) Sexuelle Misshandlung	30
bb) Indirekte Gewalt	30
c) Zusammenfassung	32
3. Empirische Belegbarkeit	32
a) Freiburger Pflegestudie	33
b) Studie in Niedersachsen und Hessen	34
c) Kombinierte Pflegestudie	35
d) Studie „Beschwerden in der Altenpflege"	36
aa) VIF	36
bb) „Pflege in Not"	37
e) Pflegequalitätsbericht des Medizinischen Dienstes des Spitzenverbandes Bund der Krankenkassen	38
aa) Durchführung der Prüfung	39
bb) Personenbezogene Prozess- und Ergebnisqualität (Versorgungsqualität)	39
cc) Zufriedenheit der Bewohner	44
dd) Einrichtungsbezogene Struktur- und Prozessqualität	44
ee) Entwicklung der Pflegequalität	45

Inhaltsverzeichnis

4. Stellungnahme	46
II. Ursachen der Missstände	50
1. Ursachen in der Person des Pflegenden	50
a) Persönlichkeitsstruktur des Täters	50
b) Berufsmotivation	51
c) Psychischer Zustand: Stress, Überforderung und Burnout	52
d) Machtgefälle zwischen Mitarbeitern und Pflegebedürftigen	53
2. Ursachen in der Person des Pflegebedürftigen	54
3. Ursachen außerhalb der pflegerischen Beziehung	55
a) Institutioneller Kontext und Tätigkeitsstrukturen	55
b) Personalmangel und Arbeitsbedingungen	57
c) Arbeitsklima und Teamprobleme	58
d) Rollen und Rollenkonflikte	59
e) Ansehen des Berufsbildes	59
f) Diskrepanz zwischen Berufsbild und Berufspraxis	60
4. Systemische Ursachen	61
a) Pflegebedürftigkeitsbegriff	62
aa) Kritik der Pflegewissenschaft am Pflegebedürftigkeitsbegriff	64
bb) Stellungnahme	66
b) Trennung der Versicherungszweige Kranken- und Pflegeversicherung	68
aa) Vorrang von Prävention und Rehabilitation	69
bb) Trennung von Grund- und Behandlungspflege	72
cc) Stellungnahme	75
c) Personalbedarf	76
aa) Verfahren zu Ermittlung des Personalbedarfs	76
bb) Stellungnahme	81
d) Qualität in der Pflege und Kontrolle der Pflegeeinrichtungen	82
aa) Qualität in der Pflege	82
(1) Gesetzliche Regelungen zur Sicherstellung der Qualität in der Pflege	82
(2) Stellungnahme	84
bb) Kontrolle der Pflegeeinrichtungen	85
(1) Gesetzliche Ausgestaltung der Überprüfung der Pflegeeinrichtungen	85

			(2) Stellungnahme	88
		e)	Personalmangel und Ausbildung	89
		f)	Finanzstrukturelle Probleme	90
		g)	Zusammenfassende Stellungnahme	93
III.	Staatliche Schutzpflichten gegenüber den Pflegebedürftigen			94
	1.	Existenz staatlicher Schutzpflichten		95
		a)	Ausgangslage: Grundrechte als Abwehrrechte	95
		b)	Herleitung staatlicher Schutzpflichten durch das Bundesverfassungsgericht	96
		c)	Exkurs: Weitere Ansätze zur Herleitung staatlicher Schutzpflichten	97
	2.	Rechtsprechung des Bundesverfassungsgerichts		99
	3.	Inhalt staatlicher Schutzpflichten		103
		a)	Adressat der grundrechtlichen Schutzpflichten	103
		b)	Schutzgüter	104
		c)	Umfang des Schutzes und Art und Weise der Schutzpflichterfüllung	105
		d)	Gefahrenbegriff	109
			aa) Gefahrquelle	110
			bb) Schutzpflichtenauslösendes Gefahrniveau	110
		e)	Reichweite der Schutzpflicht	112
			aa) Herleitung des Untermaßverbotes	113
			bb) Inhalt des Untermaßverbotes	113
			cc) Kontrollmaßstab des Bundesverfassungsgerichts	114
			(1) Untermaßverbot	115
			(2) Mischformel	115
			(3) Evidenzkontrolle	116
			(4) Kritik der Literatur an der Rechtsprechung des Bundesverfassungsgerichts	117
			dd) Stellungnahme	119
			ee) Vorbehalt der Möglichkeit der Schutzpflichterfüllung	120
	4.	Schutzpflichten als subjektive Rechte		120
	5.	Schutzpflichten gegenüber pflegebedürftigen Menschen		123
		a)	Sozialpolitische Notwendigkeit	123

b)	Dogmatische Begründbarkeit	124
aa)	Bisherige Rechtsprechung des Bundesverfassungsgerichts zur Pflegeversicherung	124
bb)	Relevante Grundrechte der Pflegebedürftigen	124

        b) Dogmatische Begründbarkeit   124
          aa) Bisherige Rechtsprechung des
              Bundesverfassungsgerichts zur
              Pflegeversicherung   124
          bb) Relevante Grundrechte der Pflegebedürftigen   124
              (1) Menschenwürde (Art. 1 Abs. 1 GG)   125
                  (a) Schutzgut   125
                  (b) Beeinträchtigung des grundrechtlichen
                      Schutzgutes   127
              (2) Recht auf Leben und körperliche
                  Unversehrtheit (Art. 2 Abs. 2 S. 1 GG)   129
                  (a) Schutzgut   129
                  (b) Beeinträchtigung des grundrechtlichen
                      Schutzgutes   131
              (3) Recht auf freie Entfaltung der
                  Persönlichkeit (Art. 2 Abs. 1 GG)   133
                  (a) Schutzgut   133
                  (b) Beeinträchtigung des grundrechtlichen
                      Schutzgutes   134
              (4) Fortbewegungsfreiheit
                  (Art. 2 Abs. 2 S. 2 GG)   136
                  (a) Schutzgut   136
                  (b) Beeinträchtigung des grundrechtlichen
                      Schutzgutes   136
          cc) Vergleichbare Fallkonstellationen bisheriger
              Urteile   138
              (1) Schwangerschaftsabbruch   138
              (2) Sicherungsverwahrung   141
              (3) Asylbewerberleistungsgesetz   143
        c) Stellungnahme   146
    6. Schutzpflichterfüllung und Prüfungsmaßstab   148
        a) Prüfungsmaßstab   149
        b) Erfüllung der Schutzpflicht   150
          aa) Elftes Buch Sozialgesetzbuch   150
          bb) Heimgesetz und Ländergesetzgebung   153
              (1) Heimmindestbauverordnung und
                  Länderverordnungen   155
              (2) Heimpersonalverordnung und
                  Länderverordnungen   158

	cc) Stellungnahme	160
IV.	Vorgehen vor dem Bundesverfassungsgericht	163
1.	Handlungsmöglichkeiten des Bundesverfassungsgerichts	163
	a) Nichtigerklärung verfassungswidriger Normen	164
	aa) Ex-tunc Nichtigkeit	164
	bb) Teilnichtigkeit	164
	b) Unvereinbarerklärung einer verfassungswidrigen Norm	165
	c) Verfassungswidrigerklärung gesetzgeberischen Unterlassens	167
	d) Vereinbarerklärung bei noch verfassungsgemäßer Rechtslage	169
	e) Verfassungskonforme Auslegung	170
	f) Appellentscheidung	172
2.	Das Bundesverfassungsgericht zwischen Recht und Politik	175
	a) Recht und Politik	176
	b) Aufgaben und Grenzen der Verfassungsgerichtsbarkeit	179
	aa) Judicial self-restraint	180
	bb) Political question-Doktrin	183
	cc) Gewaltenteilung	184
	dd) Demokratieprinzip	185
	ee) Funktionell-rechtlicher Ansatz	187
	ff) Stellungnahme	189
3.	Entscheidung des Bundesverfassungsgerichts im Fall der Pflegebedürftigen	190
	a) Kontrollmaßstab	190
	b) Entscheidungsart	191
	c) Inhaltliche Ausgestaltung eines Appells	193
	d) Funktionell-rechtlicher Aspekt	195
	e) Durchsetzbarkeit	197
	f) Prozessuale Überlegungen	199
	aa) Abstrakte Normenkontrolle	200
	bb) Konkrete Normenkontrolle	200
	cc) Verfassungsbeschwerde	201
	(1) Subsidiarität der Verfassungsbeschwerde	201
	(2) Adressat der verletzten Schutzpflicht	203

Inhaltsverzeichnis

(3)	Schlüssige Darlegung der Schutzpflichtverletzung	205
(4)	Beschwerdebefugnis	208
(5)	Erfolgsaussichten einer Verfassungsbeschwerde	213

C. Schlussbemerkung   214

Literaturverzeichnis   217

A. Einleitende Thesen

Schon seit mehreren Jahren steht die Pflege – und insbesondere die Reformbedürftigkeit der Pflegeversicherung – in Deutschland in der öffentlichen Debatte. Angesichts der schon aktuell vorhandenen Probleme ist aufgrund der prognostizierten demografischen Entwicklung eine Verschärfung der Lage zu erwarten. Allen Verantwortlichen ist die Notwendigkeit einer nachhaltigen Reform der Pflegeversicherung bewusst. Die Regierungen der letzten Jahre konnten sich jeweils nur auf die Durchführung geringfügiger Reformen einigen, die eine grundlegende Neuausrichtung des Systems der Pflegeversicherung nicht zu bewirken vermochten. Eine nachhaltige Reform scheint umso dringlicher, als in den Medien gehäuft von menschenunwürdigen und untragbaren Zuständen in den Pflegeheimen berichtet wird. Geschildert werden neben einer völlig unzureichenden pflegerischen Versorgung der Heimbewohner auch erhebliche Gewaltanwendungen gegenüber den Pflegebedürftigen.

Diese beschriebenen Missstände aufgreifend und deren Ursachen sowie deren verfassungs- und verfassungsprozessrechtliche Relevanz untersuchend kommt die vorliegende Arbeit zu folgenden Ergebnissen, die hier in Thesenform gefasst sind und im Folgenden in gleicher Reihenfolge begründet werden:

I. Das Vorhandensein von, mitunter gravierende Ausmaße annehmenden, Missständen in zahlreichen stationären Pflegeeinrichtungen in Deutschland ist empirisch belegbar. Die Lebensbedingungen vieler Menschen in Pflegeheimen sind lebensunwert; der Pflegezustand sowie die Pflegequalität sind zu einem erheblichen Teil mangelhaft. Darüber hinaus lässt sich eine regelmäßige Gewaltanwendung gegenüber den Pflegebedürftigen nachweisen.

II. Die Ursachen hierfür liegen in erster Linie in den gesetzlichen Rahmenbedingungen der Pflege. Die Finanznot der Pflegekassen steuert in weitem Ausmaß unmittelbar und mittelbar Qualität und Umfang der Pflegeleistungen. Folge ist die geringe Vergütung der Pflegeheime, deren defizitäre Personalausstattung sowie schlechte Arbeitsbedingungen für das Pflegepersonal. Systematische Fehlanreize verschärfen die mangelhafte pflegerische und medizinische Versorgung der Pflegebedürftigen zusätzlich. Die unzulängliche Kontrolle der Pflegeeinrichtungen stärkt

A. Einleitende Thesen

    die Aufrechterhaltung dieser Pflegepraxis. Die Behebung dieser systemischen Ursachen ist zuvörderst Sache des Gesetzgebers.

III. Die belegbaren Missstände in den Pflegeheimen verletzen die Grundrechte der stationär untergebrachten Pflegebedürftigen. Zwar erfolgt die Pflege der Menschen in den Pflegeeinrichtungen durch Dritte; eine Zurechenbarkeit dieser Grundrechtsverletzungen an den Staat ergibt sich aber aus dessen Schutzpflichten, die ihm gegenüber den Pflegebedürftigen obliegen und die er durch seine Untätigkeit verletzt.

IV. Sofern die Regierung weiterhin untätig bleibt, ist eine Verbesserung der Zustände in den Pflegeheimen nicht zu erwarten. Eine aussichtsreiche Möglichkeit zur Abhilfe der menschenunwürdigen Situation in den Pflegeheimen stellt ein Vorgehen vor dem Bundesverfassungsgericht gegen das gesetzgeberische Unterlassen dar. Angesichts der hohen Wertigkeit der betroffenen Grundrechte und der bereits eingetretenen Verletzung derselben scheint ein Eingreifen des Bundesverfassungsgerichts auch unter funktionell-rechtlichen Aspekten legitim. Dabei erweist sich ein Vorgehen mittels Verfassungsbeschwerde als erfolgversprechend. Eine Beschwerdebefugnis ist dabei nicht nur für die aktuell betroffenen Heimbewohner anzunehmen, sondern besteht für alle potentiell künftig Betroffenen.

B. Begründung

I. Missstände in den Pflegeheimen

Immer wieder tauchen in der medialen Berichterstattung Meldungen über gravierende Missstände in stationären Pflegeeinrichtungen auf. Dabei ist von Vernachlässigung über die Anwendung von Gewalt gegen die Pflegebedürftigen bis hin zur Tötung die Rede. Es gilt daher zu untersuchen, ob und inwieweit diese Berichte die Realität in den Pflegeheimen widerspiegeln. Hierzu ist zunächst die Lebenssituation der pflegebedürftigen Menschen in den Heimen darzustellen, bevor in einem nächsten Schritt herausgestellt wird, was unter dem Begriff des Pflegemissstandes zu verstehen ist. Schließlich prüft eine Analyse verschiedener Studien die empirische Belegbarkeit von Pflegemissständen in der deutschen Pflegelandschaft.

1. Lebenssituation der Pflegebedürftigen in den Pflegeheimen

Bis Ende 2009 lebten 717 000 Menschen in vollstationärer Pflege.[1] In demografischer Hinsicht sind die in den Pflegeheimen lebenden Menschen überwiegend weiblich, verwitwet und hochbetagt. So sind beim Übergang in ein Pflegeheim 67 % der Pflegebedürftigen über 80 Jahre alt. 78 % der Bewohner sind weiblich, davon 64 % verwitwet. Nur 5 % der Bewohner sind unter 60 Jahren.[2] Das Durchschnittsalter der Pflegeheimbewohner wurde auf 82 Jahre berechnet.[3] Ordnet man die Bewohner nach Pflegestufen, so ist mit 45 % der überwiegende Teil schwer pflegebedürftig (Pflegestufe II). 34 % der Heimbewohner sind der Pflegestufe I und 21 % sogar der Pflegestufe III zugeordnet.[4]

---

1 *Stat. Bundesamt*, Pflegestatistik, S. 6.
2 *BMFSFJ*, 1. Bericht, S. 8, *Häussler-Sczepan*, Möglichkeiten, S. 38; *Schneekloth/ Müller*, Pflegebedürftige, S. 37.
3 *BMFSFJ*, 1. Bericht, S. 100.
4 Ebda., S. 8. Der 3. Pflegequalitätsbericht kam hinsichtlich der Pflegestufen-Struktur zu ähnlichen Ergebnissen. Danach waren 37,4 % der Bewohner der Pflegestufe I, 40,8 % der Pflegestufe II und 21,0 % der Pflegestufe III zugeordnet (*MDS*, 3. Qualitätsbericht, S. 45).

B. Begründung

Der Gesundheitszustand der Pflegeheimbewohner ist durch multimorbide Krankheitsbilder, insbesondere Einschränkungen des Bewegungsapparates sowie Herz-Kreislauf-Erkrankungen geprägt. Ein großer Teil der Bewohner (39 %) ist darüber hinaus inkontinent. Fast 30 % der Heimbewohner leiden unter dementiellen Erkrankungen.[5] Nach einer neueren, durch das Bundesgesundheitsministerium in Auftrag gegebenen Studie ist sogar bei 65 % der Pflegebedürftigen in Pflegeheimen eine psychische Erkrankung diagnostiziert worden, wobei diese Erkrankungen zum größten Teil organische psychische Störungen wie Demenz waren.[6]

Die Motive für den Übergang in ein Pflegeheim sind vielfältiger, überwiegend aber gesundheitlicher Natur. Die eingetretene Pflegebedürftigkeit war für 63 % der Bewohner der ausschlaggebende Grund für den Wechsel in eine stationäre Pflegeeinrichtung. 19 % begaben sich direkt von einem Akutkrankenhaus in ein Pflegeheim. Bei 43 % der Pflegeheimbewohner fand sich keine oder keine ausreichende Zahl an Pflegepersonen, die eine Pflege im häuslichen Umfeld ermöglicht hätte. Den eigenständigen Wunsch nach geeigneter Betreuung und Pflege führten 35 % der Pflegebedürftigen als Grund für den Umzug in ein Pflegeheim an. 11 % der Bewohner wollten durch den Einzug in eine Pflegeeinrichtung eine Belastung ihrer Angehörigen durch die eigene Pflegebedürftigkeit vermeiden. Weitere Gründe für den Wechsel in ein Heim waren die eigene, nicht altengerecht eingerichtete Wohnung sowie der Wunsch nach sozialen Kontakten.[7]

Die durchschnittliche Verweildauer in den Pflegeheimen liegt bei etwa 52 Monaten. Besonders hervorzuheben ist dabei, dass 28 % der Pflegebe-

---

5 *BMFSFJ*, 1. Bericht, S. 113; *Schneekloth/Müller*, Pflegebedürftige, S. 55 ff. Die Zahl der mit Inkontinenzprodukten Versorgten wird im aktuellen Pflegequalitätsbericht des Medizinischen Dienstes des Spitzenverbandes Bund der Krankenkassen mit einem prozentualen Anteil von 66,2 % der Bewohner angegeben (*MDS*, 3. Qualitätsbericht, S. 56).

6 *BMFSFJ*, 1. Bericht, S. 114, *Hirsch/Kastner*, Heimbewohner, S. 17. Der aktuelle Pflegequalitätsbericht gibt unter Berufung auf die Angaben der geprüften Einrichtungen den Anteil der Bewohner mit eingeschränkter Alltagskompetenz, worunter auch dementielle Erkrankungen fallen, mit 60,7 % an (*MDS*, 3. Qualitätsbericht, S. 57).

7 *BMFSFJ*, 1. Bericht, S. 108; *Häussler-Sczepan*, Möglichkeiten; S. 38 f.; *Schneekloth/Müller*, Pflegebedürftige, S. 41.

dürftigen bereits innerhalb eines Jahres und 19 % innerhalb von sechs Monaten nach Einzug in das Pflegeheim versterben.[8]

Die Lebensbedingungen der Pflegebedürftigen in stationären Einrichtungen werden erheblich geprägt durch die Wohnsituation und den – meist fest vorgegebenen – Tagesablauf. Die Unterbringung in Einzelzimmern ist aufgrund der baulichen Gegebenheiten der Pflegeheime nur für etwa die Hälfte aller Pflegebedürftigen möglich. 47 % der Bewohner sind in Zwei-Bett-Zimmern untergebracht. In Drei- oder Mehrbettzimmern leben noch 2,3 % aller Heimbewohner.[9] Zurückzuführen ist der hohe Anteil an Mehrbettzimmern auf die mittlerweile als veraltet geltende Bauart der Pflegeheime.[10]

In der Mehrzahl der stationären Pflegeeinrichtungen ist ein selbstbestimmter Tagesablauf der Bewohner kaum oder gar nicht möglich. Insbesondere feste Weck- und Essenszeiten schränken die Pflegebedürftigen in ihrer freien Tagesgestaltung ein. Nur 27 % der Bewohner können ihre Essenszeiten frei bestimmen, wodurch auch sämtliche andere Tagesaktivitäten und Verrichtungen entsprechend starr vorgegeben werden.[11]

Ein weiteres Charakteristikum der Lebenssituation in den Pflegeheimen ist der Leistungsumfang, der für die Pflegebedürftigen aufgebracht wird. Dieser bestimmt sich zum einen nach dem Zeitaufwand, der für einzelne Pflegemaßnahmen aufgewendet wird und zum anderen nach der Anzahl solcher individueller Pflegemaßnahmen.[12] Nach einer Studie des Landespflegeausschusses Nordrhein-Westfalen ergibt sich pro Pflegeheimbewohner ein durchschnittlicher Leistungsumfang von 133 Minuten pro Tag. Dieses Leistungsvolumen beinhaltet sowohl unmittelbar als auch mittelbar bewohnerbezogene Leistungen.[13] Im Durchschnitt entfallen 83 Minuten auf unmittelbar bewohnerbezogene Leistungen für jeden Pflegebedürftigen, also auf Hilfen bei Alltagsverrichtungen, Behandlungspflege sowie psychosoziale Maßnahmen.[14] Am zeitintensivsten ist dabei die Grundpflege, welche die Bereiche Körperpflege, Toilettengang sowie Nahrungsaufnahme,

---

8 Die durchschnittliche Verweildauer wird teilweise erheblich kürzer angegeben; exakte Berechnungen existieren hierzu nicht, vgl. *BMFSFJ*, 1. Bericht, S. 108; *Häussler-Sczepan*, Möglichkeiten, S. 40 f.; *Schneekloth/Müller*, Pflegebedürftige, S. 43 ff.
9 *BMFSFJ*, 1. Bericht, S. 62 f.
10 Ebda., S. 59 f.
11 *Häussler-Sczepan*, Möglichkeiten, S. 69; *Schneekloth/Müller*, Pflegebedürftige, S. 112 f.
12 *Wingenfeld*, in: LPA-NRW (Hrsg.), Pflegebedarf I, 61 (61).
13 Ebda., S. 74 f., zitiert in: *BMFSFJ*, 1. Bericht, S. 116.
14 *Wingenfeld*, in: LPA-NRW (Hrsg.), Pflegebedarf I, 61 (61 ff.).

B. Begründung

Aufstehen bzw. Zubettgehen und Ankleiden umfasst und knapp 62 Minuten in Anspruch nimmt. Auf die Behandlungspflege, welche beispielsweise die Medikation oder spezielle Körperpflege beinhaltet, entfallen knapp sieben Minuten. Die psychosoziale Betreuung der Bewohner beläuft sich auf etwa 14 Minuten täglich.[15] Für mittelbar bewohnerbezogene Maßnahmen beträgt der Zeitaufwand 50 Minuten je Pflegeheimbewohner. Gemeint sind hiermit Tätigkeiten, welche überwiegend in die Arbeitsabläufe integriert und damit nicht exakt zu bemessen sind, wie beispielsweise Haushaltsarbeiten und Arbeitsbesprechungen.[16]

An den Wochenenden verkürzt sich die durchschnittliche Versorgungsdauer der Bewohner um zehn Minuten, was auf die geringere personelle Besetzung an diesen Tagen zurückzuführen sein dürfte. Ferner ist der zeitliche Anteil an aktivierender Pflege sehr gering. Sie bezweckt, die noch vorhandenen körperlichen und geistigen Fähigkeiten der Pflegebedürftigen zu erhalten, indem diese bei Alltagsverrichtungen angeleitet oder unterstützt werden. Im Pflegealltag werden die anfallenden Verrichtungen zumeist vollumfänglich durch das Pflegepersonal übernommen.[17] Bettlägerigkeit und zunehmende Pflegebedürftigkeit sind die Folge. Dies schneidet die Betroffenen zugleich von der sozialen Betreuung ab, da eine Teilnahme an gemeinschaftlichen Unternehmungen im Pflegeheim für bettlägerige Bewohner kaum möglich ist. Der Versorgungsaufwand variiert je nach Grad der Pflegebedürftigkeit. Während sich der Leistungsumfang bei den Alltagsverrichtungen mit aufsteigender Pflegestufe um fast 50 % vergrößert, sinkt der Anteil an psychosozialem Betreuungsaufwand mit einer höheren Pflegebedürftigkeit.[18] Bedingt durch den verrichtungsbezogenen Pflegebedürftigkeitsbegriff dominieren die Alltagsverrichtungen bei den erbrachten Pflegeleistungen. Der Umstand, dass sich der vorgesehene Leistungsumfang hieran orientiert, bewirkt, dass individuelle Bedürfnisse oder die Beziehungspflege zu den Bewohnern nur sehr eingeschränkt sichergestellt werden können.[19]

Zusammenfassend ergibt sich, dass das Leben der Pflegebedürftigen in stationären Pflegeeinrichtungen wesentlich durch starre Heimstrukturen bestimmt ist. Die sich hieraus ergebenden unflexiblen Tagesabläufe verwehren

---

15 Ebda., S. 64 f.
16 Ebda., S. 74.
17 Ebda., S. 66 f.
18 Ebda., S. 72 f.
19 Ebda., S. 98 f.; vgl. auch *BMFSFJ*, 1. Bericht, S. 118.

den Bewohnern eine individuelle, nach ihren Wünschen und Bedürfnissen ausgerichtete Tagesgestaltung. Die Immobilisierung durch überwiegend kompensatorische Pflege erschwert den Pflegebedürftigen zusätzlich ein selbstbestimmtes und autonomes Leben zu führen. Die Privat- und Intimsphäre ist durch den geringen Anteil an Einbettzimmern nicht gewährleistet. Rückzugsmöglichkeiten in private Bereiche bleiben den Heimbewohnern verwehrt. Das Leben im Pflegeheim ist von der Unterwerfung der Bewohner unter die Heimabläufe geprägt. Auf individuelle Bedürfnisse und Interessen wird meist keine Rücksicht genommen. Persönliche Zuwendung erfahren die Bewohner nur selten. Die dargestellten Lebensbedingungen in den Pflegeheimen zeugen insgesamt von einem wenig lebenswerten Dasein der dort lebenden pflegebedürftigen Menschen.

2. Begriff der Pflegemissstände

a) Begriffsklärung

Bevor die Frage nach einem tatsächlichen Vorliegen von Missständen in der stationären Altenpflege beantwortet werden kann, ist zu klären, was unter dem Begriff des Pflegemissstandes zu verstehen ist. Zumeist wird die Thematik in der Literatur unter dem Begriff „Gewalt in der Pflege" behandelt. Der Gewaltbegriff wird dabei so weit verstanden, dass nahezu alle Erscheinungsformen der unangemessenen Behandlung Pflegebedürftiger erfasst werden.[20] Aufgrund dieses weiten Verständnisses von Gewalt wird der Pflegemissstandsbegriff mehr oder weniger mit dem der Gewalt gleich gesetzt.[21]

Vorliegend soll der Begriff des Pflegemissstandes alle regelwidrigen und unwürdigen Zustände in den Pflegeeinrichtungen beschreiben. Er bezieht sowohl – unter Zugrundelegung eines engen Gewaltbegriffs – Gewaltausübung an den Pflegebedürftigen als auch schlechte Lebensqualität in den

---

20 Vgl. *Förster*, Gewalt, S. 6 ff.; *Görgen*, in: Jakob/Fikentscher (Hrsg.), Korruption, 157 (157 f.); *Hirsch*, Forum Sozialstation 2002, 16 (18 f.); *ders.*, in: LPR-NRW (Hrsg.), Alter, 73 (77); *ders.*, Psychiatrie & Altenhilfe 2000, 5 (5 ff.); *Schulz*, Gewalterfahrungen, S. 38 ff.; *Seidel,* Gewalt, S. 3 ff. Dazu zählen insbesondere auch die Folgen struktureller Gewalt, die sich negativ auf die Lebensqualität der Heimbewohner auswirken. Vgl. hierzu ausführlich unten unter B.I.2.b)bb).
21 Vgl. *Hirsch*, in: LPR-NRW (Hrsg.), Alter, 73 (77).

B. Begründung

Pflegeheimen sowie mangelnde pflegerische Versorgung mit ein. Dadurch soll ein umfassendes Bild von den Lebensbedingungen in den Pflegeheimen gezeichnet werden.[22] Inhaltsgleich und damit als Synonym zum Begriff Pflegemissstand verwendbar ist sicher auch die Bezeichnung Pflegemangel oder Pflegenotstand.[23]

b) Gewaltbegriff

Die Rechtsprechung definiert den strafrechtlichen Gewaltbegriff als „körperlich wirkenden Zwang durch die Entfaltung von Kraft oder durch sonstige physische Einwirkung, die nach ihrer Intensität und Wirkungsweise dazu geeignet ist, die freie Willensentschließung oder Willensbetätigung eines anderen zu beeinträchtigen"[24]. Ohne den juristischen Gewaltbegriff in Frage stellen zu wollen, erweist sich der sogleich näher dargestellte weite Gewaltbegriff für die vorliegende Untersuchung als zweckmäßiger, da nicht die

---

22 Bei der Thematisierung von Missständen in der Pflege wird neben dem Gewaltbegriff auch der der Aggression verwendet. Zumeist werden beide Ausdrücke sinngleich ohne nähere Abgrenzung verwendet, vgl. *Buchinger*, Gewalt, S. 28; *Hirsch/Kranzhoff*, in: Hirsch/Vollhardt/Erkens (Hrsg.), Gewalt, 1 (1 f.); *Kranich*, Aggressionsphänomene, S. 11; *dies.*, in: Hirsch/Bruder/Radebold (Hrsg.), Aggression, 45 (46). Einige Autoren hingegen differenzieren zwischen den Begriffen der Gewalt und der Aggression. Grond definiert Aggression als beabsichtige Handlung, durch die ein anderer geschädigt wird (*Grond*, Altenpflege, S. 8 ff.). Zentral scheint der Aspekt der Schädigungsabsicht zu sein, also die Intention des Täters, einer anderen Person Schaden zuzufügen. Ferner kann Aggression eine Vorstufe für die Entstehung von Gewalt bilden: *Heinrich*, Aggression, S. 18; *Förster*, Gewalt, S. 9 f.; *Kienzle/Paul-Ettlinger*, Aggression, S. 16 ff.; *Ruthemann*, Aggression, S. 15; *dies.*, in: Huber/Wertheimer (Hrsg.), Alter, 170 (170); *Schneider*, in: Hirsch/Bruder/Radebold (Hrsg.), Aggression, 139 (141). Die Grenzziehung zum Gewaltbegriff wird durch Ruthemann aus der Perspektive und Sichtweise des Opfers vorgenommen. Unter Gewalt ist demnach eine Missachtung von Wünschen des Opfers, gleich ob ausgesprochen oder unausgesprochen, zu verstehen. Das Vorliegen von Aggression kann also nur bejaht werden, sofern die Bedürfnisse des Opfers bewusst missachtet werden. Gewalt hingegen soll auch bei unbeabsichtigter Nichterfüllung von Wünschen des Opfers vorliegen (*Ruthemann*, Aggression, S. 14; *dies.*, in: Huber/Wertheimer (Hrsg.), Alter, 170 [170 f.]).
23 Vgl. *Hirsch*, in: LPR-NRW (Hrsg.), Alter, 73 (77).
24 *Kindhäuser*, in: Kindhäuser/Neumann/Paeffgen, StGB, Vorb. zu §§ 249 ff., Rn. 10; BGH, NJW 1995, 2643 (2634 f.); BGH, NJW 1995, 2862 (2862); OLG Stuttgart, NJW 1995, 2647 (2647); OLG Köln, NJW 1996, 472 (472); OLG Karlsruhe, NJW 1996, 1551 (1551 f.).

strafrechtliche Relevanz der Missstände in den Pflegeheimen thematisiert, sondern eine realitätsgetreue Abbildung der Lebensbedingungen der Heimbewohner erreicht werden soll. Er erleichtert zudem die Aufbereitung der empirischen Materialien, die ebenfalls mit einem abweichenden Gewaltbegriff operieren. Die Ausweitung des strafrechtlichen Begriffs ist also angesichts der Komplexität und des Formenreichtums der auftretenden Gewaltarten in der Pflege notwendig und dient als Grundlage für die Auswertung der im nächsten Kapitel dargelegten empirischen Daten.

Nach der im Folgenden rezipierten pflegewissenschaftlichen Literatur lässt sich Gewalt grob unterteilen in direkte und indirekte (strukturelle und kulturelle) Gewaltanwendung.[25] Beide Gewaltformen beeinflussen sich wechselseitig.[26] Zeitlich gesehen ist die direkte Anwendung von Gewalt ein personal geprägtes Ereignis. Sie stellt sich als direktes und von außen erkennbares Geschehen von Gewalt in Beziehungen dar, das durch einen Gewaltanwendenden ausgeführt wird.[27] Direkte Gewalt zeigt sich beispielsweise in körperlicher und seelischer Misshandlung sowie der Vernachlässigung von Pflegebedürftigen.[28] Strukturelle Gewalt weist, zeitlich gesehen, einen Prozesscharakter auf.[29] Sie ist in Sozialstrukturen integriert und tritt daher weniger offenkundig als personale Gewalt in Erscheinung.[30] Die Wirkung struktureller Gewalt ermöglicht direkte Gewalt oder erhält sie aufrecht.[31] Strukturelle Gewalt schränkt die freie Entfaltung der pflegebedürftigen und deswegen abhängigen Bewohner ein.[32] Sie entspringt institutionellen oder gesellschaftlichen Strukturen, die gekennzeichnet sind durch

---

25 *Galtung*, Strukturelle Gewalt, S. 10; *Meyer*, Gewalt, S. 52.
26 *Förster*, Gewalt, S. 15; *Galtung*, Strukturelle Gewalt, S. 30; *Kranich*, in: Hirsch/Bruder/Radebold (Hrsg.), Aggression, 45 (51).
27 *Förster*, Gewalt, S. 15; *Galtung*, Strukturelle Gewalt, S. 10 ff.; *Grond*, Altenpflege, S. 7; *Hirsch et al.*, Handeln, S. 17; *Hirsch*, in: Hirsch/Bruder/Radebold (Hrsg.), Aggression, 15 (33); *ders./Kranzhoff*, in: Hirsch/Vollhardt/Erkens (Hrsg.), Gewalt, 1 (9).
28 *Förster*, Gewalt, S. 15; *Meyer*, Gewalt, S. 57.
29 *Galtung*, Strukturelle Gewalt, S. 16 f.; *Hirsch*, in: Görgen/Nägele (Hrsg.), Wehrlos, 56 (59); *ders.*, in: Hirsch/Bruder/Radebold (Hrsg.), Aggression, 15 (33); *ders.*, in: LPR-NRW (Hrsg.), Alter, 73 (79 f.).
30 *Galtung*, Strukturelle Gewalt, S. 16 f.; *Schneider*, Gewalt, S. 28.
31 *Galtung*, Strukturelle Gewalt, S. 16 f.; *Hirsch*, in: Görgen/Nägele (Hrsg.), Wehrlos, 56 (59); *ders.*, in: Hirsch/Bruder/Radebold (Hrsg.), Aggression, 15 (33); *ders.*, in: LPR-NRW (Hrsg.), Alter, 73 (79 f.).
32 *Galtung*, Strukturelle Gewalt, S. 10 ff.; *Förster*, Gewalt, S. 15; *Grond*, Altenpflege, S. 7.

B. Begründung

Machtgefälle und das Abschneiden von materiellen und ideellen Ressourcen.[33] Dies spiegelt sich insbesondere im starren Tagesablauf in Altenpflegeeinrichtungen wider, in den die Bewohner eingebunden sind.[34]

Kulturelle Gewalt wird von Galtung definiert als „jene Aspekte von Kultur, die dazu benutzt werden können, direkte oder strukturelle Gewalt zu rechtfertigen oder zu legitimieren"[35]. Sie bewirkt, dass die Anwendung von direkter sowie struktureller Gewalt als legitim erscheint und auch so empfunden wird.[36] Die Hintergründe und Auslöser kultureller Gewalt sind kaum oder gar nicht veränderbar.[37] Kulturelle Gewalt ist – auch in ihrer zeitlichen Dimension – weitgehend invariabel und erschwert die Minimierung von anderen Gewaltformen daher immens.[38]

Das oben beschriebene Dreieck aus direkter, struktureller und kultureller Gewalt bildet einen breit gefächerten Gewaltbegriff.[39] Galtung fasst diese Ausprägungen als „vermeidbare Beeinträchtigung grundlegender menschlicher Bedürfnisse oder, allgemeiner ausgedrückt, des Lebens, die den realen Grad der Bedürfnisbefriedigung unter das herabsetzt, was potentiell möglich ist"[40] zusammen. Die nun folgende Darstellung soll einen Überblick über die Erscheinungsformen von Gewalt in der stationären Altenpflege verschaffen.

aa) Direkte Gewalt

Direkte Gewalt kann sich äußern in physischer und psychischer Misshandlung sowie passiver und aktiver Vernachlässigung. Aber auch soziale und

---

33 *Förster*, Gewalt, S. 16; *Ruthemann*, Aggression, S. 44; *dies.*, in: Huber/Wertheimer (Hrsg.), Alter, 170 (170); *Schneider*, Gewalt, S. 28.
34 *Knobling*, Konfliktsituationen, S. 44, 82; *Ruthemann*, in: Huber/Wertheimer (Hrsg.), Alter, 170 (175); *Schneider*, Gewalt, S. 28 f.
35 *Galtung*, in: LZpB-BW (Hrsg.), Aggression, 52 (52).
36 *Galtung*, in: ders./Kinkelbur/Nieder (Hrsg.), Gewalt, 41 (50); *ders.*, in: LZpB-BW (Hrsg.), Aggression, 52 (53); *Kranzhoff/Hirsch*, ZGerGer 30 (1997), 321 (322); *Schulz*, Gewalterfahrungen, S. 19.
37 *Galtung*, in: LZpB-BW (Hrsg.), Aggression, 52 (57); *Hirsch*, in: LPR-NRW (Hrsg.), Alter, 73 (80); *ders./Kranzhoff*, in: Hirsch/Vollhardt/Erkens (Hrsg.), Gewalt, 1 (8).
38 *Galtung*, in: LZpB-BW (Hrsg.), Aggression, 52 (57); *Seidel*, Gewalt, S. 10.
39 *Galtung*, in: LZpB-BW (Hrsg.), Aggression, 52 (57); *Hirsch*, in: LPR-NRW (Hrsg.), Alter, 73 (80 f.); *ders./Kranzhoff*, in: Hirsch/Vollhardt/Erkens (Hrsg.), Gewalt, 1 (8).
40 *Galtung*, in: LZpB-BW (Hrsg.), Aggression, 52 (53).

rechtliche Misshandlungsformen werden unter den direkten Gewaltbegriff gefasst.[41]

(1) Physische Misshandlung

Von körperlicher Misshandlung wird gesprochen, wenn körperlicher Zwang angewandt oder Schmerz zugefügt wird.[42] In der Pflege alter Menschen tritt sie häufig in Form von Handgreiflichkeiten sowie Ohrfeigen, Schlagen oder Schubsen, mechanischen Fixierungen oder Medikamentenmissbrauch in Erscheinung.[43] Körperliche Gewalt liegt auch vor, wenn Pflegemaßnahmen grob oder unsachgemäß durchgeführt und den Pflegebedürftigen dadurch Schmerzen zugefügt werden.[44] Im Fall der missbräuchlichen Medikamentenverabreichung kann insbesondere dann eine Gewaltausübung gegen die Pflegebedürftigen angenommen werden, wenn diese ruhig gestellt werden sollen, um die Betriebsabläufe im Pflegeheim aufrecht erhalten zu können.[45] Als häufig auftretende Ausprägung physischer Misshandlung wird die Immobilisierung pflegebedürftiger Menschen angeführt.[46] Dabei wird den Pflegebedürftigen die unterstützende Hilfeleistung bei Verrichtungen versagt, die sie ansonsten selbstständig ausführen könnten. Durch die fehlende Förderung der noch vorhandenen Fähigkeiten werden diese innerhalb kurzer Zeit zunehmend pflegebedürftig.[47] Geht man davon aus, dass die Immobilisierung der Bewohner unmittelbar auf den Personalmangel sowie die rigide bemessenen Pflegezeitpläne zurückgeführt werden kann, ist sie wohl eher als Ausprägung struktureller Gewalt einzuordnen.[48] Unter physische Gewalt fällt auch die Fixierung der Bewohner, die bei nicht fachgerechter

---

41 *Buchinger*, Gewalt, S. 29 f.; *Förster*, Gewalt, S. 7 f.; *Hirsch*, in: LPR-NRW (Hrsg.), Alter, 73 (79); *Kranich*, in: Hirsch/Bruder/Radebold (Hrsg.), 45 (57); *Schneider*, Gewalt, S. 31 f.
42 *Hirsch/Kranzhoff*, in: Hirsch/Vollhardt/Erkens (Hrsg.), Gewalt, 1 (7).
43 *Buchinger*, Gewalt, S. 29 f.; *Förster*, Gewalt, S. 7; *Grond*, Altenpflege, S. 57 ff.; *Schneider*, Gewalt, S. 33.
44 *Görgen*, in: Brunner (Hrsg.), Gewalt, 57 (85).
45 Ebda.; *Görgen*, in: Jakob/Fikentscher (Hrsg.), Korruption, 157 (158); *Hirsch*, in: LPR-NRW (Hrsg.), Alter, 73 (90 f.); *ders.*, in: Hirsch/Vollhardt/Erkens (Hrsg.), Gewalt, 33 (44 f.).
46 *Meyer*, Gewalt, S. 59.
47 *Koller*, in: Hirsch/Unger (Hrsg.), Lebensqualität, 63 (64 f.).
48 Siehe hierzu näher unten unter B.I.2.b)bb).

B. Begründung

Anwendung neben einer Freiheitsentziehung auch medizinische Komplikationen zur Folge haben kann.[49]

(2) Psychische Misshandlung

Die psychische Misshandlung wird zu den häufigsten Gewaltformen gezählt, die gegen ältere Menschen verübt werden. Sie tritt auf vielfältige Weise in Erscheinung, insbesondere in Form von verbaler Gewalt.[50] Weitere Unterarten sind die Verwendung eines rüden Umgangstones, die Durchführung pflegerischer Handlungen zu Nachtzeiten, der Entzug von persönlicher Zuwendung sowie das Verbringen der Rufklingel außer Reichweite.[51] Die Literatur spricht auch dann von seelischer Misshandlung, wenn Pflegehandlungen in einer Weise vorgenommen werden, welche die Privat- und Intimsphäre der Bewohner verletzt, oder auch wenn immobile Pflegebedürftige in ihren Wohnräumen belassen und dadurch isoliert werden.[52] Auch wenn die Ausübung psychischer Gewalt keine äußerlichen Verletzungsfolgen hervorruft, sind ihre negativen Auswirkungen auf das psychische Wohlbefinden der Pflegebedürftigen oft gravierend.[53]

(3) Vernachlässigung

Eine Vernachlässigung wird angenommen, wenn gebotene Pflegemaßnahmen verzögert oder überhaupt nicht vorgenommen werden, obwohl der Pflegebedürftige diese benötigt oder ausdrücklich wünscht.[54] Je nach Inten-

---

49 *Förster*, Gewalt, S. 7; *Fussek*, in: Brunner (Hrsg.), Gewalt, 37 (47); *Hirsch*, in: LPR-NRW (Hrsg.), Alter, 73 (89); *ders.*, in: Hirsch/Vollhardt/Erkens (Hrsg.), Gewalt, 33 (40 f.); *Klie/Pfundstein/Stoffer*, Pflege, S. 21.
50 Beispiele dafür sind Anschreien, Beleidigung, Drohung oder Verspotten, vgl. *Förster*, Gewalt, S. 7; *Görgen*, in: Jakob/Fikentscher (Hrsg.), Korruption, 157 (158); *Kranich*, in: Hirsch/Bruder/Radebold (Hrsg.), Aggression, 45 (52); *Seidel*, Gewalt, S. 5.
51 *De Vries*, in: de Vries/Telaar (Hrsg.), Gewalt, 19 (37); *Eastman*, Gewalt, S. 39; *Förster*, Gewalt, S. 7.
52 *Grond*, Altenpflege, S. 58 ff.; *Schulz*, Gewalterfahrungen, S. 40 ff.
53 *Hirsch*, Psychiatrie & Altenhilfe 2000, 5 (11); *Seidel*, Gewalt, S. 5.
54 *Dieck*, ZGer 20 (1987), 305 (311); *Görgen*, Stationärer Bereich, S. 2 f.; *Meyer*, Gewalt, S. 58, *Seidel*, Gewalt, S. 6.

tion des Pflegenden ist zwischen aktiver und passiver Vernachlässigung zu unterscheiden. Während bei der aktiven Vernachlässigung bewusst, also trotz Wissen um den Bedarf, pflegerische Maßnahmen nicht vorgenommen werden, verkennt die Pflegekraft bei der passiven Vernachlässigung schlicht die Bedürfnislage.[55] Passive Vernachlässigung ist oftmals in der knappen personellen Besetzung der Pflegeheime sowie den strengen Zeitvorgaben für die Ausführung der Pflegemaßnahmen begründet.[56]

Eine Vernachlässigung der Pflegebedürftigen äußert sich in der unzureichenden Versorgung mit pflegerischen Maßnahmen. Als Beispiele können allgemein das Unterlassen von Hilfen sowie das Vorenthalten von Nahrung, Kleidung, Hygiene, Toilettengängen und ärztlicher Hilfe angeführt werden.[57] Auch das Alleinlassen eines Pflegebedürftigen über eine unverhältnismäßig lange Zeit oder das Unterlassen oder Verzögern hygienischer Maßnahmen sind Formen der Vernachlässigung.[58]

(4) Freiheitseinschränkung

Eine häufig auftretende Unterart direkter Gewalt ist die die Beeinträchtigung der Freiheit der Pflegebedürftigen. Angelehnt an die juristischen Begrifflichkeiten unterscheidet auch die pflegewissenschaftliche Literatur zwischen freiheitseinschränkenden Maßnahmen im grundgesetzlichen Sinn und unterbringungsähnlichen Maßnahmen im Zivilrecht. Die durch Art. 2 Abs. 2 S. 2 GG garantierte Freiheit der Person beinhaltet das Recht, jeden tatsächlich oder rechtlich zugänglichen Ort aufzusuchen, sich dort aufzuhalten oder ihn zu verlassen. Somit sind alle Maßnahmen, welche die allgemein gegebene körperliche Bewegungsfreiheit aufheben, als Eingriff in die Fortbewegungsfreiheit und mithin als Freiheitseinschränkung zu werten.[59] Rechtlich wird näher zwischen Freiheitsentziehung und Freiheitsbe-

---

55 *Dieck*, in: BMFSFJ (Hrsg.), Gewalt, 34 (35); *dies.*, ZGer 20 (1987), 305 (311); *Meyer*, Gewalt, S. 58.
56 *Dießenbacher/Schüller*, Gewalt, S. 13 f.; *Meyer*, Gewalt, S. 58.
57 *Förster*, Gewalt, S. 8; *Fussek*, in: Brunner (Hrsg.), Gewalt, 37 (47); *Kranich*, in: Hirsch/Bruder/Radebold (Hrsg.), Aggression, 45 (52); *Meyer*, Gewalt, S. 58; *Schneider*, Gewalt, S. 31.
58 *Förster*, Gewalt, S. 8; *Görgen,* in: Brunner (Hrsg.), Gewalt, 57 (86); *Meyer*, Gewalt, S. 58.
59 *Di Fabio,* in: Maunz/Dürig, GG, Art. 2 Abs. 2 S. 2, Rn. 26; *Schulze-Fielitz*, in: Dreier, GG, Art. 2 II, Rn. 98 f.

B. Begründung

schränkung differenziert.⁶⁰ Freiheitsentziehende Maßnahmen bewirken eine allseitige Beschränkung oder den Ausschluss der körperlichen Bewegungsfreiheit. Sie zeichnen sich neben einer gewissen Intensität und zeitlichen Dauer insbesondere dadurch aus, dass sie gegen den Willen des Betroffenen erfolgen. Eine Freiheitsbeschränkung ist hinsichtlich ihrer Dauer und Intensität gegenüber der Freiheitsentziehung reduziert und stellt einen geringeren Eingriff in die Bewegungsfreiheit dar.⁶¹

Als Beispiele für freiheitsentziehende Akte können die Fixierung am Bett durch Bettgitter oder Leibgurte, das Absperren von Stations- oder Haustüren oder die Fixierung am Stuhl angeführt werden. Sofern die Heimbewohner in ihrer Mobilität eingeschränkt und auf Hilfsmittel angewiesen sind, wird eine Freiheitsbeschränkung schon durch die Wegnahme dieser Hilfsmittel bewirkt. Auch eine missbräuchliche Medikation mit der Intention einer Bewegungseinschränkung stellt eine Freiheitsentziehung („innere Fixierung") dar. Insbesondere durch die Verabreichung von Psychopharmaka oder Tranquilizern kann ein selbstständiges Fortbewegen der älteren Menschen unterbunden werden.⁶²

Die Anwendung freiheitsentziehender Maßnahmen bei Pflegebedürftigen ist nur unter strengen Voraussetzungen zulässig, welche im Betreuungsrecht geregelt sind. Sowohl Freiheitsentziehung als auch Freiheitsbeschränkung setzen für einen rechtmäßigen Gebrauch die Einwilligung des Betroffenen voraus. Ist der Pflegebedürftige einwilligungsunfähig, so ist grundsätzlich die Zustimmung durch den gesetzlichen Vertreter erforderlich. Der Bevollmächtigte bzw. der Betreuer haben vor ihrer Zustimmung die Genehmigung

---

60 Sowohl im Zivilrecht als auch im Grundgesetz ist in Art. 2 Abs. 2 S. 2 GG und insbesondere in Art. 104 Abs. 1, 2 GG diese Unterscheidung angelegt, vgl. *Dürig*, in: Maunz/Dürig, GG, Art. 104, Rn. 5; *Hoffmann/Klie*, Maßnahmen, S. 12 f.; *Klie/Pfundstein/Stoffer*, Pflege, S. 23.
61 *Dürig*, in: Maunz/Dürig, GG, Art. 104, Rn. 5 f.; *Hoffmann*, in: Bienwald/Sonnenfeld/Hoffmann, BetrR-Komm, § 1906 BGB, Rn. 66; *Hoffmann/Klie*, Maßnahmen, S. 13.
62 *Damrau/Zimmermann*, Betreuungsrecht, § 1906 BGB, Rn. 90 f.; *Görgen*, in: Brunner (Hrsg.), Gewalt, 57 (85); *Hoffmann*, in: Bienwald/Sonnenfeld/Hoffmann, Betreuungsrecht, § 1906 BGB, Rn. 65; *Hoffmann/Klie*, Maßnahmen, S. 19; *Klie*, BT-Prax 1998, 50 (50); *Klie/Pfundstein/Stoffer*, Pflege, S. 24, 32 f.; *Kranzhoff/Hirsch*, ZGerGer 30 (1997), 321 (323); *Marschner*, in: Jürgens, Betreuungsrecht, § 1906 BGB, Rn. 39; *Meyer/Jurgeleit*, in: Jurgeleit, Betreuungsrecht, § 1906 BGB, Rn. 52; *Rink*, in: Bauer/Klie/Lütgens, HK-BUR, § 1906 BGB, Rn. 50 ff. Die Bewegungsfreiheit des Pflegebedürftigen wird jedenfalls dann in genehmigungsbedürftiger Weise eingeschränkt, wenn die Medikamentengabe gerade zum Zweck der Unterbindung der Fortbewegung der Pflegebedürftigen erfolgt.

des Vormundschaftsgerichts einzuholen.[63] Weiterhin bedarf es einer schriftlichen ärztlichen Anordnung, welche die Maßnahme begründet und ihre Dauer festlegt. Das Pflegeheim ist verpflichtet, Notwendigkeit und Ablauf der freiheitsentziehenden Maßnahme zu dokumentieren.[64] Unterbringungsähnliche Anwendungen sind nur dann genehmigungsfähig, sofern sie zum Wohl des Betroffenen erforderlich sind.[65] Es muss die begründete Gefahr bestehen, dass der Pflegebedürftige anderenfalls erhebliche gesundheitliche Schäden erleidet oder gar zu Tode kommt.[66] Werden diese Maßnahmen zur Arbeitserleichterung oder aufgrund Personalmangels angewandt, sind sie als missbräuchlich und rechtswidrig anzusehen.[67] Liegt keine Genehmigung durch den Bevollmächtigten bzw. Betreuer und das Vormundschaftsgericht vor, so ist eine einmalige Fixierung des Pflegebedürftigen nur bei akuter Selbst- oder Fremdgefährdung zulässig.[68]

(5) Finanzielle Misshandlung

Von eher untergeordneter Bedeutung ist die Gewaltform der finanziellen Misshandlung. Sie wird definiert als Versuch, Kontrolle über das Eigentum des Pflegebedürftigen oder dessen Besitzstand zu erlangen. Finanzielle Gewalt kann zum einen direkt am zu Pflegenden verübt werden, beispielsweise durch Diebstahl von Geld oder persönlichen Wertgegenständen, oder wenn

---

63 *BayMASFF*, Maßnahmen, S. 20; *Deinert/Klie*, in: Bauer/Klie/Lütgens, HK-BUR, § 1906 BGB, Rn. 64. Der Bundesgerichtshof hat mit Beschluss vom 27.6.2012 klargestellt, dass auch der mittels Vorsorgevollmacht Bevollmächtigte nicht eigenständig seine Einwilligung in die Anwendung freiheitsentziehender Maßnahmen erteilen kann. Über Zulässigkeit und Fortdauer einer Freiheitsentziehung habe zum Schutz des Betroffenen das Betreuungsgericht zu entscheiden (BGH, B. v. 27.6.2012 – XII ZB 24/12).
64 *Rink*, in: Bauer/Klie/Lütgens, HK-BUR, § 1906 BGB, Rn. 57; *Koller*, in: Hirsch/Unger (Hrsg.), Lebensqualität, 63 (72); *Schulz*, Gewalterfahrungen, S. 61.
65 *Marschner*, in: Jürgens, Betreuungsrecht, § 1906 BGB, Rn. 44; *Meyer/Jurgeleit*, in: Jurgeleit, Betreuungsrecht, § 1906 BGB, Rn. 61.
66 *BayMASFF*, Maßnahmen, S. 20; *Damrau/Zimmermann*, Betreuungsrecht, § 1906 BGB, Rn. 98; *Marschner*, in: Jürgens, Betreuungsrecht, § 1906 BGB, Rn. 44; *Rink*, in: Bauer/Klie/Lütgens, HK-BUR, § 1906 BGB, Rn. 41.
67 *Klie/Pfundstein/Stoffer*, Pflege, S. 26; *Mohsenian et al.*, ZGerGer 36 (2003), 266 (270); *Schulz*, Gewalterfahrungen, S. 61; *Stolz*, in: Geiger (Hrsg.), Würde, 68 (77).
68 *BayMASFF*, Maßnahmen, S. 23; *Grond*, Altenpflege, S. 57.

B. Begründung

Pflegebedürftige zu Geschenken überredet werden.[69] Sie liegt zum anderen auch dann vor, wenn das Pflegeheim unbegründet eine Höherstufung der Pflegestufe beantragt, um von den höheren Pflegesätzen zu profitieren, oder wenn Pflegeleistungen mit der Pflegekasse falsch abgerechnet werden.[70]

(6) Sexuelle Misshandlung

Sexuelle Misshandlung kann als Unterfall der physischen Gewaltanwendung in stationären Pflegeeinrichtungen auftreten, beispielsweise wenn bei Pflegehandlungen das Schamgefühl der Bewohner verletzt wird oder diese von Pflegekräften des anderen Geschlechts gewaschen werden.[71]

bb) Indirekte Gewalt

Indirekte Gewalt äußert sich in Form struktureller Gewalt und wird durch die Gewaltform der kulturellen Gewalt ergänzt.[72] Strukturelle Gewalt ist für das Auftreten von Gewalt in der Pflege von besonderer Bedeutung. Sie zeigt sich insbesondere in der strikten Organisationsstruktur der Pflegeheime.[73] Goffman prägte, in Beschreibung der realen Auswirkungen struktureller Gewalt, treffend den Begriff der „totalen Institution". Darunter versteht man eine „Wohn- und Arbeitsstätte einer Vielzahl ähnlich gestellter Individuen […], die für längere Zeit von der übrigen Gesellschaft abgeschnitten sind und miteinander ein abgeschlossenes, formal reglementiertes Leben füh-

---

69 *Buchinger*, Gewalt, S. 30; *Dießenbacher/Schüller*, Gewalt, S. 14; *Hirsch*, in: LPR-NRW (Hrsg.), Alter, 73 (79); *Schneider*, Gewalt, S. 31; *Schulz*, Gewalterfahrungen, S. 47.
70 *Hirsch*, Psychiatrie & Altenhilfe 2000, 5 (11); *Meyer*, Gewalt, S. 60; *Seidel*, Gewalt, S. 5 f.
71 *De Vries*, in: de Vries/Telaar (Hrsg.), Gewalt, 19 (40 f.); *Grond*, Altenpflege, S. 60; *Hirsch*, in: LPR-NRW (Hrsg.), Alter, 73 (82); *Meyer*, Gewalt, S. 59; *Schulz*, Gewalterfahrungen, S. 44; *Weissenberger-Leduc/Weiberg*, Gewalt, S. 52.
72 Siehe dazu schon oben unter B.I.2.b). Vgl. auch *Förster*, Gewalt, S. 15; *Galtung*, in: LZpB-BW (Hrsg.), Aggression, 52 (52); *Hirsch/Kranzhoff*, in: Hirsch/Vollhardt/Erkens (Hrsg.), Gewalt, 1 (7 f.); *Schneider*, Gewalt, S. 28.
73 *Höfling*, in: LPR-NRW (Hrsg.), Alter, 43 (46); *Knobling*, Konfliktsituationen, S. 79; *Ruthemann*, Aggression, S. 44; *dies.*, in: Huber/Wertheimer (Hrsg.), Alter, 170 (174).

ren"[74]. Zentrales Merkmal der totalen Institution ist die Machtausübung über ihre Mitglieder.[75] In räumlicher Hinsicht zeigt sich dies in der Uniformität der verschiedenen – ansonsten getrennten – Lebensbereiche. So finden sämtliche täglich ausgeübte Aktivitäten wie Schlafen, Arbeiten und Spielen an denselben Örtlichkeiten statt.[76] Die Institution ist allumfassend und zwingt ihre Mitglieder, miteinander einen streng vorgegebenen Lebensalltag abgetrennt von der restlichen Gesellschaft zu führen.[77] Sie nötigt die Betroffenen unter Verzicht auf ihre individuellen Gewohnheiten in vorgegebene Abläufe.[78] Der in den Heimen fest implementierte, nicht bewohnerbezogene Tagesablauf gibt den Pflegebedürftigen eine verbindliche Struktur vor, welche neben starren Essens- und Schlafenszeiten auch die Freizeitgestaltung umfasst, sodass beispielsweise Besuche von Angehörigen nur in einem bestimmten Zeitrahmen zugelassen werden.[79] Daneben ist die Missachtung der Privat- und Intimsphäre der Pflegebedürftigen Erscheinungsform struktureller Gewalt. Sie wird insbesondere verletzt, wenn Heimbewohner alternativlos in Mehrbettzimmern untergebracht werden und jegliche Rückzugsmöglichkeit fehlt.[80] Strukturelle Gewalt spiegelt sich aber auch in Gesetzen und den darin angeordneten Rechtsfolgen und Wirkungen wider, speziell in rechtlichen Regelungen über die Pflegeleistungen sowie in Heimverträgen.[81] Andererseits kann auch die mangelnde Durchsetzung von Gesetzen eine Form der strukturellen Gewalt darstellen. Dazu zählt beispielsweise die unzureichende Kontrolle der stationären Einrichtungen durch staatliche Institutionen.[82]

Kulturelle Gewalt ermöglicht direkte und strukturelle Gewalt und legitimiert diese gesellschaftlich.[83] Als Repräsentanten kultureller Gewalt gelten

---

74 *Goffman*, Asyle, S. 11.
75 *Heinzelmann*, Altenheim, S. 56; *Höfling*, in: LPR-NRW (Hrsg.), Alter, 43 (46).
76 *Goffman*, Asyle, S. 17; *Heinzelmann*, Altenheim, S. 55; *Höfling*, in: LPR-NRW (Hrsg.), Alter, 43 (46); *Knobling*, Konfliktsituationen, S. 79.
77 *Goffman*, Asyle, S. 11, 15 f.; *Knobling*, Konfliktsituationen, S. 79.
78 *Galtung*, Strukturelle Gewalt, S. 10; *Grond*, Altenpflege, S. 7; *Meyer*, Gewalt, S. 5; *Schulz*, Gewalterfahrungen, S. 51; *Wojnar*, in: Hirsch/Kranzhoff (Hrsg.), Prävention, 81 (84).
79 *Schulz*, Gewalterfahrungen, S. 51; *Seidel*, Gewalt, S. 8; *Schneekloth*, ZGerGer 30 (1997), 163 (170); *Weissenberger-Leduc/Weiberg*, Gewalt, S. 81 ff.
80 *Hirsch*, Psychiatrie & Altenhilfe 2000, 5 (13); *Schulz*, Gewalterfahrungen, S. 51; *Seidel*, Gewalt, S. 8.
81 *Meyer*, Gewalt, S. 56; *Wojnar*, in: Hirsch/Kranzhoff (Hrsg.), Prävention, 81 (82).
82 *Hirsch et al.*, Handeln, S. 17 f.; *ders.*, in: LPR-NRW (Hrsg.), Alter, 73 (80).
83 Siehe hierzu schon oben unter B.I.2.b).

B. Begründung

insbesondere Religion, Ideologie, Sprache und Wissenschaft.[84] Neben weit verbreiteten Vorurteilen gegen ältere und demente Menschen in der Gesellschaft wird kulturelle Gewalt insbesondere auch durch die Scham der Opfer vor der Öffentlichkeit ermöglicht.[85]

c) Zusammenfassung

Gewalt in der stationären Altenpflege kann, wie in den obigen Punkten dargestellt wurde, auf vielfältige Art und Weise in Erscheinung treten und beschränkt sich nicht auf die Ausübung körperlicher Gewalt. Insbesondere strukturelle Gewalt hat weitreichende und gravierende negative Auswirkungen auf den Alltag und die Lebensqualität der Pflegebedürftigen in den stationären Einrichtungen. Das aufgezeigte Spektrum an Pflegemissständen bildet die Grundlage der sogleich anzustellenden empirischen Untersuchung von Gewaltanwendungen gegenüber den Pflegebedürftigen.

3. Empirische Belegbarkeit

Untersuchungen zur Gewalt gegen ältere und pflegebedürftige Menschen gab es in Deutschland bis vor zwei Jahrzehnten kaum. Anders als in Amerika, wo bereits in den siebziger Jahren zu diesem Gebiet geforscht wurde, befassten sich deutsche Wissenschaftler erst in den neunziger Jahren in nennenswertem Umfang mit der Thematik.[86] Die Gewaltanwendung in stationären Einrichtungen wurde zunächst vor allem durch Einzelfallberichte statuiert. Weiter angelegte, repräsentative Studien wurden erst in jüngerer Zeit veröffentlicht.[87]

Die Ursachen für die allgemein geringe empirische Forschungstätigkeit im Bereich der Gewalt in der Pflege sind vielfältig. Zum einen ist die Gruppe der älteren Menschen für empirische Befragungen nur schwer zu errei-

---

84 *Galtung*, in: ders./Kinkelbur/Nieder (Hrsg.), Gewalt, 41 (50); vgl. auch *Hirsch/ Kranzhoff*, in: Hirsch/Vollhardt/Erkens (Hrsg.), Gewalt, 1 (9); *Seidel*, Gewalt, S. 8 f.
85 *Hirsch*, Psychiatrie & Altenhilfe 2000, 5 (14); *ders.*, in: LPR-NRW (Hrsg.), Alter, 73 (80); *Seidel*, Gewalt, S. 8 f.; *Weissenberger-Leduc/Weiberg*, Gewalt, S. 165 f.
86 *Görgen et al.*, Nahraum, S. 27; *Klie/Pfundstein/Stoffer*, Pflege, S. 17; *Kranich*, Aggressionsphänomene, S. 48.
87 *Schulz*, Gewalterfahrungen, S. 37.

chen.[88] Die Angaben von Pflegebedürftigen mit kognitiven Beeinträchtigungen, beispielsweise aufgrund einer dementiellen Erkrankung, sind zudem oftmals nicht oder nicht uneingeschränkt verwertbar, sofern eine Befragung dieser Gruppe überhaupt durchgeführt werden kann.[89] Fehlende statistische Angaben über Gewalthandlungen in Pflegeheimen können zum anderen auch zurückgeführt werden auf fehlende Sonderzuständigkeiten bei den Polizei- und Justizbehörden sowie der Heimaufsicht.[90]

Als repräsentative Studien über die Anwendung von Gewalt in deutschen Pflegeheimen wurden für die vorliegende Untersuchung die Freiburger Pflegestudie, zwei Pflegestudien von Görgen und Kreuzer sowie die durch das Bundesfamilienministerium in Auftrag gegebene Studie „Beschwerden in der Altenpflege" herangezogen. Die stationäre Pflegesituation spiegeln – mit Einschränkungen – auch die Pflegequalitätsberichte des Medizinischen Dienstes des Spitzenverbandes Bund der Krankenkassen wider.

a) Freiburger Pflegestudie

Die sog. Freiburger Pflegestudie[91] untersucht das Ausmaß der Anwendung unterbringungsähnlicher Maßnahmen[92] in deutschen Pflegeheimen anhand einer Stichtagserhebung.[93] Registriert wurden insgesamt 2207 freiheitsentziehende Maßnahmen, davon blieben 1019 ohne jegliche Legitimationsangabe.[94] Am häufigsten wurde eine Freiheitsentziehung mithilfe von Medikamenten festgestellt. Die in 1008 Fällen eruierte medikamentöse Ruhigstellung erfolgte durch Neuroleptika, Beruhigungsmittel und Tranquilizer,

---

88 *Brune/Werle/Hippler*, ZUMA, 73 (84).
89 *Görgen*, in: Brunner (Hrsg.), Gewalt, 57 (78 ff.); *ders.*, in: Jakob/Fikentscher (Hrsg.), Korruption, 157 (160 f.); *Klie/Pfundstein/Stoffer*, Pflege, S. 18; *Salaske*, KZSS 1997, 291 (296).
90 *Görgen*, in: Jakob/Fikentscher (Hrsg.), Korruption, 157 (160).
91 *Klie*, BtPrax 1998, S. 50 ff.
92 Gemeint sind bestimmte Formen der Freiheitsentziehung durch mechanische Mittel (beispielsweise Bettgitter, Bauchgurte) oder auch Medikamente (ebda., S. 50).
93 Ebda., S. 51 f. Überprüft wurden 260 Heime mit insgesamt 3084 Heimplätzen. Die Studie führt eine 1994 durch das baden-württembergische Sozialministerium in Auftrag gegebene Untersuchung über unterbringungsähnliche Maßnahmen in Pflegeheimen fort.
94 Der Begriff der Legitimationsangabe meint die von der Pflegeeinrichtung vorgebrachten Gründe für die freiheitsentziehende Maßnahme, nicht eine Legitimation im rechtlichen Sinn.

B. Begründung

wobei für die Medikation in 93,85 % der Anwendungsfälle keine Legitimation seitens der Einrichtung vorgebracht werden konnte. Die zweithäufigste Art der Freiheitsentziehung stellte die Fixierung der Heimbewohner an ihrem Bett dar, welche bei 905 Betroffenen mittels Bettgitter, bei 36 durch Bettgurte und bei 12 durch andere Fixierungen vorgenommen wurde.[95] 246 Pflegebedürftige wurden im und am Stuhl fixiert.[96] Die Studie geht in einer Hochrechnung auf das gesamte Bundesgebiet von etwa 400 000 freiheitsentziehenden Maßnahmen in stationären Pflegeeinrichtungen täglich aus.[97]

b) Studie in Niedersachsen und Hessen

1999 führte Görgen eine Studie über Misshandlung und Vernachlässigung in neun Pflegeheimen in Niedersachsen und Hessen durch.[98] Von den 392 an das Pflegepersonal versandten Fragebögen wurden 80 beantwortet. Unter den überwiegend weiblichen Teilnehmern befanden sich zu 48 % Alten- und Krankenpflegerinnen sowie zu 32 % Pflegehilfskräfte. Gefragt wurde unter anderem, ob die Pflegenden selbst Gewalt gegenüber den Pflegebedürftigen angewandt oder eine Gewaltausübung durch Kollegen beobachtet haben.

79 % der Teilnehmer gaben an, innerhalb der letzten 12 Monate Gewalt an den Pflegebedürftigen verübt zu haben. Zumeist wurde verbale Gewalt in verschiedenen Ausprägungen sowie die Vernachlässigung der Pflegeheimbewohner genannt. Die Ausübung physischer Gewalt wurde nur im Zusammenhang mit der Vornahme pflegerischer Maßnahmen, beispielsweise beim zu festen Anfassen eines Bewohners, eingeräumt. 66 % der Studienteilnehmer beobachteten ein gewalttätiges Verhalten von Kollegen gegenüber den Pflegebedürftigen innerhalb des letzten Jahres. Neben körper-

---

95 Als Legitimation hierfür wurde durch die Pflegeheime Folgendes angegeben: 45,65 % der Bettfixierungen erfolgten mit Einwilligung des Bewohners, 38,72 % aufgrund fehlender Fähigkeit zum Verlassen des Bettes und 12,80 % aufgrund vormundschaftsgerichtlicher Anordnung. 2,83 % der Fixierungen blieben ohne jegliche Angabe von Gründen.
96 Fixierungen am Stuhl wurden legitimiert durch vormundschaftsgerichtliche Anordnungen (13,82 %), Einwilligung des Betroffenen (17,48 %) sowie zum Schutz der Pflegebedürftigen (50,0 %). Für 18,70 % der Fixierungen fehlte eine Legitimation.
97 *Klie*, BtPrax 1998, 50 (52 f.).
98 *Görgen*, Journal of Elder Abuse & Neglect 13 (2001), S. 1 ff.

I. Missstände in den Pflegeheimen

licher Gewaltanwendung (23 %) wurde insbesondere der seelische Missbrauch der Heimbewohner (59 %) berichtet.[99]

c) Kombinierte Pflegestudie

Görgen und Kreuzer eruierten das Gewaltvorkommen in der stationären Altenpflege anhand einer kombinierten Studie. Sie setzte sich zusammen aus einer Befragung von Pflegepersonal durch Interviews und Fragebögen sowie einer Auswertung von Fällen, die den Behörden gemeldet wurden.[100] Von den 81 befragten Pflegekräften gaben 77,8 % an, schon einmal eine Gewaltanwendung gegen Pflegebedürftige durch Kollegen beobachtet zu haben, während 70,4 % einräumten, selbst gewalttätig geworden zu sein. Psychische Gewalt war dabei die am häufigsten beobachtete Form der Gewaltausübung gegenüber den Heimbewohnern (56,8 %), gefolgt von Bevormundung (46,9 %), Vernachlässigung (39,5 %) sowie dem Entzug persönlicher Zuwendung (35,8 %). Das Zufügen körperlicher Gewalt konnten 21,0 % der Befragten bezeugen. Überdies räumten die Pflegekräfte ein, auch selbst Gewalt an den Pflegebedürftigen verübt zu haben. 56,8 % haben nach eigenen Angaben die Heimbewohner bevormundet. Psychische Gewalt wendeten 37,0 % der Pflegenden selbst an. Daneben wurden der Entzug persönlicher Zuwendung (35,8 %), Vernachlässigung (27,2 %) sowie die körperliche Gewaltanwendung gegenüber den Pflegebedürftigen (19,8 %) genannt.[101]

Ähnliche Ergebnisse ergab die Auswertung einer Befragung von 361 Beschäftigten in stationären Einrichtungen mittels Fragebögen. Die Zahl an beobachteten oder selbst verübten Gewalthandlungen an den Pflegebedürftigen innerhalb der letzten 12 Monate war mit 71,2 % bzw. 71,5 % nahezu identisch. Häufigste Gewaltform war die psychische Misshandlung der Heimbewohner. Sie wurde von 61,8 % der Befragten beobachtet und von 53,7 % selbst begangen. Weitere beobachtete bzw. selbst verübte Formen der Gewaltanwendung gegenüber den Pflegebedürftigen waren deren Vernachlässigung (59,6 % bzw. 53,7 %), die rechtswidrige Anwendung freiheitsbeschränkender Maßnahmen (39,3 % bzw. 28,3 %), die physische Ge-

---

99 Ebda., 1 (5 ff.).
100 *Kreuzer/Görgen*, in: Egg/Minthe (Hrsg.), Opfer, S. 173 ff.; *Görgen*, in: Wahidin/Cain (Hrsg.), Ageing, S. 71 ff.
101 *Görgen*, in: Wahidin/Cain (Hrsg.), Ageing, 71 (75).

B. Begründung

waltanwendung (34,9 % bzw. 23,5 %) sowie die psychosoziale Vernachlässigung der Bewohner (34,1 % bzw. 29,6 %).[102]

d) Studie „Beschwerden in der Altenpflege"

Die durch das Bundesministerium für Familie, Senioren, Frauen und Jugend in Auftrag gegebene Studie untersucht Beschwerden von Betroffenen sowie Angehörigen und Pflegekräften bei den Einrichtungen der „Vereinigung Integrations-Förderung e.V. (VIF) – gemeinnützige offene Hilfen für Behinderte in der Gesellschaft" und der Beratungs- und Beschwerdestelle „Pflege in Not".[103] Die VIF dokumentierte Mängel in der Pflege, die sie in Form von Telefonaten, Briefen oder E-Mails erreichten. Insgesamt wurden 294 Dokumente ausgewertet.[104] Bei „Pflege in Not" wurden 1250 aufgezeichnete telefonische Beschwerden analysiert.[105] Im Folgenden wird nur auf die Ergebnisse eingegangen, welche die stationäre Pflege betreffen.

aa) VIF

Bei der VIF beschweren sich in erster Linie Angehörige über Vorfälle, die ein pflegebedürftiges Familienmitglied in stationärer Dauerpflege betrafen.[106] Häufigster Beschwerdegrund waren Mängel in Personalwesen und Organisation in den Pflegeheimen. Konkret gemeint waren sowohl die Arbeitsbedingungen in den Einrichtungen[107] als auch die fehlende Qualifikation und der nicht qualifikationsgerechte Einsatz des Personals. Auch das schlechte Arbeitsklima in den stationären Pflegeeinrichtungen wurde von den Anrufern moniert. An zweiter Stelle der häufigsten Beschwerdeinhalte stand die mangelhafte Ernährung und Flüssigkeitsversorgung der Bewohner. Zum einen war die Qualität der zubereiteten Mahlzeiten nicht zufriedenstellend, zum anderen wurden Pflegebedürftige mit Hilfebedarf bei der Nahrungsaufnahme nicht oder nur unter Zeitdruck unterstützt. Anlass zur Be-

---

102 Ebda., S. 84; *Kreuzer/Görgen*, in: Egg/Minthe (Hrsg.), Opfer, 173 (187 ff.).
103 *Schmidt/Schopf*, Beschwerden.
104 Ebda., S. 13.
105 Ebda., S. 14 f.
106 Ebda., S. 20.
107 Diese waren durch Personalmangel und Überlastung geprägt, vgl. ebda., S. 23.

I. Missstände in den Pflegeheimen

schwerde gaben oftmals auch die hygienischen Bedingungen in den Pflegeheimen. Berichtet wurde, dass Bewohnerzimmer mangelhaft gereinigt, Toiletten sowie Einrichtungsgegenstände mit Fäkalien verschmutzt waren und Windeln nicht häufig genug gewechselt wurden. Dokumentiert wurde ferner, dass Heimbewohner eine falsche Medikation erhielten und durch unzureichende aktivierende Pflege immobilisiert wurden. Die Anrufer bemängelten daneben, dass die Körperpflege der Heimbewohner ungenügend war, Druckgeschwüre mangelhaft versorgt und vorgebeugt wurden und die Pflegekräfte ihre Versorgungspflicht vernachlässigten. Letzteres äußerte sich beispielsweise in einer stark verzögerten Hilfestellung beim Toilettengang oder indem die Rufglocke für den Pflegebedürftigen unzugänglich gemacht wurde. Grund zur Beschwerde gab auch, dass den Heimbewohnern keine oder keine ausreichende persönliche Zuwendung geschenkt wurde oder das Pflegepersonal gar tätliche Angriffe an den zu Pflegenden verübte. Beobachtet wurde auch die unzulässige Anwendung freiheitsentziehender Maßnahmen.[108]

bb) „Pflege in Not"

Ein ähnliches Beschwerdebild ergibt sich nach Auswertung der Anrufe bei „Pflege in Not". Auch hier wandten sich in erster Linie Angehörige von stationär untergebrachten Pflegebedürftigen an die Organisation.[109] Ebenso wie bei der VIF wurden am häufigsten Mängel in Personalwesen und Organisation in den Pflegeheimen genannt. Die Anrufer kritisierten, dass einerseits zu wenig Personal vorhanden war, das zudem oft fluktuierte, und die Mitarbeiter andererseits nicht ausreichend qualifiziert waren. Am zweithäufigsten gaben finanzielle Angelegenheiten Anlass zur Beschwerde, insbesondere Abrechnungsfehler seitens der Pflegeheime. Die Anrufer monierten sehr oft die Immobilisierung der Bewohner.[110] Darunter fallen zum einen die mangelnde aktivierende Pflege der Bewohner und zum anderen der Einsatz nicht indizierter, pflegeerleichternder Maßnahmen.[111] Daneben wurden Missstände bei der Nahrungs- und Flüssigkeitsaufnahme sowie der

---

108 Ebda., S. 23 ff.
109 Ebda., S. 33.
110 Ebda., S. 38.
111 Gemeint sind beispielsweise Psychopharmaka, Katheter, Magensonden, vgl. ebda., S. 38.

B. Begründung

Körperpflege ebenso oft berichtet wie verbalaggressives Verhalten des Pflegepersonals. Die Angehörigen beschwerten sich ferner über die unzureichende ärztliche Versorgung der Bewohner, eine fehlerhafte und manipulierte Pflegedokumentation, tätliche Angriffe gegen die Pflegebedürftigen sowie die unzureichende Hygiene in den Heimen. Hinsichtlich der Versorgung der Pflegeheimbewohner wurde von Vernachlässigung, fehlender persönlicher Zuwendung sowie mangelnder Dekubitusbehandlung und –prophylaxe berichtet. Anders als die VIF registrierte die Beratungs- und Beschwerdestelle „Pflege in Not" die fehlerhafte Vergabe von Medikamenten nur relativ selten.[112] Eine Überprüfung der bei „Pflege in Not" eingegangenen Beschwerden auf ihre Berechtigung hin ergab, dass nur 8,2 % der Vorwürfe ungerechtfertigt waren.[113]

e) Pflegequalitätsbericht des Medizinischen Dienstes des Spitzenverbandes Bund der Krankenkassen

Aussagekräftige und aktuelle Angaben über die Zustände in den Pflegeheimen vermag zumindest teilweise der Pflegequalitätsbericht des Medizinischen Dienstes des Spitzenverbandes Bund der Krankenkassen zu geben. Gemäß § 114a Abs. 6 SGB XI hat der Medizinische Dienst des Spitzenverbandes Bund der Krankenkassen alle drei Jahre einen Bericht über die Pflegequalität vorzulegen. Der Bericht beinhaltet die aus den Qualitätsprüfungen gewonnenen Ergebnisse sowie die Erkenntnisse der Medizinischen Dienste der Krankenversicherung über Stand und Entwicklung der Pflegequalität und der Qualitätssicherung (§ 114a Abs. 6 S. 1 SGB XI).

Die vorliegende Untersuchung konzentriert sich auf den zweiten und dritten Pflegequalitätsbericht, soweit sich diese auf die Kontrolle der stationären Einrichtungen beziehen. Der Berichtszeitraum des zweiten Pflegequalitätsberichts aus dem Jahr 2007 umfasst die Jahre 2004 bis 2006[114]; der aktuelle, im April 2012 veröffentlichte dritte Pflegequalitätsbericht wertet die aus dem Zeitraum vom 1.7.2009 bis 31.12.2010 gewonnenen Daten aus.[115]

---

112 Ebda., S. 38 f.
113 Ebda., S. 47.
114 *MDS*, 2. Qualitätsbericht, S. 15.
115 Ebda., S. 4.

I. Missstände in den Pflegeheimen

aa) Durchführung der Prüfung

Im Untersuchungszeitraum 2004 bis 2006 wurden 4217 Prüfungen unter Einbeziehung von 24648 Bewohnern in stationären Pflegeeinrichtungen durch die Medizinischen Dienste der Krankenversicherung durchgeführt.[116] Dem dritten Pflegequalitätsbericht liegen Daten von 8101 Prüfungen und 61985 Bewohnern zugrunde.[117] Der Anteil der unangemeldeten Prüfungen für den zweiten Bericht betrug 50,2 %.[118] Der dritte Pflegequalitätsbericht beschränkt sich auf den Hinweis, dass die Prüfungen seit dem 1.7.2008 grundsätzlich unangemeldet stattfinden.[119] Die geprüfte Bewohnerstruktur wurde stratifiziert nach der Pflegestufenverteilung im jeweiligen Pflegeheim ausgewählt.[120] Mit 40,8 % war der größte Teil der Pflegebedürftigen der Pflegestufe II zugeordnet, wobei bei 60,7 % aller einbezogenen Bewohner nach Auskunft der Pflegeeinrichtungen eine eingeschränkte Alltagskompetenz vorlag.[121]

bb) Personenbezogene Prozess- und Ergebnisqualität
    (Versorgungsqualität)

Im Gegensatz zum vorangegangenen enthält der aktuelle Pflegequalitätsbericht keine allgemeine Beurteilung des Pflegezustandes der überprüften Heimbewohner.[122] Damals wurde der Pflegezustand bei 90,0 % aller unter-

---

116 Ebda., S. 56.
117 *MDS*, 3. Qualitätsbericht, S. 43.
118 *MDS*, 2. Qualitätsbericht, S. 57.
119 *MDS*, 3. Qualitätsbericht, S. 36.
120 Ebda., S. 45.
121 Ebda. Desweiteren waren der Pflegestufe I 37,4 %, der Pflegestufe III 21,0 % und Pflegestufe III als Härtefall 0,7 % der Bewohner zugeordnet.
122 Die Bewertung des Pflegezustandes der Pflegebedürftigen erfolgte anhand der Kriterien des Zustandes von Haut, Mund sowie Finger- und Fußnägel. Ferner zählen auch Haare und Frisur, Katheter- und Sondenversorgung und die Versorgung der inkontinenten Bewohner mit entsprechenden Produkten zu den maßgeblichen Prüfsteinen. Der Pflegezustand wurde als nicht angemessen beurteilt, sofern „bei einem der relevanten Kriterien ein Pflegedefizit festgestellt wurde und die Pflegeeinrichtung nicht darlegen kann, dass alle erforderlichen pflegefachlichen Maßnahmen eingeleitet, durchgeführt und dokumentiert wurden" (*MDS*, 2. Qualitätsbericht, S. 62). Folglich schließt ein als angemessen bewerteter Pflegezustand das Vorhandensein von Pflegemängeln nicht aus.

B. Begründung

suchten Pflegeheimbewohner als angemessen beurteilt.[123] Der dritte Pflegequalitätsbericht bewertet die Versorgungsqualität aufgeschlüsselt nach einzelnen Versorgungskategorien.[124]

So entsprachen im Bereich der Behandlungspflege nur 85,2 % der durchgeführten behandlungspflegerischen Maßnahmen der ärztlichen Anordnung.[125] Grobe Mängel zeigten sich trotz der Existenz eines Expertenstandards[126] im Rahmen des Schmerzmanagements. Eine systematische Schmerzeinschätzung wurde lediglich bei 54,6 % der Bewohner vorgenommen. 15,7 % der Schmerzpatienten in den Pflegeeinrichtungen erhielten keine adäquate Schmerztherapie und wurden nur zu 94,1 % korrekt nach ärztlicher Anordnung mit Medikamenten versorgt.[127] Der Bereich der Körperpflege wurde im zweiten Pflegequalitätsbericht als Teil des Pflegezustandes gewertet, im aktuellen Bericht nunmehr als eigene Kategorie unter besonderer Berücksichtigung der individuellen Bedürfnisse und Gewohnheiten der Bewohner geprüft. Zur Körperpflege zählt neben Waschen, Duschen und Baden auch die Mund- und Zahnpflege. Lediglich bei 72,9 % der Pflegebedürftigen wurden Maßnahmen zur Körperpflege deren individuellen Bedürfnissen und Gewohnheiten angepasst. Bei der Mund- und Zahnpflege fanden diese bei 75,7 % der Bewohner Beachtung.[128]

Die im Folgenden aufgeführten Prüfkategorien wurden sowohl im zweiten als auch im dritten Pflegequalitätsbericht eigens bewertet, sodass diese zumindest im Ansatz vergleichbar sind. Im zweiten Pflegequalitätsbericht wurde die Medikamentenversorgung der Pflegeheimbewohner anhand der Dokumentation untersucht. Eine Bedarfsmedikation, insbesondere die Verabreichung von Psychopharmaka, wurde bei 83,2 % der Pflegebedürftigen

---

123 *MDS*, 2. Qualitätsbericht, S. 62.
124 *MDS*, 3. Qualitätsbericht, S. 44 ff.
125 Ebda., S. 45 f. Eine unzureichende behandlungspflegerische Versorgung wurde auch bei unvollständiger Dokumentation angenommen sowie bei einem Fehlen nachvollziehbarer ärztlicher Anordnungen; ferner ergab die Untersuchung, dass anhand der Dokumentation eine Kommunikation mit Ärzten bei 93,5 % der erforderlichen Fälle nachvollziehbar war.
126 Expertenstandards beruhen auf empirisch belegten Erkenntnissen, beinhalten die Definition von Pflegeproblemen und unterscheiden nach Bedarfslagen. Sie dienen als Instrument zur Bestimmung und Bewertung der Qualität von Pflegeleistungen: *BMFSFJ*, Heimaufsicht, S. 39; *Igl*, RsDE 67 (2008), 38 (43). Zur Durchsetzung von Qualitätsstandards in Deutschland siehe ausführlich unten unter B.II.4.d)aa)(1).
127 *MDS*, 3. Qualitätsbericht, S. 47.
128 Ebda., S. 59.

ermittelt, während eine vollständige und nachvollziehbare Dokumentation bei 94,1 % dieser Bewohner erfolgte.[129] In 81,5 % der relevanten Fälle entsprach laut dem aktuellen Pflegequalitätsbericht die Versorgung der Pflegebedürftigen mit Medikamenten der ärztlichen Anordnung. Der Umgang mit Medikamenten durch die Pflegeeinrichtungen war bei 81,8 % der Bewohner sachgerecht.[130] Bei der Prophylaxe und Versorgung chronischer Wunden sowie Dekubiti wurden sowohl im zweiten als auch im aktuellen Pflegequalitätsbericht erhebliche Mängel festgestellt. Eine ausreichende Dekubitusprophylaxe bzw. -therapie wurde im Vorbericht nur bei 64,5 % der untersuchten Personen ermittelt.[131] Dem aktuellen Pflegequalitätsbericht zufolge nahm die Versorgung von Druckgeschwüren und chronischen Wunden keine zufriedenstellende Entwicklung. Lediglich bei 59,3 % der Bewohner wurde Druckgeschwüren angemessen vorgebeugt. Die Wundversorgung entsprach nur bei 74,5 % der Pflegebedürftigen dem aktuellen medizinischen Wissensstand.[132] Dieses Ergebnis scheint angesichts der lange zuvor abgeschlossenen Implementierung eines Expertenstandards für Dekubitusprophylaxe sowie für chronische Wunden erst recht bedenklich.[133] Von großer Bedeutung für die Versorgungsqualität ist der Bereich Mobilität. Die Mobilisierung der Pflegebedürftigen verringert nachweisbar das Risiko eines Dekubitus, eines Sturzes oder einer Kontraktur. Obgleich ein Expertenstandard auch für den Bereich der Sturzprophylaxe formuliert ist, wurden Prophylaxemaßnahmen laut dem aktuellen Pflegequalitätsbericht nur bei 71,0 % der gefährdeten Bewohner durchgeführt. Maßnahmen zur Vorbeugung von Kontrakturen erfolgten sogar nur bei 59,9 % der Pfle-

---

129 *MDS*, 2. Qualitätsbericht, S. 67 f. Die Dokumentation der Medikation war bei 94,4 % zumindest vollständig.
130 *MDS*, 3. Qualitätsbericht, S. 46. Als nicht sachgerecht wurde der Umgang mit Medikamenten beurteilt, wenn die Pflegedokumentation fehlerhaft war, die Medikamente nicht bewohnerbezogen beschriftet oder falsch aufbewahrt wurden.
131 *MDS*, 2. Qualitätsbericht, S. 66. Die bei den restlichen 35,5 % erhobenen Defizite umfassten neben einer fachlich unzureichenden Therapie des Dekubitus die unterlassene Ermittlung des Dekubitusrisikos sowie das Unterlassen prophylaktischer Maßnahmen.
132 *MDS*, 3. Qualitätsbericht, S. 49 ff. Die Dokumentation des Entstehens einer chronischen Wunde war bei 84,2 % der betroffenen Bewohner nachvollziehbar. Die Anfertigung einer Wunddokumentation als wichtige Entscheidungsgrundlage für die weitere Behandlung erfolgte lediglich bei 63,7 %. Bei der Dekubitus-Behandlung wurde nur bei 71,8 % der Bewohner eine Anpassung der Maßnahmen oder die Auswertung von Nachweisen vorgenommen.
133 *MDS*, 2. Qualitätsbericht, S. 66; *ders.*, 3. Qualitätsbericht, S. 47.

B. Begründung

gebedürftigen.[134] Die Berücksichtigung von Prophylaxen bei der individuellen Maßnahmenplanung gab der zweite Pflegequalitätsbericht mit einer Rate von 65,7 % an.[135] Die Versorgung der Pflegebedürftigen mit Nahrung und Flüssigkeit wurde im zweiten Pflegequalitätsbericht bei 65,6 % aller untersuchten Bewohner als angemessen bewertet.[136] Wesentlich differenziertere Aspekte zur Ernährungs- und Flüssigkeitsversorgung lassen sich dem aktuellen Bericht entnehmen. Insgesamt wurde bei 95,0 % der Bewohner ein angemessener Ernährungszustand errechnet. Hervorgehoben werden muss dabei, dass nur 79,5 % der Pflegebedürftigen mit einem Ernährungsrisiko zufriedenstellend ernährt waren.[137] Die Flüssigkeitsversorgung war in 97,0 % der geprüften Fälle angemessen, wobei die Risikogruppe nur zu 82,4 % ausreichend versorgt war. Bei 2,6 % konnten sogar Anzeichen einer Austrocknung festgestellt werden.[138] Geprüft wurde auch, ob die stationären Pflegeeinrichtungen eine am Expertenstandard zur Förderung der Harnkontinenz gemessene, zufriedenstellende Versorgung mit Kathetern und Inkontinenzprodukten bereitstellen und geeignete Trainingsmaßnahmen durchführen.[139] In seinem zweiten Pflegequalitätsbericht eruierte der Medizinische Dienst des Spitzenverbandes Bund der Krankenkassen einen angemessenen Inkontinenz-Versorgungszustand bei 84,5 % der einbezogenen Bewohner.[140] Der aktuelle Bericht konnte dies nur für 80,0 % der Pflegebedürftigen bestätigen. Mithin war ein Fünftel nicht sachgerecht oder unzureichend mit erforderlichen Maßnahmen hinsichtlich ihrer Inkontinenz versorgt.[141] Insofern hat sich, trotz der Implementierung eines entsprechenden Expertenstandards, die Versorgungsqualität in diesem Bereich noch weiter verschlechtert. Die Versorgung von Bewohnern mit gerontopsychiatrischen

---

134 *MDS*, 3. Qualitätsbericht, S. 50 ff. Die den Prophylaxemaßnahmen vorausgehende Erfassung des individuellen Risikos erfolgte hinsichtlich des Dekubitusrisikos zu 87,9 %, des Sturzrisikos zu 81,5 % und des Kontrakturrisikos zu 59,9 %.
135 *MDS*, 2. Qualitätsbericht, S. 65.
136 Ebda., S. 66.
137 *MDS*, 3. Qualitätsbericht, S. 53 f. Diese Zahl schlägt sich unmittelbar in einem deutlich höheren Anteil dieser Bewohner an der Gruppe der nicht angemessen Ernährten sowie einer signifikanten Gewichtsreduktion nieder. Individuelle Ernährungsressourcen und -risiken wurden bei 83,7 % der überprüften Bewohner erfasst.
138 Ebda., S. 54 f. Hinsichtlich der Flüssigkeitsversorgung wurden individuelle Ressourcen und Risiken bei 84,9 % der Pflegeheimbewohner erfasst.
139 Ebda., S. 56.
140 *MDS*, 2. Qualitätsbericht, S. 67.
141 *MDS*, 3. Qualitätsbericht, S. 56 f.

Beeinträchtigungen wurde im zweiten Pflegequalitätsbericht in 69,7 % aller geprüften Fälle als angemessen eingestuft.[142] Der aktuelle Pflegequalitätsbericht gibt den Anteil an Pflegeheimbewohnern mit eingeschränkter Alltagskompetenz – gestützt auf die Angaben der Pflegeheime – mit 60,7 % an.[143] Hervorzuheben ist, dass zwar bei 72,2 % der dementen Bewohner die Tagesgestaltung auf deren Biographie abgestimmt wird, jedoch nur bei 57,9 % das persönliche Wohlbefinden ermittelt und entsprechende Verbesserungsmaßnahmen eingeleitet wurden. Nur 76,3 % dieser Bewohnergruppe erhielten geeignete Angebote zur Bewegung, Kommunikation oder Wahrnehmung.[144] Überprüft wurde auch, ob die stationären Pflegeeinrichtungen freiheitseinschränkende Maßnahmen in rechtmäßiger Weise anwenden.[145] Dabei zeigten sich in beiden Berichtszeiträumen grobe Mängel. Gesetzeskonform wurden solche Maßnahmen dem zweiten Pflegequalitätsbericht zufolge nur in 93,5 % aller überprüften Fälle eingesetzt.[146] Der dritte Pflegequalitätsbericht kam zu dem Ergebnis, dass Freiheitseinschränkungen bei 20,0 % aller einbezogenen Bewohner vorgenommen wurden, allerdings nur bei 88,8 % die erforderliche Einwilligung bzw. Genehmigung hierzu vorlag. Ob die freiheitseinschränkende Maßnahme im Einzelfall jeweils noch notwendig war, überprüften die Pflegeeinrichtungen nur zu 78,4 % regelmäßig.[147] Der Aspekt der sozialen Betreuung wurde sowohl im zweiten als auch im dritten Pflegequalitätsbericht als eigenständige Kategorie untersucht. Der zweite Bericht ermittelte, dass zwar mit 96,1 % in der überwiegenden Zahl der Pflegeheime derartige Leistungen angeboten wurden, jedoch nur 70,2 % dieser Angebote auch individuell auf die Bewohner zugeschnitten waren.[148] Dem aktuellen Bericht zufolge wurde in 71,2 % der geprüften Einrichtungen die individuelle soziale Betreuung in den Pflegeprozess miteinbezogen.[149] 94,9 % der Pflegeheime boten Gruppenaktivitäten an. Einzelangebote konnten die Bewohner hingegen nur in 83,7 % der überprüften Heime in Anspruch nehmen.[150]

---

142 *MDS*, 2. Qualitätsbericht, S. 67.
143 Ebda., S. 57.
144 *MDS*, 3. Qualitätsbericht, S. 57 f.
145 Zur Rechtmäßigkeit freiheitsentziehender Maßnahmen siehe ausführlich oben unter B.I.2.b)aa)(4).
146 *MDS*, 2. Qualitätsbericht, S. 62 f.
147 *MDS*, 3. Qualitätsbericht, S. 60.
148 *MDS*, 2. Qualitätsbericht, S. 75.
149 *MDS*, 3. Qualitätsbericht, S. 60.
150 Ebda., S. 72.

B. Begründung

cc) Zufriedenheit der Bewohner

Im Rahmen der Qualitätsprüfungen werden auch die Pflegeheimbewohner über ihre Zufriedenheit mit der pflegerischen Versorgung befragt.[151] Dabei werden typischerweise hohe Zufriedenheits- und Zustimmungswerte ermittelt.[152] Besonders positiv bewerteten die Bewohner die Arbeit der Pflegekräfte. 93,7 % der Bewohner empfanden die Mitarbeiter als freundlich und höflich. Sie nahmen sich den Umfrageergebnissen zufolge ausreichend Zeit für die Pflegebedürftigen (86,5 %) und zeigten eine große Motivation zu aktivierender Pflege (97,5 %). Überraschend positiv wurden die Abläufe in den Pflegeheimen bewertet. 97,3 % der Bewohner sind mit den Essenszeiten sowie mit dem Speisenangebot (87,2 %) und der Qualität der Mahlzeiten (84,4 %) zufrieden. Auch die Hausreinigung sowie die Reinigung der persönlichen Wäsche erzielten hohe Zufriedenheitswerte (97,0 % bzw. 89,5 %). Ähnliches ergab sich für Bewertung der sozialen Betreuung. 94,5 % der Befragten war eine Teilnahme an Beschäftigungsangeboten möglich. Die sozialen und kulturellen Angebote entsprachen zu 80,6 % den Interessen der Bewohner.[153] Mit Blick auf die objektiv ermittelten Missstände stellt sich die Frage, wie diese positiven Ergebnisse zu erklären sind. Vermutlich spielt hierfür die Abhängigkeit der Heimbewohner eine große Rolle. Denkbar ist auch, dass viele der besonders unzureichend versorgten Personen nicht in der Lage sein dürften, an einer solchen Befragung teilzunehmen. Die Pflegequalitätsberichte stellen daher selbst zutreffend die fehlende Verwertbarkeit dieser Ergebnisse fest.[154]

dd) Einrichtungsbezogene Struktur- und Prozessqualität

Relevant erscheint im Rahmen der einrichtungsbezogenen Struktur- und Prozessqualität vor allem die Ablauforganisation in den Pflegeeinrichtungen. Gemeint sind Qualifikation und Zusammensetzung des Personals in den

---

151 Einbezogen werden in der Regel 10 % der Bewohner einer geprüften Pflegeeinrichtung, vgl. ebda, S. 62.
152 Daneben kann aufgrund der kognitiven Einschränkungen vieler Bewohner nur ein begrenzter Kreis an Heimbewohnern für die Befragung herangezogen werden, vgl. *MDS*, 2. Qualitätsbericht, S. 19; *ders.*, 3. Qualitätsbericht, S. 62.
153 *MDS*, 3. Qualitätsbericht, S. 63.
154 *MDS*, 2. Qualitätsbericht, S. 19; *ders.*, 3. Qualitätsbericht, S. 62.

Pflegeheimen sowie der Einsatz entsprechend den Qualifikationsanforderungen.

Die Qualifikation der Mitarbeiter in den Pflegeeinrichtungen setzte sich zu 50,9 % aus Pflegefachkräften, zu 10,8 % aus Pflegehelfern, zu 10,8 % aus Personen mit fachfremden Berufsabschlüssen und zu 27,5 % aus Beschäftigten ohne jegliche pflegerische Qualifikation zusammen. Durch die starke Zunahme fachfremder Mitarbeiter konnte nur in 65,7 % der Pflegeheime sichergestellt werden, dass grundpflegerische Tätigkeiten wie vorgeschrieben durch Pflegefachkräfte angeleitet und überprüft werden. Die Personalausstattung war bezogen auf den Versorgungs- und Pflegebedarf der Bewohner nur zu 87,1 % adäquat, sodass bei den restlichen Einrichtungen entweder zu wenig Personal oder unzureichend qualifizierte Mitarbeiter beschäftigt waren.[155] Der zweite Pflegequalitätsbericht war zu dem Ergebnis gekommen, dass die Pflegeheime in personeller Hinsicht zu 91,5 % ausreichend besetzt waren; am Wochenende betrug dieser Anteil nur 90,0 %.[156]

ee) Entwicklung der Pflegequalität

Der Medizinische Dienst des Spitzenverbandes Bund der Krankenkassen verglich die Ergebnisse des zweiten und dritten Pflegequalitätsberichts nur hinsichtlich einzelner, im Folgenden erörterter Prüfungspunkte. Als Grund hierfür gab er geänderte Inhalte und Differenzierungsgrade der Prüfkriterien an.[157] Die Dokumentation der Medikamentenversorgung verschlechterte sich deutlich. Während im zweiten Pflegequalitätsbericht eine korrekte Medikamentendokumentation bei 89,8 % der Heimbewohner gegeben war, reduzierte sich dieser Anteil im aktuellen Bericht auf 81,5 %. Ein ähnliches Bild ergibt sich hinsichtlich der Dekubitusprophylaxe, die mit einer Anwendungsrate von 59,3 % im Vergleich zum Vorbericht sogar noch zurück-

---

155 *MDS*, 3. Qualitätsbericht, S. 65 f. Mit 95,8 % wurde das Personal überwiegend qualifikationsgerecht eingesetzt. Die Mitarbeiter reagierten auf akute Ereignisse meist (91,5 %) situationsgerecht (ebda., S. 61).
156 *MDS*, 2. Qualitätsbericht, S. 73. Die Mitarbeiter wurden nur zu 76,6 % ihrer Qualifikation entsprechend eingesetzt (ebda.). Auf akute Ereignisse reagierten die Beschäftigten in 85,5 % der Fälle situationsgerecht (ebda., S. 65).
157 *MDS*, 3. Qualitätsbericht, S. 103. Prüfgrundlage für den 2. Bericht waren die MDK-Anleitungen zur Prüfung der Qualität nach § 80 SGB XI a. F., Prüfgrundlage für den 3. Bericht die Qualitätsprüfungsrichtlinien, die MDK-Anleitungen und die Transparenzvereinbarungen für die stationäre Pflege.

B. Begründung

gegangen ist. Ein Negativtrend wurde daneben auch bei der Inkontinenzversorgung festgestellt. Eine Besserung der Situation ergab sich laut dem aktuellen Pflegequalitätsbericht bei der Ernährung und Flüssigkeitsversorgung sowie der Versorgung von Demenzkranken. Ein direkter Vergleich des Umgangs mit freiheitsbeschränkenden Maßnahmen zeigte, dass die Fälle rechtmäßiger Anwendung solcher Maßnahmen gegenüber dem zweiten Pflegequalitätsbericht nur marginal von zuvor 91,0 % auf nunmehr 88,8 % zurückgingen und somit kaum von einer Verbesserung gesprochen werden kann. Überdies stellt der Medizinische Dienst des Spitzenverbandes Bund der Krankenkassen in seinem Bericht einen Fortschritt hinsichtlich des situationsgerechten Verhaltens des Personals um ca. 10 % heraus.[158]

4. Stellungnahme

Die durchgeführten Studien zur Gewalt in der stationären Altenpflege zeichnen ein glaubwürdiges und alarmierendes Bild der Situation in deutschen Pflegeheimen. Alle dargestellten empirischen Quellen belegen, dass in den stationären Pflegeeinrichtungen untragbare Missstände vorliegen. Die Pflegequalitätsberichte des Medizinischen Dienstes des Spitzenverbandes Bund der Krankenkassen weisen mit einem nur bei 90 % der überprüften Bewohner angemessenen Pflegezustand[159] ein schlichtweg inakzeptables Ergebnis aus. Selbst die Pflegequalitätsberichte gehen also im Umkehrschluss davon aus, dass 10 % aller Heimbewohner unter untragbaren Bedingungen in den Pflegeheimen leben müssen. Betrachtet man die einzelnen Prüfungspunkte der Berichte, ergibt sich ein konkretes Bild von den Lebensbedingungen in den Einrichtungen. Nur 65,6 % der Heimbewohner waren angemessen mit Nahrung und Flüssigkeit versorgt.[160] Der Entstehung schmerzhafter Druckgeschwüre wurde lediglich bei 59,3 % der Heimbewohner durch eine entsprechende Prophylaxe vorgebeugt. Über ein Viertel der überprüften Bewohner mit Dekubitus wurden medizinisch nicht fachgerecht versorgt.[161]

---

158 Ebda., S. 26 f.
159 *MDS*, 2. Qualitätsbericht, S. 62.
160 Ebda., S. 66. Der aktuelle Bericht weist aus, dass Personen mit Einschränkungen bei der selbstständigen Ernährung zu 79,5 % und Personen mit Einschränkungen bei der selbstständigen Flüssigkeitszufuhr zu 82,4 % ausreichend versorgt waren, vgl. *MDS*, 3. Qualitätsbericht, S. 27.
161 *MDS*, 3. Qualitätsbericht, S. 49, 51.

Erschreckend ist auch der Umgang mit freiheitsentziehenden Maßnahmen in der Pflegepraxis. Die Pflegqualitätsberichte eruierten eine Anwendungsrate solcher Maßnahmen bei 20,0 % der Bewohner, wovon nur 88,8 % legitimiert waren.[162] Die Freiburger Pflegestudie geht von etwa 400000, größtenteils rechtswidrigen, freiheitsentziehenden Maßnahmen täglich in deutschen Pflegeheimen aus.[163] Die Studien belegen zudem den unangemessenen Umgang des Pflegepersonals mit den Heimbewohnern. Die Anwendung von Gewalt ist offenbar an der Tagesordnung. Zugleich führen der chronische Personalmangel sowie die Zeitnot der Pflegenden zur Vernachlässigung der Pflegebedürftigen und ihrer körperlichen wie seelischen Bedürfnisse.[164] Das Vorhandensein untragbarer und menschenunwürdiger Lebensbedingungen in vielen deutschen Pflegeheimen ist somit empirisch belegbar.

Die aufgezeigten Missstände bestehen nachweisbar seit Jahren und blieben bislang ohne signifikante belegbare Verbesserung. Dies geht unter anderem aus den Pflegequalitätsberichten hervor. Ein Vergleich der Ergebnisse aus den Berichtszeiträumen 2004 bis 2010 zeigt lediglich marginale Veränderungen, die teilweise sogar einen Trend zum Negativen erkennen lassen.[165] Es besteht überdies Grund zu der Annahme, dass das tatsächliche Ausmaß der Pflegemissstände in Wirklichkeit noch größer ist. Der Beurteilung der Ergebnisse der Pflegequalitätsberichte muss vorangestellt werden, dass die tatsächliche Situation in den stationären Pflegeeinrichtungen darin nur partiell abgebildet wird. Dies ist in der Art und Weise der Durchführung der Prüfungen durch die Medizinischen Dienste der Krankenversicherung begründet. So haben die Prüfungen erst seit Inkrafttreten des Pflege-Weiterentwicklungsgesetzes 2008 gemäß § 114a Abs. 1 S. 2 SGB XI grundsätzlich unangemeldet zu erfolgen. Der zweite Pflegequalitätsbericht basierte noch zu 49,8 % auf angemeldeten Kontrollen.[166] Den Pflegeheimen wurde dadurch die Möglichkeit gegeben, gröbste Missstände kurzfristig zu beseitigen und für eine ausreichende Personalbesetzung während der Prüfung durch die Medizinischen Dienste der Krankenversicherung zu sorgen. Der aktuelle Pflegequalitätsbericht beschränkt sich auf den Hinweis, dass die

---

162 Ebda., S. 60.
163 Zur Freiburger Pflegestudie siehe ausführlich oben unter B.I.3.a).
164 Vgl. nur oben die Studien von Görgen und Kreuzer (B.I.3.b) und c) sowie die Studie „Beschwerden in der Altenpflege" (B.I.3.d)).
165 Siehe nur die Gegenüberstellung der Ergebnisse aus dem zweiten und dritten Pflegequalitätsbericht: *MDS*, 3. Qualitätsbericht, S. 103 ff.
166 *MDS*, 2. Qualitätsbericht, S. 57.

B. Begründung

Prüfungen nunmehr grundsätzlich unangemeldet durchzuführen sind.[167] Inwiefern diese Vorgabe tatsächlich umgesetzt wird, lässt sich nicht ermitteln. Dass die Dunkelziffer an Pflegemissständen höher liegt als die ermittelte, legt auch die geringe Prüffrequenz der Medizinischen Dienste der Krankenversicherung nahe. Innerhalb eines Zeitraumes von zehn Jahren (1996 bis 2006) wurden lediglich 80,2 % aller zugelassenen stationären Pflegeeinrichtungen (mindestens) einmal geprüft.[168] Zwischen dem 1.7.2008 und dem 31.12.2010 kontrollierten die Medizinischen Dienste der Krankenversicherung laut dem aktuellen Pflegequalitätsbericht „nahezu" alle zugelassenen Pflegeheime, wie gesetzlich angeordnet, wenigstens einmal.[169] Erst seit dem Jahr 2011 sind jährliche Prüfungen vorgeschrieben (§ 114 Abs. 2 S. 1 SGB XI). Eine wirksame Kontrollinstanz stellen die Qualitätsprüfungen durch die Medizinischen Dienste der Krankenversicherung im Ergebnis nicht dar. Sie vermögen die Pflegeheime offenbar nicht dazu anzuhalten, gesetzliche Vorgaben einzuhalten und für eine angemessene Pflegequalität zu sorgen. Die Kalkulierbarkeit, die sich für die Pflegeheimbetreiber aus der Seltenheit der Prüfungen ergibt, bestärkt geradezu die Fortführung dieser Pflegepraxis. Selbst die ab 2011 gesetzlich angeordneten jährlichen Prüfungen unterschreiten eklatant das Maß dessen, was aufgrund der vorherrschenden Zustände in den Pflegeeinrichtungen dringend angezeigt wäre. Angesichts der nun schon im dritten Pflegequalitätsbericht infolge ermittelten erheblichen Mängel in der Versorgungsqualität scheint eine in kurzen, regelmäßigen Abständen durchzuführende Kontrolle der Heime unerlässlich.

Betrachtet man die personelle Ausstattung der Prüfteams der Medizinischen Dienste der Krankenversicherung sowie die Dauer der Prüfungen in den Heimen, ergeben sich starke Zweifel an der ausreichenden Intensität der Prüfungen. Zwar wurden wegen der gesetzlich angehobenen Prüfungshäufigkeit die Beschäftigtenzahlen der Medizinischen Dienste beinahe verdreifacht; die Besetzung der Prüfteams mit zwei Personen blieb indes unverändert.[170] Die Durchführung der Kontrolle der Pflegeeinrichtungen nimmt in der Regel einen Tag in Anspruch.[171] Angesichts der komplexen Betriebsabläufe in den stationären Pflegeeinrichtungen, die neben der pflegerischen Versorgung der Bewohner als solche auch die Verwaltung und hauswirt-

---

167 *MDS*, 3. Qualitätsbericht, S. 36.
168 *MDS*, 2. Qualitätsbericht, S. 34.
169 *MDS*, 3. Qualitätsbericht, S. 41.
170 Ebda., S. 36 f.
171 Ebda., S. 36.

schaftliche Versorgung umfassen, scheint eine intensive und detaillierte Prüfung aller Heimabläufe kaum möglich. Insbesondere kann sich die geringe Anzahl an Prüfern schwerlich ein genaues Bild von den Versorgungsprozessen der durchschnittlich 64 Pflegebedürftigen pro Pflegeheim[172] verschaffen.

Zweifel an der Geeignetheit der Qualitätskontrollen wirft zudem der beratungsorientierte Ansatz auf, den die Medizinischen Dienste der Krankenversicherung bei ihren Prüfungen verfolgen. Er soll die Pflegeheime in erster Linie über Fragen der Qualitätssicherung beraten und Mängeln vorbeugen.[173] In dieser Ausrichtung klingt gleichzeitig die zögerliche Sanktionspraxis der Behörden bei festgestellten Mängeln an. Neben einer nur oberflächlichen Prüfung haben die Betreiber der Einrichtungen aufgrund der Beratungsorientierung keine gewichtigen Sanktionen zu befürchten. Ihnen wird in der Regel zunächst eine Gelegenheit zur Behebung der Missstände eingeräumt, bevor das Verhängen von Sanktionen vorgesehen ist (§§ 112 Abs. 3, 114a Abs. 1 S. 3 SGB XI).

In Zusammenschau dieser Umstände ergibt sich eine nur eingeschränkte Verwertbarkeit der Ergebnisse der Pflegequalitätsberichte. Die Qualitätsprüfungen verfehlen weitgehend das Ziel einer effektiven Kontrolle und somit der Schaffung eines Abschreckungs- und Präventionseffekts. Angesichts der Prüfumstände erscheint die festgestellte hohe Zahl an Missständen in allen Bereichen der Versorgungsqualität sowie einrichtungsbezogenen Struktur- und Prozessqualität in den Pflegeheimen umso bedenklicher.

Das wahre Ausmaß der Pflegemängel ist wohl noch um einiges größer als das empirisch belegbare und auch hinsichtlich der Anwendung von Gewalt im engen Sinne durch Pflegekräfte muss von einer signifikant höheren Dunkelziffer ausgegangen werden. Nach alledem steht fest, dass gravierende Missstände in der stationären Altenpflege, sowohl was die Qualität der Versorgung als auch das Ausüben von Gewalt gegenüber den Pflegebedürftigen betrifft, in erheblichem Umfang auftreten.

---

172 Ebda., S. 44.
173 Ebda., S. 34 f.

B. Begründung

II. Ursachen der Missstände

Die Ursachen für die nachweislich vorhandenen Missstände in der Pflege sind vielfältig und durch das Zusammenwirken mehrerer Umstände begründet. Neben Ursachen, die in der Person des Pflegenden selbst liegen, sind insbesondere die Rahmenbedingungen der stationären Pflege ausschlaggebend für die Entstehung von Gewalt.[174]

1. Ursachen in der Person des Pflegenden

a) Persönlichkeitsstruktur des Täters

Wenn eine Pflegekraft Gewalt gegen Pflegebedürftige verübt, sind die Ursachen mitunter in ihrer Persönlichkeit, Lebensgeschichte und Biographie zu suchen. Negative Erfahrungen in der Kindheit, insbesondere das Erleben von Gewalt, sind prägend für die Persönlichkeitsentwicklung eines Menschen.[175] Als mögliche Ursachen für Gewalthandlungen werden neben dem sog. Helfer-Syndrom[176] ferner Minderwertigkeitsgefühle oder Geltungsdrang der Pflegekräfte genannt.[177]

---

174 In der Psychologie wurden zur Entstehung von Aggression und Gewalt verschiedene Ansätze formuliert. Zu nennen sind die von Siegmund Freud entwickelte sog. **Triebtheorie** (*Freud*, Werke X, S. 211 ff.; *ders.*, Werke XVII, S. 70 ff.), die von Dollard und Miller aufgestellte **Frustrations-Aggressions-Hypothese** (*Dollard et al.*, Frustration, S. 9 ff.), der **lerntheoretische Ansatz** (*Heinemann*, Aggression, S. 21 f.; *Kranich*, Aggressionsphänomene, S. 28 f.; *Nolting*, in: LZpB-BW [Hrsg.], Aggression, 9 [14 f.]; *Schneider*, in: Huber/Wertheimer [Hrsg.], Alter, 59 [65 f.]) sowie die **Motivationstheorie** (*Kornadt*, Aggressionsmotiv I, S. 276 ff.; *ders.*, Aggressionsmotiv II, S. 14 f.; *ders.*, in: Kornadt [Hrsg.], Aggression, 513 [538 ff.]).
175 *Görgen*, in: Brunner (Hrsg.), Gewalt, 57 (88); *ders.*, in: Jakob/Fikentscher (Hrsg.), Korruption, 157 (165 f.); *Meyer*, Gewalt, S. 99.
176 Der Ursprung des sog. „Helfer-Syndroms" wird in der fehlenden Zuneigung in der Kindheit durch die Eltern vermutet. Elterliche Anerkennung konnte nur durch bestimmte Verhaltensweisen des Kindes erzielt werden, nicht aber allein aufgrund seiner Person. Dies äußert sich in der Pflegebeziehung in der Übertragung der Zuneigung auf den Patienten bei gleichzeitig fehlender eigener Wertschätzung, womit die negativen Kindheitserfahrungen kompensiert werden sollen, vgl. *Buchinger*, Gewalt, S. 46; *Dießenbacher*, TPrax 1989, 190 (193); *Meyer*, Gewalt, S. 89 f.; *Richter/Sauter*, Patiententötungen, S. 35; *Schmidbauer*, Helfer, S. 11 f.; *Seidel*, Gewalt, S. 37 f.
177 *Dießenbacher/Schüller*, Gewalt, S. 93 f.

b) Berufsmotivation

Der Altenpflegesektor wird von älteren weiblichen Auszubildenden und Beschäftigten ohne höheren Schulabschluss dominiert.[178] Mit einem Frauenanteil von 85 % im stationären Bereich der Altenpflege ist der Pflegeberuf ein typischer Frauenberuf.[179] Aufgrund der vergleichsweise geringen Entlohnung der Pflegekräfte scheiden ökonomische Motive für die Berufswahl beinahe aus.[180] Vielmehr steht im Vordergrund, dass das Berufsfeld der Altenpflege keinen höheren Schulabschluss verlangt und daher Personen ohne weiterführenden Schulabschluss anzieht.[181] Charakteristisch für den Beruf des Altenpflegers ist ferner, dass dieser oft als Zweitberuf erlernt wird und der Berufseinstieg erst spät erfolgt.[182] Die Umschulung zum Altenpfleger stellt für die Auszubildenden häufig die Möglichkeit zum Wiedereinstieg in das Berufsleben und somit ein Entkommen aus ihrer (drohenden) Arbeitslosigkeit dar.[183] Die sehr gute Arbeitsmarktlage im Bereich der Altenpflege, bedingt durch den demografischen Wandel, und der damit einhergehende Bedarf an stationärer Betreuung können sicherlich als eine der Hauptmotivationen für die Berufswahl angeführt werden.[184] Daneben spielen immaterielle Faktoren eine Rolle bei der Berufswahl von Altenpflegern. Insbesondere moralische Beweggründe, wie der Wunsch alten Menschen zu helfen und ihren Lebensabend zu verschönern oder mit Menschen arbeiten zu wollen, werden als Motivation vorgebracht.[185]

---

178 *Voges*, Pflege, S. 134, 156.
179 *Becker/Meifort*, Altenpflege, S. 80; *BMFSFJ*, 1. Bericht, S. 73; *Meifort*, Berufsbildung, S. 27. Gründe für die überwiegend weiblichen Beschäftigten im Pflegesektor sind im traditionellen Rollenverständnis der Frau verwurzelt. Die Ausführung haushaltsnaher Aufgaben, Beziehungsarbeit und die Körperlichkeit der Pflegetätigkeit werden typischerweise dem natürlichen Wesen der Frauen zugeschrieben: *Backes*, in: Braun et al. (Hrsg.), Zukunft, 137 (138); *Koch-Straube*, in: ebda., 217 (217 f.); *Plümpe*, Altenpflege, S. 39 f.; *Voges*, Pflege, S. 156.
180 *Robausch-Weichhart*, Altenpflege, S. 85 f.; *Voges*, Pflege, S. 152 ff.
181 *Buchinger*, Gewalt, S. 61; *Voges*, Pflege, S. 156.
182 *Becker/Meifort*, Altenpflege, S. 88; *Buchinger*, Gewalt, S. 61; *Hopp/Nakielski*, in: KDA (Hrsg.), Alter, 221 (224); *Rademacker*, RsDE 12 (1991), 19 (22 f.); *Zimber/Weyerer*, Stress, S. 29.
183 *Voges*, Pflege, S. 133.
184 Ebda., S. 157, 204.
185 *Becker/Meifort*, Altenpflege, S. 109; *Krutzsch*, in: Landau (Hrsg.), Arbeitsbedingungen, 584 (584); *Voges*, Pflege, S. 154.

B. Begründung

Dass diese altruistischen Motive im realen Alltag der stationären Altenpflege nicht zu verwirklichen sind, illustriert die hohe Zahl an Berufsaussteigern. Bereits im ersten Jahr nach Beendigung der Ausbildung verlassen 26,3 % aller Altenpfleger ihren Beruf, 40 % sind unzufrieden und ein Drittel denkt über den Berufsausstieg nach oder plant ihn konkret.[186] Die Gründe für diese hohe Zahl an Aussteigern nach relativ kurzer Zeit sind zum einen in der Altenpflegeausbildung zu suchen, zum anderen in der Diskrepanz zwischen Ausbildungsinhalten und Berufspraxis.[187] Zusammenfassend können insbesondere die fehlende Motivation für den Beruf des Altenpflegers bei Berufseinstieg sowie die Unzufriedenheit mit dem Berufsalltag als gewaltbegünstigend benannt werden.

c) Psychischer Zustand: Stress, Überforderung und Burnout

Gewaltausübung durch Pflegekräfte in stationären Einrichtungen der Altenpflege kann auch auf den psychischen Zustand der Täter zurückgeführt werden.[188] Die Pflegekräfte sind bei ihrer Tätigkeit großer Be- und Überlastung ausgesetzt.[189] Insbesondere der hohe Zeitdruck, unter dem die Mitarbeiter arbeiten müssen, kann – in Kombination mit Belastungen persönlicher Natur sowie mangelnder Kompetenz zur Stress- und Konfliktbewältigung – Über-

---

186 *Becker/Meifort*, Altenpflege, S. 271 f.; *Meifort/Becker*, Dr. med. Mabuse 111 (1998), 41 (46). Zu einem ähnlichen Ergebnis kamen auch andere Studien über den Berufsausstieg von Pflegepersonal. Erwähnenswert ist in diesem Zusammenhang insbesondere die nurses early exit study (NEXT-Studie), welche in elf europäischen Ländern die Arbeitsbedingungen in der Pflege sowie die Gründe für den Berufsausstieg von Pflegekräften untersucht. Dabei wurden 542 Pflegekräfte in Pflegeheimen über einen möglicherweise geplanten Berufsausstieg befragt. 15,6 % der Befragten gaben an, im letzten Jahr einen Berufsausstieg in Betracht gezogen zu haben. Die Antworten fielen je nach Alter und Dauer der Berufszugehörigkeit sowie fachlicher Qualifikation unterschiedlich aus. So erwogen insbesondere Berufsanfänger den baldigen Ausstieg aus dem Pflegebereich, wohingegen dieser Wunsch mit steigender Berufserfahrung weniger ausgeprägt war. Beweggründe für einen Ausstieg waren unter anderem Arbeitsfähigkeit und Gesundheitszustand sowie die Überlastung der Pflegenden: *Hasselhorn et al.*, in: Hasselhorn/Tackenberg/Müller (Hrsg.), Working conditions, 136 (139 ff.).
187 *Becker/Meifort*, Altenpflege, S. 253 f., 260 f.; *Meifort/Becker*, Dr. med. Mabuse 111 (1998), 41 (42 f.).
188 *Buchinger*, Gewalt, S. 43 f.; *Görgen*, in : Brunner (Hrsg.), Gewalt, 57 (87).
189 *Görgen*, in: Brunner (Hrsg.), Gewalt, 57 (88); *ders.*, in: Jakob/Fikentscher (Hrsg.), Korruption, 157 (164).

lastung und Aggression hervorrufen.[190] So treten in dieser Berufsgruppe vermehrt Suchterkrankungen wie Alkohol-, Nikotin- und Medikamentenabhängigkeit auf, die aggressive Verhaltensweisen begünstigen können.[191] Im Bereich der Altenpflege häuft sich nachweislich das Auftreten des Burnout-Syndroms.[192] Das symptomatische Erscheinungsbild der Krankheit ist nicht einheitlich, zeigt sich aber insbesondere in Form von Depressionen oder aggressivem Verhalten.[193] Psychische Belastungen ergeben sich zum anderen auch aus Mitleidsgefühlen gegenüber den Pflegebedürftigen, welche sich mit wachsendem Dienstalter verstärken.[194] Es besteht also ganz offenbar ein Zusammenhang zwischen der Überforderung des Pflegepersonals und dem Auftreten von Gewalt gegen Pflegebedürftige.[195]

d) Machtgefälle zwischen Mitarbeitern und Pflegebedürftigen

Auslöser von Gewalt kann auch das Machtgefälle zwischen Pflegekraft und Pflegebedürftigem sein.[196] Der immobile und daher unterlegene Heimbe-

---

190 *Görgen*, in: Jakob/Fikentscher (Hrsg.), Korruption, 157 (165); *Grond*, Altenpflege, S. 63; *Kranich*, Aggressionsphänomene, S. 52.
191 *Buchinger*, Gewalt, S. 44; *Schneider*, Suchtfibel, S. 163.
192 *Görgen*, in: Jakob/Fikentscher (Hrsg.), Korruption, 157 (165). Einfluss auf das Auftreten der Erkrankung haben Arbeitsstrukturen, ein eingeschränkter Tätigkeitsspielraum und geringe Einflussnahmemöglichkeiten auf das Arbeitsergebnis. Auf der anderen Seite wirken auch ein problematisches Klientel sowie geringe soziale Unterstützung begünstigend für die Entstehung von Burnout, vgl. *Burisch*, Burnout, S. 130 ff.; *Edelwich/Brodsky*, Ausgebrannt, S. 134 ff.; *Hedderich*, Burnout, S. 30; *Maslach/Leiter*, Burnout, S. 46. Begünstigende Faktoren für die Krankheit können ferner gesellschaftlicher Natur sein. Die geringe Wertschätzung der Pflegeberufe und der gesellschaftliche Wertewandel können ebenso dieser Kategorie zugeordnet werden wie Einsparmaßnahmen im Sozialbereich und gestiegene berufliche Ansprüche (*Hedderich*, Burnout, S. 31; *Körner*, Burnout, S. 56).
193 *Burisch*, Burnout, S. 24 ff.; *Enzmann/Kleiber*, Helfer-Leiden, S. 88 f.; *Hedderich*, Burnout, S. 23 ff.; *Reiners-Kröncke/Röhrig/Specht*, Burnout, S. 12 ff.; *Schneglberger*, Burnout, S. 35.
194 *Buchinger*, Gewalt, S. 44; *Kempe/Lindner/Sauter*, in: Landau (Hrsg.), Arbeitsbedingungen, 88 (98).
195 *Petzold*, in: Petzold/Petzold (Hrsg.), Lebenswelten, 248 (261 f.); *Schulz*, Gewalterfahrungen, S. 71.
196 *Dießenbacher/Schüller*, Gewalt, S. 17; *Görgen*, in: Jakob/Fikentscher (Hrsg.), Korruption, 157 (167).

B. Begründung

wohner ist völlig von den Pflegenden abhängig.[197] Die Misshandlung des Pflegebedürftigen stellt einen Missbrauch dieser Macht dar.[198] Ein Missbrauch kann auch im gezielten Einsatz der eigenen Macht liegen, die wiederum ein bestimmtes Folgeverhalten auf die Abwehrreaktion des Pflegebedürftigen rechtfertigen soll.[199] Andererseits kann auch der zu Pflegende durch bestimmte Verhaltensweisen eine Provokation der Pflegekraft bewirken.[200]

2. Ursachen in der Person des Pflegebedürftigen

Zu den Ursachen für Gewalt gehört auch die Veränderung der Bewohnerstruktur in den Pflegeheimen, welche sich in den letzten Jahren vollzog.[201] In den stationären Einrichtungen hat sich der Anteil an hochbetagten multimorbiden Schwerpflegebedürftigen, die zudem oftmals kognitiv beeinträchtigt sind, signifikant erhöht.[202] Infolgedessen hat die Arbeitsbelastung für die Pflegenden erheblich zugenommen, insbesondere aufgrund der zeitaufwändigen Betreuung von Demenzkranken.[203]

---

197 *Bauer/Prinzl-Wimmer*, in: Schmidbauer (Hrsg.), Pflegenotstand, 119 (127); *Dießenbacher*, in: Göckenjan/Kondratowitz (Hrsg.), Alter, 372 (377); *ders./Schüller*, Gewalt, S. 17; *Kienzle/Paul-Ettlinger*, Aggression, S. 53; *Meyer*, Gewalt, S. 80; *Seidel*, Gewalt, S. 39.
198 *Görgen*, in: Jakob/Fikentscher (Hrsg.), Korruption, 157 (167); *Meyer*, Gewalt, S. 80.
199 *Buchinger*, Gewalt, S. 47; *Goffman*, Asyle, S. 43.
200 *Dießenbacher*, in: Göckenjan/Kondratowitz (Hrsg.), Alter, 372 (377 f.); *ders./Schüller*, Gewalt, S. 17; *Meyer*, Gewalt, S. 80.
201 *Gröning*, in: Henze/Piechotta (Hrsg.), Brennpunkt, 187 (191). Infolge des medizinischen Fortschritts sowie des Ausbaus der Pflegeangebote und der Schaffung von Alternativen zur vollstationären Betreuung bewohnen vornehmlich hochbetagte und schwer pflegebedürftige Personen die Pflegeheime, vgl. *Meier-Baumgartner/Püschel*, ZGerGer 29 (1996), 167 (167); *Kühnert/Schnabel*, ZGerGer 29 (1996), 411 (411); *Meyer,* Gewalt, S. 71 f.; *Schulz*, Gewalterfahrungen, S. 70 sowie oben unter B.I.1. Zudem gewann die Behandlungspflege in den stationären Pflegeeinrichtungen infolge kürzerer Verweildauern seit der Einführung von Fallpauschalen in den Krankenhäusern an Bedeutung (*Menke*, Pflegeausbildung, S. 42).
202 *Klie*, in: Brandt/Dennebaum/Rückert (Hrsg.), Altenhilfe, 47 (47); *Stiller-Harms*, in: Igl/Naegele/Hamdorf (Hrsg.), Reform, 135 (136).
203 *Menke*, Pflegeausbildung, S. 43; *Meyer*, Gewalt, S. 76; *Stiller-Harms*, in: Igl/Naegele/Hamdorf (Hrsg.), Reform, 135 (140).

Frustrationen bei den Pflegekräften können auch dadurch hervorgerufen werden, dass die pflegerische Tätigkeit eines Erfolgserlebnisses in Form der Heilung oder Besserung des Gesundheitszustandes der Betreuten entbehrt. Die Mitarbeiter der Pflegeheime sind täglich konfrontiert mit dem steten Abbau der körperlichen Leistungsfähigkeit der Bewohner, deren Sterben und Tod.[204] Als Arbeitsergebnis verbleiben nur die Anerkennung und das Lob durch die Pflegebedürftigen und deren Angehörige.[205] Gerade diese Wertschätzung unterbleibt meist.[206] Teilweise erfahren die Pflegekräfte auch bewusste Widerstände durch die Heimbewohner.[207] Problematisch stellt sich häufig auch die Interaktion mit den Angehörigen der Pflegeheimbewohner dar. Die Pflegekräfte erfahren oftmals Kritik über die geleistete Pflege oder sehen sich Forderungen nach besserer oder besonders intensiver Pflege für den angehörigen Pflegebedürftigen ausgesetzt, was als Beanstandung ihrer Arbeit und Professionalität empfunden werden kann.[208]

3. Ursachen außerhalb der pflegerischen Beziehung

a) Institutioneller Kontext und Tätigkeitsstrukturen

Die Entstehung von Gewalt ist mitunter auch auf die strukturellen Rahmenbedingungen der Pflege zurückzuführen, die in erster Linie durch den organisatorischen Rahmen der stationären Pflege sowie die dort gegebenen Ar-

---

204 *Buchinger*, Gewalt, S. 75; *Kruse et al.*, Konfliktsituationen, S. 136; *Kruse/Schmitt*, in: Zimber/Weyerer (Hrsg.), Arbeitsbelastung 155 (159); *Meyer*, Gewalt, S. 71; *Ruthemann*, in: Huber/Wertheimer (Hrsg.), Alter, 170 (173).
205 *Buchinger*, Gewalt, S. 75.
206 *Meyer*, Gewalt, S. 73; *Ruthemann*, in: Huber/Wertheimer (Hrsg.), Alter, 170 (173); *Seidel*, Gewalt, S. 33. Dies ist einerseits begründet in der Unzufriedenheit über die eigene Situation aufgrund des meist unfreiwilligen Einzugs in das Pflegeheim. Der Pflegebedürftige fühlt sich zunehmend abhängig von fremder Hilfe, ausgeliefert und unselbstständig, vgl. *Ruthemann*, Aggression, S. 42; *dies.*, in: Huber/Wertheimer (Hrsg.), Alter, 170 (175 f.); *Seidel*, Gewalt, S. 42. Andererseits herrscht bei vielen Bewohnern aufgrund der erbrachten Heimkosten ein Anspruchsdenken vor, das die geleistete Pflege nicht zu befriedigen vermag (*Buchinger*, Gewalt, S. 75).
207 *Meyer*, Gewalt, S. 73; *Ruthemann*, Aggression, S. 34; *Seidel*, Gewalt, S. 33.
208 *Förster*, Gewalt, S. 129; *Ruthemann*, Aggression, S. 63; *Seidel*, Gewalt, S. 36. Zu erklären ist dieses Verhalten mit eigenen Schuldgefühlen, die von der Einweisung des pflegebedürftigen Angehörigen in ein Pflegeheim herrühren und in Form von Vorwürfen auf das Pflegepersonal übertragen werden.

B. Begründung

beitsbedingungen geprägt sind. Die Organisationsstruktur, der Tagesablauf der Bewohner und die damit einhergehenden Arbeitsschritte für die Mitarbeiter sind in den Pflegeheimen fest vorgegeben.[209] Diese strukturellen Zwänge, denen Mitarbeiter und Pflegebedürftige unterliegen, entsprechen den Merkmalen einer totalen Institution.[210] Aus dem streng reglementierten und vorgegebenen Tagesablauf, den die Bewohner täglich durchlaufen, ergibt sich auch gleichzeitig ein starres Schema an Arbeitsabläufen, die das Personal zu bewältigen hat. Die strukturellen Vorgaben widersprechen zum Großteil auch den Idealen oder Vorstellungen der Pflegenden. Dennoch ordnen sich die Pflegekräfte diesem System unter und übernehmen die Strukturen, da ein Zuwiderhandeln gegen das übermächtige System unweigerlich mit der Angst vor negativen Konsequenzen verbunden ist. Besonders gravierend auf den Arbeitsalltag der Pflegekräfte wirkt sich der Personalmangel in den Pflegeheimen aus.[211] Daneben wirken auch bauliche oder einrichtungstechnische Mängel als struktureller Zwang.[212]

Strukturelle Zwänge sind auch auf gesellschaftliche Werte zurückzuführen. Die Konsumorientierung und Leistungsbezogenheit der heutigen Zeit lassen die hilflosen und abhängigen Pflegebedürftigen als Randgruppe erscheinen. Abnehmende Leistungsfähigkeit im Alter oder die Konfrontation mit Sterben und Tod werden von der Leistungsgesellschaft aus der Öffentlichkeit in die Pflegeheime ausgelagert und verdrängt.[213]

---

209 *Buchinger*, Gewalt, S. 67; *Seidel*, Gewalt, S. 34.
210 *Koch-Straube*, in: Schmidt et al. (Hrsg.), Versorgung, 254 (256); *Ruthemann*, Aggression, S. 54 ff. Vgl. hierzu auch die Ausführungen unter B.I.2.b)bb).
211 *Kersting*, PfleGe 1999, 53 (56 f.); *Kreimer*, Altenpflege, S. 107; *Ruthemann*, Aggression, S. 55; *Schulz*, Gewalterfahrungen, S. 80 ff.; *Seidel*, Gewalt, S. 34 f.
212 *Buchinger*, Gewalt, S. 79; *Ruthemann*, Aggression, S. 55; *Seidel*, Gewalt, S. 34.
213 *Klie*, in: Brandt/Dennebaum/Rückert (Hrsg.), Altenhilfe, 47 (55); *Maisch*, ZGerGer 29 (1996), 201 (202); *Petzold*, Altenpflege 9 (1990), 498 (499 ff.); *Schmaus*, DOK 1995, 770 (772).

b) Personalmangel und Arbeitsbedingungen

In deutschen stationären Pflegeeinrichtungen herrscht chronischer Personalmangel.[214] Neben der ohnehin schon knapp bemessenen Mindestbesetzung nach der Heimpersonalverordnung[215] kommt es aufgrund hoher Krankenstände und großer Fluktuation innerhalb der Belegschaft in den Pflegeheimen zur Unterbesetzung.[216] Insbesondere die Nachtdienste sind nicht ausreichend personell besetzt.[217] Eine Untersuchung der krankheitsbedingten Fehlzeiten in Altenpflegeberufen[218] ergab einen Krankenstand von 5,8 % im Altenpflegebereich. Der allgemeine Branchendurchschnitt war mit einem Krankenstand von 4,9 % wesentlich geringer. Der Anteil an AOK-versicherten Beschäftigten, die mindestens einmal jährlich eine Krankmeldung einreichen, lag bei 59,6 %. Zudem ist die durchschnittliche krankheitsbedingte Fehlzeit im Bereich der Altenpflege mit 17,7 Tagen erheblich höher als der Branchendurchschnitt (11,8 Tage).[219]

Das durch den Personalmangel erhöhte immense Arbeitspensum muss zumeist unter extremer Zeitnot bewältigt werden.[220] Dies spiegelt sich in der Arbeitsweise der Pflegekräfte wider. Um die anfallenden Arbeiten abarbeiten zu können, werden die Arbeitsabläufe schematisiert und auf Routinemaßnahmen beschränkt.[221] Der Tätigkeitsbereich des Personals besteht daher vor allem aus der Grund- und Funktionspflege der Pflegebedürftigen sowie der Pflegedokumentation; ferner müssen häufig hauswirtschaftliche

---

214 Die geht sowohl aus den Pflegequalitätsberichten des Medizinischen Dienstes des Spitzenverbandes Bund der Krankenkassen als auch aus einer Untersuchung des Landespflegeausschusses Nordrhein-Westfalen hervor. Letztere beurteilt die Vorgaben der Heimpersonalverordnung zutreffend als kaum ausreichend, um eine angemessene Versorgung gewährleisten zu können, vgl. *MDS*, 2. Qualitätsbericht, S. 73; *ders.*, 3. Qualitätsbericht, S. 66; *Wingenfeld/Schnabel*, in: LPA-NRW (Hrsg.), Pflegebedarf, 131 (135 f.).
215 Vgl. hierzu näher unter unter B.III.6.b).
216 *Meifort/Becker*, Dr. med. Mabuse 111 (1998), 41 (44 ff.); *Voges*, Pflege, S. 221 ff.
217 *Wingenfeld/Lademann*, in: LPA-NRW (Hrsg.), Pflegebedarf, 101 (109 f., 113 f.).
218 *Küsgens*, in: Badura/Schellschmidt/Vetter (Hrsg.), Fehlzeiten, S. 203 ff. Die Studie bezieht Daten aus dem Jahr 2003 zur Arbeitsunfähigkeit von 250699 in der Altenpflege tätigen AOK-Mitgliedern ein (ebda., S. 206).
219 *Küsgens*, in: Badura/Schellschmidt/Vetter (Hrsg.), Fehlzeiten, 203 (206 ff.).
220 *Görgen*, in: Jakob/Fikentscher (Hrsg.), Korruption, 157 (165); *Kienzle/Paul-Ettlinger*, Aggression, S. 48; *Ruthemann*, Aggression, S. 55.
221 *Kaiser*, in: Blonski (Hrsg.), Ethik, 151 (157); *Knobling*, Konfliktsituationen, S. 60; *Schulz*, Gewalterfahrungen, S. 119 f.

B. Begründung

Tätigkeiten ausgeführt werden.[222] Persönliche Zuwendung, das Eingehen auf individuelle Wünsche und Bedürfnisse sowie Beziehungspflege zu den Bewohnern sind aus Zeitmangel für das Personal nicht mehr zu bewerkstelligen.[223]

c) Arbeitsklima und Teamprobleme

Auch Konflikte unter den Mitarbeitern sowie ein schlechtes Arbeitsklima zählen zu den Auslösern von Frustration und Aggression bei den Pflegekräften.[224] Streitigkeiten unter den Mitarbeitern, insbesondere im Bereich der Altenpflege, entstehen oftmals aufgrund divergierender Berufsverständnisse und Pflegevorstellungen. Auch die unterschiedliche Qualifikation der Pflegekräfte kann Konflikte auslösen.[225] Dies zeigt sich im Bereich der stationären Altenpflege besonders ausgeprägt, da aufgrund des Fachkräftemangels zunehmend angelernte Teilzeit- oder Aushilfskräfte eingestellt werden. Die starke Fluktuation unter den Mitarbeitern sowie der Personalmangel in den Pflegeheimen verstärken die Belastungen im Berufsalltag noch.[226] Schlechtes Arbeitsklima kann ferner bedingt sein durch einen autoritären Führungsstil der vorgesetzten Pflegekräfte oder durch die Pflegeleitung. Starre Hierarchien und eine zentrale Aufgabenzuordnung nehmen den Mitarbeitern Entscheidungsfreiheit. Teamarbeit wird so weitgehend verhindert und eine Situation des Gegeneinanders und der Unterordnung entsteht.[227] Hierdurch werden emotionale Erschöpfung, die Entstehung des Burnout-Syndroms sowie die Erwägung eines Arbeitsplatzwechsels oder gar eines Berufsausstiegs begünstigt.[228]

---

222 *Buchinger*, Gewalt, S. 77; *Zimber/Weyerer*, Stress, S. 38.
223 *Seidel*, Gewalt, S. 34 f.; *Wingenfeld*, in: LPA-NRW (Hrsg.), Pflegebedarf II, 84 (98).
224 *Görgen*, in: Brunner (Hrsg.), Gewalt 57 (91); *Ruthemann*, Aggression, S. 57 f.; *dies.*, in: Huber/Wertheimer (Hrsg.), Alter, 170 (175).
225 *Kruse et al.*, Konfliktssituationen, S. 131; *Kruse/Schmitt*, in: Zimber/Weyerer (Hrsg.), Arbeitsbelastung, 155 (158); *Meyer*, Gewalt, S. 86; *Ruthemann*, Aggression, S. 58.
226 *Kruse et al.*, Konfliktsituationen, S. 131 f.; *Meyer*, Gewalt, S. 86.
227 *Buchinger*, Gewalt, S. 84; *Kienzle/Paul-Ettlinger*, Aggression, S. 50 f.
228 *Aries-Kiener/Zuppiger Ritter*, Burnout, S. 31.

d) Rollen und Rollenkonflikte

Die Ursachen für gewalttätige Handlungen können auch in Rollen oder Rollenkonflikten liegen, in welche die Pflegekräfte eingebunden sind. Die Pflegenden haben durch familiäre und berufliche Aufgaben oft mehrere Rollen gleichzeitig zu erfüllen. Durch diese Doppelbelastung können Konflikte entstehen, insbesondere aufgrund der starken Ähnlichkeit der Rollen.[229] Besteht ein psychisches Ungleichgewicht, können sich Frustrationen innerhalb einer Rolle auf die andere übertragen und auf die Pflegebedürftigen umgeleitet werden.[230]

Rollenkonflikte können sich aber auch innerhalb des Pflegeheimes unter den Mitarbeitern ergeben (Intrarollenkonflikte). Die Pflegekraft sieht sich unterschiedlichen und scheinbar unvereinbaren Anforderungen durch ihre Vorgesetzen, Mitarbeiter und zu versorgenden Pflegebedürftigen ausgesetzt.[231] Während die Pflegebedürftigen den Wunsch nach Zuwendung hegen, verlangen Kollegen und Heimleitung rasches, kostensparendes Arbeiten. An die Pflegekräfte werden also widersprüchliche und aus subjektiver Sicht offenbar nicht miteinander zu vereinbarende Anforderungen gestellt.[232]

e) Ansehen des Berufsbildes

Auch das geringe gesellschaftliche Ansehen der Pflegekräfte kann die Entstehung von Gewalt begünstigen.[233] Die Geringschätzung dieser Berufsgruppe kann zurückgeführt werden auf die große Nähe dieser Tätigkeit zu Haushaltsarbeiten. Die fehlende Anerkennung lässt sich damit erklären, dass diese Verrichtungen traditionell als selbstverständliche Aufgabe der Frau angesehen werden.[234] Das negative gesellschaftliche Berufsbild der Alten-

---

229 *Buchinger*, Gewalt, S. 49; *Grond*, Altenpflege, S. 63; *Ruthemann*, Aggression, S. 58 ff.; *Seidel*, Gewalt, S. 37; *Zimber/Weyerer*, Stress, S. 34 f.
230 *Buchinger*, Gewalt, S. 49.
231 *Grond*, Altenpflege, S. 63; *Ruthemann*, Aggression, S. 59.
232 *Grahmann/Gutwetter*, Konflikte, S. 67 ff.; *Grond*, Altenpflege, S. 63; *Kersting*, PfleGe 1999, 53 (54); *Schulz*, Gewalterfahrungen, S. 84.
233 *Becker/Meifort*, Altenpflege, S. 229 f.; *Kienzle/Paul-Ettlinger*, Aggression, S. 51; *Kruse et al.*, Konfliktsituationen, S. 137.
234 *Backes*, in: Braun et al. (Hrsg.), Zukunft, 137 (138); *Koch-Straube*, in: ebda., Zukunft, 217 (217 ff.).

B. Begründung

pflege wurzelt unter anderem in den Vorurteilen über das Alter in der Gesellschaft.[235] Einen Beitrag zur Entstehung dieses Bildes liefern sicher auch Medienberichte über skandalöse Zustände in den Pflegeheimen.[236] Auswirkungen zeigt dies einerseits in der Person der Pflegekraft, die darin eine Belastung erblicken kann, andererseits auch in der geringen Vergütung der Tätigkeit.[237]

f) Diskrepanz zwischen Berufsbild und Berufspraxis

Für die Entstehung von Gewalt in der stationären Altenpflege wird auch die Diskrepanz zwischen dem Berufsbild der Pflegekraft und der täglichen Berufspraxis verantwortlich gemacht.[238] Schon während der Ausbildung werden den Pflegekräften durch unzureichende Ausbildungsinhalte unrealistische Vorstellungen vom Berufsalltag vermittelt.[239] Die Berufsrealität ist durch eine hohe Arbeitsbelastung und extremen Zeitdruck geprägt. Die Pflegekräfte können de facto nur eine Grundversorgung leisten, die sich fast ausschließlich auf pflegerische körperliche Maßnahmen beschränkt.[240] Das zuvor vermittelte Ideal einer guten Pflege, das insbesondere auch die psy-

---

235 *Menke*, Pflegeausbildung, S. 74. Alter wird assoziiert mit schwindender Leistungsfähigkeit, körperlichem Abbau und Tod und gilt mit der heutigen von Leistung geprägten Gesellschaft als unvereinbar, vgl. *Buchinger*, Gewalt, S. 88 f.; *Hartdegen*, Aggression, S. 172; *Meyer*, Gewalt, S. 25; *Schreiner*, PfleGe 2001, 51 (57). Auslöser für diese Vorurteile sind mitunter Generationenkonflikte. Neben dem zu erwartenden Scheitern des Generationenvertrages ist auch aufgrund des demografischen Wandels eine steigende Zahl von stationär gepflegten älteren Menschen auf die steuerfinanzierte Sozialhilfe angewiesen: *Buchinger*, Gewalt, S. 88; *Meyer*, Gewalt, S. 26; *Rabenstein/Schwarzer*, ZGer 25 (1992), 18 (22).
236 *Friedrich*, in: Jansen/Friedrich (Hrsg.), Gerontologie, 17 (24); *Menke*, Pflegeausbildung, S. 74 f.
237 *Menke*, Pflegeausbildung, S. 74.
238 *Kreimer*, Altenpflege, S. 105; *Kruse/Schmitt*, in: Zimber/Weyerer (Hrsg.), Arbeitsbelastung, 155 (160 f.); *Menke*, Pflegeausbildung, S. 79.
239 *Buchinger*, Gewalt, S. 50 f. Ein erheblicher Teil der Pflegekräfte fühlt sich durch ihre Ausbildung nicht ausreichend auf die spätere Berufsausübung vorbereitet. Insbesondere im Rahmen der praktischen Ausbildung mangelt es an professioneller Anleitung, vgl. *Meifort/Becker*, Dr. med. Mabuse 111 (1998), 41 (43); *Menke*, Pflegeausbildung, S. 151 ff.
240 *Kruse et al.*, Konfliktsituationen, S. 133 f.; *Kruse/Schmitt*, in: Zimber/Weyerer (Hrsg.), Arbeitsbelastung, 155 (160); *Rademacker*, RsDE 12 (1991), 19 (20); *Wingenfeld/Schnabel*, in: LPA-NRW (Hrsg.), Pflegebedarf, 131 (134).

chosoziale Betreuung der Pflegebedürftigen beinhaltet, kann nicht umgesetzt werden.[241] Eine berufliche Selbstverwirklichung ist unter diesen Arbeitsbedingungen nicht möglich, was sich wiederum negativ auf das Selbstwertgefühl der Pflegenden und ihr pflegerisches Verhalten auswirkt.[242] Zudem erschweren unzureichende Fort- und Weiterbildungsmöglichkeiten für die Pflegekräfte den Umgang mit psychisch kranken Bewohnern sowie mit Krankheit und Tod.[243]

4. Systemische Ursachen

Die vorangegangenen Punkte konnten verdeutlichen, dass – neben den Ursachen, die in der Person des Pflegenden selbst liegen – insbesondere die Organisationsstruktur und die Arbeitsbedingungen in der stationären Altenpflege Auslöser für die Missstände in den Pflegeheimen sind. Diese strukturellen Rahmenbedingungen ergeben sich aus den gesetzlichen Vorschriften über die soziale Pflegeversicherung, welche die Pflegebeziehungen ausgestalten. Im Folgenden sind also die wesentlichen systemischen Mängel der Pflegeversicherung zu beleuchten, aus denen sich die Handlungsstrukturen für die Pflege ergeben. Normative Grundlagen bilden in erster Linie das Sozialgesetzbuch Elftes Buch sowie das Heimgesetz einschließlich seiner Verordnungen.[244]

---

241 *Kruse/Schmitt*, in: Zimber/Weyerer (Hrsg.), Arbeitsbelastung, 155 (160); *Seidel*, Gewalt, S. 35; *Zimber/Weyerer*, Stress, S. 48.
242 *Buchinger*, Gewalt, S. 51; *Kreimer*, Altenpflege, S. 106; *Kruse/Schmitt*, in: Zimber/Weyerer (Hrsg.), Arbeitsbelastung, 155 (160).
243 *Kruse et al.*, Konfliktsituationen, S. 132; *Kruse/Schmitt*, in: Zimber/Weyerer (Hrsg.), Arbeitsbelastung, 155 (161); *Zimber/Weyerer*, Stress, S. 46.
244 Die Heimgesetzgebung ist (mit Ausnahme der zivilrechtlichen Regelungen) mit der Föderalismusreform auf die Länder übergegangen. Soweit die Länder keine den bestehenden bundesrechtlichen Verordnungen zum Heimgesetz entsprechenden Verordnungen erlassen haben, behalten diese ihre Gültigkeit. Vgl. hierzu näher unten unter B.III.6.b).

B. Begründung

a) Pflegebedürftigkeitsbegriff

Anspruchsbegründendes Merkmal für die Leistungen der Pflegeversicherung ist der Eintritt der Pflegebedürftigkeit gemäß § 14 SGB XI.[245] Ob der Antragsteller pflegebedürftig im Sinne dieser Vorschrift ist, prüft der Medizinische Dienst der Krankenversicherung in einem Feststellungsverfahren. Ausschlaggebend ist dabei, dass ein Hilfebedarf bei den gesetzlich normierten Verrichtungen besteht (§ 18 Abs. 1 SGB XI). Das Vorliegen von Pflegebedürftigkeit beurteilt sich danach, ob die Fähigkeit, alltägliche Verrichtungen selbstständig vorzunehmen, eingeschränkt oder aufgehoben ist. Die Einschränkung oder Aufhebung muss auf körperlichen Defiziten des Antragstellers beruhen.[246] Kausal hierfür muss das Vorliegen einer Krankheit oder Behinderung aus dem Katalog des § 14 Abs. 2 SGB XI sein.[247] Die für die Feststellung der Pflegebedürftigkeit maßgeblichen Verrichtungen sind abschließend in § 14 Abs. 4 SGB XI aufgezählt. Der Hilfebedarf muss

---

245 § 14 Abs. 1 SGB XI enthält eine Legaldefinition dieser Anspruchsvoraussetzung. Demnach ist pflegebedürftig, wer „wegen einer körperlichen, geistigen oder seelischen Krankheit oder Behinderung für die gewöhnlichen und regelmäßig wiederkehrenden Verrichtungen im Ablauf des täglichen Lebens auf Dauer, voraussichtlich für mindestens sechs Monate, in erheblichem oder höherem Maße [...] der Hilfe" bedarf.
246 *Gerlinger/Röber*, Pflegeversicherung, S. 27; *Klie*, in: Klie/Krahmer, LPK-SGB XI, § 14, Rn. 2.
247 *Besche*, Pflegeversicherung, S. 26; *Fuchs/Preis*, Sozialversicherungsrecht, S. 413; *Roller*, Pflegebedürftigkeit, S. 91. Eine Erläuterung dieser Begriffe beinhaltet die Norm nicht. Der Krankheitsbegriff kann aber mit der Definition aus der ständigen Rechtsprechung des Bundessozialgerichts gleichgesetzt werden, welche dieses für die gesetzliche Krankenversicherung bestimmt hat (*Maschmann*, NZS 1995, 109 [113]; *Roller*, Pflegebedürftigkeit, S. 92). Danach ist Krankheit ein „regelwidriger Körper- oder Geisteszustand, der ärztlicher Behandlung bedarf oder – zugleich oder ausschließlich – Arbeitsunfähigkeit zur Folge hat" (BSGE 39, 167 [168]; vgl. auch BSGE 26, 240 [242]; 35, 10 [12]; 59, 119 [121]). Regelwidrigkeit meint dabei „ein[en] Zustand, der von der Norm, vom Leitbild des gesunden Menschen abweicht" (BSGE 39, 167 [168]; 26, 240 [242]). Für den Begriff der Behinderung existiert eine Legaldefinition in § 2 SGB IX, die auch im Pflegeversicherungsrecht heranzuziehen ist, vgl. *Fuchs/Preis*, Sozialversicherungsrecht, S. 414; *Roller*, Pflegebedürftigkeit, S. 92. Leistungen nach dem SGB XI werden nur gewährt, wenn die Pflegebedürftigkeit voraussichtlich länger als sechs Monate andauern wird. Hierüber trifft die Pflegekasse (auf Grundlage der Begutachtung durch den MDK) eine Prognoseentscheidung: *Klie*, in: Klie/Krahmer, LPK-SGB XI, § 14, Rn. 4; *Kummer*, in: Schulin (Hrsg.), HS-PV, § 13, Rn. 49; *Roller*, Pflegebedürftigkeit, S. 118.

bei gewöhnlichen sowie wiederkehrenden Verrichtungen bestehen.[248] Erfasst sind nur die nach gesetzgeberischen Willen elementaren Lebensbereiche, also solche, die für die Existenz und Grundbedürfnisse des Menschen unerlässlich sind.[249] Die in § 14 Abs. 4 SGB XI aufgeführten berücksichtigungsfähigen Verrichtungen der Bereiche Körperpflege, Ernährung, Mobilität sowie hauswirtschaftliche Versorgung sind überwiegend dem Bereich der Grundpflege zuzuordnen.[250] In der Pflegewissenschaft werden unter diesen Begriff Hilfeleistungen bei Handlungen gefasst, die der Befriedigung der täglichen Lebensbedürfnisse dienen und durch den Pflegebedürftigen selbst durchgeführt würden, wenn dieser hierzu in der Lage wäre.[251] Die Grundpflege wird von der Behandlungspflege abgegrenzt. Letztere hat der Gesetzgeber nicht in den Zuständigkeitsbereich der Pflegeversicherung einbezogen, sondern der gesetzlichen Krankenversicherung zugeordnet.[252] Bei der Feststellung der Pflegebedürftigkeit werden (psycho)soziale Aspekte wie Kommunikation oder soziale Teilhabe nicht berücksichtigt. Auch ein allgemeiner Betreuungs- und Beaufsichtigungsbedarf, wie er insbesondere bei psychisch Erkrankten oder Dementen vorhanden ist, wurde nicht in den Pflegebedürftigkeitsbegriff einbezogen.[253]

Die benötigte Hilfestellung wird anhand von Zeitkorridoren bemessen. Besteht danach ein hinreichender Hilfebedarf, wird die Pflegebedürftigkeit

---

248 Gewöhnliche Verrichtung meint Tätigkeiten, welche in der Regel bei Menschen anfallen, deren Hilfsbedürftigkeit aufgrund einer Krankheit oder Behinderung besteht, vgl. *Kummer*, in: Schulin (Hrsg.), HS-PV, § 13, Rn. 57. Wiederkehrend ist nach der Gesetzesbegründung eine Verrichtung, die nicht zwingend täglich, jedoch mit einer gewissen Regelmäßigkeit, also etwa wöchentlich, anfällt, vgl. BT-Drucks. 12/5262, S. 95; *Koch*, in: KassKomm, § 14 SGB XI, Rn. 14 a; *Roller*, Pflegebedürftigkeit, S. 126 f.; *Udsching*, in: Udsching, SGB XI, § 14, Rn. 24.
249 BSGE 72, 261 (263); vgl. auch *Klie*, in: Klie/Krahmer, LPK-SGB XI, § 14, Rn. 9; *Roller*, Pflegebedürftigkeit, S. 129; *Udsching*, in: Udsching, SGB XI, § 14, Rn. 24.
250 *Entzian*, in: Klie/Schmidt (Hrsg.), Neue Pflege, 93 (99).
251 *Drerup*, Pflegen ambulant 1996, 32 (33 f.); *Eichhorn*, Krankenhausbetriebslehre I, S. 364; *Henderson*, Krankenpflege, S. 51; *Landolt*, Pflegerecht, S. 24 f.
252 *Gerlinger/Röber*, Pflegeversicherung, S. 28; *Philipp*, in: Kreikebohm/Spellbrink/Waltermann, KSR, § 14 SGB XI, Rn. 16; *Roller*, Pflegebedürftigkeit, S. 131. Zur Abgrenzung zwischen Grund- und Behandlungspflege ausführlich unten unter B.I. 4.b)bb).
253 *BMG*, Überprüfung, S. 11; *Enquête-Kommission „Situation und Zukunft der Pflege in NRW"*, Abschlussbericht, S. 40, abgerufen unter http://www.landtag.nrw.de/portal/WWW/GB_I/I.1/EK/EKALT/13_EK3/Abschlussbericht_gesamt_Teil_1.pdf, am 12.6.2013; *Trenk-Hinterberger*, in: Wannagat, SGB, § 14 SGB XI, Rn. 20; *Udsching*, in: Udsching, SGB XI, § 14, Rn. 3.

B. Begründung

durch Einstufung in eine Pflegestufe festgelegt.[254] Die Einordnung in eine der Pflegestufen ist, neben der Häufigkeit der anfallenden Verrichtungen, abhängig vom Zeitaufwand, den eine hierfür nicht ausgebildete Pflegeperson benötigt (§ 15 Abs. 3 S. 1 SGB XI). In der Praxis werden dazu die Pflegebedürftigkeits-Richtlinien herangezogen, welche den zeitlichen Mindestpflegeaufwand der jeweiligen Pflegestufe festlegen. Die Richtlinien werden durch den Spitzenverband Bund der Pflegekassen unter Beteiligung des Medizinisches Dienstes des Spitzenverbandes Bund der Krankenkassen erlassen (§ 17 Abs. 1 S. 1 SGB XI).[255] Auf Basis dieser Zeitkorridore schätzt der Gutachter den zeitlich erforderlichen Pflegeaufwand. Dabei hat er die individuellen Umstände des Einzelfalls zu berücksichtigen.[256] Ein besonderer Beaufsichtigungsbedarf kann nur in Zusammenhang mit den gesetzlich festgelegten Verrichtungen einbezogen werden.[257]

aa) Kritik der Pflegewissenschaft am Pflegebedürftigkeitsbegriff

Das Feststellungsverfahren und seine starke Anlehnung an die Zeitvorgaben aus den Richtlinien sehen sich scharfer Kritik ausgesetzt. Die Pflegewissenschaft wendet sich gegen eine gesetzliche Normierung von Durchschnittswerten für einzelne Verrichtungen. Diese Vorgehensweise werde einem ganzheitlichen und vielgestaltigen Bild der Pflege nicht gerecht. Die zeitlichen Orientierungswerte sollen Durchschnittswerte für Pflegehandlungen darstellen, die von pflegenden Laien ausgeführt werden. Diese Werte werden aber nicht auf der Basis pflegefachlicher Erkenntnisse, sondern auf der Grundlage laienhafter Pflege gewonnen. Dies mache die Festsetzung der zeitlichen Werte intransparent. Zum anderen bestehe die Gefahr, dass sich die Gutachter zu stark an den Zeitkorridoren der Richtlinien orientieren und

---

254 *Entzian*, in: Klie/Schmidt (Hrsg.), Neue Pflege, 93 (98); *Udsching*, in: Udsching, SGB XI, § 15, Rn. 2 ff.
255 *Gerlinger/Röber*, Pflegeversicherung, S. 30; *Kummer*, in: Schulin (Hrsg.), HS-PV, § 13, Rn. 94; *Udsching*, in: Udsching, SGB XI, § 15, Rn. 14.
256 *Klie*, in: Klie/Krahmer, LPK-SGB XI, § 15, Rn. 6; *Udsching*, VSSR 1996, 271 (275). Bei der Begutachtung von Pflegeheimbewohnern ist grundsätzlich ebendieser fiktive Maßstab der Laienpflege in häuslicher Umgebung heranzuziehen. Zusätzlich sind aber im Hinblick auf § 37 SGB V behandlungspflegerische Maßnahmen zu berücksichtigen (*Klie*, in: Klie/Krahmer, LPK-SGB XI, § 15, Rn. 9).
257 *Klie*, in: Klie/Krahmer, LPK-SGB XI, § 15, Rn. 8.

individuelle Bedürfnisse und Besonderheiten des Einzelfalls nicht ausreichend beachten.[258]

Der gesetzliche Pflegebedürftigkeitsbegriff wird auch in Bezug auf die weitgehende Gleichsetzung von Pflegebedarf und Pflegebedürftigkeit in Zweifel gezogen. Der im Elften Buch Sozialgesetzbuch zugrunde gelegte Pflegebedürftigkeitsbegriff trennt – anders als die Pflegewissenschaft – nicht zwischen Pflegebedürftigkeit und Pflegebedarf. Pflegebedürftigkeit wird definiert als ein pflegerelevanter Zustand des Menschen, während Pflegebedarf das Pflegeerfordernis meint, welches aus dem Zustand der Pflegebedürftigkeit resultiert. Der Pflegebedarf umfasst alle pflegerischen Interventionen, die zur Bewältigung pflegerischer Problemlagen beitragen können. Der Begriff der Pflegebedürftigkeit hingegen bezieht sich auf ein Merkmal des betroffenen Individuums, das zugleich Leistungsvoraussetzung für benötigte Hilfen darstellt.[259] Beide Faktoren korrelieren aber nicht zwangsläufig.[260] So ist bei bettlägerigen Menschen zwar ein Höchstmaß an körperlichen Defiziten zu verzeichnen, gleichzeitig sinkt aber die Pflegebedürftigkeit im Sinne der gesetzlichen Definition.[261] Der Pflegebedürftigkeitsbegriff des Elften Buches Sozialgesetzbuch werde also durch seine starke Verrichtungsbezogenheit dem ganzheitlichen Ansatz der Pflegewissenschaft nicht gerecht. Wesentliche Bedürfnisse wie die psychosoziale Betreuung bleiben unberücksichtigt. Pflegehandlungen ließen sich aber nicht auf die rein funktionelle Verrichtungshandlung reduzieren, sondern beinhalten auch das Eingehen auf die zwischenmenschlichen und sozialen Bedürfnisse des

---

258 Ebda., Rn. 11; *Pick*, in: Igl/Naegele/Hamdorf (Hrsg.), Reform, 62 (63); *Wingenfeld*, in: Rennen-Allhoff/Schaeffer (Hrsg.), Handbuch, 339 (355 ff.); *ders./Büscher/ Schaeffer*, Pflegebedürftigkeitsbegriffe, S. 8 f.

259 BT-Drucks. 14/8822, S. 266; *Igl*, RsDE 66 (2008), 1 (3); *Enquête-Kommission „Situation und Zukunft der Pflege in NRW"*, Abschlussbericht, S. 40, abgerufen unter http://www.landtag.nrw.de/portal/WWW/GB_I/I.1/EK/EKALT/13_EK3/A bschlussbericht_gesamt_Teil_1.pdf, am 12.6.2013; *Wingenfeld*, in: Rennen-Allhoff/Schaeffer (Hrsg.), Handbuch, 339 (339); *ders./Büscher/Schaeffer*, Pflegebedürftigkeitsbegriffe, S. 7 f.

260 *Enquête-Kommission „Situation und Zukunft der Pflege in NRW"*, Abschlussbericht, S. 38, abgerufen unter http://www.landtag.nrw.de/portal/WWW/GB_I/I.1/E K/EKALT/13_EK3/Abschlussbericht_gesamt_Teil_1.pdf, am 12.6.2013; *Roller*, Pflegebedürftigkeit, S. 37; *Wingenfeld*, in: Rennen-Allhoff/Schaeffer (Hrsg.), Handbuch, 339 (350).

261 *Degener*, Pflegerechtsverhältnis, S. 109; *Roller*, Pflegebedürftigkeit, S. 37.

B. Begründung

Pflegebedürftigen in Form von Gesprächen oder beruhigenden Worten.[262] Die psychosoziale Betreuung nehme einen ebenso großen Stellenwert für das Wohlbefinden des Pflegebedürftigen ein wie die Hilfestellung bei körperlichen Verrichtungen.[263]

bb) Stellungnahme

Besonders fatale Auswirkungen hat der starke Verrichtungsbezug des Pflegebedürftigkeitsbegriffs auf die Situation der Menschen mit eingeschränkter Alltagskompetenz und speziell die Demenzkranken. Der erhebliche Bedarf dieser Menschen an Pflege und Unterstützung bleibt außer Betracht, indem Hilfebedarfe im Bereich Kommunikation und soziale Teilhabe sowie Betreuungs- und Beaufsichtigungsbedürfnisse nicht berücksichtigt werden.[264] Die gesetzgeberisch intendierte starre Verrichtungsbezogenheit des

---

262 *Bienstein*, Krankenpflege 44 (1990), 152 (154 f.); *Enquête-Kommission „Situation und Zukunft der Pflege in NRW"*, Abschlussbericht, S. 40 f., abgerufen unter http://www.landtag.nrw.de/portal/WWW/GB_I/I.1/EK/EKALT/13_EK3/Abschlussbericht_gesamt_Teil_1.pdf, am 12.6.2013; *Klie*, in: Klie/Krahmer, LPK-SGB XI, § 15, Rn. 11.

263 Obschon für das Ideal der ganzheitlichen Pflege keine exakte Definition festgelegt ist, geht dieses generell von der Vorstellung des Pflegebedürftigen als psychosozialem Wesen aus, das sich wegen gesundheitlichen Defiziten in einer Spannungslage zwischen Selbstbestimmung und Abhängigkeit befindet. Der Mensch steht als Einheit von Psyche und Körper in Wechselwirkung mit seiner Umwelt, sodass sein Gesundheitszustand auch im sozialen Kontext zu sehen ist und die Pflege daher den Menschen als Ganzheit erfassen muss, vgl. *Bienstein*, Krankenpflege 1990, 152 (152); *Bischoff*, Dr. med. Mabuse 91 (1994), 37 (40); *dies.*, in: Krüger/Piechotta/Remmers (Hrsg.), Innovation, 103 (103, 107); *BMFSFJ*, Heimaufsicht, S. 54; *Horz*, VSSR 1999, 275 (285); *Roller*, Pflegebedürftigkeit, S. 35; *Stemmer*, PfleGe 1999, 86 (89 f.).

264 *BMG*, Überprüfung, S. 11; *Enquête-Kommission „Situation und Zukunft der Pflege in NRW"*, Abschlussbericht, S. 40, abgerufen unter http://www.landtag.nrw.de/portal/WWW/GB_I/I.1/EK/EKALT/13_EK3/Abschlussbericht_gesamt_Teil_1.pdf, am 12.6.2013; *Hirrlinger*, KrV 2007, 50 (50); *Zintl-Wiegand/Krumm*, Nervenarzt 2003, 571 (578).

Pflegebedürftigkeitsbegriffs wurde indes durch das Bundesverfassungsgericht für verfassungskonform erklärt.[265]

Ungeachtet dessen wird der Pflegebedürftigkeitsbegriff in fachlicher Hinsicht zu Recht heftig kritisiert.[266] Eine Ausweitung des Begriffs ist unerlässlich und wird insbesondere in Bezug auf die Berücksichtigung eines allgemeinen Beaufsichtigungs- und Betreuungsbedarfs bei psychisch oder dementiell erkrankten Menschen gefordert.[267] Durch die Ausklammerung des Betreuungsbedarfs bleibt eine erhebliche Anzahl an eigentlich stark hilfebedürftigen Menschen bei den Leistungen der Pflegeversicherung in nicht zu rechtfertigender Weise unberücksichtigt. Dies wirkt sich besonders gravierend auf die Lebenssituation der Menschen in stationärer Pflege aus. Dort wird der Bedarf an sozialer Betreuung pauschal mit den Leistungsvergütungen abgegolten, ohne dass ein besonderer Betreuungs- und Beaufsichtigungsbedarf weitere Berücksichtigung findet (§ 43 Abs. 2 S. 1 SGB XI). Die Höhe der Vergütung der Pflegeheime ist auch abhängig von den Pflegeklassen der Heimbewohner, die auf Grundlage der Pflegestufen ermittelt und

---

265 Die Ungleichbehandlung von somatisch erkrankten Pflegebedürftigen und demenzkranken Antragstellern, die mangels verrichtungsbezogenem Hilfebedarf keine Pflegestufe erreichen sei aufgrund einleuchtender sachlicher Gründe gerechtfertigt. Die Konzipierung der Pflegeversicherung als Teilkaskoversicherung erlaube dem Gesetzgeber, Festlegungen über den Leistungsumfang und -inhalt zu treffen. Der Ausschluss der angesprochenen Defizite aus dem Pflegebedürftigkeitsbegriff lässt sich durch das Ziel der Gesetzesklarheit sowie aus finanzwirtschaftlichen Gesichtspunkten rechtfertigen. Es liege weder ein systemwidriges oder inkonsequentes Handeln seitens des Gesetzgebers vor noch entspreche die geschaffene Leistungsstruktur der Pflegeversicherung nicht mehr verfassungsrechtlichen Anforderungen (BVerfG, B. v. 22.5.2003 – 1 BvR 1077/00, Abs. 16 ff. = NZS 2003, 535 [535 f.]).
266 *DGB-Bundesvorstand*, SozSich 2011, 103 (104); *Fahlbusch*, NDV 2004, 177 (179); *Gansweid/Wingenfeld/Büscher*, SozFort 2010, 53 (53); *Sendler*, SozSich 2004, 263 (267). Es wurde daher die Forderung nach einer Neubestimmung des Pflegebedürftigkeitsbegriffs aufgestellt. Einer solchen Neubestimmung ist das Bundesgesundheitsministerium mit der Beauftragung des Beirats zur Überprüfung des Pflegebedürftigkeitsbegriffs einen Schritt näher gekommen. Der vom Bundesministerium für Gesundheit beauftragte Beirat zur Überprüfung des Pflegebedürftigkeitsbegriffs hat im Januar 2009 seinen Abschlussbericht vorgelegt. Im Gesetzentwurf zum Pflege-Neuausrichtungs-Gesetz wird die Erforderlichkeit eines neu formulierten Pflegebedürftigkeitsbegriffs bekräftigt, dessen Umsetzung aber aufgrund „noch zu klärender umfassender Umsetzungsfragen" verschoben (BT-Drucks. 17/9369, S. 1).
267 *DGB-Bundesvorstand*, SozSich 2011, 103 (104); *Fahlbusch*, NDV 2004, 177 (179); *Gerlinger/Röber*, Pflegeversicherung, S. 135; *Sendler*, SozSich 2004, 263 (267).

B. Begründung

auch der Berechnung des erforderlichen Personalschlüssels zugrunde gelegt werden.[268] Werden Beaufsichtigungsbedarfe ausgegrenzt, so wird ein Personalbedarf kalkuliert, der für eine angemessene Versorgung dieser Pflegebedürftigen nicht ansatzweise ausreicht.[269]

Der Pflegebedürftigkeitsbegriff führt in der praktischen Umsetzung einerseits zur Vernachlässigung und Unterversorgung kognitiv beeinträchtigter Personen, andererseits ist er mitursächlich für den massiven Personalmangel in der Pflege und die sich daraus ergebenden schlechten Arbeitsbedingungen. Der Beirat zur Überprüfung des Pflegebedürftigkeitsbegriffs schlug eine Ausrichtung des Pflegebedürftigkeitsbegriffs am Ausmaß der Selbständigkeit vor. Er fordert in seinem Bericht ein neues Begutachtungsverfahren, das – ausgehend von der Selbständigkeit – sowohl körperliche als auch geistige Einschränkungen flexibel erfasst und in Bedarfsgrade einteilt.[270] Eine angemessene Berücksichtigung dieser Bedürfnisse, sowohl im Feststellungsverfahren der Pflegebedürftigkeit als auch bei der Personalbemessung im Rahmen der Pflegesatzverhandlungen, ließe massive Mehrkosten bei den Pflegekassen erwarten.[271] Dieser finanzielle Aspekt ist angesichts der ohnehin schon knappen Finanzausstattung der Pflegekassen wohl der vorrangige Grund für die Beibehaltung des derzeitigen Verfahrens zur Feststellung der Pflegebedürftigkeit.

b) Trennung der Versicherungszweige Kranken- und Pflegeversicherung

Mit Einführung der Pflegeversicherung im Jahr 1994 wurde ein fünfter, eigenständiger Zweig der Sozialversicherung geschaffen. Obgleich die Pflegeversicherung mit einer eigenständigen Finanzierung konzipiert wurde, ist sie organisatorisch eng mit der gesetzlichen Krankenversicherung ver-

---

268 *Vogel/Schmäing*, in: Klie/Krahmer, LPK-SGB XI, § 84, Rn. 6 ff. Zum Pflegesatzverfahren siehe ausführlich unten unter B.II.4.c)aa).
269 Kritisch auch *Enquête-Kommission „Situation und Zukunft der Pflege in NRW"*, Abschlussbericht, S. 37 ff., abgerufen unter http://www.landtag.nrw.de/portal/WW W/GB_I/I.1/EK/EKALT/13_EK3/Abschlussbericht_gesamt_Teil_1.pdf, am 12.6.2013, sowie *Klie*, in: Klie/Krahmer, LPK-SGB XI, § 14, Rn. 6 ff.
270 *BMG*, Überprüfung, S. 71 f.; *Fuchs*, SozSich 2011, 110 (111); *Kimmel et al.*, SozSich 2009, 22 (23).
271 *BMG*, Überprüfung, S. 78 f.; *Fuchs*, SozSich 2011, 110 (111 f.); *Popp*, RPG 2011, 70 (73 ff.).

knüpft.[272] Die Ansiedlung der Pflegekassen bei den Krankenkassen intendierte eine effiziente Verwaltung beider Versicherungsträger.[273]

aa) Vorrang von Prävention und Rehabilitation

Die Schaffung der Pflegeversicherung als eigenständiger Sozialversicherungszweig erwies sich hinsichtlich des in § 5 SGB XI festgelegten Grundsatzes des Vorrangs von Prävention und medizinischer Rehabilitation als hinderlich. Zweck der Norm ist die Vermeidung, Überwindung oder Minderung von Pflegebedürftigkeit. Neben einer höheren Lebensqualität für die Betroffenen will die Vorschrift auch eine Entlastung der Sozialversicherungsträger bewirken, da die Kosten rehabilitativer Maßnahmen im Vergleich zu den Pflegekosten geringer sind.[274] Um dem Grundsatz Rehabilitation vor Pflege stärkere Geltung zu verschaffen, wurde die medizinische Rehabilitation durch das GKV-Wettbewerbsstärkungsgesetz als Anspruchsleistung der gesetzlichen Krankenversicherung ausgestaltet (§ 40 Abs. 1 SGB V). Dadurch sollte der zuvor nur unzureichenden praktischen Umsetzung dieses Grundsatzes entgegengewirkt werden.[275]

Einer wesentlichen Verbesserung der Verordnungs- und Bewilligungspraxis rehabilitativer Leistungen stehen de facto Hindernisse struktureller Art entgegen.[276] Die Gründe hierfür liegen in erster Linie in der Zuständigkeitsverteilung beider Sozialversicherungsträger. Den Nutzen aus einer Verhinderung oder Milderung von Pflegebedürftigkeit ziehen vorrangig die Pflegekassen, deren finanzielle Ressourcen mangels Leistungspflicht geschont werden. Gesetzessystematisch nicht schlüssig ist daher die Zuständigkeit der Krankenkassen für Rehabilitationsmaßnahmen. Für die Gewährung dieser Maßnahmen bestehen aus Sicht der Krankenkassen keinerlei Anreize. Tritt der Pflegefall bei einem Versicherten ein, verlagert sich die Zuständigkeit und damit auch die finanzielle Last auf die Pflegekassen. In rein finanzieller Hinsicht hätten die Krankenkassen also sogar ein Interesse

---

272 *Igl*, in: v. Maydell/Ruland/Becker (Hrsg.), SRH, § 18, Rn. 16; *Wasem*, in: Schulin (Hrsg.), HS-PV, § 2, Rn. 98.
273 *Wasem*, in: Schulin (Hrsg.), HS-PV, § 2, Rn. 99.
274 *Leitherer*, in: Schulin (Hrsg.), HS-PV, § 15, Rn. 58; *Meier-Baumgartner*, ZGerGer 30 (1997), 414 (414, 417), *Rothgang*, Entwicklungen, S. 135.
275 *Klie*, in: Klie/Krahmer, LPK-SGB XI, § 5, Rn. 2; *Welti*, in: Becker/Kingreen, SGB V, § 40, Rn. 3, 5.
276 *Fahlbusch*, NDV 2004, 177 (179); *Klie*, in: Klie/Krahmer, LPK-SGB XI, § 5, Rn. 2.

B. Begründung

an der Pflegebedürftigkeit ihrer Versicherten. Über den morbiditätsorientierten Risikostrukturausgleich erhalten die Krankenkassen aus dem Gesundheitsfonds alters-, geschlechts- und risikoadjustierte Zuweisungen, um Unterschiede in der Risikostruktur ihrer Versicherten ausgleichen zu können (§ 266 Abs. 1 SGB V).[277] Für jede Morbiditätsgruppe ist ein pauschalierter Risikozuschlag festgelegt.[278] Der Katalog der 80 berücksichtigungsfähigen Krankheiten[279] geht dabei aber fälschlicherweise von einer Monomorbidität der Versicherten aus und erfasst den Bedarf Multimorbider, also zumeist älterer und pflegebedürftiger Menschen, daher nur unzureichend. Dies verhindert sowohl entsprechende Zuweisungen aus dem Gesundheitsfonds als auch eine angemessene Versorgung dieser Menschen.[280]

Die Trennung der Sozialversicherungszweige mit ihren unterschiedlichen Organisationsstrukturen und Rahmenbedingungen steht also sowohl der Versorgungsqualität der Versicherten als auch einer nachhaltigen Entlastung der Pflegeversicherungsträger entgegen.[281] Das bestehende System schafft auch für die Pflegeeinrichtungen selbst keinerlei Anreiz zur Stärkung der Rehabilitation. Aufgrund von Personalmangel wird in den stationären Pflegeeinrichtungen aktivierende überwiegend durch kompensatorische Pflege ersetzt. Dies hat eine weitere Zunahme der Pflegebedürftigkeit der Heim-

---

277 Ziel des morbiditätsorientierten Risikostrukturausgleichs ist primär, Wettbewerbsnachteile von Krankenkassen mit vielen kostenintensiven kranken Versicherten auszugleichen. Gleichzeitig sollen Krankenkassen mit vielen gesunden Versicherten hieraus keine Wettbewerbsvorteile mehr ziehen können, vgl. *Ellmann*, in: Hänlein/Kruse/Schuler, LPK-SGB V, § 266, Rn. 5. Die Krankenkassen erhalten aus dem Gesundheitsfonds für jeden Versicherten eine Grundpauschale, um ihre standardisierten Leistungsausgaben zu decken. Mit der Risikoadjustierung soll diese Grundpauschale dann an den tatsächlichen Beitragsbedarf der jeweiligen Krankenkasse angepasst werden, vgl. *Göpffarth*, in: Becker/Kingreen, SGB V, § 266, Rn. 25.
278 *Ellmann*, in: Hänlein/Kruse/Schuler, LPK-SGB V, § 266, Rn. 1 ff.
279 Die in den Katalog aufgenommenen Krankheiten sind kostenintensive chronische Krankheiten und solche mit schwerwiegendem Verlauf. Sie wurden in über 100 Morbiditätsgruppen eingeteilt. Die Zuordnung der Versicherten zu den Morbiditätsgruppen erfolgt anhand von Diagnosen und Arzneimittelverordnungen, vgl. *Ellmann*, in: Hänlein/Kruse/Schuler, LPK-SGB V, § 266, Rn. 6; *Göpffarth*, in: Becker/Kingreen, SGB V, § 266, Rn. 19.
280 Vgl. *Burger/Fleckenstein*, KrV 2010, 272 (274).
281 *Gerlinger/Röber*, Pflegeversicherung, S. 138 f.; *Jacobs*, in: Fachinger/Rothgang (Hrsg.), Wirkungen, 245 (254).

bewohner zur Folge.²⁸² Davon profitieren die Einrichtungsträger, da höhere Pflegestufen bzw. Pflegeklassen entsprechend ansteigende Pflegesätze nach sich ziehen.²⁸³ Die Einrichtungen haben daher kein Interesse an einer Verbesserung des gesundheitlichen Zustandes ihrer Bewohner und fragen Rehabilitationsleistungen für die Pflegebedürftigen dementsprechend nicht nach.

Fehlanreize hinsichtlich der Verordnung rehabilitativer Leistungen setzt das Pflegeversicherungssystem auch für Ärzte. Ihnen kommt bei der Anordnung der Behandlungsmaßnahmen für die Versicherten eine steuernde Funktion zu. Verordnen die Ärzte rehabilitative Leistungen, laufen sie Gefahr ihr Regelleistungsvolumen zu übersteigen.²⁸⁴

Der Grundsatz des Vorrangs von Rehabilitation und Prävention soll auch durch den Medizinischen Dienst der Krankenversicherung im Rahmen der Pflegebedürftigkeitsbegutachtung verwirklicht und unterstützt werden. Der Dienst hat in seinem Gutachten Aussagen zu den Erfolgsaussichten medizinischer Rehabilitationsmaßnahmen zu treffen (§ 18 Abs. 1 S. 3 SGB XI). Solche Empfehlungen werden allerdings nur selten ausgesprochen. Nach einer Studie wurden in den Jahren 2001 und 2002 bei lediglich 15 % aller untersuchten Pflegeantragsteller rehabilitative Maßnahmen durch den Medizinischen Dienst der Krankenversicherung empfohlen, wovon 55,30 % tatsächlich eine entsprechende Verordnung in den darauf folgenden drei Monaten erhielten.²⁸⁵ Hinzu kommt, dass das Pflegegutachten regelmäßig weder dem Pflegebedürftigen noch seinem Hausarzt zugeleitet wird, sodass auch der Betroffene selbst keine Informationen über seinen Rehabilitationsbedarf erhält und Rehabilitationsleistungen somit auch nicht einfordern kann.²⁸⁶

Diesen strukturellen Widerspruch hat auch der Gesetzgeber erkannt und wollte diesen mit der grundsätzlichen vorläufigen Leistungspflicht der Pflegekassen für Leistungen zur medizinischen Rehabilitation in Eilfällen

---

282 *Garms-Homolova/Roth*, Forschungsbericht, S. 47; *Wingenfeld*, in: LPA-NRW (Hrsg.), Pflegebedarf II, 84 (99). Zur Immobilisierung der Pflegebedürftigen siehe auch oben unter B.I.2.b)aa).
283 *Garms-Homolova/Roth*, Forschungsbericht, S. 47.
284 Ebda.; *Rothgang*, Entwicklungen, S. 137.
285 *Küpper-Nybelen et al.*, ZGerGer 39 (2006), 100 (100); Die Vernachlässigung der Rehabilitation hat sich seither nicht verbessert, vgl. *Welti*, in: Becker/Kingreen, SGB V, § 40, Rn. 31; sowie BT-Drucks. 15/5670, S. 228; BT-Drucks. 16/7439, S. 96.
286 BT-Drucks. 15/5670, S. 228.

B. Begründung

(§ 32 SGB XI) kompensieren. Diese Leistungspflicht wird allerdings nur innerhalb eines sehr eng umgrenzten Rahmens, nämlich bei Untätigkeit der Krankenkassen als zuständigem Träger, relevant. Aufgrund der engen organisatorischen Verknüpfung von Kranken- und Pflegekassen wird eine derartige Verzögerung nicht der Regelfall sein.[287] Auch die Verpflichtung der Krankenkassen zu einer Ausgleichszahlung, die gemäß § 40 Abs. 3 S. 6 SGB V an die Pflegekassen zu zahlen ist, wenn Rehabilitationsleistungen auch sechs Monate nach Antragstellung noch nicht erbracht worden sind, hat bislang keine nachweisbare positive Änderung der Bewilligungspraxis gezeigt.[288]

Zusammenfassend lässt sich festhalten, dass die gravierenden systemischen Mängel der Pflegeversicherung am Beispiel des Grundsatzes des Vorrangs der Rehabilitation besonders deutlich werden. Paradoxerweise verhält es sich gerade so, dass die Krankenkassen von einer eintretenden Pflegebedürftigkeit noch profitieren, da die Kostenlast in diesem Fall auf die Pflegeversicherung übergeht. Der Wettbewerbsdruck der Krankenkassen führt nachvollziehbar zu einer restriktiven Bewilligung rehabilitativer Leistungen. Fatal ist dies insbesondere im Hinblick auf die Lebensqualität der Versicherten. Diese leidet ganz erheblich, wenn Pflegebedürftigkeit eintritt oder sich verschlimmert.

bb) Trennung von Grund- und Behandlungspflege

Eine weitere Fehlentwicklung, die sich aus der Trennung der Versicherungszweige ergab, ist in der rechtlichen Differenzierung von Grund- und Behandlungspflege zu sehen. Grundsätzlich werden Leistungen der medizinischen Behandlungspflege im Bereich der häuslichen Versorgung durch die Krankenkassen erbracht (§ 37 Abs. 2 S. 1 SGB V), was eine Berücksichtigung dieser Verrichtungen bei der Feststellung der Pflegebedürftigkeit nach § 14 Abs. 4 SGB XI ausschließt.[289]

---

[287] *Klie*, in: Klie/Krahmer, LPK-SGB XI, § 32, Rn. 2; *Udsching*, in: Udsching, SGB XI, § 32, Rn. 2.

[288] *Welti*, in: Becker/Kingreen, SGB V, § 40, Rn. 31. Die Ausgleichszahlung ist nur zu leisten, sofern die Krankenkasse das Versäumnis zu vertreten hat (§ 40 Abs. 3 S. 7 SGB V).

[289] *Udsching*, in: Spickhoff, Medizinrecht, § 14 SGB XI, Rn. 11; *Wagner*, in: Krauskopf, SozKV, § 37 SGB V, Rn. 22 f.

Die Grundpflege beinhaltet die in § 14 Abs. 4 Nr. 1 bis 3 SGB XI aufgeführten Verrichtungen in den Bereichen Körperpflege, Ernährung und Mobilität.[290] Der Begriff der Behandlungspflege findet sich zwar im Recht der gesetzlichen Krankenversicherung in § 37 SGB V, wird dort jedoch nicht legaldefiniert und blieb auch im Gesetzgebungsverfahren ohne klare Abgrenzung.[291] Nach der Rechtsprechung umfasst die Behandlungspflege Maßnahmen, die als Teil einer ärztlichen Behandlung erforderlich sind, welche auf das Erkennen, Verhüten und Heilen einer Krankheit oder auf die Linderung von Krankheitsbeschwerden gerichtet sind.[292] Gerade entgegengesetzt formuliert wird der Inhalt der Behandlungspflege in den Pflegebedürftigkeits- und Begutachtungsrichtlinien. Die Richtlinien gehen davon aus, dass solche Maßnahmen unabhängig von einer ärztlichen Behandlung von nicht speziell qualifizierten Personen vorgenommen werden. Folglich sind diese generell von der Berücksichtigung beim Pflegebedarf ausgeschlossen.[293] Die Abgrenzungsproblematik zeigt sich insbesondere darin, dass sich die jeweils darunter fallenden Tätigkeiten – sowohl aus sozialrechtlicher als auch pflegewissenschaftlicher Sicht – nur schwer bestimmen lassen.[294]

Dass eine klare Trennbarkeit von Grund- und Behandlungspflege nicht möglich ist, war dem Gesetzgeber offenbar bewusst: Der Ausschluss der

---

290 *Igl/Welti*, VSSR 1995, 117 (132); *Roller*, Pflegebedürftigkeit, S. 152; *Wagner*, in: Hauck/Noftz, SGB XI, § 14, Rn. 55. Dies ergibt sich aus der Gegenüberstellung von Grundpflege und hauswirtschaftlicher Versorgung in § 15 Abs. 3 S. 1 SGB XI sowie § 36 Abs. 2 SGB XI. Grundpflege umfasst diejenigen Pflegehandlungen, welche der Unterstützung oder der Ersetzung von elementaren Aktivitäten des täglichen Lebens des Pflegebedürftigen dienen und vom Pflegebedürftigen selbst nicht mehr erbracht werden können (s.o. unter B.II.4.a)).

291 *Udsching*, in: Spickhoff, Medizinrecht, § 14 SGB XI, Rn. 11; *Wagner*, in: Hauck/Noftz, SGB XI, § 14, Rn. 55. Eine grobe Zuordnung lässt sich durch die Zuweisung der Behandlungspflege zum medizinischen Bereich vornehmen. Zur Behandlungspflege zählen Tätigkeiten mit medizinischem Charakter, die im Rahmen eines Behandlungsplans ärztlich verordnet und beaufsichtigt werden müssen und durch medizinisches Fachpersonal vorgenommen werden. Im Gegensatz dazu sind unter Grundpflege solche Verrichtungen zu fassen, welche der Pflegebedürftige üblicherweise selbst ausführt, für die also keine medizinische Fachkunde erforderlich ist, vgl. *Klie*, in: Klie/Krahmer, LPK-SGB XI, vor §§ 14-19, Rn. 8; *Mrozynski*, in: Wannagat, SGB, § 37 SGB V, Rn. 24 f.

292 BSGE 94, 205 (210); vgl. auch *Roller*, Pflegebedürftigkeit, S. 132; *Wagner*, in: Hauck/Noftz, SGB XI, § 14, Rn. 55.

293 *Udsching*, in : Spickhoff, Medizinrecht, § 14 SGB XI, Rn. 11.

294 *Klie*, in: Klie/Krahmer, LPK-SGB XI, vor §§ 14-19, Rn. 8.

B. Begründung

Leistungspflicht der Pflegekassen in den Fällen der § 13 Abs. 2 und § 34 Abs. 2 SGB XI soll Doppelleistungen vermeiden, wenn Pflegebedürftigkeit i.S.v. § 14 SGB XI und Krankheit gleichzeitig vorliegen.[295] Eine Aufweichung erfuhr diese Regelung durch den Erlass der § 15 Abs. 3 S. 2 SGB XI und § 37 Abs. 2 S. 1 2. Hs. SGB V, angestoßen durch das Kompressionsstrumpf-Urteil des Bundessozialgerichts.[296] Danach können Maßnahmen der Behandlungspflege, welche mit der Grundpflege untrennbar zusammenhängen, sowohl gegenüber der Krankenkasse geltend gemacht als auch bei der Bemessung des Pflegebedarfs berücksichtigt werden.[297] Umfasst sind nach der Legaldefinition des § 15 Abs. 3 S. 3 SGB XI Maßnahmen, bei denen der behandlungspflegerische Hilfebedarf untrennbarer Bestandteil einer Verrichtung nach § 14 Abs. 4 SGB XI ist oder mit einer solchen Verrichtung notwendig in einem unmittelbaren zeitlichen und sachlichen Zusammenhang steht.[298]

Zusammenfassend ist zu sagen, dass der Grundsatz der Trennung von Grund- und Behandlungspflege eine genaue Abgrenzung der Pflegeleistungen und Zuständigkeiten nicht leisten kann.[299] Eigentlich integrierte und zusammengehörende Pflegehandlungen werden dadurch ohne pflegewissenschaftlich zu begründende Argumente separiert.[300] Diese Trennung ist insbesondere auch unter dem Gesichtspunkt wenig einleuchtend, dass im Rahmen der stationären Pflege die Behandlungspflege seit Inkrafttreten des Ersten Gesetzes zur Änderung des Elften Buches Sozialgesetzbuch von der Pflegeversicherung zu übernehmen ist.[301] Behandlungspflegerische Leistungen werden den Pflegeheimen über den pauschalen Leistungsbetrag (§ 43 Abs. 2 SGB XI) vergütet. Der Umfang des tatsächlichen Aufwandes

---

295 *Baumeister*, VSSR 2000, 399 (409); *Igl*, VSSR 1999, 305 (313); *Knittel*, in: Krauskopf, SozKV, § 34 SGB XI, Rn. 5; *Udsching*, in: Spickhoff, Medizinrecht, § 14 SGB XI, Rn. 16; *ders.*, in: Udsching, SGB XI, § 14, Rn. 18.
296 BSGE 94, 192.
297 *Udsching*, in: Spickhoff, Medizinrecht, § 14 SGB XI, Rn. 17.
298 BT-Drucks. 16/3100, S. 104; *Gebhardt*, in: Krauskopf, SozKV, § 14 SGB XI, Rn. 20 f.; *Hellkötter*, in: Hänlein/Kruse/Schuler, LPK-SGB V, § 37, Rn. 27; *Koch*, in: KassKomm, § 14 SGB XI, Rn. 15; *Nolte*, in: ebda., § 37 SGB V, Rn. 23 h; *Udsching*, in: Udsching, SGB XI, § 14, Rn. 18 f.
299 *Bieback*, VSSR 1999, 251 (258); *Horz*, VSSR 1999, 275 (291); *Udsching*, in: Udsching, SGB XI, § 14, Rn. 18.
300 *Bieback*, VSSR 1999, 251 (258); *Klie*, in: Klie/Krahmer, LPK-SGB XI, vor §§ 14-19, Rn. 6.
301 *Bieback*, VSSR 1999, 251 (258 f.); BT-Drucks. 13/4688, S. 2; *Picard*, DOK 1996, 248 (252); *Udsching*, VSSR 1996, 271 (282).

wird dabei nicht für jeden Bewohner gesondert ermittelt, zumal eine Berücksichtigung der Behandlungspflege im Feststellungsverfahren nur relevant wird, sofern es sich um verrichtungsbezogene Behandlungspflege handelt.[302] Es erfolgt also weder eine gesonderte, angemessene Vergütung dieser Leistungen noch wird der individuelle Hilfebedarf an Behandlungspflege bei der Festsetzung der Pflegestufe einbezogen. Da diese Bedarfe im Feststellungsverfahren nicht berücksichtigungsfähig sind, ergibt sich daraus indirekt eine unzureichende Errechnung des benötigten Personals im Rahmen der Pflegesatzverhandlungen.[303] Systemische Mängel in der Organisation der Versicherungszweige verstärken somit im Ergebnis den ohnehin schon gravierenden Personalmangel.

cc) Stellungnahme

Eine klare Trennung der Sozialversicherungszweige und die damit erstrebte Eigenständigkeit konnten nicht erreicht werden. Auch die Vorteile, die sich der Gesetzgeber von der organisatorischen Anbindung der Pflege- an die Krankenkassen erhofft hatte, blieben aus. Die Abspaltung verhindert eine ganzheitliche Pflege und die integrative Behandlung der Pflegebedürftigen.[304] Gerade wegen der materiell engen Verknüpfung von Pflegebedürftigkeit und Krankheit hat sich die Schaffung der Pflegeversicherung als eigenständiger Sozialversicherungszweig als systemwidrig erwiesen. Die wettbewerbsorientierte Konzipierung der Krankenkassen läuft der Pflegeversicherung als Einheitsversicherung systematisch zuwider und schafft wirtschaftliche Fehlanreize. Die gescheiterte Umsetzung des Vorrangs von Prävention und medizinischer Rehabilitation ist unmittelbare Folge dieser Fehlsteuerung. Durch den Missbrauch der Pflegeversicherung als „Verschiebebahnhof" werden Effizienz und Effektivität der Pflege zu Lasten der Pflegebedürftigen gemindert.[305] Die aufgezeigten Missstände und ihre Folgen für die stationäre Altenpflege könnten durch die Zusammenlegung von Kranken- und Pflegekassen zumindest abgeschwächt werden. Angesichts

---

302 *Udsching*, in: Udsching, SGB XI, § 43, Rn. 13.
303 *Risse/Beck*, Behandlungspflege, S. 2 f. Zum Pflegesatzverfahren siehe ausführlich unten unter B.II.4.c)aa).
304 *Gerlinger/Röber*, Pflegeversicherung, S. 145 f.
305 *Wasem*, in: Schulin (Hrsg.), HS-PV, § 2, Rn. 102.

B. Begründung

der ohnehin schon bestehenden organisatorischen Verknüpfung dürften einer Zusammenlegung keine größeren Hürden entgegenstehen.

c) Personalbedarf

Sowohl die oben aufgeführten Studien als auch die Pflegequalitätsberichte des Medizinischen Dienstes des Spitzenverbandes Bund der Krankenkassen belegen einen erheblichen Personalmangel in den stationären Pflegeeinrichtungen.[306] Die personelle Unterbesetzung betrifft neben der unzureichenden Betreuungsrelation auch die Fachkraftquote in den Pflegeheimen. Die Suche nach den Ursachen für diese Missstände hat von der gesetzlichen Normierung der Personalausstattung in Pflegeheimen auszugehen, welche sich neben der Heimpersonalverordnung[307] insbesondere aus dem Elften Buch Sozialgesetzbuch ergibt. Sofern in einer stationären Pflegeeinrichtung mehr als vier Pflegebedürftige zu versorgen sind, schreibt § 5 HeimPersV eine Fachkraftquote von 50 % vor. Diese Anforderungen stellen den Mindeststandard dar und dürfen nicht unterschritten werden. Ein bundesweit einheitlicher, verbindlicher Personalschlüssel entbehrt dagegen bislang einer normativen Regelung.

aa) Verfahren zu Ermittlung des Personalbedarfs

Der Personalbedarf wird über die Vereinbarungen der Rahmenverträge nach § 75 Abs. 2 S. 1 Nr. 3, Abs. 3 SGB XI ermittelt, die im Rahmen der Pflegesatzverhandlungen gemäß § 84 Abs. 5 SGB XI je nach Bedarf des jeweiligen Pflegeheimes konkretisiert werden.[308] Der Zusammenhang zwischen Per-

---

306 Vgl. oben unter B.I.3.d) und e).
307 Mit der Föderalismusreform ging die Gesetzgebungskompetenz für ordnungsrechtliche Vorschriften des Heimrechts auf die Länder über. Während die meisten Bundesländer ein eigenes Heimgesetz erlassen haben, geschah dies für die zugehörigen Verordnungen nur vereinzelt. Die Heimpersonalverordnung behält in diesen Fällen ihre Gültigkeit. Soweit die Länder Verordnungen über die Personalausstattung erlassen haben, stellen diese im Wesentlichen keine schärferen Anforderungen als die Heimpersonalverordnung (Bsp. § 15 BayAVPfleWoqG). Vgl. hierzu ausführlich unten unter B.III.6.b) sowie schon oben unter Fn. 244.
308 *Udsching*, in: Udsching, SGB XI, § 75, Rn. 7; *Vogel/Schmäing*, in: Klie/Krahmer, LPK-SGB XI, § 84, Rn. 22.

sonalbedarfsermittlung und Vergütung der Pflegeheime ist im Folgenden näher zu betrachten.

Die Pflegeheime erhalten nach § 82 Abs. 1 S. 1 SGB XI eine leistungsgerechte Vergütung der allgemeinen Pflegeleistungen (Pflegevergütung), ein angemessenes Entgelt für Unterkunft und Verpflegung sowie Investitionsaufwendungen.[309] Die Pflegevergütung umfasst die Vergütung aller für die Versorgung der Pflegebedürftigen nach Art und Schwere ihrer Pflegebedürftigkeit erforderlichen Pflegeleistungen (§ 84 Abs. 4 S. 1 SGB XI). Darin eingeschlossen sind die pflegebedingten Aufwendungen sowie die Aufwendungen für die soziale Betreuung und medizinische Behandlungspflege (§§ 43 Abs. 2 S. 1, 82 Abs. 1 S. 3 SGB XI).[310] Die Pflegevergütung wird nach dem Vereinbarungsprinzip im Wesentlichen durch die Rahmenverträge auf Landesebene (§ 75 SGB XI) und die individuelle Aushandlung der Pflegesätze nach den Grundsätzen der §§ 84, 85 SGB XI festgesetzt.[311]

Die Rahmenverträge (§ 75 SGB XI) regeln Art, Inhalt und Umfang der pflegerischen Versorgung sowie die Grundsätze der Vergütung in den Altenpflegeheimen verbindlich. Sie schaffen so einen Rahmen für die in Einzelverträgen individuell zu vereinbarenden Pflegesätze. Die Rahmenverträge werden zwischen den Landesverbänden der Pflegekassen und den Trägervereinigungen der stationären Pflegeeinrichtungen geschlossen.[312] Darin enthalten sind gemäß § 75 Abs. 2 S. 1 Nr. 3 SGB XI Maßstäbe und Grundsätze für eine wirtschaftliche und leistungsbezogene, am Versorgungsauftrag orientierte personelle Ausstattung, welche durch § 75 Abs. 3 SGB XI

---

309 *Neumann*, in: Schulin (Hrsg.), HS-PV, § 22, Rn. 6; *Schütze*, in: Udsching, SGB XI, § 82, Rn. 2. Während für den Pflegebetrieb an sich die Pflegekassen aufkommen sollen, hat der Pflegebedürftige die Kosten für Unterkunft und Verpflegung selbst zu tragen. Aufwendungen für den Aufbau und Ausbau der Pflegeinfrastruktur und Investitionskosten tragen die Länder, wobei eine Umlegung dieser Kosten auf die Heimbewohner gemäß § 82 Abs. 4 S. 1 SGB XI möglich ist, sofern keine Förderung nach Landesrecht vorgesehen ist.
310 *Gürtner*, in: KassKomm, § 82 SGB XI, Rn. 5.
311 *Vogel/Schmäing*, in: Klie/Krahmer, LPK-SGB XI, § 84, Rn. 5 ff. Darüber hinaus enthält schon der Versorgungsvertrag (§ 72 SGB XI) Festlegungen zu Inhalt und Umfang der allgemeinen Pflegeleistungen und kann insbesondere hinsichtlich der vorzuhaltenden Personalausstattung einen Korridor vorgeben, vgl. *Gürtner*, in: KassKomm, § 84 SGB XI, Rn. 13; *Plantholz/Schmäing*, in: Klie/Krahmer, LPK-SGB XI, § 72, Rn. 7 ff.
312 *Plantholz*, in: Klie/Krahmer, LPK-SGB XI, § 75, Rn. 5 ff.

B. Begründung

weiter konkretisiert werden.[313] Die Personalausstattung ist entweder durch den Einsatz landesweiter Verfahren zur Ermittlung des Personalbedarfs bzw. zur Ermittlung der Pflegezeiten[314] oder durch landesweite Personalrichtwerte[315] festzulegen (§ 75 Abs. 3 S. 1 SGB XI). Die Pflegesätze werden zwischen den Einrichtungsträgern und den Pflegekassen im Rahmen der Pflegesatzverhandlungen individuell und prospektiv vereinbart. Grundlage dieser Verhandlungen ist der geschätzte voraussichtliche Versorgungsbedarf.[316] Der Pflegesatz stellt eine Pauschalvergütung dar, durch welche der gesamte Pflegeaufwand eines Heimbewohners an den Einrichtungsträger vergütet werden soll.[317] Die Höhe der Pflegesätze ermittelt sich dabei nach

---

313 *Leitherer*, in: KassKomm, § 75 SGB XI, Rn. 18 a; *Plantholz*, in: Klie/Krahmer, LPK-SGB XI, § 75, Rn. 18, 26.

314 Die in § 75 Abs. 3 S. 1 Nr. 1 SGB XI enthaltene Regelung zur Einführung einheitlicher landesweiter Personalermittlungsverfahren konnte noch nicht in die Praxis umgesetzt werden. Das in einigen Bundesländern erprobte Personalbemessungsverfahren „PLAISIR", das auch international in der Praxis angewendet wird, konnte sich in Deutschland nicht etablieren. Dessen Erprobung in deutschen Pflegeheimen ergab erwartungsgemäß einen höheren Personalbedarf, als derzeitig Pflegekräfte in den Heimen beschäftigt sind. Bei einer Umsetzung würden wesentlich höhere Kosten durch das zusätzlich benötigte Personal auf die ohnehin finanziell knapp ausgestatteten Pflegekassen zukommen. Letztendlich scheiterte die Einführung von PLAISIR 2004 an erfolglosen Vertragsverhandlungen mit den kanadischen Rechteinhabern, vgl. *Gerlinger/Röber*, Pflegeversicherung, S. 101; *Hennecke*, in: KDA (Hrsg.), Pflegezeitbedarf, 44 (50); *MASGV-SW*, Plaisir, S. 4; *Plantholz*, in: Klie/Krahmer, LPK-SGB XI, § 75, Rn. 26.

315 Die Festsetzung des Personalbedarfs durch Richtwerte erfolgt dabei durch die Bestimmung von Höchstwerten oder anhand eines Korridors. Enthalten sein müssen in diesen Personalrichtwerten die Betreuungsrelation zwischen Pflegeheimbewohner und –personal sowie der Anteil an Fachkräften am Pflegepersonal (§ 75 Abs. 3 S. 4 SGB XI) (*Schütze*, in: Udsching, SGB XI, § 75, Rn. 7). Diese Personalrichtwerte entfalten zwar grundsätzlich Verbindlichkeit, sind aber bei den Pflegesatzvereinbarungen anzupassen, wenn besondere Gegebenheiten in einzelnen Einrichtungen dies erfordern (*Plantholz*, in: Klie/Krahmer, LPK-SGB XI, § 75, Rn. 26; *Schütze*, in: Udsching, SGB XI, § 75, Rn. 7).

316 Die Pflegesatzverhandlungen können zur Vereinfachung an landesweit oder regional agierende Pflegesatzkommissionen (bestehend aus den Landesverbänden der Pflegekassen, den Sozialhilfeträgern sowie der Vereinigung der Pflegeheimträger) übertragen werden, welche die Verhandlungen für ihre Mitglieder übernehmen und einheitliche Pflegesätze aushandeln: *Gürtner*, in: KassKomm, § 86 SGB XI, Rn. 3; *Knittel*, in: Krauskopf, SozKV, § 86 SGB XI, Rn. 2 ff.).

317 *Reimer*, in: Hauck/Noftz, SGB XI, § 84, Rn. 4; *Schütze*, in: Udsching, SGB XI, § 84, Rn. 3. Enthalten sind darin neben allgemeinen Pflegemaßnahmen auch Leistungen der medizinischen Behandlungspflege sowie solche der sozialen Betreuung.

den Bemessungsgrundsätzen des § 84 Abs. 2 SGB XI. Danach müssen die Einrichtungsträger basierend auf dem individuellen Versorgungsaufwand der Bewohner dergestalt leistungsgerecht vergütet werden, dass es ihnen bei wirtschaftlicher Betriebsführung möglich ist, ihren Versorgungsauftrag zu erfüllen.

Der individuelle Pflege- und Betreuungsbedarf der Heimbewohner wird anhand von Pflegeklassen festgelegt, welche sich an der Aufteilung der Pflegestufen nach § 15 SGB XI orientieren.[318] Die Pflegestufen bilden für die Festlegung der Pflegeklassen zwar nur eine Richtschnur, von der im Einzelfall nach gemeinsamer Beurteilung durch den Medizinischen Dienst und der Pflegeleitung des Pflegeheimes abgewichen werden kann. Dies gilt jedoch gerade nicht in Bezug auf einen Zusatzbedarf bei der medizinischen Behandlungspflege oder bei besonderem Betreuungs- und Beaufsichtigungsbedarf.[319] Um eine leistungsgerechte Vergütung ermitteln zu können, hat die Pflegeeinrichtung ihre voraussichtlichen Gestehungskosten plausibel darzulegen. Diese müssen einem Vergütungsvergleich mit anderen Einrichtungen innerhalb eines bestimmten Bezirks standhalten.[320]

Zentraler Regelungsgegenstand der Pflegesatzverhandlungen ist die Festlegung der wesentlichen Leistungs- und Qualitätsmerkmale der stationären Pflegeeinrichtung (§ 84 Abs. 5 S. 1 SGB XI). Neben dem voraussichtlich zu versorgenden Personenkreis zählt hierzu insbesondere der vorzuhaltende Personalbedarf (§ 84 Abs. 5 S. 2 Nr. 2 SGB XI). Die personelle Ausstattung wird nach Berufsgruppen gegliedert und kann als feste Größenordnung, Mindestausstattung oder Korridor festgelegt sein.[321] Problematisch bei der Bestimmung des Personalbedarfs ist die starke Ausrichtung an den Pflegeklassen, die grundsätzlich den Pflegestufen der Heimbewohner entsprechen. Hier setzt sich die Problematik des stark verrichtungsbezogenen Pflegebedürftigkeitsbegriffs fort: Zeitaufwändige Hilfestellungen zur medizinischen

---

318 *Brünner*, Vergütungsvereinbarungen, S. 185; *Hastedt*, in: Schmidt et al. (Hrsg.), Versorgung, 91 (93); *Reimer*, in: Hauck/Noftz, SGB XI, § 84, Rn. 17 f.
319 *Neumann*, SGb 2001, 405 (406 f.); *Udsching*, in: Spickhoff, Medizinrecht, § 84 SGB XI, Rn. 7; *Vogel/Schmäing*, in: Klie/Krahmer, LPK-SGB XI, § 84, Rn. 11 ff.
320 BSGE 102, 227 (227 ff.); vgl. auch *Böttiger/Clemens*, in: Prütting, Medizinrecht, § 84 SGB XI, Rn. 12 ff.; *Udsching*, in: Spickhoff, Medizinrecht, § 84 SGB XI, Rn. 5.
321 *Vogel/Schmäing*, in: Klie/Krahmer, LPK-SGB XI, § 84, Rn. 22. Insbesondere darf von den Personalvorgaben der Landesrahmenverträge abgewichen werden, sofern dies im Einzelfall gerechtfertigt ist.

B. Begründung

Behandlungspflege (mit Ausnahme der verrichtungsbezogenen Behandlungspflege) sowie ein etwaiger besonderer Betreuungs- und Beaufsichtigungsbedarf bleiben außer Betracht. Der so berechnete voraussichtliche Personalbedarf bleibt weit hinter dem eigentlich zur angemessenen Versorgung der Heimbewohner Erforderlichen zurück. Die einbezogenen Hilfebedarfe decken allenfalls die Grundpflege der Bewohner ausreichend ab.

Die Personalknappheit in den Heimen ist daneben auf die unzureichende Vergütung der Einrichtungen durch die Pflegekassen zurückzuführen. Die Vergütung der Pflegeheime soll leistungsgerecht bemessen sein und den Einrichtungen die Erfüllung des Versorgungsauftrages bei wirtschaftlicher Betriebsführung ermöglichen (§§ 82 Abs. 1 S. 1 Nr. 1, 84 Abs. 2 S. 1, 4 SGB XI). Ob sich leistungsgerechte Pflegesätze überhaupt an Marktwerten orientieren können, ist jedoch in Zweifel zu ziehen. Dies würde voraussetzen, dass die Pflege einem Marktwettbewerb zugängig, also von Angebot und Nachfrage bestimmt ist.[322] Dies ist aber nicht der Fall. Der Pflegefall tritt regelmäßig überraschend und plötzlich ein, sodass unter Zeitdruck ein Anbieter ausgewählt wird. Das intransparente Preis-Leistungs-Verhältnis erschwert den Vergleich verschiedener Pflegeeinrichtungen zusätzlich.[323] Sofern der Pflegebedürftige bzw. dessen Angehörige mehrere Pflegeeinrichtungen in Betracht ziehen, fällt die Wahl letztendlich häufig auf das kostengünstigste Pflegeheim. Der Marktpreis der Pflegeleistung kann folglich im Pflegebereich keinen Maßstab für die gesetzlich geforderte leis-

---

[322] *Bröcheler*, SozialR aktuell 2002, 17 (18); *Neumann/Bieritz-Harder*, Pflegevergütung, S. 22. Die Pflegebedürftigen müssten durch die Nachfrage Einfluss auf die Kosten für die Pflegeleistungen ausüben können. Es mangelt hier aber schon an der Eigenschaft der Pflegebedürftigen als Zahler. Zwar ist die Pflegeversicherung als Teilkaskoversicherung ausgestaltet; dennoch übernimmt die Pflegekasse die pflegebedingten Aufwendungen im Falle eines Heimaufenthaltes für die Pflegestufen I und II im Regelfall vollständig. Darüber hinaus ist eine freie Wahlmöglichkeit der Pflegebedürftigen zwischen den verschiedenen Pflegeleistungen nur sehr eingeschränkt gegeben. Dies liegt zum einen am beschränkten Marktzugang der Leistungserbringer, die zunächst den Abschluss eines Versorgungsvertrages voraussetzt. Eine direkte Nachfrage der Pflegebedürftigen bei den Leistungserbringern findet nicht statt. Vielmehr werden Leistungen erst nach Bewilligung durch die Pflegekassen erbracht. Zum anderen ist das Angebot an Pflegeleistungen bislang nicht in einer Bandbreite aufgestellt, die einem regulären Marktwettbewerb entsprechen würde, vgl. *Gerlinger/Röber*, Pflegeversicherung, S. 78, 94; *Neumann*, SGb 2001, 405 (408 f.); *ders./Bieritz-Harder*, Pflegevergütung, S. 23 f.

[323] *Gerlinger/Röber*, Pflegeversicherung, S. 78; *Neumann/Bieritz-Harder*, Pflegevergütung, S. 24.

tungsgerechte Vergütung bilden. Konsequenterweise vermeiden die Leistungserbringer Preissteigerungen durch die Vereinbarung höherer Pflegesätze, um ihre Position auf dem Markt verteidigen zu können. Einsparungen werden dann zuvörderst in der Personalpolitik der Heimträger umgesetzt.[324] Dies entspricht zwar dem vom Gesetzgeber aufgestellten Grundsatz der Wirtschaftlichkeit (§ 4 Abs. 3 SGB XI) und vermag die Pflegebedürftigen vor willkürlichen Beträgen zu schützen. Dennoch ist der einerseits gesetzlich, andererseits selbst auferlegte Sparzwang der Qualität der Pflege abträglich. Die Personalkosten bilden den Großteil der Ausgaben der stationären Pflegeeinrichtungen. Bei wirtschaftlichem Druck werden Sparmaßnahmen mit hoher Wahrscheinlichkeit zunächst bei diesem Ausgabeposten durchgeführt. Diese Entwicklung sollte durch die vertraglich vereinbarten Personalrichtwerte gepaart mit der Verpflichtung der Einrichtungsträger, eine hinreichende personelle Ausstattung sicherzustellen (§ 84 Abs. 6 S. 1 SGB XI), verhindert werden.[325] Die Prävention von Personalmangel und unzulässigen Einsparungen bei der Personaldecke ist insofern vermeintlich auf legislativer Ebene abgesichert.

bb) Stellungnahme

Die gesetzlichen Regelungen zur Personalbedarfsermittlung im Rahmen des Pflegesatzverfahrens bewirken unmittelbar den Personalnotstand in den Pflegeheimen. Grund hierfür ist, dass dieses auf dem gesetzlichen Pflegebedürftigkeitsbegriff aufbaut. Pflegebedürftigkeit – und daran angelehnt die Einteilung der Pflegeklassen – wird anhand dieses Begriffs festgelegt. Wesentliche Bedürfnisse der Pflegebedürftigen bleiben hierbei außer Betracht. Wird der tatsächlich vorhandene Pflegebedarf zu gering bemessen, setzt sich dies bei der Ermittlung des benötigten Personals fort. Die personelle Unterbesetzung in den Pflegeeinrichtungen wurde wiederholt durch die Pflegequalitätsberichte des Medizinischen Dienstes des Spitzenverbandes Bund der Krankenkassen bestätigt. Offenbar vermag das gesetzliche Regelwerk kein wirksames Instrument zur Verhinderung derartiger Missstände zu bilden. Es ist, im Gegenteil, sogar eine gefährliche Praxis, den Personalbedarf

---

324 *Dane*, in: Schmidt/Thiele (Hrsg.), Konturen, 193 (195); *Vogel/Schmäing*, in: Klie/Krahmer, SGB XI, § 84, Rn. 9.
325 *Gürtner*, in: KassKomm, § 84 SGB XI, Rn. 15 f.; *Vogel/Schmäing*, in: Klie/Krahmer, LPK-SGB XI, § 84, Rn. 24.

B. Begründung

über die Vergütung festzulegen und somit ex ante aufgrund des knappen finanziellen Rahmens eine unterbesetzte Personaldecke zu bewirken. Die gesetzliche Vorgabe, in den Rahmenverträgen Grundsätze der personellen Ausstattung der Pflegeheime zu regeln, entweder in Form von landesweiten Verfahren zur Ermittlung des Personalbedarfs oder durch landesweite Personalrichtwerte (§ 75 Abs. 2 Nr. 3, Abs. 3 S. 1 SGB XI), wurde mangelhaft umgesetzt. Letztere sollten nach der Gesetzesbegründung nur vorläufig angewendet werden, bis ein anerkanntes Personalbemessungsverfahren gefunden ist.[326] Seit dem Scheitern der Einführung des Personalbemessungssystems PLAISIR[327] 2004 konnten jedoch keine nennenswerten Fortschritte in diesem Bereich erzielt werden.

Die Einführung verbindlicher und bundesweit eingesetzter Personalermittlungsverfahren ist unumgänglich. Die so voraussichtlich ermittelten höheren Bedarfe an Pflegepersonal und entsprechende Kostensteigerungen müssen trotz knapper Finanzressourcen der Pflegeversicherungen hingenommen werden. Denn anders kann den zuvor beschriebenen Pflegemängeln kein Einhalt geboten werden.

d) Qualität in der Pflege und Kontrolle der Pflegeeinrichtungen

aa) Qualität in der Pflege

(1) Gesetzliche Regelungen zur Sicherstellung der Qualität in der Pflege

Angestoßen durch die negative Berichterstattung der Medien über die defizitären Zustände in den Pflegeheimen wollte der Gesetzgeber mit Erlass des Pflege-Qualitätssicherungsgesetzes und dessen Fortentwicklung durch das Pflege-Weiterentwicklungsgesetz einen überprüfbaren Mindeststandard in der stationären Altenpflege schaffen.[328] Er verpflichtete die gemeinsame Selbstverwaltung der Pflegekassen und die Leistungserbringerverbände, Expertenstandards zu entwickeln und zu aktualisieren (§§ 113 Abs. 1 S. 1,

---

326 BT-Drucks. 14/5395, S. 29.
327 Siehe hierzu ausführlicher oben unter Fn. 314.
328 *Udsching*, SGb 2003, 133 (134); *ders*, in: Spickhoff, Medizinrecht, vor § 112 ff. SGB XI, Rn. 1.

113a Abs. 1 S. 1 SGB XI).[329] Diese Expertenstandards sind von allen Pflegeeinrichtungen verbindlich anzuwenden und bilden die Grundlage der Qualitätsprüfungen durch den Medizinischen Dienst der Krankenversicherung.[330] Nach dem Gesetzeswortlaut sollen Expertenstandards den allgemein anerkannten Stand von medizinisch-pflegerischen Erkenntnissen konkretisieren (§ 113a Abs. 1 S. 2 SGB XI). Sie können definiert werden als „professionell abgestimmtes Leistungsniveau [...], das dem Bedarf und den Bedürfnissen der damit angesprochenen Bevölkerung angepasst ist und Kriterien zur Erfolgskontrolle dieser Pflege mit einschließt. Expertenstandards geben die Zielsetzung komplexer, interaktionsreicher pflegerischer Aufgaben sowie Handlungsalternativen und Handlungsspielräume in der direkten [...] Bewohner-/Bewohnerinnenversorgung vor."[331]

Das gesetzliche Konzept der Qualitätssicherung in Pflegeeinrichtungen setzt sich aus einer Kombination interner und externer Maßnahmen zusammen.[332] Nach § 112 Abs. 1 S. 1 SGB XI obliegt den Einrichtungsträgern eigenverantwortlich die Aufgabe der Qualitätssicherung. Zu diesem Zweck müssen die Pflegeheime die Pflegequalität durch innerbetriebliche Maßnahmen weiterentwickeln und bei Qualitätsprüfungen mitwirken (§ 112 Abs. 2 S. 1 SGB XI).[333] Externe Aufgaben der Qualitätssicherung werden primär durch die Landesverbände der Pflegekassen sowie durch den Medizinischen Dienst der Krankenversicherung in Form von Qualitätsprüfungen (§ 114 Abs. 1 S. 1 SGB XI) übernommen.[334] Gefördert durch die Ministerien für Gesundheit sowie Familie, Senioren, Frauen und Jugend wurden Pflegequalitätsstandards bislang vom Deutschen Netzwerk für Qualitätsentwicklung in der Pflege (DNQP) sowie der Bundeskonferenz zur Qualitäts-

---

329 *Klie*, in: Klie/Krahmer, LPK-SGB XI, § 113, Rn. 4; *Udsching*, in: Spickhoff, Medizinrecht, vor § 112 SGB XI, Rn. 2 f. § 84 Abs. 5 S. 5 SGB XI erklärt überdies Qualitätsvereinbarungen mit den Einrichtungsträgern zu einem Teil der Pflegesatzvereinbarung.
330 *Geraets et al.*, BGesBl 2011, 185 (186); *Udsching*, in: Spickhoff, Medizinrecht, § 113a SGB XI, Rn. 1.
331 *DNQP*, Expertenstandards, S. 3, zit. in *Igl*, RsDE 67 (2008), 38 (43). Expertenstandards beruhen auf empirisch belegten Erkenntnissen, beinhalten die Definition von Pflegeproblemen und unterscheiden nach Bedarfslagen. Sie dienen als Instrument zur Bestimmung und Bewertung der Qualität von Pflegeleistungen: *BMFSFJ*, Heimaufsicht, S. 39; *Igl*, RsDE 67 (2008), 38 (43).
332 *Gerlinger/Röber*, Pflegeversicherung, S. 99.
333 *Klie*, in: Klie/Krahmer, LPK-SGB XI, § 112, Rn. 2.
334 *Gerliner/Röber*, Pflegeversicherung, S. 100.

B. Begründung

sicherung im Gesundheits- und Pflegewesen e.V. (BUKO-QS) erarbeitet. Das DQNP hat bislang sieben Expertenstandards für die Pflege, die BUKO-QS drei Qualitätsniveaus entwickelt.[335]

(2) Stellungnahme

Die Bemühungen um die Schaffung und Implementierung von Qualitätsstandards in der Pflege sind unbedingt begrüßenswert, wurden bislang aber nicht in einem annähernd zufriedenstellenden Maße in der Praxis umgesetzt, was der aktuelle Pflegequalitätsbericht belegt.[336] Ursache hierfür ist zum einen die bis dato geringe Zahl an formulierten Pflegestandards, welche man den Qualitätssicherungsmaßnahmen zugrunde legen könnte.[337] Begründet ist dieser Rückstand darin, dass die Pflege erst spät als Wissenschaft aufgegriffen wurde.[338] Problematisch ist zum anderen auch die Sicherstellung der Entwicklung dieser Standards durch die in § 113 Abs. 1 S. 1 SGB XI genannten Beteiligten. Qualitätsverbesserungen sind zumeist mit steigenden Ausgaben verbunden, was mit den wirtschaftlichen Interessen von Kostenträgern und Leistungserbringern nicht unbedingt vereinbar ist.[339]

Die Qualitätsprüfungen entbehren daher eines gesicherten Fundaments. Bedenklich stimmt auch die Aufgabenübertragung an die unmittelbar beteiligten Akteure. Zudem ist die knappe Finanzausstattung der Pflegeversicherung der Ausgestaltung und Durchsetzung von Qualitätsstandards nicht zuträglich. Um eine angemessene Versorgung der Pflegebedürftigen sicher-

---

335 *BMFSFJ*, 1. Bericht, S. 164; BT-Drucks. 16/7439, S. 83; *DNQP*, Expertenstandards, S. 1; *Igl*, RsDE 67 (2008), 38 (42). Es liegen bislang Expertenstandards für die Bereiche Dekubitusprophylaxe, Entlassungsmanagement, Schmerzmanagement, Sturzprophylaxe, Harninkontinenz, chronische Wunden und Ernährungsmanagement vor.
336 Dem 3. Pflegequalitätsbericht zufolge wurden die bestehenden Expertenstandards in den überprüften Pflegeheimen wie folgt umgesetzt: Dekubitusprophylaxe zu 84,0 %, Schmerzmanagement zu 79,3 %, Sturzprophylaxe zu 84,1 % (*MDS*, 3. Qualitätsbericht, S. 113 ff.). Im Bereich der Inkontinenzversorgung wurden die erforderlichen Maßnahmen nur zu 80 % getroffen. (ebda., S. 57). Chronische Wunden wurden nur zu 74,5 % nach dem aktuellen Stand des Wissens versorgt (ebda., S. 49). Der Ernährungszustand war lediglich bei 95,0 % der Untersuchten angemessen (ebda., S. 53). Siehe hierzu ausführlich oben unter B.I.3.e)bb).
337 *Aichele/Schneider*, Menschenrechte, 26 (45); *Igl*, SGb 2007, 381 (391).
338 *Igl*, SGb 2007, 381 (387).
339 *Gerlinger/Röber*, Pflegeversicherung, S. 103; *Igl*, RsDE 67 (2008), 38 (47 f.).

stellen und wirksame Kontrollmechanismen etablieren zu können, sollten unabhängige Gremien eingeschaltet werden.

bb) Kontrolle der Pflegeeinrichtungen

(1) Gesetzliche Ausgestaltung der Überprüfung der Pflegeeinrichtungen

Ein Mindeststandard an Qualität in der stationären Altenpflege kann sich auch deswegen nicht durchsetzen, weil die Pflegeheime nur mangelhaft kontrolliert werden. Die Überprüfung der Pflegeheime ist zwischen den Landesverbänden der Pflegekassen und den Heimaufsichtsbehörden aufgeteilt. Die Qualitätsprüfung nach § 114 Abs. 1 S. 1 SGB XI ist Aufgabe der Pflegekassen. Sie beauftragen den Medizinischen Dienst der Krankenversicherung mit der Durchführung dieser Prüfungen. Die Heimaufsichtsbehörden kontrollieren, ob die Anforderungen an den Pflegeheimbetrieb nach dem Heimgesetz eingehalten werden (§ 15 Abs. 1 S. 4 HeimG).[340] Die Zuständigkeitsbereiche von Heimaufsicht und Medizinischen Dienst der Krankenversicherung weisen zahlreiche Überschneidungen auf. Zwar konzentriert sich die Überwachung durch die Heimaufsicht in erster Linie auf die Prozess- und Strukturqualität, während der Medizinische Dienst vornehmlich die Ergebnisqualität prüft. Die gesetzlich normierten Anforderungen an den Betrieb eines Pflegeheimes umfassen jedoch auch Aspekte der Ergebnisqualität. Umgekehrt sind in den Qualitätsprüfungen des Medizinischen Dienstes auch Elemente der Prozessqualität enthalten.[341] Diese Doppelzuständigkeit soll durch die Verpflichtung beider Akteure zur Kooperation koordiniert werden (§ 117 Abs. 1 SGB XI, § 20 Abs. 1 HeimG).[342]

Zentrale Vorschriften zur Sicherstellung und Überprüfung der Einhaltung der Qualitätsstandards sind die §§ 114 und 114a SGB XI. Im Rahmen einer jährlichen Regelprüfung wird untersucht, ob die Pflegeeinrichtungen die gesetzlichen und vertraglichen Qualitätsanforderungen einhalten. Die Pfle-

---

340 Die Heimaufsicht ist in den meisten Bundesländern nunmehr in landeseigenen Heimgesetzen geregelt. Sofern ein Bundesland von seiner Gesetzgebungskompetenz keinen Gebrauch gemacht hat, behalten das Bundes-Heimgesetz sowie die Verordnungen zum Heimgesetz ihre Gültigkeit. Vgl. zur Landes-Heimgesetzgebung ausführlich unten unter B.III.6.b) sowie oben Fn. 244 und 307.
341 *Igl*, SGb 2007, 381 (391); *Richter*, GuP 2012, 56 (57 f.).
342 *Igl*, SGb 2007, 381 (384).

B. Begründung

gekassen sind daneben ermächtigt, die Heime bei Anlass- und Wiederholungsprüfungen vollständig zu kontrollieren, um der Beseitigung zuvor festgestellter Mängel nachzugehen (§ 114 Abs. 1, 2 SGB XI).[343] Ziel der Regelprüfung ist es, die Ergebnisqualität festzustellen. Gemeint ist hiermit insbesondere der Pflegezustand der Bewohner sowie die Wirksamkeit der Pflege- und Betreuungsmaßnahmen. Die Prüfung kann auf die Erfassung von Prozess- und Strukturqualität erweitert werden.[344] Sofern bei der Qualitätsprüfung Mängel festgestellt werden, setzen die Landesverbände der Pflegekassen und der zuständige Sozialhilfeträger geeignete Maßnahmen zur Mängelbeseitigung fest (§ 115 Abs. 2 S. 1 SGB XI).[345]

Aufgabe der Heimaufsicht ist es, die im Heimgesetz sowie dessen Verordnungen niedergelegten Qualitäts- und Schutzanforderungen durchzusetzen, deren Einhaltung zu überwachen und die Pflegeheime zu beraten (§§ 15 ff. HeimG).[346] Die Pflegeheime sollen nach § 15 Abs. 4 S. 1 HeimG mindestens einmal jährlich überprüft werden.[347] 2003 führten die Heimaufsichtsbehörden deutschlandweit etwa 16 000 Kontrollen durch, wobei 42 % aller Prüfungen unangemeldet und 36 % der Prüfungen anlassbezogen erfolgten.[348] Durchschnittlich waren die einzelnen Heimaufsichten im Jahr

---

343 *Bassen*, in: Udsching, SGB XI, § 114, Rn. 11; *Gerlinger/Röber*, Pflegeversicherung, S. 104.
344 Gemeint sind der Ablauf und die Durchführung der Leistungserbringung sowie die unmittelbaren Rahmenbedingungen der Leistungserbringung (§ 114 Abs. 2 S. 3, 4 SGB XI). Darüber hinaus wird dem Medizinischen Dienst der Krankenversicherung ein umfassendes Betretungsrecht von Räumlichkeiten und Grundstücken der Heimträger eingeräumt, auch im Fall von unangemeldeten Prüfungen. Gegenstand der Prüfung soll auch die Inaugenscheinnahme des Gesundheits- und Pflegezustandes der Heimbewohner sein, wozu auch Beschäftigte, Angehörige der Pflegebedürftigen sowie die Interessenvertretungen der Bewohner befragt werden dürfen (§ 114a Abs. 3 S. 1, 2 SGB XI).
345 Die Umsetzung dieser Maßnahmen muss innerhalb der gesetzten Frist erfolgen. Der Einrichtungsträger wird zuvor angehört. Sanktionsmöglichkeiten sind neben einer temporären Kürzung der Pflegevergütungen (§ 115 Abs. 3 S. 1 SGB XI) die Kündigung des Versorgungsvertrages mit der Pflegeeinrichtung (§ 115 Abs. 2 S. 2 SGB XI) oder – bei Feststellung schwerwiegender und kurzfristig nicht behebbarer Mängel – die Vermittlung der Bewohner in andere Pflegeeinrichtungen (§ 115 Abs. 4 S. 1 SGB XI). Zur Kritik an den Qualitätsprüfungen siehe ausführlich oben unter B.I.4.
346 *Klie*, Altenheim 1991, 420 (420).
347 Die Prüfdichte hat sich auch in den Landesregelungen nicht erhöht, vgl. unten unter B.III.6.b)bb).
348 *BMFSFJ*, 1. Bericht, S. 204.

2003 für 74 Einrichtungen mit 4512 Pflegeplätzen verantwortlich. Die Personalausstattung der Behörden belief sich im Durchschnitt auf drei bis vier Mitarbeiter, die überwiegend Verwaltungsberufen angehörten.[349] So übten über 58 % der Beschäftigten einen Verwaltungsberuf aus; weitere 17 % waren Sozialarbeiter und nur 14 % waren Pflegefachkräfte.[350] Die Dauer der Heimkontrollen variierte stark. Sie nahmen im Durchschnitt mit Vor- und Nachbereitung 25 Arbeitsstunden in Anspruch, reichten im Einzelfall aber von drei bis 100 Stunden.[351] Stellt die Heimaufsicht Mängel fest, hat sie die Heimträger vorrangig über Beseitigungsmöglichkeiten zu beraten (§ 16 Abs. 1 S. 1 HeimG).[352] Anordnungen nach § 17 HeimG können nur verhängt werden, wenn der Heimbetreiber festgestellte Mängel trotz Beratung nicht behebt. Voraussetzung einer solchen Anordnung ist also, dass bereits eine Beeinträchtigung der Bewohner eingetreten sein muss.[353] Eine unmittelbare Sanktionsmöglichkeit ist der Heimaufsicht hierdurch nicht eröffnet.

Findet die Heimaufsicht offensichtliche und gravierende Missstände vor, kann sie eine Untersagung des Heimbetriebs (§ 19 HeimG) aussprechen.[354] Dass dieses Mittel nur äußerst selten zum Einsatz kommt, ist auch auf dessen hohe rechtliche und organisatorische Hindernisse zurückzuführen.[355] Eine Verhängung von Geldbußen bei Ordnungswidrigkeiten nach § 21 HeimG ist bei einer entsprechend hohen Summe grundsätzlich ein geeignetes Instrumentarium, den Heimträger zum Handeln zu veranlassen.[356] Das Heimgesetz bietet diese Möglichkeit allerdings nur sehr eingeschränkt,

---

349 Ebda., S. 202; *BMFSFJ*, Heimaufsicht, S. 152 ff.; *Schmitz/Schnabel*, NDV 2006, 170 (173).
350 *BMFSFJ*, Heimaufsicht, S. 167; *Schmitz/Schnabel*, NDV 2006, 170 (175).
351 *BMFSFJ*, Heimaufsicht, S. 110; *Igl*, SGb 2007, 381 (391).
352 *Kunz/Butz/Wiedemann*, HeimG, § 16, Rn. 1. Der beratungsorientierte Ansatz wurde auch von den Ländern in die Heimgesetzgebung übernommen, vgl. nur Art. 12 PfleWoqG (Bayern), § 10 SächsBeWoG (Sachsen).
353 *BMFSFJ*, Heimaufsicht, S. 129; *Kunz/Butz/Wiedemann*, HeimG, § 17, Rn. 1.
354 Die Möglichkeit der Untersagung des Heimbetriebs sehen nunmehr auch die Heimgesetze der Länder vor, Bsp. Art. 15 PfleWoqG (Bayern), § 13 NHeimG (Niedersachsen).
355 *Aichele/Schneider*, Menschenrechte, 26 (47); *BMFSFJ*, Heimaufsicht, S. 131; *Kunz/Butz/Wiedemann*, HeimG, § 19, Rn. 1.
356 *BMFSFJ*, Heimaufsicht, S. 132.

B. Begründung

da in erster Linie administrative Fehlverhalten sanktioniert werden können.[357]

(2) Stellungnahme

Aus den genannten Zahlen geht deutlich hervor, dass die im Durchschnitt personell knapp ausgestatteten Heimaufsichten ein enormes und kaum zu leistendes Arbeitspensum bewältigen müssen. Eine bessere personelle Ausstattung der Heimaufsicht ist daher dringend nötig.[358] Ferner ist der Anteil an unangemeldeten Kontrollen mit unter 50 % offensichtlich unzureichend, um Mängel umfassend aufzudecken.[359] Angemeldete Prüfungen mögen zwar ein intensiveres Studium von Kostenrechnungen und Effizienz des Pflegeheimes ermöglichen. Den Einrichtungsträgern wird so aber die Möglichkeit eröffnet, sich auf die Kontrolle durch die Heimaufsicht einzustellen und gezielt Mängel zu beseitigen. Insbesondere können Pflegedokumentationen berichtigt und ausreichend Personal zum Kontrolltermin organisiert werden, wo ansonsten ein Personalmangel offen gelegt würde. Problematisch ist auch die geringe Quote an Prüfern mit pflegefachlicher Ausbildung. Diese sind mit den Abläufen im Pflegeheim vertraut und können den Zustand der Bewohner sowie die Pflegequalität wahrscheinlich besser als Fachfremde einschätzen. Es ist daher zu vermuten, dass sich die ohnehin seltenen Kontrollen eher oberflächlich gestalten. Rund 27 % der Überprüfungen werden von einer einzelnen Person durchgeführt.[360] Komplexe Abläufe sowie problematische Situationen können bei Überprüfungen durch eine Einzelperson nicht vollumfänglich erfasst werden. Der aufgrund des hohen Arbeitspensums nur knapp bemessene zeitliche Rahmen, der den Heimauf-

---

357 Ähnliche Sanktionsmöglichkeiten finden sich in den Heimgesetzen der Bundesländer, vgl. Art. 23 PfleWoG (Bayern), § 23 HGBP (Hessen), § 16 LHeimGS (Saarland).
358 *Klie*, Altenheim 1991, 420 (424); *Kunz/Butz/Wiedemann*, HeimG, § 15, Rn. 21; *Sunder/Konrad*, NDV 2002, 52 (55).
359 Die seit 2006 erlassene Heimgesetzgebung der Länder variiert in Bezug auf die vorherige Anmeldung von Kontrollen. Zumeist ist angeordnet, dass die Überprüfung der Heime grundsätzlich unangemeldet zu erfolgen hat (Bsp. Bayern, Hamburg, Hessen, Saarland, Sachsen-Anhalt). Berlin und Brandenburg beispielsweise überlassen es der Entscheidung der Heimaufsichtsbehörden, ob die Kontrollen angemeldet oder unangemeldet stattfinden. Siehe dazu auch unten unter B.III.6.b)bb).
360 *BMFSFJ*, Heimaufsicht, S. 167; *Schmitz/Schnabel*, NDV 2006, 170 (175).

sichtsbehörden für die Kontrollen zur Verfügung steht, verstärkt dies noch.[361]

Die angeführten Punkte machen deutlich, dass die Einhaltung eines Mindeststandards an Qualität in stationären Pflegeeinrichtungen nicht stringent und nachhaltig überprüft wird. Dabei wäre dies für eine wirksame Kontrolle dringend notwendig. Die Kontrolle der Pflegeheime sollte ausschließlich unangemeldet erfolgen. Zudem sollten die Überprüfungen – unter Aufstockung der Personaldecke bei den Heimaufsichten und den Medizinischen Diensten der Krankenversicherung – sowohl mehrmals jährlich, als auch zu verschiedenen Tageszeiten erfolgen. Den Kontrolleuren sollten scharfe, unbürokratische Sanktionsmöglichkeiten an die Hand gegeben werden. Die Einrichtungsträger werden durch die Kontrollpraxis der Heimaufsicht und des Medizinischen Dienstes der Krankenversicherung keineswegs zur konsequenten Einhaltung eines Mindeststandards in der Pflege angehalten. Angekündigte, nur jährlich stattfindende Kontrollen ohne einschneidende Sanktionsmöglichkeiten motivieren die Verantwortlichen geradezu zur Aufrechterhaltung der geübten Betriebspraxis.

e) Personalmangel und Ausbildung

Die Personalausstattung der stationären Einrichtungen der Altenpflege ist unzureichend. Insbesondere Pflegefachkräfte werden benötigt. Der demografische Wandel lässt noch eine Verschärfung dieser Problematik erwarten, da die Überalterung der Gesellschaft zugleich einen steigenden Bedarf an professionellen Pflegeleistungen hervorruft.[362] Nach Angaben des Statistischen Bundesamtes ist im Jahr 2025 mit rund 157 000 fehlenden Pflegefachkräften zu rechnen.[363]

Angesichts der schlechten Arbeitsbedingungen ist ein Rückgang der Ausbildungszahlen in der Altenpflege nicht verwunderlich.[364] Dem Fachkräftemangel kann nur entgegen gesteuert werden, wenn das Berufsbild des Altenpflegers attraktiver wird. Vor allem muss sichergestellt werden, dass der

---

361 *Klie*, Altenheim 1991, 420 (422); *Schmitz/Schnabel*, NDV 2006, 170 (177).
362 *DGB*, Arbeitsmarkt 2011, 1 (2); *DGB-Bundesvorstand*, SozSich 2011, 103 (104); *Paquet*, SozSich 2011, 384 (385 f.).
363 *Afentakis/Maier*, Wirtschaft 2010, 990 (998).
364 Zu den Arbeitsbedingungen in der Altenpflege siehe ausführlich oben unter B.II. 3.a),b) und f).

B. Begründung

Pflegeberuf durch persönlich geeignete Personen ergriffen wird und nicht bloß als letzter Ausweg aus der Arbeitslosigkeit dient.[365] Entscheidend wird daher sein, die Arbeitsbedingungen in der Pflege zu verbessern, eine leistungsgerechte Vergütung der Pflegefachkräfte zu erreichen sowie mehr kostenfreie Ausbildungskapazitäten[366] zu schaffen.[367] Daneben müssen dringend die Ausbildungsinhalte angepasst werden, um die angehenden Pflegefachkräfte besser auf ihre Tätigkeit vorzubereiten.[368] Die chronische Unterfinanzierung der Pflegeversicherung zeigt ihre Auswirkungen sowohl in den Arbeitsbedingungen des Pflegepersonals als auch in der Berufsausbildung. Die aufgezeigten Optionen für eine Unterbrechung dieser Abwärtsspirale sind in letzter Konsequenz mit höheren Ausgaben der Pflegekassen verbunden.

f) Finanzstrukturelle Probleme

Die Finanzierung der Pflegeversicherung fußt nach § 54 Abs. 1 SGB XI – neben sonstigen Einnahmen – in erster Linie auf einer paritätischen Beitragszahlung durch Arbeitnehmer und -geber. Der Beitragssatz beträgt seit der Erhöhung durch das Pflege-Neuausrichtungs-Gesetz 2,05 %, wobei Kinderlose mit einem Zuschlag von 0,25 % belastet werden. Die Ausgaben sowie Verwaltungskosten der Pflegeversicherung werden im Wege des Umlageverfahrens durch laufende Einnahmen finanziert.[369] Während die Pflegeversicherung in den ersten Jahren ihres Bestehens noch Überschüsse erwirtschaftete, wurde die Finanzlage seit dem Jahr 2000 zunehmend instabil

---

365 *DGB*, Arbeitsmarkt 2011, 1 (4); *DGB-Bundesvorstand*, SozSich 2011, 103 (104); *Paquet*, SozSich 2011, 384 (388).
366 Der Gesetzgeber hat die Ausbildung zum Altenpfleger mit Neufassung des Altenpflegegesetzes 2003 gesetzlich geregelt. Fragen der Ausbildungsfinanzierung wurden in erheblichem Umfang auf die Länder übertragen, sodass die Finanzierungsmodalitäten in den Bundesländern nunmehr divergieren. Privaten Schulträgern steht die Möglichkeit der Erhebung eines Schulgeldes offen, sofern die Finanzierung durch die Länder nicht ausreicht, vgl. *DGB*, Arbeitsmarkt 2011, 1 (3 f.). Die Anhebung der Ausbildungskapazitäten könnte durch eine Umlagefinanzierung unter Beteiligung der Pflegeversicherung erreicht werden: *BKK*, BKK 2011, 589 (590); *DGB-Bundesvorstand*, SozSich 2011, 103 (106).
367 *BKK*, BKK 2011, 589 (590); *DGB-Bundesvorstand*, SozSich 2011, 103 (106 f.).
368 *Brandl*, Gewaltprävention, S. 72 f.
369 *Bassen*, in: Udsching, SGB XI, vor §§ 54-68, Rn. 1 ff.; *Gerlinger/Röber*, Pflegeversicherung, S. 127; *Höfer*, in: Klie/Krahmer, LPK-SGB XI, § 54, Rn. 5.

und zeitweise sogar defizitär. In den nächsten Jahren ist mit einer weiteren Abschmelzung der Überschüsse zu rechnen.[370] Diese Prognose stützt sich sowohl auf strukturelle als auch soziokulturelle Faktoren. Die rücklaufende Zahl an sozialversicherungspflichtigen Arbeitsplätzen lässt sinkende Beitragseinnahmen der Pflegeversicherung erwarten. Arbeitsrechtliche Reformen der letzten Jahre führten zu einer stetig steigenden Anzahl an versicherungsfreien Minijobs und somit zum Rückgang beitragszahlender Versicherter. Verstärkt wurde die Einnahmeschwäche durch ausbleibende Lohnerhöhungen und Rentensteigerungen.[371] Daneben führt die relativ niedrige Beitragsbemessungsgrenze vermehrt zur Abwanderung besser verdienender Arbeitnehmer aus dem solidarischen System hin zur privaten Pflegeversicherung.[372]

Immer mehr Menschen werden in Zukunft – bedingt durch den Anstieg der Lebenserwartung – pflegebedürftig und Leistungen der Pflegeversicherung in Anspruch nehmen. Deswegen, und wegen der zu erwartenden gesteigerten Nachfrage an professionellen Pflegeleistungen werden sich die Ausgaben der Pflegekassen weiter erhöhen. Bislang werden pflegebedürftige Menschen überwiegend in häuslicher, für die Pflegekassen günstigere, Pflege versorgt. Dies wird sich jedoch aufgrund gewandelter Familien- und Haushaltstrukturen sowie der Berufstätigkeit potentieller Pflegepersonen in dieser Form voraussichtlich nicht fortsetzen. Bereits jetzt zeichnet sich eine vermehrte Inanspruchnahme von Sachleistungen und vollstationärer Pflege ab.[373] Wegen der verhältnismäßig geringeren Zahl an sozialversicherungspflichtigen Mitgliedern kann dieser Anstieg nicht mit entsprechend höheren Einnahmen kompensiert werden.[374] Die schon jetzt knappe finanzielle Ausstattung der Pflegeversicherung schlägt sich auch in der geringen Vergütung der stationären Einrichtungen nieder. Die Pflegeheime sparen infolgedessen an ihrem größten Ausgabenfaktor, den Personalkosten, ein.[375] Die Finanznot der Pflegekassen stellt daher eine wesentliche Ursache für die unzureichende

---

370 *Rothgang/Preuss*, in: Igl/Naegele/Hamdorf (Hrsg.), Reform, 35 (36); *Skuban*, Pflegeversicherung, S. 142 ff.
371 *DGB-Bundesvorstand*, SozSich 2011, 103 (106); *Lang et al.*, SozSich 2005, 122 (128); *Rothgang/Preuss*, in: Igl/Naegele/Hamdorf (Hrsg.), Reform, 35 (41 f.).
372 *DGB-Bundesvorstand*, SozSich 2011, 103 (105).
373 *Pfaff/Stapf-Finé*, SozSich 2005, 110 (113); *Sendler*, SozSich 2004, 263 (264); *Skuban*, Pflegeversicherung, S. 144.
374 *DGB-Bundesvorstand*, SozSich 2011, 103 (105); *Fahlbusch*, NDV 2004, 177 (180); *Gerlinger/Röber*, Pflegeversicherung, S. 125 f.; *Sendler*, SozSich 2004, 263 (264).
375 Siehe hierzu ausführlich oben unter B.II.4.c).

B. Begründung

Personalausstattung der Pflegeheime und damit der mangelhaften Pflege der Heimbewohner dar. Die Aufrechterhaltung des finanziellen Status quo gelingt nur aufgrund des momentanen Verfahrens zur Feststellung der Pflegebedürftigkeit. Ein Ländervergleich von 13 Industrienationen in Hinblick auf die Ausgaben für die Pflege ergab, dass Deutschland mit Pflegeausgaben in Höhe von 0,9 % des Bruttoinlandsproduktes am unteren Ende rangiert.[376] Die unbedingt erforderliche Einbeziehung des besonderen Beaufsichtigungs- und Betreuungsbedarfs von Menschen mit eingeschränkter Alltagskompetenz wäre nach der aktuellen Finanzlage der Pflegeversicherung schlechthin nicht realisierbar. Zum einen würde sich der leistungsberechtigte Personenkreis dann erheblich vergrößern, zum anderen müssten die Leistungen der Höhe nach angehoben werden, um dem tatsächlich höher liegenden Pflegebedarf gerecht zu werden.[377] Schon die geringfügigen Mehrleistungen für Demenzkranke, die mit Einführung des Pflege-Neuausrichtungs-Gesetzes gewährt werden, machen eine Anhebung des Beitragssatzes um 0,1 % ab 2013 erforderlich, um die Finanzierbarkeit zu gewährleisten.[378]

Die Finanzierung der Pflegeversicherung ist daher dringend reformbedürftig, sowohl hinsichtlich der nachhaltigen Sicherstellung der Finanzgrundlage als auch in Bezug auf eine generelle Aufstockung der Finanzausstattung. Die anfangs aufgezeigten Pflegemissstände sind letztendlich schwerpunktmäßig auf die mangelnde Finanzstärke der Pflegekassen zurückzuführen. Gerade deswegen ist eine zukunftssichere Ausrichtung der Finanzierbarkeit der Pflegeversicherung enorm wichtig und unumgänglich.

---

376 *Heintze*, SozSich 2010, 263 (269).
377 *BKK*, BKK 2011, 589 (592); *Lauterbach*, SozSich 2005, 93 (96); *Rothgang*, SozSich 2005, 114 (116).
378 Das Pflege-Neuausrichtungsgesetz wurde am 29.6.2012 vom Bundestag beschlossen und bringt, neben einer Erhöhung des Beitragssatzes, für die Pflegebedürftigen nur geringfügige Leistungssteigerungen. Pflegebedürftige mit erheblich eingeschränkter Alltagskompetenz und Pflegestufe I oder II erhalten zukünftig einen pauschal erhöhten Leistungsbetrag, während Versicherte der Pflegestufe 0 zusätzlich zu den Leistungen nach § 45 b SGB XI Pflegegeld oder Pflegesachleistungen beantragen können. Dem Gesetzgeber sind die unbedingte Notwendigkeit der Erweiterung des Pflegebedürftigkeitsbegriffs, die Fortentwicklung des Leistungsangebotes sowie der Handlungsbedarf hinsichtlich einer nachhaltigen Finanzierung der Pflegeversicherung bewusst (BT-Drucks. 17/9369, S. 1, 18;. *di Bella*, RDG 2012, 142 [142]).

g) Zusammenfassende Stellungnahme

Die Ursachen für die Missstände und die Entstehung von Gewalt in der Altenpflege sind vielfältig und müssen im Gesamtzusammenhang und aus interdisziplinärer Perspektive betrachtet werden. Hauptverantwortliche für die Zustände in den Pflegeheimen sind aber, wie die vorangehenden Ausführungen illustrierten, systemische Ursachen mit ihren unmittelbaren sowie mittelbaren Auswirkungen auf die Pflegepraxis. Sie legen den Handlungsrahmen und die Bedingungen für die stationäre Pflege fest. Letztlich zeigt sich die chronische Unterfinanzierung der Pflegeversicherung als entscheidende Determinante für die derzeitigen Gegebenheiten. Die Finanzknappheit bestimmt insbesondere die personelle Ausstattung in den Heimen. Die Konzentration des Pflegebedürftigkeitsbegriffs auf somatische Defekte bewahrt die Pflegeversicherung bislang vor einem finanziellen Kollaps. Der Personalnotstand in den Heimen, die unwürdige Minutenpflege der Bewohner und somit die dringende Notwendigkeit einer Reform des Pflegebedürftigkeitsbegriffs sind weithin anerkannt. Ein neuer Pflegebedürftigkeitsbegriff wurde bereits durch die Kommission zur Ausarbeitung eines neuen Pflegebedürftigkeitsbegriffs erarbeitet. Dessen Umsetzung scheitert aber bislang und auf nicht absehbare Zeit an den finanziellen Grenzen der Pflegeversicherung. Ein gesetzlich normierter, bundesweit einheitlicher Personalschlüssel existiert nicht. Vielmehr wird die personelle Ausstattung der Einrichtungen individuell im Rahmen der Pflegesatzverhandlungen festgelegt. Für die Versorgung und Lebensqualität der Pflegebedürftigen hat der Personalmangel wohl die gravierendsten Auswirkungen, da eine ausreichende und würdige pflegerische und psychosoziale Betreuung so nicht gewährleistet werden kann. Die Missstände in den Heimen werden durch systemische Fehlanreize, welche das Elfte Buch Sozialgesetzbuch und die Trennung der Versicherungszweige Kranken- und Pflegeversicherung schaffen, verstärkt. Solange die Pflegeeinrichtungen mit höheren Pflegesätzen „belohnt" werden, wenn die Bewohner höhere Pflegestufen erreichen, besteht gerade eine Motivation für eine kosten- und zeitsparende „Pflege ins Bett". Anreize zur Bewilligung rehabilitativer Maßnahmen existieren auch für die Krankenkassen nicht. Sie haben, im Gegenteil, sogar ein finanzielles Interesse am Eintritt bzw. an der Verschlechterung der Pflegebedürftigkeit ihrer Versicherten, da dies die Zuständigkeit der Pflegeversicherung begründet.

Diese systemischen Mängel bewirken in ihrer Gesamtheit und ihrem Zusammenwirken den gewaltfördernden institutionellen Kontext der Pflege-

B. Begründung

heime. Zwar liegt die Gestaltung der Organisationsstruktur und des Tagesablaufes in den Heimen in der Hand der jeweiligen Heimleitung; die Rahmenbedingungen hierfür werden aber maßgeblich durch die systemischen Gegebenheiten bedingt. Der Staat kann auf Gewaltursachen, die in der Person des Pflegenden selbst liegen, nicht unmittelbar Einfluss nehmen. Der psychische Zustand der Pflegekräfte ist aber häufig negativ beeinflusst durch erhebliche körperliche und seelische Belastungen des beruflichen Pflegealltags. Die Arbeitsbedingungen für Pflegekräfte sind von staatlicher Seite sehr wohl gestaltbar, sodass sich diese Ursachenkomponente als durch den Staat steuerbar und auch behebbar darstellt. Ferner obliegt es dem Staat, geeignete Personen für den Altenpflegeberuf zu gewinnen, indem er das Berufsbild des Altenpflegers attraktiv gestaltet. Die staatlichen Organe nehmen die bekannten Missstände in den Heimen zumindest billigend in Kauf, indem sie die Kontrolle der Pflegeheime völlig unzureichend ausgestaltet haben. Der Prüfungsablauf, der beratungsorientierte Ansatz sowie die ungenügenden Sanktionsmöglichkeiten verhindern eine nachhaltige und wirksame Kontrolle mit Abschreckungseffekt bei Verstößen.

Da die Missstände in den Heimen hauptsächlich auf systemische Ursachen zurückzuführen sind, fällt deren Behebung in den Verantwortungsbereich des Gesetzgebers. Legislative Reformbemühungen eröffnen ihm unmittelbaren Einfluss und Gestaltungsmöglichkeiten auf die stationäre Altenpflege und die Lebensbedingungen in den Heimen. Der Gesetzgeber hat den dringenden Handlungsbedarf längst erkannt. Allerdings blieben die bisher angestrengten Maßnahmen allesamt oberflächlicher Natur und von sehr begrenztem Wirkungsgrad. Es erfolgten lediglich minimale Justierungen, insbesondere Beitragssatzerhöhungen zur mittelfristigen Finanzierung der Pflegeversicherung, ohne dass die Systematik in ihren Grundprinzipien verändert wurde. Eine nachhaltige Verbesserung der Lebensumstände der Pflegebedürftigen in den Heimen kann nur durch umfassende Reformen bewirkt werden. Die staatlichen Organe sind zum Handeln aufgerufen.

III. Staatliche Schutzpflichten gegenüber den Pflegebedürftigen

Angesichts der empirisch belegten, gravierenden Missstände in den Pflegeheimen drängt sich die Frage nach einer möglichen Verletzung von Grundrechten der Pflegebedürftigen auf. Die unwürdigen Lebensbedingungen in den Heimen werden unmittelbar durch die Heimträger und das Heimpersonal geschaffen. Eine Zurechnung an den Staat, und damit möglicherweise

III. Staatliche Schutzpflichten gegenüber den Pflegebedürftigen

die Begründung einer Handlungspflicht, kommt nur über die Figur der staatlichen Schutzpflicht in Betracht. Neben dem allseits anerkannten Bestehen staatlicher Schutzpflichten im Allgemeinen, wurde eine Schutzpflicht gegenüber der Gruppe der pflegebedürftigen Menschen bislang noch nicht explizit höchstrichterlich bejaht.

1. Existenz staatlicher Schutzpflichten

a) Ausgangslage: Grundrechte als Abwehrrechte

Nach der klassischen Konzeption des liberalen Rechtsstaates waren die Grundrechte Abwehrrechte gegen staatliche Übergriffe. Die Bürger sollten vor staatlichen Einwirkungen auf die Schutzbereiche der Grundrechte geschützt und Eingriffe nur unter dem Vorbehalt einer gesetzlichen Grundlage gewährt werden.[379] Schon in der frühen Rechtsprechung des Bundesverfassungsgerichts wurde dieses traditionelle Grundrechtsverständnis weiterentwickelt und die Grundrechte um Leistungs- und Teilhabedimensionen ergänzt.[380] So erkannte man den Grundrechten einen objektiv-rechtlichen Gehalt zu, aufgrund dessen sie eine Wertordnung für die gesamte Rechtsordnung aufstellen.[381] Im Gegensatz zur bloßen Abwehrdimension der Grundrechte ordnen die aus den Grundrechten abzuleitenden Schutzpflichten gerade ein aktives staatliches Handeln zum Schutz der Bürger an.[382] Anknüpfungspunkt grundrechtlicher Schutzpflichten ist daher nicht staatliches Handeln, sondern regelmäßig das grundrechtsbeeinträchtigende Handeln Dritter.[383]

---

379 BVerfGE 7, 198 (204 f.); vgl. auch *Bleckmann*, Staatsrecht, S. 173; *Herzog*, JR 1969, 441 (443); *Jarass*, AöR 110 (1985), 363 (372 f.); *Kratzmann*, Grundrechte, S. 76 f.; *Ossenbühl*, in: FS Eichenberger, 183 (183).
380 In gleicher Weise wurde diese Weiterentwicklung auch durch die Literatur vollzogen, vgl. *Borowski*, Grundrechte, S. 24 f.; *Hesse*, EuGRZ 1978, 427 (431 f.); *Kloepfer*, Grundrechte, S. 2; *Rüfner*, in: GS Martens, 215 (218 f.); kritisch hingegen *Forsthoff*, in: FG Schmitt, 185 (190 f.).
381 BVerfGE 7, 198 (205); 35, 79 (113).
382 BVerfGE 1, 94 (104); *Dietlein*, Schutzpflichten, S. 34 f.; *v. Münch/Kunig*, in: v. Münch/Kunig, GG, Vorb. Art. 1-19, Rn. 21 ff.
383 *Hesse*, Grundzüge, S. 155; *Isensee*, Grundrecht, S. 34 f.

B. Begründung

b) Herleitung staatlicher Schutzpflichten durch das Bundesverfassungsgericht

Der Lehre von den grundrechtlichen Schutzpflichten verhalf das Bundesverfassungsgericht mit seiner wegweisenden Entscheidung zum Schwangerschaftsabbruch zum Durchbruch.[384] Seither ist die Existenz staatlicher Schutzpflichten nahezu unbestritten,[385] wohingegen deren Begründungsansätze bis heute kontrovers diskutiert werden.[386]

Das Bundesverfassungsgericht betrachtet die Schutzpflichten als Ausfluss des objektiv-rechtlichen Gehalts der Grundrechte. Es geht in seiner Wertetheorie von einem Doppelcharakter der Grundrechte aus, wonach neben die abwehrrechtliche Dimension eine positive Schutzpflicht des Staates tritt.[387] Dass die Grundrechte als objektive Wertordnung zu verstehen sind und so als verfassungsrechtliche Grundentscheidung für alle Bereiche des Rechts Geltung beanspruchen, statuierte das Gericht erstmals im Lüth-Urteil.[388] Der Status einer objektiven Norm komme dabei nicht nur dem Grundrechtsabschnitt als Ganzem zu, sondern werde jedem einzelnen Grundrecht zugesprochen.[389] Objektive Grundrechtsgehalte werden im Grundsatz für alle Grundrechte bejaht. Das Bundesverfassungsgericht entnahm in seiner Leitentscheidung zum Schwangerschaftsabbruch staatliche Schutzpflichten unmittelbar aus Art. 2 Abs. 2 S. 1 GG.[390] Später zog das Gericht im Schleyer-Urteil zur Begründung einer staatlichen Schutzpflicht zusätzlich Art. 1 Abs. 1 S. 2 GG heran.[391] Mit den Entscheidungen zum

---

384 BVerfGE 39, 1 (42); *Dolderer*, Grundrechtsgehalte, S. 177; *Krings*, Schutzansprüche, S. 60 f.; *Stern*, Staatsrecht III/1, S. 937; *Szczekalla*, Schutzpflichten, S. 99.
385 *Schlink*, EuGRZ 1984, 457 (462 ff.), und *Poscher*, Abwehrrechte, S. 380 ff., betonen den abwehrrechtlichen Charakter der Grundrechte und halten die Figur der staatlichen Schutzpflicht für weitgehend verzichtbar.
386 *Dietlein*, Schutzpflichten, S. 17; *Schwetzel*, Freiheit, S. 9 f.
387 *Dietlein*, Schutzpflichten, S. 51; *Schwetzel*, Freiheit, S. 10; *Stern*, Staatsrecht III/1, S. 906 f.
388 BVerfGE 7, 198 (204 f.); *Böckenförde*, Der Staat 29 (1990), 1 (4 f.); *Unruh*, Dogmatik, S. 34 f.
389 *Böckenförde*, Der Staat 29 (1990), 1 (5 f.); *Jarass*, AöR 110 (1985), 363 (371 f.).
390 BVerfGE 39, 1 (41). Darüber hinaus, so merkte das Gericht an, folge die Schutzpflicht auch aus der ausdrücklichen Vorschrift des Art. 1 Abs. 1 S. 2 GG (ebda.). Vgl. auch *Hermes*, Grundrecht, S. 44 f.; *Krings*, Schutzansprüche, S. 166; *Schwetzel*, Freiheit, S. 10.
391 BVerfGE 46, 160 (164). Siehe auch *Böckenförde*, Der Staat 29 (1990), 1 (12); *Stern*, DÖV 2010, 241 (244 f.).

Atomrecht verlagerte das Bundesverfassungsgericht seinen Argumentationsstrang auf die objektiv-rechtliche Dimension des Art. 2 Abs. 2 S. 1 GG.[392] Die dem Staat auferlegte Schutzpflicht hat nach der Rechtsprechung des Bundesverfassungsgerichts umfassenden Charakter. Sie verlangt vom Staat allgemeinen Schutz und Förderung zur Erkennung und Bekämpfung von Gefährdungen von Rechtsgütern.[393]

Die Wertetheorie des Bundesverfassungsgerichts ist in der Literatur überwiegend auf Zustimmung gestoßen.[394] Allerdings finden sich in der Literatur auch zahlreiche abweichende Begründungsansätze für die Herleitung staatlicher Schutzpflichten, die im nun folgenden Exkurs näher dargestellt werden sollen.

c) Exkurs: Weitere Ansätze zur Herleitung staatlicher Schutzpflichten

Alexy schließt sich der Wertetheorie des Bundesverfassungsgerichts im Wesentlichen an, misst den Grundrechten aber darüber hinaus einen Prinzipiencharakter bei, welcher Optimierungsgebote hinsichtlich der Grundrechtsgewährleistung aufstellt. Relativiert wird das Optimierungsgebot durch die rechtlichen und tatsächlichen Möglichkeiten.[395]

Angelehnt an die Rechtsprechung des Bundesverfassungsgerichts leitet die sozialstaatliche Grundrechtstheorie grundrechtliche Schutzpflichten aus den Grundrechten in Verbindung mit dem Sozialstaatsprinzip her. In Fortentwicklung der Wertetheorie werden den Grundrechten neben ihrem abwehrrechtlichen Charakter zugleich soziale Leistungsansprüche gegen den Staat entnommen. Reale Geltung könnten die Grundrechte nur erlangen,

---

[392] BVerfGE 49, 89 (141 f.); 53, 30 (57); sowie später folgend BVerfGE 56, 54 (73); BVerfG, B. v. 9.2.1998 – 1 BvR 2234/97, Abs. 4 = NJW 1998, 2961 (2962). Vgl. auch *Hermes*, Grundrecht, S. 45; *Stern*, Staatsrecht III/1, S. 942 f.

[393] BVerfGE 39, 1 (42); 49, 89 (132); *Enders*, AöR 115 (1990), 610 (628).

[394] *Böckenförde*, Der Staat 29 (1990), 1 (3 ff.); *Calliess*, JZ 2006, 321 (323 f.); *Hermes*, Grundrecht, S. 58; *Murswiek*, Verantwortung, S. 101; *Rauschning*, VVDStRL 38 (1980), 167 (183); *Klein*, DÖV 1977, 704 (705 f.); *Schmidt-Aßmann*, AöR 106 (1981), 205 (215); *Simon*, in: FS Benda, 337 (349); Stern, Staatsrecht III/1, S. 937 ff.

[395] *Alexy*, Der Staat 29 (1990), 49 (54 ff.); *ders.*, Theorie, S. 75 ff.

B. Begründung

wenn der Staat für die Grundrechtsträger die entsprechend erforderlichen Bedingungen für ihre Ausübung schafft.[396]

Objektive Rechtswirkungen werden den Grundrechten ebenso durch die Vertreter des institutionellen Grundrechtsverständnisses in Anlehnung an die Argumentationslinie des Bundesverfassungsgerichts entnommen. Neben einer individualrechtlichen Dimension, welche dem Grundrechtsträger subjektive Rechte garantiert, weisen die Grundrechte darüber hinaus auch eine objektiv-institutionelle Seite auf. Die Ausgestaltung der institutionellen Seite obliege im Wesentlichen dem Gesetzgeber, der die einzelnen Lebensbereiche normiert und dadurch zugleich die Realisierung der Grundrechte sicherstellt.[397]

Die Vertreter der liberal-staatlichen Grundrechtskonzeption begreifen die Grundrechte in ihrer ursprünglichen Funktion als Abwehrrechte gegen den Staat und konstruieren eine staatliche Schutzpflicht aus deren dogmatischer Funktion. So sei der Staat an Grundrechtsbeeinträchtigungen, die durch das Handeln Dritter bewirkt werden, stets beteiligt, wenn sich dieses Handeln im Bereich des rechtlich Erlaubten bewegt. Dies resultiere aus dem Verbot privater Gewalt sowie der Friedenspflicht der Bürger, woraus eine Duldungspflicht gegenüber Beeinträchtigungen durch Dritte folge. Der zurechenbare staatliche Eingriff ergebe sich aus der Grundrechtseinschränkung als Folge gesetzgeberischer Rechtsetzung. Strittig ist indes, welche Qualität die gesetzliche Ermächtigung besitzen muss.[398]

Staatliche Schutzpflichten ergeben sich anderer Ansicht nach aus der objektiven Kehrseite eines allgemeinen subjektiven Teilhabe- und Leistungsrechts.[399] Dieser Ansatz ist in der Literatur überwiegend auf Kritik gestoßen. So sei schon zweifelhaft, ob und inwieweit man den Grundrechten die Funktion von Leistungsrechten zuordnen kann. Darüber hinaus handele es sich

---

[396] *Bethge*, Der Staat 24 (1985), 351 (375 f.); *Böckenförde*, NJW 1974, 1529 (1536); *Erichsen*, Staatsrecht I, S. 46 f.; *Scheuner*, DÖV 1971, 505 (505 ff.); *Scherzberg*, DVBl 1989, 1128 (1131 f.); *Roßnagel*, Grundrechte, S. 52; *Seewald*, Gesundheit, S. 66; *Steiger*, in: Berberich/Holl/Maaß (Hrsg.), Entwicklungen, 255 (273 f.).

[397] *Häberle*, Wesensgehalt, S. 70 f., 116; *Kaufmann*, VVDStRL 4 (1928), S. 78.

[398] *Murswiek*, NVwZ 1986, 611 (613); *ders.*, Verantwortung, S. 91 ff.; *ders.*, WiVerw 1986, 179 (182); *Schwabe*, Grundrechtsdogmatik, S. 213 f.; *ders.*, NVwZ 1983, 523 (524 ff.). Eine ausführliche Darstellung findet sich bei *Dietlein*, Schutzpflichten, S. 34 ff.

[399] *Kloepfer*, Umweltschutz, S. 28 ff.; *Loschelder*, ZBR 1977, 337 (338 f.); *Müller-Dietz*, in: FS Dreher, 97 (107); *Sailer*, DVBl 1976, 521 (529); *Scholz*, JuS 1976, 232 (234); *Seewald*, Gesundheit, S. 61 ff.

bei der Frage der Leistungs- und Teilhaberechte um eine gänzlich andere Fallkonstellation als die der staatlichen Schutzpflichten.[400]

Der maßgeblich von Isensee geprägte staatstheoretische Ansatz leitet grundrechtliche Schutzpflichten aus einem staatsrechtlichen Verständnis von Sicherheit ab. Diese Theorie geht davon aus, dass die Sicherheit seiner Bürger den fundamentalen Zweck für die Existenz des modernen Staates begründet. Deshalb werde der Staat mit einem Gehorsamsanspruch gegenüber den Bürgern sowie mit einem Gewaltmonopol ausgestattet, um Sicherheit gewährleisten zu können. Das Grundrecht auf Sicherheit ergebe sich aus der Entnahme einer Gehorsamspflicht und einer staatlichen Schutzaufgabe aus dem Grundgesetz selbst.[401]

Die Theorie vom Kern der Menschenwürde sieht eine Möglichkeit der Begründung staatlicher Schutzpflichten in rechtsdogmatisch sauberer Weise allein aus Art. 1 Abs. 1 S. 2 GG. Nur die Menschenwürde enthalte vom Wortlaut her einen eindeutigen Schutzauftrag und ein subjektives Recht auf Schutz, also ein Recht auf aktiven Würdeschutz durch den Staat. Die Ableitung von Schutzpflichten aus anderen Grundrechten verbietet diese Theorie indes nicht. Sie seien jedoch in ihrem Schutzumfang auf den Würdekern begrenzt.[402]

2. Rechtsprechung des Bundesverfassungsgerichts

Als Leitentscheidung für die Etablierung der Lehre von den grundrechtlichen Schutzpflichten kann das Fristenlösungsurteil[403] des Bundesverfassungsgerichts bezeichnet werden, wenngleich die Idee staatlicher Schutzpflichten bereits in früheren Entscheidungen Niederschlag gefunden hat.[404] Das Bundesverfassungsgericht hat durch eine Reihe von richtungs-

---

400 *Schwetzel*, Freiheit, S. 18; *Stern*, Staatsrecht III/1, S. 948.
401 *Isensee*, in: FS Eichenberger, 23 (28 ff.); *ders.*, in: FS Sendler, 39 (55 ff.); *ders.*, Grundrecht, S. 21 ff.; *ders.*, in: HStR IX, § 191, Rn. 185. Vgl. ferner *Calliess*, JZ 2006, 321 (326); *Dietlein*, Schutzpflichten, S. 26 f.; *Schwetzel*, Freiheit, S. 11 f.
402 *Starck*, Verfassungsauslegung, S. 70 ff. Vgl. ferner *Krings*, Schutzansprüche, S. 142 f.; *Schwetzel*, Freiheit, S. 12. Kritisch hingegen *Unruh*, Dogmatik, S. 42 f.
403 BVerfGE 39, 1.
404 BVerfGE 1, 97 (104); 25, 256 (268); 35, 79 (114); *Isensee*, Grundrecht, S. 27; *Stern*, DÖV 2010, 241 (243); *ders.*, in: HStR IX, § 185, Rn. 87; *ders.*, Staatsrecht III/1, S. 938.

B. Begründung

weisenden Urteilen, die im Folgenden näher dargestellt werden, die bis heute praktizierte Schutzpflichten-Rechtsprechung geprägt.

In seinem ersten Urteil zum Schwangerschaftsabbruch[405] leitete das Bundesverfassungsgericht eine staatliche Schutzpflicht für jedes menschliche Leben unmittelbar aus dem Recht auf Leben und körperliche Unversehrtheit (Art. 2 Abs. 2 S. 1 GG) ab und verwies darüber hinaus auf das Menschenwürdegebot des Art. 1 Abs. 1 S. 2 GG.[406] Auf das Verhältnis beider Grundrechtsnormen in diesem Zusammenhang ging das Gericht erst sehr viel später näher ein. Im zweiten Urteil zum Schwangerschaftsabbruch[407] konstatierte es, die Schutzpflicht des Staates für Leben und körperliche Unversehrtheit finde ihren Grund in der Menschenwürdegarantie und deren ausdrücklicher Verpflichtung an den Staat. Eine genauere inhaltliche und thematische Ausformung erfahre die Schutzpflicht durch Art. 2 Abs. 2 GG.[408] Der Schleyer-Beschluss[409] des Bundesverfassungsgerichts bestätigte das Bestehen einer staatlichen Schutzpflicht für die Schutzgüter Leben und Gesundheit und leitete diese aus der Verbindung von Art. 2 Abs. 2 S. 1 GG mit Art. 1 Abs. 1 S. 2 GG ab.[410] Über die früheren Urteile hinausgehende Aussagen zum Verhältnis beider Grundrechte traf das Gericht in dieser Entscheidung nicht.[411] Das Bundesverfassungsgericht setzte seine Schutz-

---

405 BVerfGE 39, 1.
406 Das Bundesverfassungsgericht führte hierzu wörtlich aus: „Die Pflicht des Staates, jedes menschliche Leben zu schützen, lässt sich deshalb bereits unmittelbar aus Art. 2 Abs. 2 Satz 1 GG ableiten. Sie ergibt sich darüber hinaus auch aus der ausdrücklichen Vorschrift des Art. 1 Abs. 1 Satz 2 GG; denn das sich entwickelnde Leben nimmt auch an dem Schutz teil, den Art. 1 Abs. 1 GG der Menschenwürde gewährt." (ebda., S. 41). Vgl. auch schon oben unter B.III.1.b).
407 BVerfGE 88, 203.
408 Ebda., S. 251. Dazu das Bundesverfassungsgericht im Wortlaut: „Das Grundgesetz verpflichtet den Staat, menschliches Leben zu schützen. […] Die Verfassung untersagt nicht nur unmittelbare staatliche Eingriffe in das ungeborene Leben, sie gebietet dem Staat auch, sich schützend und fördernd vor dieses Leben zu stellen, d.h. vor allem, es auch vor rechtswidrigen Eingriffen von Seiten anderer zu bewahren. Ihren Grund hat diese Schutzpflicht in Art. 1 Abs. 1 GG, der den Staat ausdrücklich zur Achtung und zum Schutz der Menschenwürde verpflichtet; ihr Gegenstand und – von ihm her – ihr Maß werden durch Art. 2 Abs. 2 GG näher bestimmt." (ebda.). Vgl. auch *Klein*, DVBl 1994, 489 (492); *Stern*, in: HStR IX, § 185, Rn. 88; *Szczekalla*, Schutzpflichten, S. 102.
409 BVerfGE 46, 160.
410 Ebda., S. 164.
411 Dazu auch *Hermes*, Grundrecht, S. 45; *Reuber*, Lebensschutz, S. 58; *Szczekalla*, Schutzpflichten, S. 102.

III. Staatliche Schutzpflichten gegenüber den Pflegebedürftigen

pflichten-Argumentation unverändert in der Entscheidung zum Kontaktsperre-Gesetz[412] fort und betonte dabei den Höchstwert des menschlichen Lebens innerhalb der grundrechtlichen Wertordnung.[413] Eine Abwandlung erfuhr die Herleitungspraxis staatlicher Schutzpflichten mit den atomrechtlichen Entscheidungen, beginnend mit dem Kalkar-Beschluss[414]. In Abkehr von der bisherigen Rechtsprechung wurden Schutzpflichten der von den Grundrechten aufgestellten objektiven Wertordnung entnommen.[415] Art. 1 Abs. 1 S. 2 GG dient dabei nicht mehr als konstituierende Grundlage für die Annahme von Schutzpflichten, sondern fungiert als Beispiel der deutlichsten Verpflichtungsnorm.[416] Allein aus dem objektiv-rechtlichen Grundrechtsgehalt des Art. 2 Abs. 2 GG leitete das Bundesverfassungsgericht staatliche Schutzpflichten dann im Mühlheim-Kärlich-Beschluss[417] ab.[418] In der Flug-

---

412 BVerfGE 49, 24.
413 Ebda., S. 53. In der Entscheidung findet sich folgender Wortlaut: „Das menschliche Leben stellt innerhalb der grundgesetzlichen Ordnung einen Höchstwert dar. Demgemäß folgt aus Art. 2 Abs. 2 Satz 1 in Verbindung mit Art. 1 Abs. 1 Satz 2 GG die umfassende, im Hinblick auf den Wert des Lebens besonders ernst zu nehmende Pflicht des Staates, jedes menschliche Leben zu schützen, es vor allem vor rechtswidrigen Eingriffen von Seiten anderer zu bewahren." (ebda.). Vgl. ferner *Hermes*, Grundrecht, S. 45; *Reuber*, Lebensschutz, S. 58.
414 BVerfGE 49, 89.
415 Ebda., S. 141 f. Vgl. auch *Dietlein*, Schutzpflichten, S. 57; *Hermes*, Grundrecht, S. 45; *Krings*, Schutzansprüche, S. 166; *Schwetzel*, Freiheit, S. 11; *Szczekalla*, Schutzpflichten, S. 99 f.
416 BVerfGE 49, 89 (142). Das Bundesverfassungsgericht konstatiert im Urteil: „Nach ständiger Rechtsprechung des Bundesverfassungsgerichts enthalten die grundrechtlichen Verbürgungen nicht lediglich subjektive Abwehrrechte des Einzelnen gegen die öffentliche Gewalt, sondern stellen zugleich objektivrechtliche Wertentscheidungen der Verfassung dar, die für alle Bereiche der Rechtsordnung gelten und Richtlinien für Gesetzgebung, Verwaltung und Rechtsprechung geben; dies wird am deutlichsten in Art. 1 Abs. 1 Satz 2 GG ausgesprochen, wonach es Verpflichtungen aller staatlichen Gewalt ist, die Würde des Menschen zu achten und zu schützen. Daraus können sich verfassungsrechtliche Schutzpflichten ergeben, die es gebieten, rechtliche Regelungen so auszugestalten, dass auch die Gefahr von Grundrechtsverletzungen eingedämmt bleibt." (ebda., S. 141 f.). Siehe auch *Hermes*, Grundrecht, S. 45; *Stern*, Staatsrecht III/1, S. 942 f.
417 BVerfGE 53, 30.
418 Ebda., S. 57. Wörtlich führt das Gericht aus: „Als verfassungsrechtlicher Prüfungsmaßstab kommt das in Art. 2 Abs. 2 GG gewährleistete Grundrecht auf Leben und körperliche Unversehrtheit in Verbindung mit dem Anspruch auf effektiven Rechtsschutz in Betracht. Nach anerkannter Rechtsprechung schützt dieses Grundrecht

B. Begründung

lärm-Entscheidung[419] bestätigte das Bundesverfassungsgericht seine im Mühlheim-Kärlich-Beschluss eingeschlagene neue Begründungslinie und untermauert die Annahme einer staatlichen Schutzpflicht mit dem objektivrechtlichen Gehalt des Art. 2 Abs. 2 GG.[420] In der sog. C-Waffen-Entscheidung[421] beruft sich das Bundesverfassungsgericht für die Begründung der Schutzpflicht aus Art. 2 Abs. 2 S. 1 GG auf seine ständige Rechtsprechung.[422] Wichtige neuere Entscheidungen zu staatlichen Schutzpflichten sind die Urteile zum Nichtraucherschutz[423], zur Sicherungsverwahrung[424] sowie zum Asylbewerberleistungsgesetz[425].[426]

---

nicht nur als subjektives Abwehrrecht gegen staatliche Eingriffe. Vielmehr folgt darüber hinaus aus seinem objektiv-rechtlichen Gehalt die Pflicht der staatlichen Organe, sich schützend und fördernd vor die darin genannten Rechtsgüter zu stellen und sie insbesondere vor rechtswidrigen Eingriffen von Seiten anderer zu bewahren." (ebda.). Vgl. ferner *Hermes*, Grundrecht, S. 45; *Stern*, Staatsrecht III/1, S. 943.

419 BVerfGE 56, 54.
420 Ebda., S. 73. Das Gericht befindet: „Als verfassungsrechtlicher Prüfungsmaßstab kommt vor allem das durch Art. 2 Abs. 2 GG geschützte Recht auf körperliche Unversehrtheit in Betracht. Nach anerkannter Rechtsprechung schützt dieses Grundrecht den Staatsbürger nicht nur als subjektives Abwehrrecht gegen staatliche Eingriffe. Vielmehr folgt darüber hinaus aus seinem objektiv-rechtlichen Gehalt die Pflicht der staatlichen Organe, sich schützend und fördernd vor die in Art. 2 Abs. 2 GG genannten Rechtsgüter zu stellen und sie insbesondere vor rechtswidrigen Eingriffen von Seiten anderer zu bewahren. Diese zunächst im Urteil zur Fristenlösung entwickelte und im Schleyer-Urteil bestätigte Rechtsprechung hat das Bundesverfassungsgericht in seinen beiden Atomrecht-Entscheidungen inzwischen auch auf den Umweltschutz angewandt." (ebda.). Siehe hierzu auch *Hermes*, Grundrecht, S. 45; *Stern*, Staatsrecht III/1, S. 943.
421 BVerfGE 77, 170.
422 Es führt an, „dass Art. 1 Abs. 2 S. 1 GG nicht lediglich ein subjektives Abwehrrecht verbürgt, sondern zugleich eine objektivrechtliche Wertentscheidung der Verfassung darstellt, die für alle Bereiche der Rechtsordnung gilt und verfassungsrechtliche Schutzpflichten begründet [...]". (ebda., S. 214).
423 BVerfG, B. v. 9.2.1998 – 1 BvR 2234/97 = NJW 1998, 2961.
424 BVerfG, U. v. 4.5.2011 – 2 BvR 2365/09 = NJW 2011, 1931; BVerfG, U. v. 5.2.2004 – 2 BvR 2029/01 = NJW 2004, 739; BVerfG, B. v. 23.8.2006 – 2 BvR 226/06 = NJW 2006, 3483; BVerfG, B. v. 19.5.2010 – 2 BvR 769/10 = NJW 2010, 2501; BVerfG, B. v. 3.12.1998 – 2 BvR 2033/98 = NStZ 1999, 156.
425 BVerfG, U. v. 18.7.2012 – 1 BvL 10/10 = NVwZ 2012, 1024.
426 Wie schon aus den aufgeführten Urteilen ersichtlich wird, lässt sich die Rechtsprechung zu den staatlichen Schutzpflichten in Fallkonstellationen gruppieren. Ange-

III. Staatliche Schutzpflichten gegenüber den Pflegebedürftigen

3. Inhalt staatlicher Schutzpflichten

a) Adressat der grundrechtlichen Schutzpflichten

Die grundrechtlichen Schutzpflichten sind über die Geltungsanordnung des Art. 1 Abs. 3 GG an den Staat adressiert und für diesen unmittelbar verbindlich festgeschrieben. Die Verpflichtung richtet sich an die Legislative, Exekutive und Judikative gleichermaßen.[427] Zwar sind die Gewalten dem Wortlaut des Art. 1 Abs. 3 GG nach nur an die Grundrechte als solche gebunden. Die Pflicht zur Erfüllung grundrechtlicher Schutzpflichten folgt aber aus der Verbindung mit Art. 20 Abs. 3 GG.[428]

Das Bundesverfassungsgericht sieht vornehmlich den Gesetzgeber als Adressat staatlicher Schutzpflichten an, was es in seiner Rechtsprechung regelmäßig betont.[429] Die Adressatenstellung wird in der Literatur teilweise abhängig gemacht von der betroffenen Schutzpflichtenebene. Ausgehend von den Funktionen der Schutzpflichten wird unterschieden zwischen einer

---

lehnt an Szczekalla ergibt sich folgende Einteilung (*Szczekalla*, Schutzpflichten, S. 108 f.): Einen bedeutenden Teil der Schutzpflichten-Rechtsprechung machen die Entscheidungen zum Schwangerschaftsabbruch (BVerfGE 39,1; 88, 203) sowie zur Nutzung von Atomenergie (BVerfGE 49, 89; 53, 30; 77, 381; 78, 290; 81, 310; BVerfG, B. v. 21.9.1993 – 1 BvR 1301/92 = RdE 1994, 229; BVerfG, B. v. 4.7.1996 – 1 BvR 1272/91 = RdE 1997, 19) aus. Daneben ergingen bedeutsame Urteile zu umweltrechtlichen Fragestellungen wie Luftverschmutzung (BVerfG, B. v. 14.9.1983 – 1 BvB 920/83 = NJW 1983, 2931; BVerfG, B. v. 29.11.1995 – 1 BvR 2203/95 = NJW 1996, 651; BVerfG, B. v. 26.5.1998 – 1 BvR 180/88 = NJW 1998, 3264), Verkehrs- und Fluglärm (BVerfGE 56, 54; 72, 66; 79, 174) sowie zum Schutz vor Elektrosmog und Funkwellen (BVerfG, B. v. 17.2.1997 – 1 BvR 1658/96 = NJW 1997, 2509; BVerfG, B. v. 28.2.2002 – 1 BvR 1676/01 = NJW 2002, 1638). Zahlreiche Urteilssprüche behandelten die Schutzpflichtenthematik im Zusammenhang mit Arbeitnehmerschutz (BVerfGE 85, 191; 87, 363; 84, 133; 92, 140; 97, 169) sowie Einwirkungen der Medien auf die Individualsphäre des Einzelnen (BVerfGE 73, 118; 97, 125). Betreffend Art. 2 Abs. 2 GG wurden Entscheidungen zur Seuchenbekämpfung (BVerfG, B. v. 11.1.1995 – 2 BvR 1473/89 = EuGRZ 1995, 255), der Heilung und Linderung von Krebs (BVerfG, B. v. 5.3.1997 – 1 BvR 1071/95 = NJW 1997, 3085) sowie zum Schutz vor AIDS getroffen (BVerfG, B. v. 28.7.1987 – 1 BvR 842/87 = NJW 1987, 2287).
427 *Dolderer*, Grundrechtsgehalte, S. 168; *Erichsen*, Jura 1997, 85 (88); *Klein*, DVBl 1994, 489 (494); *Krings*, Schutzansprüche, S. 242; *Stern*, Staatsrecht III/1, S. 948; *Wahl/Masing*, JZ 1990, 553 (559).
428 *Dietlein*, Schutzpflichten, S. 70.
429 BVerfGE 39, 1 (44); 88, 203 (252); 46, 160 (164); 49, 24 (53); 49, 89 (141 f.); 53, 30 (57); 56, 54 (73); 77, 170 (214).

B. Begründung

primären und sekundären Schutzpflichtenebene.[430] Der Gesetzgeber schafft durch seine Aktivität die Grundlage für einen administrativen und judikativen Schutz, weshalb ihm die primären Schutzpflichten obliegen. Gesetzliche Regelungen binden aber nicht nur den privaten Störer, sondern konstruieren daneben auch Ermächtigungen für die Exekutive und konkretisieren die Grundrechtsbestimmungen zu spezifischeren Gesetzesbestimmungen.[431] Zur Wahrnehmung sekundärer Schutzpflichten in Form von Wahrung und Durchsetzung der Rechtsordnung sind Exekutive und Judikative angehalten.[432] Die Hauptaufgabe der Exekutive liegt dabei in der Gefahrenabwehr sowie der Aufrechterhaltung der öffentlichen Sicherheit durch die Polizei- und Ordnungsbehörden.[433] Die Judikative ist in erster Linie zur Kontrolle der Erfüllung staatlicher Schutzpflichten berufen; ferner zur Auslegung und Anwendung der Rechtsordnung im Hinblick auf die Schutzpflichten.[434]

Diese Doppelstufigkeit von primären und sekundären Schutzpflichten ist in Bezug auf deren Erfüllung nicht zwingend. Ebenso denkbar sind Konstellationen, in denen jeweils nur der Gesetzgeber, die Exekutive oder die Judikative zum Handeln aufgerufen sind.[435]

b) Schutzgüter

Das Bundesverfassungsgericht hat grundrechtliche Schutzpflichten in den Anfängen seiner Schutzpflichten-Rechtsprechung ausdrücklich nur dem Recht auf Leben und körperliche Unversehrtheit (Art. 2 Abs. 2 S. 1 GG) sowie der Garantie der Menschenwürde (Art. 1 Abs. 1 S. 2 GG) entnommen.[436] Daneben wurden Schutzpflichten auch für die Grundrechte der Meinungs- und Berufsfreiheit und der Vertragsfreiheit (Privatautonomie) als

---

430 *Krings*, Schutzansprüche, S. 243 f.; *Murswiek*, WiVerw 1986, 179 (181 ff.).
431 *Dietlein*, Schutzpflichten, S. 70 f.; *Jaeckel*, Schutzpflichten, S. 89; *Krings*, Schutzansprüche, S. 243 f.; *Murswiek*, Verantwortung, S. 108; *Schmidt-Aßmann*, AöR 106 (1981), 205 (207); *Schwetzel*, Freiheit, S. 40; *Stern*, Staatsrecht III/1, S. 951 f.
432 *Dietlein*, Schutzpflichten, S. 71 f.; *Krings*, Schutzansprüche, S. 246 f.; *Möstl*, in: Demel et al. (Hrsg.), Funktionen, 53 (63 f.); *Murswiek,* Verantwortung, S. 111.
433 *Dietlein*, Schutzpflichten, S. 71 f.; *Krings*, Schutzansprüche, S. 247; *Murswiek*, Verantwortung, S. 111 ff.
434 *Dietlein*, Schutzpflichten, S. 72; *Krings*, Schutzansprüche, S. 246 f.; *Stern*, Staatsrecht III/1, S. 951.
435 *Krings*, Schutzansprüche, S. 248 ff.
436 Ebda., S. 172; *Robbers*, Sicherheit, S. 187; *Stern*, Staatsrecht III/1, S. 943 f.

III. Staatliche Schutzpflichten gegenüber den Pflegebedürftigen

Ausprägung der allgemeinen Handlungsfreiheit entweder namentlich oder zumindest der Sache nach bestätigt.[437] Ferner bejahte das Bundesverfassungsgericht eine objektiv-rechtliche Dimension für die Grundrechte der Pressefreiheit (Art. 5 Abs. 1 S. 2 Alt. 1 GG), der Wissenschaftsfreiheit (Art. 5 Abs. 3 S. 1 Alt. 2 GG) sowie der Freiheit im Schulwesen (Art. 7 Abs. 4 GG).[438] In mehreren Urteilen nahm das Gericht eine Schutzpflicht für das allgemeine Persönlichkeitsrecht aus Art. 2 Abs. 1 in Verbindung mit Art. 1 Abs. 1 GG an.[439] Auch für die Grundrechte des Art. 12 Abs. 1 GG erkennt das Bundesverfassungsgericht in seiner Rechtsprechung staatliche Schutzpflichten an.[440]

Weitergehende Schutzpflichten nimmt die Literatur an und hält grundsätzlich jedes Schutzgut eines Freiheitsgrundrechtes als Gegenstand staatlicher Schutzpflichten für denkbar.[441] Die inhaltliche sowie persönliche Dimension der Schutzpflicht soll dabei der des Abwehrrechts entsprechen.[442]

c) Umfang des Schutzes und Art und Weise der Schutzpflichterfüllung

Grundlegende Ausführungen zu Inhalt und Umfang staatlicher Schutzpflichten hat das Bundesverfassungsgericht erstmals in seiner Leitentschei-

---

[437] BVerfGE 89, 214 (231 f.); *Krings*, Schutzansprüche, S. 73 ff., 172; *Jarass*, AöR 110 (1985), 363 (370 f.).
[438] BVerfGE 20, 162 (175 f.); 43, 242 (267); 27, 195 (200 f.); sowie *Dietlein*, Schutzpflichten, S. 80; *Jarass*, AöR 110 (1985), 363 (370 f.).
[439] BVerfGE 63, 131 (142 f.); 73, 118 (201); 97, 125 (146). So sei die Individualsphäre des Einzelnen durch den Gesetzgeber wirksam gegenüber der Einwirkung durch die Medien zu schützen.
[440] BVerfGE 16, 214 (217 ff.); 32, 311 (316 ff.); 33, 303 (330); 35, 79 (155); *Krings*, Schutzansprüche, S. 172; *Jarass*, AöR 110 (1985), 363 (371).
[441] *Isensee*, in: HStR IX, § 191, Rn. 222; *Jaeckel*, Schutzpflichten, S. 62; *Klein*, DVBl 1994, 489 (491); *Krings*, Schutzansprüche, S. 172; *Ruffert*, Vorrang, S. 168; *Unruh*, Dogmatik, S. 78.
[442] *Isensee*, in: HStR IX, § 191, Rn. 222; *Klein*, DVBl 1994, 489 (495); *Ruffert*, Vorrang, S. 159; *Unruh*, Dogmatik, S. 75.

B. Begründung

dung zum Schwangerschaftsabbruch[443] formuliert.[444] Grundsätzlich sei „die Schutzpflicht des Staates [...] umfassend. Sie verbietet nicht nur [...] unmittelbare staatliche Eingriffe in das sich entwickelnde Leben, sondern gebietet dem Staat auch, sich schützend und fördernd vor diese Leben zu stellen, das heißt vor allem, es auch vor rechtswidrigen Eingriffen von Seiten anderer zu bewahren [...]."[445] Dabei nahm das Gericht eine Abstufung hinsichtlich der verschiedenen, als Schutzgüter in Betracht kommenden Rechtsgüter vor. Der Staat müsse seine Pflicht zum Schutz grundrechtlicher Rechtsgüter „umso ernster [nehmen], je höher der Rang des in Frage stehenden Rechtsgutes innerhalb der Wertordnung des Grundgesetzes anzusetzen ist"[446]. Dem menschlichen Leben räumte das Bundesverfassungsgericht den höchsten Rang innerhalb der geschaffenen Hierarchie ein, indem es ausführte, dass „das menschliche Leben [...] innerhalb der grundgesetzlichen Ordnung einen Höchstwert dar[stellt]; es ist die vitale Basis der Menschenwürde und die Voraussetzung aller anderen Grundrechte"[447].

---

443 BVerfGE 39, 1 (42).
444 Darin konstatiert das Gericht eine umfassende Schutzpflicht des Staates hinsichtlich der Schutzgüter Leben und Gesundheit, die er insbesondere vor Beeinträchtigungen durch Dritte zu bewahren habe. Diesen Ansatz wiederholte das Gericht in BVerfGE 46, 160 (164) und 49, 24 (53). Vgl. hierzu auch *Hermes*, Grundrecht, S. 49; *Schmidt-Aßmann*, AöR 106 (1981), 205 (215); *Stern*, in: HStR IX, § 185, Rn. 89; *Szczekalla*, Schutzpflichten, S. 100 f.
445 BVerfGE 39, 1 (42).
446 Ebda.
447 Ebda. Besondere Betonung fanden die Ausführungen zur Rangordnung der Grundrechte und zur herausragenden Bedeutung des menschlichen Lebens erneut im Schleyer-Beschluss (BVerfGE 46, 160 [164]) sowie in der Entscheidung über das Kontaktsperre-Gesetz (BVerfGE 49, 24 [53]). Für das Schutzgut Leben ist dessen Überordnung im Verhältnis zu den anderen Grundrechten aufgrund seiner Sonderstellung und herausragenden Bedeutung innerhalb der verfassungsmäßigen Ordnung sicherlich zu bejahen, vgl. auch *Dietlein*, Schutzpflichten, S. 86; *Murswiek*, Verantwortung, S. 169; *Rüfner*, in: FS BVerfG I/2, 453 (462). Kritisch wurde die Errichtung einer wertmäßigen Rangordnung hingegen von Teilen der Literatur betrachtet. Zum einen sei schon in praktischer Hinsicht die Aufstellung einer Hierarchie der einzelnen Grundrechte kaum zu bewerkstelligen, zumal diese grundsätzlich als gleichrangig zu betrachten sind und jeweils einen selbstständigen Gewährleistungscharakter aufweisen (*Dolderer*, Grundrechtsgehalte, S. 141 f.; *Murswiek*, Verantwortung, S. 167 ff.; *Rüfner*, in: FS BVerfG I/2, 453 [461 f.]; *Scheuner*, DÖV 1971, 505 [509]). Zum anderen ließen sich Schutzpflichten nicht pauschal nach dem wertmäßigen Rang des jeweiligen Grundrechts bestimmen, sondern seien in ihren Anforderungen abhängig vom konkreten pflichtenauslösenden Gefahrniveau (*Dietlein*, Schutzpflichten, S. 86 f.).

III. Staatliche Schutzpflichten gegenüber den Pflegebedürftigen

Ausgehend von der Höchstwertigkeit des Schutzgutes Leben konkretisierte das Gericht im zweiten Urteil zum Schwangerschaftsabbruch Mindestanforderungen an die Schutzpflichterfüllung. So müsse „der Staat, um seiner Schutzpflicht für das ungeborene Leben zu genügen, ausreichende Maßnahmen normativer und tatsächlicher Art ergreifen, die dazu führen, dass ein – unter Berücksichtigung entgegenstehender Rechtsgüter – angemessener und als solcher wirksamer Schutz erreicht wird"[448]. Wie zuvor schon ausgeführt, sah das Bundesverfassungsgericht in seinen beiden Entscheidungen zum Schwangerschaftsabbruch den Gesetzgeber als für die Schutzpflichterfüllung vorrangig zuständig an.[449]

In den darauf folgenden Urteilen des Gerichts erfuhren die Anforderungen an die Schutzpflichterfüllung eine Lockerung. Die umfassende Schutzpflicht des Staates sei keine Aufforderung zur Bereitstellung eines absoluten Schutzes, sondern vielmehr auf die Gewährleistung eines bestmöglichen Schutzes begrenzt.[450] Insbesondere in den atomrechtlichen Entscheidungen zog das Gericht eine obere Grenze für das sicherzustellende Schutzniveau und billigte der Legislative einen Bewertungsspielraum hinsichtlich neuer Technologien zu: „Vom Gesetzgeber im Hinblick auf seine Schutzpflicht eine Regelung zu fordern, die mit absoluter Sicherheit Grundrechtsgefährdungen ausschließt, [...] hieße die Grenzen menschlichen Erkenntnisvermögens verkennen [...]. Für die Gestaltung der Sozialordnung muss es insoweit bei Abschätzungen anhand praktischer Vernunft bewenden."[451] Es relativierte seine Aussagen aber dahingehend, dass „angesichts der Art und Schwere möglicher Gefahren bei der friedlichen Nutzung der Kernenergie bereits eine entfernte Wahrscheinlichkeit ihres Eintritts genügen müsse, um die Schutzpflicht des Gesetzgebers konkret auszulösen"[452]. Im Kalkar-Beschluss rückte das Bundesverfassungsgericht von der zuvor aufgestellten starren Rangordnung der Schutzgüter ab und machte Inhalt und Umfang

---

448 BVerfGE 88, 203 (261). Dazu trug es dem Gesetzgeber die Ausarbeitung „eines näher zu entwickelnden, Elemente des präventiven wie des repressiven Schutzes miteinander verbindenden Schutzkonzepts" (ebda.) auf.
449 Vgl. BVerfGE 39, 1 (51); 88, 203 (261). Später erweiterte es den Adressatenkreis der staatlichen Schutzpflichten auf „alle staatlichen Organe, je nach ihren besonderen Aufgaben" (BVerfGE 46, 160 [164]).
450 BVerfGE 49, 89 (143); 56, 54 (80); vgl. auch *Hermes*, Grundrecht, S. 49; *Krings*, Schutzansprüche, S. 260 ff.
451 BVerfGE 49, 89 (143).
452 BVerfGE 53, 30 (57); sowie zuvor ähnlich im Kalkar-Beschluss (BVerfGE 49, 89 [141 f.]).

B. Begründung

gesetzgeberischer Tätigkeit „von der Art, der Nähe und dem Ausmaß möglicher Gefahren, der Art und dem Rang des verfassungsrechtlich geschützten Rechtsguts sowie von den schon vorhandenen Regelungen"[453] abhängig.[454]

Hinsichtlich der Art und Weise der Schutzpflichterfüllung billigt das Bundesverfassungsgericht dem Gesetzgeber seit jeher einen weiten Einschätzungs- und Gestaltungsspielraum zu.[455] Dies sei dem verfassungsrechtlichen Grundsatz der Gewaltenteilung geschuldet, welcher die Legislative als gesetzgebendes Organ mit entsprechenden Einschätzungs- und Entscheidungsbefugnissen ausstattet und der vom Bundesverfassungsgericht nicht untergraben werden dürfe.[456] Der Gesetzgeber entscheide darüber, welche Maßnahmen geeignet und geboten sind, damit ein wirksamer Lebensschutz gewährleistet werden kann.[457] Der grundrechtliche Anspruch des Einzelnen beinhalte insofern nur, dass die öffentliche Gewalt nicht völlig ungeeignete oder unzureichende Schutzvorkehrungen trifft.[458] Gerade die Komplexität der Schutzpflicht gebiete das Zugeständnis eines weiten Spielraumes, der dem Gesetzgeber verschiedene Lösungsmöglichkeiten und anzuwendende Mittel zu ihrer Erfüllung eröffnet.[459] Lediglich in wenigen Einzelfällen soll sich dieser Spielraum auf eine bestimmte vorzunehmende Maßnahme reduzieren.[460]

Das Gericht betont zugleich die stetige Verantwortung des Gesetzgebers hinsichtlich seiner legislativen Schutzpflichten und stellt das Gebot des dynamischen Rechtsschutzes auf.[461] So könne der Gesetzgeber verpflichtet sein, frühere Entscheidungen zu überprüfen, wenn sich die Entscheidungs-

---

453 BVerfGE 49, 89 (142).
454 Wiederholt wurden diese Ausführungen unter anderem im Mühlheim-Kärlich-Beschluss (BVerfGE 53, 30 [57]) und der Fluglärm-Entscheidung (BVerfGE 56, 54 [78]).
455 Vgl. nur BVerfGE 39, 1 (44, 51); 46, 160 (164 f.); 56, 54 (81); 77, 170 (214 f.); 77, 381 (402 f.); BVerfG, B. v. 9.2.1998 – 1 BvR 2234/97, Abs. 4 = NJW 1998, 2961 (2962); BVerfG, U. v. 15.2.2006 – 1 BvR 357/05, Abs. 138 = BVerfG, NJW 2006, 751 (760); BVerfG, U. v. 30.7.2008 – 1 BvR 3262/07, Abs. 120 = NJW 2008, 2409 (2414).
456 BVerfGE 39, 1 (51); 56, 54 (81).
457 BVerfGE 39, 1 (51).
458 BVerfGE 77, 170 (215).
459 BVerfGE 56, 54 (81).
460 BVerfGE 46, 160 (164 f.); 77, 170 (215); BVerfG, U.v. 26.5.1998 – 1 BvR 180/88, Abs. 20 = NJW 1998, 3264 (3265); BVerfG, BVerfG, U. v. 15.2.2006 – 1 BvR 357/05, Abs. 138 = NJW 2006, 751 (760).
461 *Isensee*, in: HStR IX, § 191, Rn. 286.

III. Staatliche Schutzpflichten gegenüber den Pflegebedürftigen

grundlage durch nicht vorhersehbare Entwicklungen derart verändert hat, dass die ursprüngliche Entscheidung ernstlich in Frage gestellt wird.[462] Neben dem erstmaligen Erlass von gesetzlichen Regelungen ist die Legislative daneben also auch zu einer Überwachung der geltenden Schutznormen sowie gegebenenfalls zu einer Nachbesserung verpflichtet.[463] Voraussetzung hierfür sei aber eine evidente Verletzung grundrechtlich verankerter Grundentscheidungen durch das Untätigbleiben des Gesetzgebers.[464]

d) Gefahrenbegriff

Von Inhalt und Art und Weise der Erfüllung staatlicher Schutzpflichten zu unterscheiden ist die Frage, wann der Staat zur Ergreifung positiver Maßnahmen verpflichtet ist. Staatliche Schutzpflichten werden aktiviert, wenn grundrechtlich geschützte Rechtsgüter meist durch private Dritte verletzt oder gefährdet werden.[465] Das Bundesverfassungsgericht verlangt in seiner Schutzpflichten-Rechtsprechung „rechtswidrige Eingriffe von Seiten anderer"[466]. Kontrovers diskutiert wird in der Literatur überdies das schutzpflichtenauslösende Gefahrniveau.[467]

---

462 BVerfGE 49, 89 (130); siehe ferner BVerfGE 56, 54 (78).
463 *Isensee*, in: HStR IX, § 191, Rn. 285 ff.
464 BVerfGE 56, 54 (81); BVerfGE 49, 89 (130 ff.); BVerfG, B. v. 26.10.1995 – 1 BvR 1348/95 = NJW 1996, 651 (652); BVerfG, B. v. 28.2.2002 – 1 BvR 1676/01, Abs. 14 = NJW 2002, 1638 (1639).
465 *Hermes*, Grundrecht, S. 226; *Isensee*, in: HStR IX, § 191, Rn. 225; *Krings*, Schutzansprüche, S. 190.
466 BVerfGE 39, 1 (42); 46, 160 (164); 49, 24 (53); 53, 30 (57); 56, 54 (73). Der Zusatz der Rechtswidrigkeit des Eingriffs ist in der Literatur zu Recht überwiegend auf Kritik gestoßen und wird für verzichtbar gehalten, vgl. nur *Hermes*, Grundrecht, S. 226 f.; *Krings*, Schutzansprüche, S. 233; *Murswiek*, Verantwortung, S. 107. Der Maßstab der Rechtswidrigkeit sei jedenfalls nicht nach einfachem Recht zu bestimmen, sondern anhand der Verfassung (*Isensee*, in: HStR IX, § 191, Rn. 228; *Hermes*, Grundrecht, S. 227). Ferner müsse sich das Merkmal der Rechtswidrigkeit auf den Verletzungserfolg beziehen, nicht hingegen auf die Verletzungshandlung, vgl. *Dietlein*, Schutzpflichten, S. 106.
467 *Hermes*, Grundrecht, S. 227 f.; *Unruh*, Dogmatik, S. 76.

B. Begründung

aa) Gefahrquelle

Staatlichen Eingriffen in grundrechtlich geschützte Güter kann grundsätzlich nur auf Grundlage ihrer abwehrrechtlichen Dimension, nicht aber durch grundrechtliche Schutzpflichten begegnet werden. Gegenstand der Schutzpflichtendiskussion sind also regelmäßig Gefahren, die von privaten Dritten ausgehen.[468] Dietlein befindet diese Eingrenzung für wenig überzeugend und sieht den Staat auch hinsichtlich anderer Gefahrenquellen verpflichtet. Solche Gefahrenherde seien insbesondere durch Naturkräfte gegeben oder von dem jeweiligen Grundrechtsträger selbst geschaffen. Somit sind im Wege eines umfassend zu gewährleistenden Grundrechtsschutzes auch potentielle andere, nichtstaatliche Beeinträchtigungen neben dem Handeln Privater als möglicherweise schutzpflichtenauslösende Gefahrenquelle zu betrachten.[469] Nicht nur Gefährdungen oder Risiken durch privates Handeln, sondern sämtliche Arten denkbarer Gefährdungsquellen können also Auslöser staatlicher Schutzpflichten sein.

bb) Schutzpflichtenauslösendes Gefahrniveau

Auslöser einer Schutzpflicht ist nicht allein die schon eingetretene Verletzung eines grundrechtlichen Schutzgutes; bereits die Gefahr einer Schädigung muss genügen, um ein Leerlaufen der Schutzpflicht zu vermeiden.[470] Welche Gefahrenschwelle für das Eintreten staatlicher Schutzpflichten überschritten werden muss, wird vom Bundesverfassungsgericht nicht klar beantwortet. Es beschränkt sich auf die Aussage, die Schutzpflicht trage dem Staat auf, sich „schützend und fördernd vor das entsprechende grundrechtliche Schutzgut zu stellen und es vor rechtswidrigen Eingriffen von Seiten anderer zu bewahren"[471]. Nicht ausreichend seien im Regelfall bloße Grundrechtsgefährdungen. Diese können jedoch unter bestimmten Voraussetzun-

---

468 *Krings*, Schutzansprüche, S. 192; *Unruh*, Dogmatik, S. 75.
469 *Dietlein*, Schutzpflichten, S. 102 f.; vgl. ferner *Robbers*, Sicherheit, S. 124; *Stern*, Staatsrecht III/1, S. 733 f.
470 *Brüning*, JuS 2000, 955 (956); *Faber*, DVBl 1998, 745 (747); *Hermes*, Grundrecht, S. 227; *Isensee*, in: HStR IX, § 191, Rn. 235.
471 BVerfGE 39, 1 (42); vgl. ferner *Hermes*, Grundrecht, S. 226; *Unruh*, Dogmatik, S. 76.

III. Staatliche Schutzpflichten gegenüber den Pflegebedürftigen

gen Grundrechtsverletzungen gleich zu achten sein.[472] Jedenfalls sind nach der Rechtsprechung des Gerichts bestimmte Risiken durch die Bürger hinzunehmen, da „vom Gesetzgeber keine Regelung verlangt werden [kann], die mit absoluter Sicherheit Grundrechtsgefährdungen ausschließt"[473]. Konkrete Anhaltspunkte lassen sich hieraus nicht ableiten.[474]

In der Literatur ist das schutzpflichtenaktivierende Gefahrniveau umstritten. Einigkeit besteht überwiegend dahingehend, dass die bloße Möglichkeit einer Schädigung oder das Vorhandensein von Belästigungen nicht genügt und deswegen die Forderung nach einer Erheblichkeitsschwelle erhoben wird.[475] In Übereinstimmung mit den Urteilen des Bundesverfassungsgerichts wird die Notwendigkeit der Hinnahme eines Restrisikos überwiegend bejaht[476] bzw. die Außerachtlassung sozialadäquater Gefährdungen verlangt.[477] Restrisiko meint dabei diejenigen Gefahren, die zwar im Bereich des prinzipiell Vorstellbaren liegen, deren Eintritt jedoch derart unwahrscheinlich ist, dass sie als vernachlässigbar oder für die Schutzpflicht irrelevant angesehen werden können.[478] Zur Bestimmung einer Gefahrenschwelle werden häufig die polizeirechtlichen Gefahrbegriffe herangezogen.[479] Danach würde die Schutzpflicht aktiviert, wenn eine Gefahr für ein grundrechtliches Schutzgut besteht. Determinante für die rechtlich relevante Gefahr sei das Produkt aus Eintrittswahrscheinlichkeit und Schadensausmaß.[480] Wird diese Gefahrenschwelle nicht erreicht, sei der Staat auch nicht zur Risikovorsorge verpflichtet.[481]

---

472 BVerfGE 49, 89 (141); 51, 324 (346 f.); 66, 39 (58); BVerfG, B. v. 17.2.1997 – 1 BvR 1658/96 = NJW 1997, 2509 (2509).
473 BVerfGE 49, 89 (143).
474 *Brüning*, JuS 2000, 955 (956 f.); *Pietrzak*, JuS 1994, 748 (750).
475 *Dietlein*, Schutzpflichten, S. 107; *Giehl*, Jura 1989, 628 (630); *Isensee*, Grundrecht, S. 37 f.; *Krings*, Schutzansprüche, S. 228 ff.; *Ossenbühl*, NVwZ 1986, 161 (166); *Scholz*, Bitburger Gespräche 1986, 59 (66 f.).
476 *Kloepfer*, DVBl 1988, 305 (311); *Steiger*, in: Salzwedel (Hrsg.), Umweltrecht, 21 (33 f.); *Stern*, Staatsrecht III/1, S. 952 f.
477 Faber, DVBl 1998, 745 (747 f.); *Schneider/Steinberg*, Schadensvorsorge, S. 104.
478 *Breuer*, DVBl 1978, 829 (832); *Hermes*, Grundrecht, S. 238.
479 *Dietlein*, Schutzpflichten, S. 107; *Hermes*, Grundrecht, S. 236; *Krings*, Schutzansprüche, S. 229.
480 *Murswiek*, Verantwortung, S. 84 f.; *Marburger*, WiVerw 1981, 241 (248); *Hermes*, Grundrecht, S. 236; *Kloepfer*, DVBl 1998, 305 (311); *Roßnagel*, UPR 1986, 46 (48); *Krings*, Schutzansprüche, S. 229.
481 *Murswiek*, Verantwortung, S. 281; vgl. auch *Dietlein*, Schutzpflichten, S. 107.

B. Begründung

Zu Recht wird an der Eignung des polizeirechtlichen Gefahrenbegriffs für die Bestimmung des schutzpflichtenaktivierenden Gefahrniveaus Kritik geübt. Grundsätzlich setze die staatliche Schutzpflicht bei jeder Bedrohung von Schutzgütern ein. Erst bei dem später durchzuführenden Interessenausgleich sei das Gefährdungsniveau miteinzubeziehen.[482] Die Differenzierung verschiedener Gefährdungsgrade sowie der Ausschluss bestimmter Gefährdungen würden mögliche Schädigungen qualitativ bewerten und pauschal bestimmte Gefährdungsgrade aus dem Schutzpflichtenbereich ausgrenzen.[483]

Die Festlegung einer einheitlichen und exakt definierten Grenze eines schutzpflichtenaktivierenden Gefahrniveaus scheint angesichts der verschiedenen Gefährdungsarten und -grade nicht möglich. Praktikabler und damit vorzugswürdig ist daher eine Abwägung im Einzelfall. Abwägungsfaktoren sind, neben der Bedeutung des gefährdeten Rechtsgutes, auch die Gefahrintensität, die möglichen Mittel sowie entgegenstehende Interessen.[484] Als Leitbild ist dabei, auch in Anlehnung an die Ausführungen des Bundesverfassungsgerichts zum Atomrecht, eine „bestmögliche Gefahrenabwehr und Risikovorsorge"[485] zugrunde zu legen.[486]

e) Reichweite der Schutzpflicht

Umfang und Reichweite staatlicher Schutzpflichten wurden bislang weder durch das Bundesverfassungsgericht explizit festgeschrieben noch besteht hierüber Einigkeit in der Literatur. Die Lösung dieser Frage wird teilweise in der Anwendung des sog. Untermaßverbotes gesehen.[487]

---

482 *Unruh*, Dogmatik, S. 77 f.; *Pietrzak*, JuS 1994, 748 (751).
483 *Dietlein*, Schutzpflichten, S. 108; *Brüning*, JuS 2000, 955 (956); *Unruh*, Dogmatik, S. 77 f.
484 *Isensee*, Grundrecht, S. 37.
485 BVerfGE 49, 89 (138 f.).
486 *Unruh*, Dogmatik, S. 78; vgl. ferner *Alexy*, Theorie, S. 414; *Roßnagel*, Grundrechte, S. 79.
487 Vgl. auszugsweise für die Stimmen in der Literatur *Calliess*, in: FS Starck, 201 (202); *Klein*, JuS 2006, 960 (960); *Unruh*, Dogmatik, S. 83.

aa) Herleitung des Untermaßverbotes

Die Figur des Untermaßverbotes wurde erstmals von Schuppert in Zusammenhang mit einem erweiterten, über die abwehrrechtliche Dimension hinausgehenden Grundrechtsverständnis vorgebracht. Danach unterliegen die daraus abzuleitenden Handlungspflichten des Staates dem verfassungsrechtlichen Kontrollmaßstab des Untermaßverbotes.[488] Als Mitbegründer der Theorie des Untermaßverbotes kann auch Canaris bezeichnet werden. Er formulierte einen Maßstab für das bei der Schutzpflichterfüllung einzuhaltende Schutzminimum.[489]

bb) Inhalt des Untermaßverbotes

Bei Canaris blieb das Untermaßverbot noch relativ vage. Ein genereller Maßstab ließe sich nicht bestimmen; vielmehr seien die Art des in Frage stehenden Rechtsgutes sowie die bestehenden Möglichkeiten zum Selbstschutz im Einzelfall ausschlaggebend. Dem Gesetzeber stehe ein weiter Gestaltungs- und Konkretisierungsspielraum zu.[490] Ein weites gesetzgeberisches Ermessen hinsichtlich der Schutzmittel billigt auch Isensee der Legislative zu, stellt aber zugleich konkrete Ermessensdirektiven auf, an denen sich der Gesetzgeber bei der Wahrnehmung seiner Schutzpflichten zu orientieren habe.[491] Ziel dieses Ermessens sei die effektive Schutzpflichterfüllung.[492] In der neueren Diskussion wird das Untermaßverbot als Gegenstück zum Übermaßverbot betrachtet. Das Übermaßverbot sei ein Unterlassungsgebot und schränke den Staat in seinem Handeln ein. Das Untermaßverbot hingegen beinhalte eine Minimalgarantie an staatlichem Schutz und mithin

---

488 *Schuppert*, Grenzen, S. 14 f.; *ders.*, VVDStRL 39 (1981), S. 193; vgl. ferner *Klein*, JuS 2006, 960 (961); *Tzemos*, Untermaßverbot, S. 4 f.
489 *Canaris*, AcP 184 (1984), 201 (228); siehe ferner *Calliess*, in: FS Starck, 201 (203).
490 *Canaris*, AcP 184 (1984), 201 (227 f.); *ders.*, JuS 1989, 161 (163); vgl. auch *Calliess*, Rechtsstaat, S. 451 f.
491 Isensee benennt als wesentliche Direktiven für die Schutzpflichterfüllung die Beobachtungspflicht, die Bereitstellungspflicht, die Gefahrenproportionalität, die Effektivität, die Geeignetheit sowie das Untermaßverbot *(Isensee*, in: HStR IX, § 191, Rn. 301).
492 Ebda., Rn. 303.

B. Begründung

Handlungsgebote an den Staat.[493] Das Verhältnis zwischen Über- und Untermaßverbot beschreibt Calliess zusammenfassend als „eine Art Korridor, innerhalb dessen der Gesetzgeber den nach dem Gewaltenteilungsprinzip erforderlichen Spielraum hat, die kollidierenden Belange abzuwägen und in Ausgleich zu bringen"[494]. Obgleich eine feste oder greifbare inhaltliche Definition nicht formuliert wird, soll das Untermaßverbot ein Instrument zur Markierung der untersten Schwelle noch zulässiger Schutzpflichterfüllung durch den Staat darstellen.[495]

Das Prinzip des Untermaßverbotes bedarf daher einer weiteren, über die Markierung der unteren Grenze der Schutzpflichterfüllung hinausgehenden Konkretisierung. Hierzu wird vorgeschlagen, Elemente des Verhältnismäßigkeitsprinzips entsprechend zu modifizieren und auch im Rahmen der Überprüfung staatlicher Schutzpflichterfüllung anzuwenden. Die Anpassung müsse dabei speziell den Aspekt der Effektivität der Schutzpflichterfüllung aufgreifen.[496]

cc) Kontrollmaßstab des Bundesverfassungsgerichts

Das Bundesverfassungsgericht folgte in den Anfängen seiner Schutzpflichten-Rechtsprechung in Bezug auf Inhalt und Reichweite keiner klaren Linie, sondern variierte die Anforderungen an die Schutzpflichterfüllung. Die bislang angewandten Maßstäbe lassen sich unterteilen in Evidenzkontrolle, Wirksamkeitskontrolle anhand des Untermaßverbotes sowie zwischenzeitlich einer Kombination beider Maßstäbe.[497]

---

493 *Denninger*, in: FS Mahrenholz, 561 (566 f.); *Isensee*, in: HStR IX, § 191, Rn. 304; *Möstl*, DÖV 1988, 1029 (1038).
494 *Calliess*, Rechtsstaat, S. 457 f.
495 *Calliess*, in: FS Starck, 201 (211); *ders.*, Rechtsstaat, S. 455; *Dietlein*, ZG 1995, 131 (140); *Schwetzel*, Freiheit, S. 43.
496 *Krings*, Schutzansprüche, S. 302 ff.; *Michael*, JuS 2001, 148 (151 ff.); *Möstl*, DÖV 1998, 1029 (1038 f.); *Pietrzak*, JuS 1994, 748 (751); *Schwetzel*, Freiheit, S. 43 ff.; *Starck*, Verfassungsauslegung, S. 81 f. *Calliess*, Rechtsstaat, S. 459 f.; *ders.*, in: FS Starck, 201 (215 f.) stimmt im Grundsatz zu, modifiziert aber die Prüfungspunkte nochmals.
497 *Böckenförde*, Der Staat 29 (1990), 1 (13); *Calliess*, in: FS Starck, 201 (204 f.); *Klein*, DVBl 1994, 489 (496); *Sodan*, NVwZ 2000, 601 (605); *Tzemos*, Untermaßverbot, S. 92 f.

III. Staatliche Schutzpflichten gegenüber den Pflegebedürftigen

(1) Untermaßverbot

Das Bundesverfassungsgericht griff das Untermaßverbot in Anlehnung an Isensee erstmals in seinem zweiten Urteil zum Schwangerschaftsabbruch auf.[498] Darin setzt es das Untermaßverbot als Überprüfungsleitlinie für die Erfüllung staatlicher Schutzpflichten fest. Der Gesetzgeber müsse, um das Untermaßverbot nicht zu verletzen, die Rechtsordnung derart ausgestalten, dass ein Mindestmaß an Schutz gewährleistet wird. Gemeint sei ein angemessener und wirksamer Schutz.[499] Um diesen sicherstellen zu können, habe der Gesetzgeber ein Schutzkonzept zu entwickeln, das präventive und repressive Elemente enthält.[500] Das Schutzkonzept und die Einschätzungen des Gesetzgebers, die diesem Konzept zugrunde liegen, seien Gegenstand der verfassungsgerichtlichen Kontrolle.[501] Darüber hinaus müssten möglichst effektive Schutzmittel gewählt werden. Bei der Auswahl dieser Maßnahmen stehe dem Gesetzgeber ein Einschätzungs- und Gestaltungsspielraum zu.[502] Da die gesetzgeberische Einschätzung und Entscheidung auf ihre Vertretbarkeit hin überprüft wird, enthält das Untermaßverbot eine relativ hohe Kontrolldichte.[503] Diese strenge Wirksamkeitskontrolle wandte das Gericht bislang nur im zweiten Urteil zum Schwangerschaftsabbruch an.[504]

(2) Mischformel

Das Bundesverfassungsgericht kombiniert in den Entscheidungen zum Alkoholgrenzwert im Straßenverkehr[505] sowie zur Ozonbekämpfung[506] Un-

---

498 BVerfGE 88, 203 (254); sowie *Calliess*, in: FS Starck, 201 (204 f.); *Szczekalla*, Schutzpflichten, S. 230 f.
499 BVerfGE 88, 203 (254 f.).
500 Ebda., S. 261.
501 BVerfGE 88, 203 (264 ff.); *Calliess*, Rechtsstaat, S. 454.
502 BVerfGE 88, 203 (262 f.); vgl. auch *Jarass*, AöR 110 (1985), 363 (383); *Möstl*, DÖV 1998, 1029 (1037).
503 *Calliess*, in: FS Starck, 201 (208); *ders.*, Rechtsstaat, S. 323; *Tzemos*, Untermaßverbot, S. 90 f.
504 *Calliess*, in: FS Starck, 201 (207); *ders.*, Rechtsstaat, S. 323 f.; *Sodan*, NVwZ 2000, 601 (605).
505 BVerfG, B. v. 27.4.1995 – 1 BvR 729/03 = NJW 1995, 2343.
506 BVerfG, B. v. 29.11.1995 – 1 BvR 2203/95 = NJW 1996, 651.

B. Begründung

termaßverbot und Evidenzkontrolle. Es bestätigt zwar jeweils ausdrücklich das Untermaßverbot als Prüfungsmaßstab, nimmt eine Schutzpflichtverletzung jedoch letztendlich nur bei einer evidenten Unzulänglichkeit der getroffenen Maßnahmen an.[507]

In seiner Entscheidung zum Alkoholgrenzwert im Straßenverkehr wiederholt das Gericht die Pflicht des Staates, durch normative und tatsächliche Maßnahmen einen angemessenen Schutz zu gewährleisten, der dem Untermaßverbot gerecht wird. Zugleich betont es aber, dass dem Gesetzgeber bei der Wahl der Mittel ein weiter Einschätzungs- und Gestaltungsspielraum zukomme. Die Schwelle zum Unterschreiten dieses Schutzniveaus setzt das Bundesverfassungsgericht dabei relativ niedrig an. Ein Eingreifen sieht es erst dann als zulässig an, wenn der Staat gänzlich untätig bleibt oder die ergriffenen Schritte evident unzureichend sind.[508] Diese Argumentation wiederholt das Bundesverfassungsgericht wortgleich im Urteil zur Ozonbekämpfung.[509]

(3) Evidenzkontrolle

Nachdem das Bundesverfassungsgericht die Kontrollmaßstäbe bei der Überprüfung staatlicher Schutzpflichterfüllung zeitweise variierte, hat sich in der jüngeren Rechtsprechung offenbar die Evidenzkontrolle durchgesetzt.[510] Eine Schutzpflichtverletzung liege danach nur vor, wenn der Staat gänzlich untätig bleibt oder die ergriffenen Maßnahmen völlig ungeeignet oder unzureichend sind. Dies müsse der Beschwerdeführer schlüssig darlegen.[511] Im Übrigen obliege die Einschätzung über die anzuwendenden Mittel und

---

507 BVerfG, BVerfG, B. v. 27.4.1995 – 1 BvR 729/03 = NJW 1995, 2343 (2343); BVerfG, B. v. 29.11.1995 – 1 BvR 2203/95 = NJW 1996, 651 (651). Vgl. auch *Calliess*, Rechtsstaat, S. 323; *Tzemos*, Untermaßverbot, S. 93.
508 BVerfG, B. v. 27.4.1995 – 1 BvR 729/03 = NJW 1995, 2343 (2343).
509 BVerfG, B. v. 29.11.1995 – 1 BvR 2203/95 = NJW 1996, 651 (651).
510 Vgl. nur BVerfGE 56, 54; 77, 170; 79, 174; sowie aus der aktuellen Rechtsprechung BVerfG, U. v. 4.5.2011 – 2 BvR 2365/09 = NJW 2011, 1931; BVerfG, U. v. 18.7.2012 – 1 BvL 10/10 = NVwZ 2012, 1024; siehe ferner *Böckenförde*, Der Staat 29 (1990), 1 (13); *Möstl*, DÖV 1998, 1029 (1037 f.); *Szczekalla*, Schutzpflichten, S. 231.
511 BVerfGE 56, 54 (81); 77, 170 (215); 77, 381 (405); 79, 174 (202); 85, 191 (212 f.); vgl. ferner *Calliess*, in: FS Starck, 201 (205); *Krings*, Schutzansprüche, S. 271; *Sodan*, NVwZ 2000, 601 (605); *Stern*, DÖV 2010, 241 (248); *Szczekalla*, Schutzpflichten, S. 231.

deren Eignung, die Einbeziehung betroffener Interessen sowie die Beurteilung der tatsächlichen Verhältnisse dem Gesetzgeber, der hierbei über einen weiten Einschätzungs- und Gestaltungsspielraum verfüge.[512] Das Gericht überprüft die gesetzgeberische Entscheidung also nur in begrenztem Umfang, was im Einzelfall abhängig sei von den Eigenarten des jeweiligen Sachbereichs, der Bedeutung der betroffenen Rechtsgüter sowie den Möglichkeiten der Urteilsbildung.[513] Die Gestaltungsfreiheit sei ausnahmsweise eingeschränkt, wenn unter ganz besonderen Umständen die Schutzpflicht allein durch eine bestimmte Maßnahme erfüllt werden könne.[514] Ähnliches gilt auch für eine Nachbesserungspflicht des Gesetzgebers. Nur wenn eine ursprünglich verfassungskonforme Regelung aufgrund gewandelter Verhältnisse verfassungswidrig geworden ist, der Gesetzgeber dennoch untätig blieb oder offensichtlich fehlsame Nachbesserungsmaßnahmen getroffen hat und dies evident ist, könne ein Verfassungsverstoß festgestellt werden.[515] Dies sei neben dem Gewaltenteilungsgrundsatz insbesondere dem Demokratieprinzip geschuldet, wonach derartige Entscheidungen durch den vom Volk demokratisch legitimierten Gesetzgeber zu treffen seien.[516] Der Maßstab der Evidenzkontrolle zielt daher lediglich auf die Kontrolle offensichtlicher Mängel ab. Eine optimale Verwirklichung der Schutzverpflichtung sei gerade nicht vom Gesetzgeber zu verlangen und mithin durch das Bundesverfassungsgericht nicht zu prüfen.[517]

(4) Kritik der Literatur an der Rechtsprechung des Bundesverfassungsgerichts

Einige Stimmen in der Literatur sehen im Untermaßverbot keinen etablierten, verbindlich anzuwendenden Kontrollmaßstab. Prüfungsmaßstab für die Erfüllung staatlicher Schutzpflichten müsse die Evidenzkontrolle sein. Dies ergebe sich aus der Rechtsprechung des Bundesverfassungsgerichts, das das

---

512 BVerfGE 56, 54 (81); siehe auch *Jaeckel*, Schutzpflichten, S. 92; *Klein*, DVBl 1994, 489 (495); *Krings*, Schutzansprüche, S. 270 f.
513 BVerfGE 77, 170 (215).
514 Ebda., S. 214 f.
515 BVerfGE 56, 54 (81).
516 Ebda.; BVerfG, B. v. 28.7.1987 – 1 BvR 842/87 = NJW 1987, 2287 (2287); vgl. auch *Calliess*, in: FS Starck, 201 (205); *Cremer*, Freiheitsgrundrechte, S. 298 f.
517 BVerfGE 56, 54 (80); siehe ferner *Calliess*, in: FS Starck, 201 (205 f.); *Hesse*, JöR 46 (1998), 1 (17).

B. Begründung

Untermaßverbot einmalig im zweiten Urteil zum Schwangerschaftsabbruch herangezogen hat und sodann über die Mischformel zur Evidenzkontrolle zurückgekehrt sei.[518] Eine eigenständige Bedeutung des Untermaßverbotes bezweifeln in erster Linie die Vertreter der Kongruenzthese. Sie sehen darin im Vergleich zum Verhältnismäßigkeitsprinzip keinen zusätzlichen Erkenntnisgewinn.[519] Eine Handlungsdirektive für den Gesetzgeber nach zwei Seiten hin werde gerade nicht erreicht. Vielmehr sei die Grenze – jedenfalls in sog. Dreiecksfällen, wenn der Staat zum Schutz des Opfers zugleich in Störergrundrechte eingreift – zwischen Mindest- und Höchstmaß staatlichen Handelns identisch.[520] In diesen Dreieckskonstellationen bringe der durchzuführende Ausgleich der entgegenstehenden Rechtsgüter sowohl die Verhältnismäßigkeitsprüfung als auch das Untermaßverbot zur Anwendung. Die Verhältnismäßigkeitsprüfung liefere mit ihren Unterpunkten Geeignetheit, Erforderlichkeit und Angemessenheit zugleich Ergebnisse für das Höchst- und Mindestmaß staatlichen Handelns.[521] Die Grundaussage, die dem Untermaßverbot zu entnehmen sei, sei ein Anspruch auf die Gewährleistung eines Mindestmaßes an effektivem Schutz durch den Staat. Dieser Anspruch ergebe sich jedoch bereits aus den grundrechtlichen Schutzpflichten selbst.[522] Überdies könne eine Rechtspflicht weder mindestens noch im Übermaß erfüllt werden. Somit bringe die Figur des Untermaßverbotes in Dreieckskonstellationen keine neuen, über die des Übermaßverbotes hinausgehenden Erkenntnisse.[523] Zum anderen sei das Untermaßverbot als Prüfungsmaßstab wegen seiner Unbestimmtheit und mangelnden Ausgeformtheit nicht zu gebrauchen. Das Bundesverfassungsgericht lasse im Unklaren, welchen Anforderungen ein wirksamer Schutz genügen müsse, um als ausreichend zu gelten.[524]

---

518 *Calliess*, Rechtsstaat, S. 321 f.; *Hesse*, JöR 46 (1998), 1 (17 f.); *Tzemos*, Untermaßverbot, S. 95 ff.; *Unruh*, Dogmatik, S. 89 f.
519 *Hain*, DVBl 1993, 982 (983); *Gellermann*, Grundrechte, S. 347; *Starck*, JZ 1993, 816 (817); *Unruh*, Dogmatik, S. 87. Eine Auflistung der wesentlichen Kritikpunkte am Untermaßverbot findet sich bei *Klein*, JuS 2006, 960 (961).
520 *Dolderer*, Grundrechtsgehalte, S. 271 f.; *Hain*, DVBl 1993, 982 (983); ders., ZG 1996, 75 (75). Vgl. auch *Krings*, Schutzansprüche, S. 299.
521 *Hain*, DVBl 1993, 982 (983); ders., ZG 1996, 75 (78 ff.).
522 *Gellermann*, Grundrechte, S. 347; *Hain*, DVBl 1993, 982 (983).
523 *Hain*, DVBl 1993, 982 (983); ders., ZG 1996, 75 (75).
524 *Denninger*, in: FS Mahrenholz, 561 (567 f.); *Schulze-Fielitz*, in: Dreier, GG, Art. 2 II, Rn. 89.

Kritik an der Kongruenzthese übt vor allem Dietlein. Er verweist auf die unterschiedlichen dogmatischen Zielrichtungen von Über- und Untermaßverbot. So sei die Erforderlichkeitsprüfung im Rahmen des Verhältnismäßigkeitsgrundsatzes stets auf das Innere eines konkreten Gesetzes und die Zweck-Mittel-Relation der gesetzgeberischen Entscheidung bezogen. Das Untermaßverbot hingegen knüpfe in erster Linie an Verfassungsrecht an und habe die Prüfung der hinreichenden Erfüllung des gesetzgeberischen Schutzauftrags zum Gegenstand.[525] Eine Deckungsgleichheit von Über- und Untermaßverbot sei also selbst in den sog. Dreieckskonstellationen nicht zwangsläufig gegeben. Die Kongruenzthese laufe bei schlichten staatlichen Förderungsaufträgen, dem Schutz vor naturbedingten Gefahren oder in Fällen, in denen sich der Störer nicht auf seine Grundrechte berufen kann, leer.[526] Allerdings stimmt Dietlein der Kongruenzthese in denjenigen Fallkonstruktionen zu, bei denen Verfassungsziel und Gesetzeszweck zusammenfallen und das heranzuziehende Mittel zugleich verfassungsrechtlich bestimmt ist. Da diese Situation aber äußerst unwahrscheinlich sei, betont er den eigenständigen Anwendungsbereich des Untermaßverbotes neben dem Übermaßverbot.[527]

dd) Stellungnahme

Zu Recht wird das Untermaßverbot überwiegend als tauglicher Prüfungsmaßstab anerkannt.[528] Entscheidend scheint, welcher Inhalt dem Untermaßverbot beigemessen wird. Soweit hierzu die Elemente der Verhältnismäßigkeitsprüfung herangezogen werden, wie dies überwiegend befürwortet wird, kann es in Dreiecksverhältnissen zu einer Konvergenz von Über- und Untermaßverbot kommen.[529] Dennoch überzeugt es eher, die divergierenden dogmatischen Ursprünge von Unter- und Übermaßverbot in den Vordergrund zu stellen und im Ergebnis zu einer Eigenständigkeit des Un-

---

525 *Dietlein*, ZG 1995, 131 (136 f.); vgl. auch *Calliess*, Rechtsstaat, S. 456 f.; *Krings*, Schutzansprüche, S. 301; *Tzemos*, Untermaßverbot, S. 78 f.
526 *Dietlein*, ZG 1995, 131 (135). Vgl. auch *Krings*, Schutzansprüche, S. 299.
527 *Dietlein*, ZG 1995, 131 (138).
528 Vgl. nur *Klein*, DVBl 1994, 489 (495); *Jarass*, AöR 110 (1985), 363 (383 ff.); *Möstl*, DÖV 1998, 1029 (1038); *Schwetzel*, Freiheit, S. 42; *Starck*, Verfassungsauslegung, S. 81.
529 *Tzemos*, Untermaßverbot, S. 82 f.

B. Begründung

termaßverbotes als Prüfungsmaßstab der Schutzpflichterfüllung zu gelangen.[530]

Hinsichtlich des vom Bundesverfassungsgericht zukünftig bei seiner Schutzpflichten-Rechtsprechung anzuwendenden Prüfungsmaßstabes spricht vieles für eine variable Handhabung. Je nach den Umständen des konkreten Falles sowie der in Frage stehenden Rechtsgüter ist die Kontrolle strenger oder großzügiger zu fassen. Dies entspricht der bisherigen Vorgehensweise des Gerichts, welches bereits selbst die in ihrer Kontrolldichte variierenden Maßstäbe der Evidenzkontrolle, der Mischformel sowie der intensivierten inhaltlichen Kontrolle anhand des Untermaßverbotes aufgestellt hat.

ee) Vorbehalt der Möglichkeit der Schutzpflichterfüllung

Die staatliche Pflicht zur Schutzpflichterfüllung findet ihre Grenzen im faktisch und rechtlich Realisierbaren. Die Gewährleistung eines absoluten Schutzes kann selbst bei größtmöglicher Anstrengung nicht zu verwirklichen sein und kann daher auch nicht vom Staat gefordert werden.[531] Die Pflicht des Staates zur Ergreifung schutzfördernder Maßnahmen ist dabei nicht von vornherein angesichts der Knappheit finanzieller Ressourcen im Staatshaushalt auf kostenneutrale Maßnahmen begrenzt. Typischerweise erschöpft sich die Erfüllung grundrechtlicher Schutzpflichten nicht in Legislativakten, sondern erfordert zusätzlich die Bereitstellung darüber hinausgehender, finanzwirksamer Unterstützungsleistungen. Freilich kann umgekehrt kein grenzenloser Anspruch auf staatliche Leistungen bestehen; vielmehr sind Kosten und Nutzen solcher Schutzmaßnahmen in ein angemessenes Verhältnis zu bringen.[532]

4. Schutzpflichten als subjektive Rechte

Staatliche Schutzpflichten verpflichten die staatlichen Organe zum aktiven Schutz gefährdeter Rechtsgüter. Dies wirft die Frage nach einem einklag-

---

530 *Calliess*, in: FS Starck, 201 (211); *ders.*, Rechtsstaat, S. 456 f.; *Dietlein*, ZG 1995, 131 (136); *Krings*, Schutzansprüche, S. 300; *Tzemos*, Untermaßverbot, S. 82.
531 *Isensee*, in: HStR IX, § 191, Rn. 274 ff.
532 *Cremer*, Freiheitsgrundrechte, S. 316 ff.

baren subjektiven Schutzanspruch des Einzelnen auf.[533] In seinen neueren Entscheidungen bekennt sich das Bundesverfassungsgericht klar zur Existenz eines solchen: Werden staatliche Schutzpflichten vernachlässigt, so liege hierin eine Grundrechtsverletzung, die der Betroffene im Wege einer Verfassungsbeschwerde geltend machen könne.[534] Damit ermöglicht das Gericht dem Einzelnen unter engen Voraussetzungen auch ein Vorgehen gegen gesetzgeberisches Unterlassen im Wege einer Verfassungsbeschwerde.[535] Die Anerkennung eines subjektiven Rechts stand am Ende der Entwicklung der Schutzpflichten-Rechtsprechung, welche dieses nie gänzlich ausgeschlossen hat. Nicht ausdrücklich, jedoch als logische Folge geht dies schon aus den frühen Urteilen des Bundesverfassungsgerichts infolge der Bejahung der Zulässigkeit bei Verfassungsbeschwerden gegen gesetzgeberisches Unterlassen hervor, ohne dass dabei weiter problematisiert worden wäre.[536] Neben dem Bundesverfassungsgericht geht auch die Literatur vom Bestehen eines individuellen subjektiven Rechts auf Schutz aus.[537]

---

533 *Dietlein*, Schutzpflichten, S. 133; *Krings*, Schutzansprüche, S. 234; *Unruh*, Dogmatik, S. 58.
534 Vgl. BVerfGE 77, 170 (214); 77, 381 (402 f.); 79, 174 (201 f.); BVerfG, B. v. 27.4.1995 – 1 BvR 729/93 = NJW 1995, 2343 (2343); BVerfG, B. v. 5.3.1997 – 1 BvR 1071/95 = NJW 1997, 3085 (3085). Einen ausdrücklichen Anspruch auf staatlichen Schutz benennt das Bundesverfassungsgericht auch in seinen Entscheidungen zum Luftsicherheitsgesetz (BVerfG, U. v. 15.2.2006 – 1 BvR 357/05, Abs. 120 = NJW 2006, 751 [757]) sowie zum Asylbewerberleistungsgesetz (BVerfG, U. v. 18.7.2012 – 1 BvL 10/10, Abs. 89 = NVwZ 2012, 1024 [1025]).
535 *Schlaich/Korioth*, BVerfG, Rn. 229; *Zuck*, Verfassungsbeschwerde, Rn. 606 ff.
536 BVerfGE 53, 30 (48); 56, 54 (68).
537 Die Literatur leitet subjektive Rechte aus verschiedenen Theorien ab. Eine ausführliche Darstellung der wesentlichen Ansätze findet sich bei *Dietlein*, Schutzpflichten, S. 154 ff. Die Grundrechte als Optimierungsgebote begreifende Prinzipientheorie bewertet die Anerkennung subjektiver Schutzansprüche als höheren Grad an Realisierung als der bloße objektiv-rechtliche Gehalt der Grundrechte: *Alexy*, Theorie, S. 75 f., 414 f.; *ders.*, Der Staat 29 (1990), 49 (61). Andere berufen sich auf die Herleitung eines subjektiven Schutzanspruchs aus einer objektiven Norm (*Bleckmann*, Staatsrecht, S. 222; *Schwabe*, Grundrechtsdogmatik, S. 288 f.; *Stern*, Staatsrecht III/1, S. 909) oder als Produkt einer sozialstaatlichen Grundrechtsinterpretation, vgl. *Breuer*, in: FS BVerwG, 89 (90 f.); *Kloepfer*, Grundrechte, S. 2; *Robbers*, Sicherheit, S. 193. Der subjektive Schutzanspruch wird ferner gestützt auf die Annahme einer staatlichen Garantenstellung (Schwabe, Grundrechtsdogmatik, S. 213 ff.; vgl. auch *Robbers*, Sicherheit, S. 192) oder als Konsequenz

B. Begründung

Der Umfang des subjektiven Schutzanspruchs wurde vom Bundesverfassungsgericht nicht explizit festgelegt oder erörtert. Das Gericht stützt die Annahme grundrechtlicher Schutzpflichten auf den objektiv-rechtlichen Gehalt der Grundrechte. Konsequenterweise können die daran anknüpfenden subjektiven Rechte keine weitergehenden Inhalte verbürgen als die objektiv-rechtliche Grundrechtsdimension.[538] Wie bereits oben ausführlich erläutert wurde, billigt das Bundesverfassungsgericht dem Gesetzgeber bei der Erfüllung staatlicher Schutzpflichten einen weiten Einschätzungs- und Gestaltungsspielraum zu. Insbesondere können den Schutzpflichten keine konkreten Handlungsmaximen entnommen werden. Folglich besteht grundsätzlich kein Anspruch auf die Vornahme einer konkreten Schutzhandlung oder auf die Verwendung eines bestimmten Schutzmittels.[539] Nur unter ganz besonderen Umständen kann sich der Gestaltungsspielraum so verengen, dass die Schutzpflicht allein durch eine bestimmte Maßnahme erfüllt werden kann.[540] Ebenso wie der Schutzpflichteninhalt nur für den konkreten Einzelfall bestimmbar ist, hängt auch der Umfang des subjektiven Schutzanspruchs von der konkreten Fallkonstellation ab.[541]

Kritiker subjektiver Schutzansprüche stützen ihre These in erster Linie auf den schon kaum fassbaren Inhalt grundrechtlicher Schutzpflichten, welche den Ausgangspunkt subjektiver Schutzansprüche bilden. Außerdem sehen sie durch das Zugestehen subjektiver Rechte das Gewaltenteilungsprinzip sowie die politische Entscheidungsfreiheit des Gesetzgebers gefährdet, da auf diese Weise Kompetenzen auf das Bundesverfassungsgericht verlagert würden.[542]

---

der auch individuellen Schutzzielrichtung der grundrechtlichen Schutzpflichten gesehen (*Krings*, Schutzansprüche, S. 235; *Langer*, NVwZ 1987, 195 [197]). Vgl. zur Begründung staatlicher Schutzpflichten durch die Literatur oben unter B.III.1.c).

538 *Isensee*, in: HStR IX, § 191, Rn. 322.
539 Vgl. oben unter B.III.3.c) sowie *Brüning/Helios*, Jura 2001, 155 (162); *Isensee*, in: HStR IX, § 191, Rn. 322; *Klein*, DVBl 1994, 489 (495); *Szczekalla*, Schutzpflichten, S. 219.
540 BVerfGE 77, 170 (215).
541 *Szczekalla*, Schutzpflichten, S. 219.
542 *Jeand'Heur*, JZ 1995, 161 (161 ff.); *Starck*, Verfassungsauslegung, S. 72 f.; *Steinberg*, NJW 1984, 457 (461). Eine Darstellung der Kritik findet sich bei *Schwetzel*, Freiheit, S. 27 ff.

5. Schutzpflichten gegenüber pflegebedürftigen Menschen

Nach dem oben Gesagten kann festgehalten werden, dass in der Rechtsprechung des Bundesverfassungsgerichts die Existenz staatlicher Schutzpflichten sowie daran anknüpfende subjektive Schutzansprüche anerkannt sind. Die Bevölkerungsgruppe der pflegebedürftigen Menschen und ihre Lebensbedingungen in stationären Pflegeeinrichtungen waren bislang noch nicht Gegenstand verfassungsgerichtlicher Rechtsprechung. Eine staatliche Schutzpflicht ihnen gegenüber wurde deswegen noch nicht explizit bejaht. Es ist daher zu klären, inwieweit die Fallkonstellationen der bisherigen Schutzpflichten-Rechtsprechung mit der Situation der Pflegebedürftigen vergleichbar sind und die Schutzpflichten-Dogmatik hierauf übertragen werden kann. Es sind somit die Lebensumstände der Pflegebedürftigen in den Pflegeheimen unter dem Aspekt der Schutzpflichten aufzubereiten (b.bb.) und den bisher anerkannten Fallgruppen gegenüberzustellen (b.cc.).

a) Sozialpolitische Notwendigkeit

Die Notwendigkeit und Dringlichkeit einer expliziten Feststellung staatlicher Schutzpflichten gegenüber Pflegebedürftigen steht in sozialpolitischer Hinsicht außer Frage. Spätestens durch die Pflegequalitätsberichte des Medizinischen Dienstes des Spitzenverbandes Bund der Krankenkassen, die wiederholt gravierende Missstände in den Pflegeheimen empirisch belegten,[543] können die menschenunwürdigen Zustände in den Einrichtungen als erwiesen betrachtet werden. Kaum einer schutzbedürftigen Bevölkerungsgruppe wird sowohl seitens der Gesellschaft als auch seitens staatlicher Institutionen derart wenig Beachtung und aktive Bemühung um Verbesserung zuteil wie den pflegebedürftigen Menschen. Reformbemühungen wurden zwar in den letzten Jahren angestrebt, blieben aber in ihrer Wirkung geringfügig und ohne größere Auswirkungen auf das System der Pflegeversicherung. Auch außerlegislative Tätigkeiten, die von staatlicher Seite angestoßen wurden,[544] konnten die Missstände in der Pflege nicht beheben. Sozialpoli-

---

543 Vgl. hierzu ausführlich oben unter B.I.3.e).
544 Als Beispiel kann die Charta der Rechte hilfe- und pflegebedürftiger Menschen angeführt werden, die Gestaltungsvorschläge für eine menschenwürdige Pflege enthält, vgl. http://www.bmfsfj.de/BMFSFJ/aeltere-menschen,did=16378.html sowie unten unter B.III.6.b)cc) (S. 129).

B. Begründung

tisch ist die Manifestation staatlicher Schutzpflichten gegenüber Pflegebedürftigen daher unbedingt angezeigt.

b) Dogmatische Begründbarkeit

aa) Bisherige Rechtsprechung des Bundesverfassungsgerichts zur Pflegeversicherung

Wenngleich das Bundesverfassungsgericht bereits über Fragestellungen der Versicherungspflicht in der gesetzlichen Pflegeversicherung[545] sowie über die Auslegung des Pflegebedürftigkeitsbegriffs[546] geurteilt hat, wurde eine Schutzpflicht gegenüber den Pflegebedürftigen noch nicht ausdrücklich festgestellt. Alternativ ist daher auf die bisher ergangenen Urteile des Bundesverfassungsgerichts zur Schutzpflichtenthematik zurückzugreifen, um Parallelen herauszuarbeiten.

bb) Relevante Grundrechte der Pflegebedürftigen

Das Bundesverfassungsgericht hat das Bestehen staatlicher Schutzpflichten für einige Grundrechte ausdrücklich anerkannt. Die Literatur geht noch darüber hinaus und nimmt grundsätzlich für die Schutzgüter aller Freiheitsgrundrechte entsprechende Schutzpflichten an.[547] Die aufgezeigten Missstände in den Pflegeheimen, die geprägt sind von Gewaltanwendungen gegen die Pflegebedürftigen sowie institutionellen Zwängen, betreffen insbesondere das Grundrecht der Menschenwürde aus Art. 1 Abs. 1 GG, das Recht auf Leben und körperliche Unversehrtheit aus Art. 2 Abs. 2 S. 1 GG, das

---

[545] BVerfG, U. v. 3.4.2001 – 1 BvR 2014/95 = NJW 2001, 1709; BVerfG, U. v. 3.4.2001 – 1 BvR 1629/94 = NJW 2001, 1712; BVerfG, U. v. 3.4.2001 – 1 BvR 81/98 = NJW 2001, 1716; BVerfG, B. v. 2.9.2009 – 1 BvR 1997/08 = BeckRS 2009, 39520.
[546] BVerfG, B. v. 22.5.2003 – 1 BvR 452/99 = FamRZ 2003, 1084; BVerfG, B. v. 22.5.2003 – 1 BvR 1077/00 = NJW 2003, 3044. Zur Verfassungsmäßigkeit des Pflegebedürftigkeitsbegriffs siehe auch oben unter Fn. 265.
[547] Vgl. nur *Isensee*, in: HStR IX, § 191, Rn. 222; *Jaeckel*, Schutzpflichten, S. 62; *Klein*, DVBl 1994, 489 (491); *Krings*, Schutzansprüche, S. 172; *Unruh*, Dogmatik, S. 78 sowie oben unter B.III.3.b).

III. Staatliche Schutzpflichten gegenüber den Pflegebedürftigen

Freiheitsgrundrecht aus Art. 2 Abs. 2 S. 2 GG sowie das allgemeine Persönlichkeitsrecht aus Art. 2 Abs. 1 in Verbindung mit Art. 1 Abs. 1 GG.

(1) Menschenwürde (Art. 1 Abs. 1 GG)

(a) Schutzgut

Staatliche Schutzpflichten für das Grundrecht der Menschenwürde wurden vom Bundesverfassungsgericht bereits früh anerkannt und sind auch in der Literatur unbestritten.[548] Schon aus der Formulierung des Art. 1 Abs. 1 S. 2 GG begründet sich eine positive Verpflichtung des Staates zu einem aktiven Tätigwerden.[549] Inhalt der Schutzpflicht ist in erster Linie die Verpflichtung der staatlichen Organe, die Achtung der Menschenwürde durch die Abwehr von Angriffen seitens Dritter zu garantieren.[550] Der Staat hat seine Schutzpflicht insbesondere durch Normsetzung zu konkretisieren und umzusetzen, daneben auch durch entsprechendes Handeln der Exekutive im Einzelfall.[551] Das Schutzgut Menschenwürde entbehrt wegen seiner Situationsgebundenheit einer greifbaren Definition und kann daher nur bezogen auf den Einzelfall beurteilt werden.[552] Vorrangig wird zu einer Beschreibung die sog. Objektformel herangezogen, welche auch vom Bundesverfassungsgericht gebraucht wurde und die Menschenwürde ausgehend von ihrer Ver-

---

548 BVerfGE 1, 97 (104); 107, 275 (284); *Hermes*, Grundrecht, S. 138; *Murswiek*, Verantwortung, S. 125; *Robbers*, Sicherheit, S. 130.
549 Vgl. *Dietlein*, Schutzpflichten, S. 28 f.; *Dolderer*, Grundrechtsgehalte, S. 86 f.; *Hermes*, Grundrecht, S. 138; *Jaeckel*, Schutzpflichten, S. 46; *Krings*, Schutzansprüche, S. 142. Zur Begründung der Schutzpflicht greift das Bundesverfassungsgericht zusätzlich auf das Grundrecht auf Leben und körperliche Unversehrtheit (Art. 2 Abs. 2 S. 1 GG) zurück, das durch seine Menschenwürderelevanz zusätzliche inhaltliche Substanz vermitteln soll (BVerfGE 1, 97 [104]; 107, 275 [284]; vgl. ferner *Herdegen*, in: Maunz/Dürig, GG, Art. 1 Abs. 1, Rn. 78; *Krings*, Schutzansprüche, S. 144 f.).
550 BVerfGE 45, 187 (254); 46, 160 (164); sowie *Starck*, in: v. Mangoldt/Klein/Starck, GG, Art. 1 Abs. 1, Rn. 92.
551 *Dietlein*, Schutzpflichten, S. 29; *Kunig*, in: v. Münch/Kunig, GG, Art. 1, Rn. 30; *Starck*, in: v. Mangoldt/Klein/Starck, GG, Art. 1 Abs. 1, Rn. 42.
552 BVerfGE 20, 1 (25); *Herdegen*, in: Maunz/Dürig, GG, Art. 1 Abs. 1, Rn. 46; *Kunig*, in: v. Münch/Kunig, GG, Art. 1, Rn. 22.

B. Begründung

letzung zu definieren versucht.[553] Nach der von Dürig geprägten Definition ist „die Menschenwürde getroffen [...], wenn der konkrete Mensch zum Objekt, zu einem bloßen Mittel, zur vertretbaren Größe herabgewürdigt wird"[554]. Daran anknüpfend stellt das Bundesverfassungsgericht fest, dass es „der menschlichen Würde [widerspricht], den Menschen zum bloßen Objekt im Staat zu machen"[555]. Allgemein gesprochen, gewährleistet Art. 1 Abs. 1 S. 2 GG einen staatlichen Schutzanspruch auf ein menschenwürdiges Leben.[556]

Angesichts der im ersten Kapitel beschriebenen und empirisch belegten Missstände in den stationären Pflegeeinrichtungen kommt eine Berührung des Schutzgutes Menschenwürde unter mehreren Aspekten in Betracht. Zum einen steht in Frage, ob die Heimbewohner durch die ihnen im Pflegeheim zuteil werdende Behandlung in ihrem sittlichen Anspruch auf Achtung ihrer Menschenwürde[557] verletzt werden. Hinsichtlich der durch das Pflegepersonal ausgeübten Gewalt gegen die Pflegebedürftigen muss ein Würdeverstoß durch die Beeinträchtigung der körperlichen Unversehrtheit oder gar des Schutzgutes Leben der Heimbewohner in Betracht gezogen werden, wobei sich hier Überschneidungen zum Schutzbereich des Grundrechtes aus Art. 2 Abs. 2 S. 1 GG ergeben.[558] Tangiert sein könnte ferner das durch die Menschenwürde garantierte Recht auf Selbstbestimmung über die Lebensgestaltung sowie über das Lebensende. Es beinhaltet die Eigenverantwort-

---

553 BVerfGE 9, 89 (95); 27, 1 (6); 28, 386 (391); 45, 187 (228); 50, 166 (175); 87, 209 (228); vgl. auch *Herdegen*, in: Maunz/Dürig, GG, Art. 1 Abs. 1, Rn. 36; *Kunig*, in: v. Münch/Kunig, GG, Art. 1, Rn. 22; *Wintrich*, in: FS Laforet, 227 (235 f.).
554 *Herdegen*, in: Maunz/Dürig, GG, Art. 1 Abs. 1, Rn. 36; *Kunig*, in: v. Münch/Kunig, GG, Art. 1, Rn. 22.
555 BVerfGE 9, 89 (95); 27, 1 (6); 45, 187 (228); 72, 105 (116); 50, 166 (175); vgl. auch *Kunig*, in: v. Münch/Kunig, GG, Art. 1, Rn. 22. Das Gericht führt hierzu näher aus, eine Verletzung der Menschenwürde setze voraus, dass ein Mensch „einer Behandlung ausgesetzt wird, die seine Subjektqualität prinzipiell in Frage stellt, oder dass in der Behandlung im konkreten Fall eine willkürliche Missachtung der Würde des Menschen liegt" (BVerfGE 30, 1 [26]). Diese muss „Ausdruck der Verachtung des Wertes, der dem Menschen kraft seines Personseins zukommt, also in diesem Sinne eine "verächtliche Behandlung" sein" (ebda.).
556 *Hofmann*, in: Schmidt-Bleibtreu/Hofmann/Hopfauf, GG, Art. 1, Rn. 6.
557 Ebda., Rn. 9.
558 *Herdegen*, in: Maunz/Dürig, GG, Art. 1 Abs. 1, Rn. 95.

lichkeit von Lebensentscheidungen, also das Recht über sämtliche Belange der Persönlichkeit frei zu verfügen.[559]

(b) Beeinträchtigung des grundrechtlichen Schutzgutes

Das Menschenwürdegebot ist verletzt, wenn über die Rechtsstellung des Einzelnen eine unbeschränkte Verfügungsmacht bestünde, welche der Staat sich oder einem Dritten einräumt.[560] Den Pflegebedürftigen müsste im Heim also eine „verächtliche Behandlung"[561] widerfahren.

Die Missstände in den Pflegeheimen treten sowohl in Form von Gewaltanwendung gegen die Pflegebedürftigen als auch durch Vernachlässigung und unzureichende pflegerische Versorgung in Erscheinung. Eine die Menschenwürde verachtende Behandlung der Pflegeheimbewohner kann schon in den Lebensbedingungen in vielen Heimen erblickt werden. Die Bewohnerstruktur in den Pflegeeinrichtungen setzt sich zu einem Großteil aus Schwerpflegebedürftigen mit multimorbiden Krankheitsbildern zusammen. Insbesondere bettlägerige oder in ihrer Mobilität eingeschränkte Pflegebedürftige vermögen nicht eigenständig ihre täglichen Verrichtungen vorzunehmen oder sich in Gemeinschaftsräume zu begeben. Sie sind folglich in allen Bereichen der Lebensführung vollständig auf die Hilfestellung durch das Pflegepersonal angewiesen.[562] Besonders gravierend stellt sich diese Hilfebedürftigkeit in den Bereichen des Toilettengangs, der Essensgabe sowie der zwischenmenschlichen Kommunikation dar. Die krankheitsbedingte Abhängigkeit allein zieht noch keine menschenunwürdige Behandlung nach sich. Diese ergibt sich vielmehr aus der Art und Weise wie die Heimbewohner gepflegt werden. Theoretisch steht den Pflegebedürftigen die Inanspruchnahme von Hilfe durch das Pflegepersonal rund um die Uhr zur Verfügung. Aufgrund des Personalmangels steht diese Hilfe auf Abruf de facto aber nur sehr eingeschränkt bereit. So werden selbst kontinenten Heimbewohnern, die sich nicht selbstständig zur Toilette bewegen können, Windeln angelegt, weil ein rechtzeitiges Aufsuchen des Hilfesuchenden und die benötigte Hilfeleistung oftmals nicht gewährleistet werden können. In-

---

559 *Enders*, in: Stern/Becker, GR, Art. 1, Rn. 51; *Herdegen*, in: Maunz/Dürig, GG, Art. 1 Abs. 1, Rn. 84.
560 *Enders*, in: Stern/Becker, GR, Art. 1, Rn. 33.
561 BVerfGE 30, 1 (26). Vgl. hierzu das eben unter B.III.5.b)bb)(1)(a) Gesagte.
562 Zu den Lebensbedingungen in Pflegeheimen siehe auch oben unter B.I.1.

B. Begründung

kontinente Pflegebedürftige werden aus denselben Gründen nicht bei Bedarf, sondern zu festen, nach dem Dienstplan bestimmten Zeiten mit neuen Inkontinenzprodukten versorgt.[563] Die krankheitsbedingte Unselbstständigkeit zeigt sich besonders schwerwiegend auch bei der Nahrungsaufnahme. Bettlägerige Bewohner sind oft nicht mehr in der Lage, eigenständig Nahrung zu sich zu nehmen und daher auf die Hilfe des Pflegepersonals angewiesen. Der Personalmangel führt auch hier in vielen Fällen nachweisbar zu einer nur unzureichenden Versorgung. Praktisch gestaltet sich die Nahrungsaufnahme nicht selten so, dass die Pflegekräfte nur wenigen hilfebedürftigen Bewohnern Essen eingeben können. Für viele Pflegebedürftige bedeutet dies, dass Mahlzeiten entweder ganz ausfallen oder sie nur unzureichend mit Nahrung und Flüssigkeit versorgt werden.[564]

Persönliche Zuwendung, soziale Kontakte oder Freizeitaktivitäten werden speziell den immobilen Pflegebedürftigen in zahlreichen Pflegeheimen versagt. Personalmangel und Zeitnot, teilweise auch die Überforderung oder Verweigerung der Pflegekräfte, verhindern eine längere persönliche Unterhaltung oder andere Gesten der Zuneigung. Selbstverständliche menschliche Bedürfnisse bleiben für die Pflegebedürftigen unerfüllt. Kontakte zur Außenwelt erfahren sie oft nur durch den Besuch Angehöriger. Gruppenaktivitäten und Beschäftigungstherapien sind überwiegend auf mobile Heimbewohner zugeschnitten und werden zentral in den Gemeinschaftseinrichtungen abgehalten.[565] Mangels eigener Fortbewegungsmöglichkeit besteht für die Pflegebedürftigen keine Möglichkeit der eigenständigen Hilfebeschaffung oder Gegenwehr. Beschwerden an die Heimleitung werden oft aus Angst vor negativen Konsequenzen für die eigene Betreuung unterlassen.[566]

Faktisch besteht also eine Situation der völligen Abhängigkeit und des Ausgeliefertseins der Pflegebedürftigen. Das Ignorieren menschlicher Bedürfnisse – aus welchen Gründen auch immer – bedeutet einen erniedrigenden Umgang. Aufgrund des starken Abhängigkeitsverhältnisses zwischen Pflegebedürftigen und Heimpersonal kann durchaus von einer Verfügungsmacht der Pflegeheime über die Heimbewohner gesprochen werden. Die Fremdbestimmung über die Vornahme alltäglicher Verrichtungen, die auch intimste Lebensbereiche betreffen und die oftmals nur unzureichende oder

---

563 Vgl. *Hirsch/Fussek*, Berichte, S. 67, 186, 191.
564 Vgl. ebda., S. 55, 103,190.
565 Vgl. ebda., S. 187 f.; 191, 197.
566 Vgl. ebda., S. 19; *Fussek*, in: Brunner (Hrsg.),Gewalt, 37 (49).

III. Staatliche Schutzpflichten gegenüber den Pflegebedürftigen

gar auf entwürdigende Weise vorgenommene Erfüllung dieser Bedürfnisse verweigern den Heimbewohnern ein auch nur im Ansatz selbstbestimmtes Leben. Die Achtung der Pflegebedürftigen als selbständige, autonome Rechtssubjekte wird angesichts dieser Missstände völlig untergraben.

Die Aktivierung staatlicher Schutzpflichten infolge dieser Eingriffe setzt das Überschreiten einer Erheblichkeitsschwelle voraus, welche grundsätzlich bloße Belästigungen oder die unkonkrete Möglichkeit einer Schädigung ausnimmt.[567] Andererseits ist nicht erforderlich, dass die Verletzung des in Frage stehenden Schutzgutes bereits eingetreten ist.[568] Die beschriebenen Beispiele aus dem Pflegealltag einer nachweislich nicht unerheblichen Zahl an Pflegeheimen unterschreiten die Untergrenze menschenwürdiger Behandlung. Daneben sind bereits die Lebensbedingungen der Heimbewohner, die aus den gesetzlichen Rahmenbedingungen resultieren, für die Bejahung einer hinreichend konkreten Gefährdungslage und somit für die Aktivierung staatlicher Schutzpflichten ausreichend.

(2) Recht auf Leben und körperliche Unversehrtheit (Art. 2 Abs. 2 S. 1 GG)

(a) Schutzgut

Das Recht auf Leben und körperliche Unversehrtheit nimmt aus mehreren Gründen einen besonderen Stellenwert innerhalb der grundrechtlichen Wertordnung ein. Zum einen ist das Leben die existenzielle biologische Voraussetzung allen menschlichen Handelns; zum anderen ist das Grundrecht auf Leben und körperliche Unversehrtheit eng verknüpft mit dem Grundrecht der Menschenwürde, da Art. 2 Abs. 2 S. 1 GG jedem menschlichen Leben das gleiche Schutzmaß und eine ebenso große Wertigkeit einräumt.[569] Eine enge systematische Verbindung besteht auch zwischen dem Grundrecht auf Leben und dem Recht auf körperliche Unversehrtheit, zumal eine Verletzung des Schutzgutes Leben immer auch mit einer Beeinträchti-

---

567 *Dietlein*, Schutzpflichten, S. 107; *Krings*, Schutzansprüche, S. 228; *Schwetzel*, Freiheit, S. 42.
568 Zum schutzpflichtenauslösenden Gefahrniveau siehe ausführlich oben unter B.III. 3.d)bb).
569 *Di Fabio*, in: Maunz/Dürig, GG, Art. 2 Abs. 2 S. 1, Rn. 9; *Kunig*, in: v. Münch/Kunig, GG, Art. 2, Rn. 44.

B. Begründung

gung der körperlichen Unversehrtheit einhergeht.[570] Inhaltlich schützt das Recht auf Leben das körperliche Dasein als solches, also die biologisch-physische Existenz im Zeitraum zwischen Lebensbeginn und -ende.[571] Der Schutzbereich des Rechts auf körperliche Unversehrtheit umfasst die Gesundheit im biologisch-physiologischen Sinne einschließlich des psychischen Wohlbefindens, sofern die Beeinträchtigung einem körperlichen Schmerz vergleichbare Wirkungen zeigt.[572]

Sowohl für das Recht auf Leben als auch für das Recht auf körperliche Unversehrtheit werden einhellig staatliche Schutzpflichten angenommen.[573] Sie werden unmittelbar aus dem objektiv-rechtlichen Gehalt des Art. 2 Abs. 2 S. 1 GG abgeleitet.[574] Die Schutzpflicht für das Grundrecht auf Leben und körperliche Unversehrtheit besteht grundsätzlich gegenüber der gesamten Bevölkerung. Allerdings kann sich eine Verdichtung dieser Schutzpflicht in Bezug auf eine bestimmte Personengruppe ergeben.[575] Das Bundesverfassungsgericht bezeichnet die staatliche Schutzpflicht für das Schutzgut Leben und körperliche Unversehrtheit wegen ihres hohen verfassungsrechtlichen Gewichts als umfassend, obgleich dem Gesetzgeber ein

---

570 *Di Fabio*, in: Maunz/Dürig, GG, Art. 2 Abs. 2 S. 1, Rn. 53; *Schulze-Fielitz*, in: Dreier, GG, Art. 2 II, Rn. 21; *Starck*, in: v. Mangoldt/Klein/Starck, GG, Art. 2 Abs. 2, Rn. 189. Umgekehrt kann ein Eingriff in die körperliche Unversehrtheit zugleich auch eine Lebensgefährdung bewirken.
571 BVerfGE 115, 118 (139); vgl. ferner *Horn*, in: Stern/Becker, GR, Art. 2, Rn. 53; *Jarass*, in: Jarass/Pieroth, GG, Art. 2, Rn. 81.
572 BVerfGE 56, 54 (74 f.); sowie *di Fabio*, in: Maunz/Dürig, GG, Art. 2 Abs. 2 S. 1, Rn. 55, *Jarass*, in: Jarass/Pieroth, GG, Art. 2, Rn. 83; *Kunig*, in: v. Münch/Kunig, GG, Art. 2, Rn. 62 f.
573 BVerfGE 39, 1 (36 ff.); 45, 187 (254 f.); 46, 160 (164 f.); 49, 89 (132, 141 f.); 53, 30 (57 f.); 56, 54 (73); 77, 170 (214); 77, 381 (402 f.); 79, 174 (201 f.); 85, 191 (212); 88, 203 (251); 90, 145 (195).
574 Zur Herleitung staatlicher Schutzpflichten siehe ausführlich oben unter B.III.1.b. Sofern eine Beeinträchtigung des Grundrechts aus Art. 2 Abs. 2 S. 1 GG auch den Mindestgehalt der Menschenwürde antastet, ergibt sich eine Schutzpflicht zudem aus Art. 1 Abs. 1 S. 2 GG. Reicht die Verletzung anderer Schutzgüter nicht an eine Menschenwürdeverletzung heran, ist eine Herleitung der Schutzpflicht in Verbindung mit der Menschenwürdegarantie des Art. 1 Abs. 1 S. 2 GG ausgeschlossen und muss für das jeweilige Grundrecht gesondert erfolgen, vgl. *Dietlein*, Schutzpflichten, S. 28; *Enders*, in: Stern/Becker, GR, Art. 1, Rn. 15; *Krings*, Schutzansprüche, S. 145.
575 *Kunig*, in: v. Münch/Kunig, GG, Art. 2, Rn. 67.

III. Staatliche Schutzpflichten gegenüber den Pflegebedürftigen

weiter Beurteilungs- und Gestaltungsspielraum hinsichtlich der Schutzpflichterfüllung eingeräumt wird.[576]

(b) Beeinträchtigung des grundrechtlichen Schutzgutes

Ein Eingriff in das Schutzgut Leben liegt vor, wenn ein Mensch getötet oder sein Leben gefährdet wird, sofern eine Verletzung des Lebens ernsthaft zu befürchten ist.[577] Die körperliche Unversehrtheit wird durch jede in den menschlichen Körper eingreifende staatliche Maßnahme oder jedes Unterlassen beeinträchtigt, welche die Gesundheit im biologisch-physischen Sinn negativ beeinflusst. Das psychische Wohlbefinden ist erfasst, sofern das Einwirken darauf körperlichen Schmerzen vergleichbar ist.[578]

Tötungen in stationären Einrichtungen der Altenpflege können nur in den seltensten Fällen direkt auf Pflegemängel zurückgeführt werden. In Betracht kommen insofern Todesfälle infolge Strangulierung durch nicht sachgemäß angebrachte Fixierungen oder die Vornahme aktiver Sterbehilfe durch Medikamentengabe. Dies lässt sich aber empirisch kaum belegen. Verdachtsfälle auf fahrlässige Tötung bei unsachgemäßen Fixierungen werden in den meisten Fällen polizeilich und strafrechtlich nicht aufgeklärt.[579] Eingriffe in das Grundrecht auf Leben und körperliche Unversehrtheit der Pflegebedürftigen gehen in erster Linie von den Handlungen des Pflegepersonals aus. Berichtet wird unter anderem von der Anwendung direkter Gewalt gegen die Pflegebedürftigen in Form von Schlagen, Ohrfeigen oder grobes Anfas-

---

576 BVerfGE 1, 39 (42); 46, 160 (164); 56, 54 (80 f.); 77, 170 (214); 92, 26 (46); 96, 54 (64); vgl. auch *Horn*, in: Stern/Becker, GR, Art. 2, Rn. 83; *Schulze-Fielitz*, in: Dreier, GG, Art. 2 II, Rn. 86.
577 *Di Fabio*, in: Maunz/Dürig, GG, Art. 2 Abs. 2 S. 1, Rn. 33 f.; *Horn*, in: Stern/Becker, GR, Art. 2, Rn. 115; *Jarass*, in: Jarass/Pieroth, GG, Art. 2, Rn. 86, 90. Als staatliche Maßnahme kann eine Tötung nur bei unmittelbarer Herbeiführung durch die öffentliche Gewalt selbst bezeichnet werden oder wenn diese durch staatliches Handeln in zweifelsfrei zurechenbarer Weise mittelbar bezweckt war. Das gilt namentlich für die Herbeiführung einer Tötung durch private Dritte.
578 BVerfGE 56, 54 (73 ff.); vgl. auch *Horn*, in: Stern/Becker, GR, Art. 2, Rn. 117; *Kunig*, in: v. Münch/Kunig, GG, Art. 2, Rn. 60 f.; *Schule-Fielitz*, in: Dreier, GG, Art. 2 II, Rn. 47 f.
579 *Mohsenian et al.*, ZGerGer 36 (2003), 266 (269 f.); *Richter/Sauter*, Patiententötungen, S. 13 ff.

B. Begründung

sen bei Vornahme der Pflegehandlungen.[580] Andere Formen der Gewaltausübung gegen Heimbewohner stellen rechtswidrig angewandte bewegungs- und freiheitseinschränkende Maßnahmen sowie die nicht indizierte Gabe sedierender Medikamente mit dem Ziel der Ruhigstellung dar.[581] Eingriffe in das Grundrecht auf körperliche Unversehrtheit können auch durch das Unterlassen notwendiger pflegerischer Maßnahmen auftreten, beispielsweise durch das Nichtherbeirufen ärztlicher Hilfe oder das Eintreten von Unterernährung oder Flüssigkeitsmangel infolge mangelnder Versorgung. Als häufigste Gewaltform wurde die psychische Misshandlung der Pflegebedürftigen registriert.[582] Neben der Ausübung verbaler Gewalt und der Isolation durch den Entzug persönlicher Zuwendung zählt hierzu auch die bewusste Verletzung der Privat- und Intimsphäre, beispielsweise durch unvermitteltes Eintreten in die Wohnräume der Bewohner sowie im Rahmen der Durchführung der Körperpflege.[583] Die angeführten Beispiele der seelischen Gewaltanwendung sind in ihrer Wirkung schwerwiegend, sodass eine Beeinträchtigung der körperlichen Integrität durchaus bejaht werden kann. Die Misshandlung von Pflegebedürftigen hat in einer Zusammenschau ihrem Ausmaß sowie ihrer Dauer und Schwere nach oft einen derart gravierenden negativen Einfluss auf deren Lebensqualität und Lebensalltag in den Pflegeheimen, dass von einer Verletzung des Grundrechts aus Art. 2 Abs. 2 S. 1 GG ausgegangen werden kann. Wegen der hohen Wertigkeit des Grundrechts innerhalb der grundrechtlichen Wertordnung ist die Aktivierungsschwelle staatlicher Schutzpflichten im Vergleich zu anderen Schutzgütern geringer anzusetzen.[584] Der Staat hat jedenfalls seine Schutzpflichten auch im Bereich der Gefahrenvorsorge wahrzunehmen.[585]

---

580 *Buchinger*, Gewalt, S. 29 f.; *Förster*, Gewalt, S. 7; *Grond*, Altenpflege, S. 57 f.; *Görgen*, in: Brunner (Hrsg.), Gewalt, 57 (85); *Hirsch/Fussek*, Berichte, S. 45 ff. Siehe zum Gewaltbegriff ausführlich oben unter B.I.2.b)aa).
581 *Förster*, Gewalt, S. 7; *Görgen*, in: Brunner (Hrsg.), Gewalt, 57 (85); *ders.*, in: Jakob/Fikentscher (Hrsg.), Korruption, 157 (158); *Hirsch*, in: Hirsch/Vollhadt/Erkens (Hrsg.), Gewalt, 33 (44 f.); *Klie/Lörcher*, Freiheit, S. 47 sowie oben unter B.I.2.b)aa).
582 Zur empirischen Belegbarkeit der Gewaltanwendung gegenüber Pflegebedürftigen ausführlich oben unter B.I.3.
583 *De Vries*, in: de Vries/Telaar (Hrsg.), Gewalt, 19 (37 ff.); *Förster*, Gewalt, S. 7 f.; *Hirsch*, Psychiatrie & Altenhilfe 2000, 5 (11); *Kranich*, in: Hirsch/Bruder/Radebold (Hrsg.), Aggression, 45 (52); *Seidel*, Gewalt, S. 5 und oben unter B.I.2.b)aa)(2).
584 *Di Fabio*, in: Maunz/Dürig, GG, Art. 2 Abs. 2 S. 1, Rn. 49.
585 *Kunig*, in: v. Münch/Kunig, GG, Art. 2, Rn. 68.

III. Staatliche Schutzpflichten gegenüber den Pflegebedürftigen

Ungeachtet der empirischen Belegbarkeit konkreter Gewaltanwendung gegen die Pflegebedürftigen im Einzelfall besteht schon aufgrund der gesetzlichen Rahmenbedingungen eine erhebliche, unmittelbare Gefahr für die körperliche Unversehrtheit oder gar das Leben der Pflegebedürftigen in den stationären Einrichtungen. Dem Staat ist jedenfalls aufgrund der Pflegequalitätsberichte bekannt, dass in den stationären Einrichtungen der Altenpflege Eingriffe auf das Grundrecht auf Leben und körperliche Unversehrtheit verübt werden.[586] Die Schwelle zur Aktivierung staatlicher Schutzpflichten ist daher klar überschritten.

(3) Recht auf freie Entfaltung der Persönlichkeit (Art. 2 Abs. 1 GG)

(a) Schutzgut

Das Recht auf freie Entfaltung der Persönlichkeit wird als selbstständige Ausprägung des Art. 2 Abs. 1 GG unter Heranziehung der Menschenwürde aus Art. 1 Abs. 1 GG gewährleistet und stellt eine Konkretisierung derselben dar.[587] Das Bestehen staatlicher Schutzpflichten für das Persönlichkeitsrecht ist sowohl durch die Rechtsprechung des Bundesverfassungsgerichts als auch in der Literatur anerkannt.[588] Der Schutz umfasst die Gewährleistung der engeren persönlichen Lebenssphäre sowie die Erhaltung ihrer Grundbedingungen.[589] Geschützt werden „Elemente der Persönlichkeit, die nicht schon Gegenstand der besonderen Freiheitsgarantien des Grundgesetzes sind, diesen aber in ihrer konstituierenden Bedeutung für die Persönlichkeit

---

586 Neben den Pflegequalitätsberichten des MDS belegen auch die oben aufgeführten Studien Missstände in der Altenpflege. Die Studie „Beschwerden in der Altenpflege" ist sogar durch die Regierung in Auftrag gegeben worden, vgl. ausführlich oben unter B.I.3.d).
587 *Di Fabio*, in: Maunz/Dürig, GG, Art. 2, Rn. 2; *Horn*, in: Stern/Becker, GR, Art. 2, Rn. 14 ff.; *Kunig*, in: v. Münch/Kunig, GG, Art. 2, Rn. 30; *Jarass*, in: Jarass/Pieroth, GG, Art. 2, Rn. 36.
588 BVerfGE 73, 188 (201); 97, 125 (146); 99, 185 (194 f.); 117, 202 (229); siehe auch *Horn*, in: Stern/Becker, GR, Art. 2, Rn. 77; *Robbers*, Sicherheit, S. 197 f.
589 BVerfGE 54, 148 (153); 72, 155 (170); 79, 256 (268); 96, 56 (61); sowie *Horn*, in: Stern/Becker, GR, Art. 2, Rn. 34; *Jarass*, in: Jarass/Pieroth, GG, Art. 2, Rn 38.

B. Begründung

nicht nachstehen"⁵⁹⁰. Gemeint ist ein „autonomer Bereich privater Lebensgestaltung, in dem [der Einzelne] seine Individualität entwickeln und wahren kann"⁵⁹¹.

Für die Pflegebedürftigen ist insbesondere der Bereich der Selbstbestimmung relevant. Garantiert werden muss insofern ein Schutz vor Einschränkung der personalen Entfaltung.⁵⁹² Ferner steht dem Grundrechtsträger ein Recht auf Privatheit zu. Die zu schützende Privatsphäre soll die private Lebensgestaltung durch die Möglichkeit der Entwicklung und Wahrung der eigenen Identität garantieren, was Gelegenheiten des Privatseins und Ausruhens erfordert.⁵⁹³ Sie dient als private Handlungssphäre, welche dem Zugriff durch andere entzogen ist und der Selbstfindung sowie Selbstreflexion mit sich selbst oder in vertrauter Gemeinschaft dient.⁵⁹⁴

(b) Beeinträchtigung des grundrechtlichen Schutzgutes

Eine Gefährdung des grundrechtlichen Schutzgutes des Persönlichkeitsrechts liegt zum einen in den strukturellen Zwängen, denen die Bewohner in Form von festen Tagesabläufen und der starren Ausrichtung der Pflegehandlungen an die Schichtpläne ausgesetzt sind. Vorgegebene Essenszeiten sowie das frühe Vorbereiten der Bewohner für die Nachtruhe lassen den Pflegebedürftigen kaum Raum für eine individuelle Gestaltung des All-

---

590 BVerfGE 118, 168 (183); 99, 185 (193); 106, 28 (39); vgl. auch *Horn*, in: Stern/Becker, GR, Art. 2, Rn. 34; *Jarass*, in: Jarass/Pieroth, GG, Art. 2, Rn. 38; *Robbers*, Sicherheit, S. 197 f. Die Abgrenzung zur Allgemeinen Handlungsfreiheit erfolgt anhand des „Element[s] der "freien Entfaltung der Persönlichkeit", das sich als Recht auf Respektierung des geschützten Bereichs von dem "aktiven" Element dieser Entfaltung, der allgemeinen Handlungsfreiheit abhebt" (BVerfGE 54, 148 [153]). Vgl. auch *Horn*, in: Stern/Becker, GR, Art. 2, Rn. 34.).
591 BVerfGE 79, 256 (268); 117, 202 (225); vgl. ferner *Rixecker*, in: MüKo BGB, Anh. zu § 12, Rn. 2.
592 BVerfGE 72, 155 (170); sowie *Jarass*, in: Jarass/Pieroth, GG, Art. 2, Rn. 50.
593 BVerfGE 27, 1 (6 f.); 79, 256 (268); 117, 202 (225); 120, 180 (199); ebenso: *Horn*, in: Stern/Becker, GR, Art. 2, Rn. 39.
594 BVerfGE 27, 1 (6); 101, 361 (382 f.); 120, 274 (311); siehe auch *Dreier*, in: Dreier, GG, Art. 2 I, Rn. 70; *Horn*, in: Stern/Becker, GR, Art. 2, Rn. 39; *Kunig*, in: v. Münch/Kunig, GG, Art. 2, Rn. 32; *Jarass*, in: Jarass/Pieroth, GG, Art. 2, Rn. 47; *Murswiek*, in: Sachs, GG, Art. 2, Rn. 69 f.

III. Staatliche Schutzpflichten gegenüber den Pflegebedürftigen

tags.[595] Schon die grundlegenden menschlichen Bedürfnisse wie Nahrungsaufnahme oder Körperhygiene sind vollständig nach durchstrukturierten und zeitoptimierten Tagesplänen organisiert. Verstärkt werden diese strukturellen Zwänge durch den Mangel an Personal und die Zeitnot, unter der das Arbeitspensum erledigt werden muss. Möglichkeiten der individuellen Freizeitgestaltung, beispielsweise in Form von begleiteten Spaziergängen, bestehen in den wenigsten Fällen. Stark pflegebedürftige Heimbewohner, die sich nicht mehr eigenständig oder unbeaufsichtigt außerhalb des Pflegeheimes bewegen können, sind somit auf die stationäre Einrichtung als alleinigen Lebensraum beschränkt. Die Bewohner erhalten oftmals keine rehabilitativen Behandlungen, welche zur Verbesserung ihrer körperlichen Einschränkungen und letztlich zur Verbesserung ihrer Lebensqualität beitragen. Ein selbstbestimmtes Leben unter autonomer Gestaltung des Tagesablaufes ist nur in der Minderzahl der Pflegeeinrichtungen gewährleistet. In der Regel besteht eine vollständige Unterordnung der Bewohner unter die fest strukturierten Heimabläufe.[596]

Beeinträchtigungen des Persönlichkeitsrechts der Bewohner sind zudem in der mangelnden oder gänzlich fehlenden Privatsphäre in den Pflegeheimen zu erblicken. Diese ergeben sich zum einen quasi unmittelbar aus der nach wie vor üblichen Doppelbelegung der Zimmer. Eine räumliche Trennung und die Schaffung eines Rückzugsortes ist bei einem Zusammenleben auf relativ engem Raum nicht oder nur sehr eingeschränkt möglich. Hinzu kommt, dass die zusammen wohnenden Pflegebedürftigen sich regelmäßig zuvor nicht bekannt waren und die Störung der Privatsphäre deswegen in besonderem Maße gravierend ist.[597] Störungen der Privatsphäre der Heimbewohner sind zum anderen im Verhalten der Pflegekräfte bei der Versorgung der Pflegebedürftigen zu sehen. Unvermitteltes Betreten der Bewohnerzimmer ohne vorheriges Anklopfen oder Abwarten einer Einlassgewährung schafft unangenehme Überraschungsmomente für die Pflegebedürftigen und vermittelt das Gefühl einer ständigen Beobachtungs- und Kontrollsituation. Ihre Intimsphäre sehen viele Pflegebedürftige auch in der Durchführung der Körperhygiene durch ständig wechselndes Pflegepersonal oder auch durch die Vornahme von Körperpflegehandlungen durch Pflegekräfte

---

595 Vgl. nur *Hirsch/Fussek*, Berichte, S. 62, 176, 190, 284 f. sowie zu den Lebensbedingungen in den Pflegeheimen oben unter B.I.1.
596 Vgl. hierzu oben unter B.I.1. und B.I.2.b)bb).
597 Siehe auch oben unter B.I.1.

B. Begründung

des anderen Geschlechts gestört.[598] Aufgrund der genannten Faktoren wird man eine Beeinträchtigung des Persönlichkeitsrechts in den Pflegeheimen in vielen Fällen bejahen müssen und somit auch das Überschreiten der Schwelle zur Aktivierung staatlicher Schutzpflichten.

(4) Fortbewegungsfreiheit (Art. 2 Abs. 2 S. 2 GG)

(a) Schutzgut

Das Recht auf Freiheit der Person aus Art. 2 Abs. 2 S. 2 GG schützt allein die körperliche Bewegungsfreiheit in Bezug auf die räumliche Entfaltung.[599] Der Schutz zielt ab auf die Bewahrung vor willkürlicher Festsetzung gegen den eigenen Willen sowie den rechtswidrigen Entzug der Bewegungsfreiheit durch die öffentliche Gewalt.[600] Dem Grundrechtsträger steht daher das Recht zu, einen Ort zu verlassen oder aufzusuchen, sofern dieser an sich zugänglich ist.[601] Trotz des vorrangig abwehrrechtlichen Charakters der Fortbewegungsfreiheit hat das Bundesverfassungsgericht für das Grundrecht eine staatliche Schutzpflicht angenommen.[602]

(b) Beeinträchtigung des grundrechtlichen Schutzgutes

Eine Beeinträchtigung der Bewegungsfreiheit durch die Heimträger im Sinne einer Haft oder zwangsweisen Unterbringung eines Pflegebedürftigen durch seinen rechtlichen Betreuer oder Bevollmächtigten kommen nicht in

---

598 Zu den auftretenden Gewaltformen in stationären Pflegeeinrichtungen siehe ausführlich oben unter B.I.2.b).
599 BVerfGE 94, 166 (198); 96, 10 (21); 105, 239 (247); vgl. auch *di Fabio*, in: Maunz/ Dürig, GG, Art. 2 Abs. 2 S. 2, Rn. 22; *Kunig*, in: v. Münch/Kunig, GG, Art. 2, Rn. 73; *Schulze-Fielitz*, in: Dreier, GG, Art. 2 II, Rn. 98; *Starck*, in: v. Mangoldt/ Klein/Starck, GG, Art. 2 Abs. 2, Rn. 196.
600 *Di Fabio*, in: Maunz/Dürig, GG, Art. 2 Abs. 2 S. 2, Rn. 4; *Kunig*, in: v. Münch/ Kunig, GG, Art. 2, Rn. 73.
601 BVerfGE 94, 166 (198); 96, 10 (21); sowie *di Fabio*, in: Maunz/Dürig, GG, Art. 2 Abs. 2 S. 2, Rn. 26; *Jarass*, in: Jarass/Pieroth, GG, Art. 2, Rn. 112; *Kunig*, in: v. Münch/Kunig, GG, Art. 2, Rn. 74.
602 BVerfGE 10, 302 (322); BVerfG, B. v. 7.11.1998 – 2 BvR 2535/95 u. 2 BvR 1761/96, Abs. 17 = NJW 1999, 2430 (2431); siehe auch *Kunig*, in: v. Münch/ Kunig, GG, Art. 2, Rn. 77; *Schulze-Fielitz*, in: Dreier, GG, Art. 2 II, Rn. 113.

III. Staatliche Schutzpflichten gegenüber den Pflegebedürftigen

Betracht. Im Fokus steht vielmehr die Behandlung der Pflegebedürftigen innerhalb der stationären Pflegeeinrichtung. Missstände im Zusammenhang mit rechtlich unzulässigen Fixierungen sind seit langem bekannt und empirisch belegbar.[603] Freiheitsentziehende Maßnahmen wie Bettgitter oder Bauchgurte, welche den Pflegebedürftigen am Verlassen seines Bettes hindern sollen, sind nur nach richterlicher Genehmigung zulässig, ausnahmsweise auch dann, wenn sie zum Schutz des Bewohners notwendig sind und keine Genehmigung in der gebotenen Eile zu erhalten ist. Rechtswidrig vorgenommene Fixierungen kommen insbesondere bei dementen Bewohnern vor, um diese an einer Fortbewegung speziell auch außerhalb des Pflegeheimes zu hindern.[604]

Eine andere Art der Einschränkung körperlicher Bewegungsfreiheit stellt die nicht indizierte Gabe sedierender Medikamente dar. Das Pflegepersonal wendet diese mitunter missbräuchlich und ohne ärztliche Verordnung zur Ruhigstellung der Pflegebedürftigen an. Die Wirkung dieser Medikamente zeigt sich in einer völligen Apathie oder einem Schlafzustand, durch den die Pflegebedürftigen an ihr Bett gebunden sind. Diese Mittel werden in erster Linie bei Demenzkranken verwendet, um zeitintensive Betreuungs- und Pflegemaßnahmen leichter durchführen zu können. Teilweise werden die Pflegebedürftigen auch durch das Versperren der Eingangstüren der jeweiligen Station oder des Pflegeheimes an einem Verlassen des Wohnbereichs gehindert. Insbesondere bei Demenzkranken besteht die Gefahr des Weglaufens, da sich diese oftmals nicht mehr eigenständig in unbekannter Umgebung zurechtfinden. Um dies zu verhindern, sowie aufgrund fehlenden Personals zur Begleitung der Pflegebedürftigen, greifen die Pflegekräfte auf diese Maßnahmen zurück.

Sofern Demenzkranke von diesen Handlungen betroffen sind, ändert die Erkrankung nichts am faktischen Entzug ihrer körperlichen Fortbewegungsfreiheit. Die Fortbewegung resultiert auch bei dementen Pflegebedürftigen aus einem natürlichen Bewegungsdrang, der eine Fixierung oder ein Einschließen nicht begründen kann, selbst wenn dies zu ihrem eigenen Wohl geschehen sollte. Sofern eine Fixierung nicht gerichtlich angeordnet wurde

---

603 Vgl. hierzu insbesondere die Darstellung der Freiburger Pflegestudie oben unter B.I.3.a).
604 Ausführliche Ausführungen zu freiheitsentziehenden Maßnahmen bei Pflegebedürftigen finden sich oben unter B.I.2.b)aa)(4).

B. Begründung

ist deren Anwendung rechtswidrig und stellt einen schweren Eingriff in das Grundrecht auf Freiheit der Person aus Art. 2 Abs. 2 S. 2 GG dar.[605]

cc) Vergleichbare Fallkonstellationen bisheriger Urteile

Wie gesagt, hat das Bundesverfassungsgericht bislang nicht explizit zur Frage staatlicher Schutzpflichten gegenüber Pflegebedürftigen Stellung genommen. Möglicherweise sind aber in den Fallkonstellationen der bisherigen Schutzpflichten-Rechtsprechung Parallelen zu finden und heranzuziehen. Dabei ist insbesondere auf solche Fälle einzugehen, die durch eine hilflose Lage der Betroffenen sowie deren unmenschliche Behandlung charakterisiert sind.

(1) Schwangerschaftsabbruch

Inhaltlich behandelt das erste Abtreibungsurteil[606] die Frage nach der Vereinbarkeit der Straffreiheit eines Schwangerschaftsabbruchs mit dem Grundgesetz. Ziel der in Frage stehenden Regelung des § 218c StGB (a.F.) war, das Recht der Frau auf freie Entfaltung ihrer Persönlichkeit zu schützen, insbesondere hinsichtlich ihrer Entscheidung über die Elternschaft und die daraus resultierenden Pflichten.[607] Hiergegen steht das Grundrecht des Ungeborenen auf Leben aus Art. 2 Abs. 2 S. 1 GG, das auch das „sich im Mutterleib entwickelnde Leben als selbstständiges Rechtsgut"[608] schützt. Das Bundesverfassungsgericht urteilte, dass dem Staat eine umfassende Schutzpflicht für das sich entwickelnde Leben obliege, weshalb er zum Schutz desselben vor Eingriffen Dritter verpflichtet sei.[609] Dabei müsse „die Schutzverpflichtung des Staates [...] umso ernster genommen werden, je höher der Rang des in Frage stehenden Rechtsgutes innerhalb der Wertordnung des Grundgesetzes anzusetzen ist"[610]. Es betont zugleich, das mensch-

---

605 Vgl. *Damrau/Zimmermann*, Betreuungsrecht, § 1906 BGB, Rn. 80 ff.; *Rink*, in: Bauer/Klie/Lütgens, HK-BUR, § 1906 BGB, Rn. 53 ff.; sowie oben unter B.I. 2.b)aa)(4).
606 BVerfGE 39,1.
607 Ebda., S. 43.
608 Ebda., S. 36.
609 Ebda., S. 42.
610 Ebda.

III. Staatliche Schutzpflichten gegenüber den Pflegebedürftigen

liche Leben nehme einen Höchstwert innerhalb der grundrechtlichen Ordnung ein und sei „vitale Basis der Menschenwürde und die Voraussetzung aller anderen Grundrechte"[611]. Sodann beinhaltet das Urteil Ausführungen zu Art und Weise der Schutzpflichterfüllung. Zum Schutz des ungeborenen Lebens habe der Staat in „erster Linie sozialpolitische und fürsorgerische Mittel zur Sicherung des werdenden Lebens einzusetzen"[612]. Aufgrund des betont hohen Ranges des Rechts auf Leben und körperliche Unversehrtheit verschärft das Gericht seinen Kontrollmaßstab entsprechend. Dem Gesetzgeber stehe bei seiner Schutzpflichterfüllung ein Entscheidungsspielraum zu, wobei „entscheidend ist, ob die Gesamtheit der dem Schutz des ungeborenen Lebens dienenden Maßnahmen [...] einen der Bedeutung des zu sichernden Rechtsgutes entsprechenden tatsächlichen Schutz gewährleiste[n]"[613].

Das Bundesverfassungsgericht konkretisierte seine Aussagen über den hohen Stellenwert des Schutzgutes Leben sowie die deswegen angezeigte erhöhte Kontrolldichte in seinem zweiten Urteil zum Schwangerschaftsabbruch.[614] Seine Schutzpflicht gegenüber dem ungeborenen Leben habe der Staat zu erfüllen, „indem er durch Gesetz Gebote und Verbote ausspricht, Handlungs- und Unterlassungspflichten festlegt"[615]. Trotz des Zugeständnisses eines Gestaltungsspielraumes müsse der Gesetzgeber das Untermaßverbot beachten.[616] Das Bundesverfassungsgericht überprüfe daher, ob die getroffenen Maßnahmen einen angemessenen und wirksamen Schutz

---

611 Ebda. Daneben sei auch das Persönlichkeitsrecht der werdenden Mütter zu beachten, deren „Schwangerschaft [...] zur Intimsphäre der Frau [gehört], deren Schutz durch Art. 2 Abs. 1 in Verbindung mit Art. 1 Abs. 1 GG verfassungsrechtlich verbürgt" ist, wobei dieses seine Schranken in den Rechten anderer sowie dem Sittengesetz bzw. der verfassungsmäßigen Ordnung finde (BVerfGE 39, 1 [42 f.]). Einen Ausgleich der beiden kollidierenden Schutzgüter verneint das Gericht, „da [ein] Schwangerschaftsabbruch immer Vernichtung des ungeborenen Lebens bedeutet", sodass „beide Verfassungswerte in ihrer Beziehung zur Menschenwürde als dem Mittelpunkt des Wertsystems der Verfassung zu sehen [sind]" (ebda., S. 43).
612 Ebda., S. 44.
613 Ebda., S. 46.
614 BVerfGE 88, 203. Wiederum bejaht das Bundesverfassungsgericht den Würdeschutz für das ungeborene Leben und befindet dessen Lebensrecht als nicht erst „durch die Annahme seitens der Mutter begründet [...], sondern dem Ungeborenen schon aufgrund seiner Existenz [zustehend]" (ebda., S. 252).
615 Ebda., S. 252.
616 Ebda.

B. Begründung

bieten, die „zudem auf sorgfältigen Tatsachenermittlungen und vertretbaren Einschätzungen beruhen"[617].

Daraus geht hervor, dass das Bundesverfassungsgericht nicht nur dem Leben als Höchstwert der grundrechtlichen Wertordnung einen besonders hohen Rang beimisst, sondern gerade auch dem ungeborenen Leben ein besonderes Schutzbedürfnis zuerkennt. Dieses vermag sich aufgrund seiner Schutzlosigkeit nicht selbst gegen Eingriffe Dritter zu wehren und ist daher in besonderem Maße von staatlichem Schutz abhängig. Dabei betont das Gericht, dass die staatliche Schutzpflicht für das Ungeborene insbesondere auch gegenüber der Mutter sowie deren familiärem und sozialem Umfeld besteht.[618]

Das Merkmal der besonderen Schutzbedürftigkeit zeichnet auch die Gruppe der (stationär untergebrachten) pflegebedürftigen Menschen aus. Ihr Leben ist geprägt durch eine beinahe gänzliche Fremdbestimmung sämtlicher Lebensbereiche. Schon der Einzug in das Pflegeheim erfolgt zumeist nicht aus einem freien Entschluss des Betroffenen, sondern wird durch äußere Umstände erzwungen. Wegen ihrer Pflegebedürftigkeit sind die Bewohner vollständig von den Pflegenden abhängig und können daher auf ihre Lebensgestaltung keinen Einfluss nehmen oder selbst darüber bestimmen. Den Abläufen im Pflegeheim haben sich die Heimbewohner, insbesondere diejenigen mit starken physischen oder psychischen Einschränkungen, zwangsläufig unterzuordnen. Aufgrund der Pflegebedürftigkeit fehlt speziell dementiell Erkrankten die Fähigkeit zur Gegenwehr. Das eigene Unvermögen zum Selbstschutz und das Fehlen einer Lobby, die die Interessen dieser Gruppe im politischen Prozess effektiv wahrnehmen könnte, können als gemeinsames Merkmal der Ungeborenen und Pflegebedürftigen herausgestellt werden. Die Einflussnahmemöglichkeiten Dritter sind in beiden Fällen stark beschränkt. Hilfe und Schutz können allein staatliche Institutionen gewährleisten.

---

617 Ebda.
618 Ebda., S. 253.

III. Staatliche Schutzpflichten gegenüber den Pflegebedürftigen

(2) Sicherungsverwahrung

Die Verfassungsmäßigkeit der Sicherungsverwahrung war in den letzten Jahren mehrfach Gegenstand verfassungsgerichtlicher Rechtsprechung.[619] Während das Bundesverfassungsgericht die Sicherungsverwahrung zunächst als verfassungsgemäß beurteilte, änderte sich diese Einschätzung nach der Feststellung der Verletzung der Europäischen Menschenrechtskonvention durch den Europäischen Gerichtshof für Menschenrechte.[620] Im Hinblick auf die zu achtende Menschenwürde der Verwahrten, deren Freiheitsgrundrecht aus Art. 2 Abs. 2 S. 2 GG sowie Art. 103 Abs. 2 GG und das Rechtsstaatsprinzip des Art. 20 Abs. 3 GG hat das Bundesverfassungsgericht die Sicherungsverwahrung zunächst in seinem Urteil von 2004 in den Fällen für verfassungskonform befunden, in denen sie wegen fortdauernder Gefährlichkeit des Verwahrten erforderlich ist. Der Schutz der Menschenwürde erfordere allerdings, dass die Betroffenen ihre Eigenständigkeit bewahren können. Deshalb müsse die Sicherungsverwahrung auf die Schaffung der Voraussetzungen für ein verantwortliches Leben in Freiheit ausgerichtet sein.[621] Dem widersprach der Europäische Gerichtshof für Menschenrechte in seinem Urteil von 2009 und stellte einen Verstoß der nachträglichen Verlängerung der Sicherungsverwahrung gegen das Recht auf Freiheit (Art. 5 § 1 EMRK) sowie gegen das Verbot der Strafe ohne Gesetz (Art. 7 § 1 EMRK) fest.[622] Bestätigt wurde dies durch ein weiteres Urteil des Gerichts im Jahr 2011.[623]

Daraufhin erklärte das Bundesverfassungsgericht die bis dahin bestehenden Regelungen über die nachträgliche Anordnung bzw. Fortdauer der Sicherungsverwahrung für verfassungswidrig und stellte neue Anforderungen für die gesetzliche Regelung der Sicherungsverwahrung auf.[624] Grundsätzlich dürfe die Sicherungsverwahrung nur als ultima ratio angeordnet wer-

---

619 BVerfG, U. v. 4.5.2011 – 2 BvR 2365/09 = NJW 2011, 1931; BVerfG, U. v. 5.2.2004 – 2 BvR 2029/01 = NJW 2004, 739; BVerfG, B. v. 23.8.2006 – 2 BvR 226/06 = NJW 2006, 3483; BVerfG, B. v. 19.5.2010 – 2 BvR 769/10 = NJW 2010, 2501; BVerfG, B. v. 3.12.1998 – 2 BvR 2033/98 = NStZ 1999, 156.
620 EGMR, U. v. 17.12.2009 – 19359/04 = NJW 2010, 2495; EGMR, U. v. 13.1.2011 – 6587/04 = NJW 2011, 3423; daraufhin BVerfG, U. v. 4.5.2011 – 2 BvR 2365/09 = NJW 2011, 1931.
621 BVerfG, U. v. 5.2.2004 – 2 BvR 2029/01, Abs. 70 ff. = NJW 2004, 739 (739 ff.).
622 EGMR, U. v. 17.12.2009 – 19359/04 = NJW 2010, 2495.
623 EGMR, U. v. 13.1.2011 – 6587/04 = NJW 2011, 3423.
624 BVerfG, U. v. 4.5.2011 – 2 BvR 2365/09 = NJW 2011, 1931.

B. Begründung

den.⁶²⁵ Das Abstandsgebot verpflichte dabei primär die Legislative zur Entwicklung und normativen Festsetzung eines Gesamtkonzepts der Sicherungsverwahrung.⁶²⁶ Dies beinhalte mitunter die Verpflichtung, individuell zu untersuchen, ob und durch welche Maßnahmen die Gefährlichkeit der Verwahrten reduziert werden kann. Ziel müsse sein, den Verwahrten realistische Perspektiven auf die Wiedererlangung der Freiheit in Aussicht zu stellen. Erforderlich hierfür sei eine individuelle und intensive Betreuung der Untergebrachten durch ein interdisziplinäres Team.⁶²⁷ Insbesondere müsse das Leben im Maßregelvollzug den allgemeinen Lebensverhältnissen angepasst werden, was die Sicherstellung therapeutischer Erfordernisse, hinreichende Besuchsmöglichkeiten sowie ausreichende Personalkapazitäten verlange.⁶²⁸

Was unter allgemeinen Lebensverhältnissen zu verstehen ist, konkretisierte das Oberlandesgericht Naumburg näher in einem Beschluss. Hervorzuheben sind insbesondere die Ausführungen zur Ausstattung der Räumlichkeiten im Hinblick auf das Abstandsgebot. So hielt das Gericht eine Raumgröße von 20 m² des Verwahrraumes für mindestens erforderlich. Zusätzlich müssen die Verwahrten über eine eigene Nasszelle und Kochgelegenheit verfügen können.⁶²⁹

Die Urteile zur Sicherungsverwahrung sind für die Situation der Pflegebedürftigen in stationären Pflegeeinrichtungen besonders relevant unter dem Aspekt der darin formulierten angemessenen Lebensverhältnisse. Besondere Beachtung ist dem gerichtlich aufgestellten Gebot der individuellen und intensiven Betreuung der Sicherungsverwahrten zu schenken. Das Gericht sieht demnach sowohl in den bereitzuhaltenden Räumlichkeiten als auch in der Betreuung der Verwahrten maßgebliche Kriterien, die der Mindeststandard an Lebensqualität im Rahmen der Unterbringung beinhaltet. Zwar kann im Fall der Pflegeheime nicht direkt von Freiheitsentzug gesprochen werden, da theoretisch jederzeit eine freie Fortbewegung innerhalb und außerhalb der Einrichtung möglich ist. Faktisch spielt sich das Leben der Pflegebedürftigen jedoch in den Räumen des Pflegeheimes ab und ist bei Bettlägerigen meist sogar auf das eigene Zimmer beschränkt. Gemeinsam ist beiden Vergleichsgruppen die Situation eines längeren, alternativlosen und ge-

---

625 Ebda., Abs. 112 = NJW 2011, 1931 (1938).
626 Ebda., Abs. 110 = NJW 2011, 1931 (1938).
627 Ebda., Abs. 113 = NJW 2011, 1931 (1938).
628 Ebda., Abs. 115 f. = NJW 2011, 1931 (1938).
629 OLG Naumburg, B. v. 30.11.201 – 1 Ws 64/11 = BeckRS 2011, 27420.

III. Staatliche Schutzpflichten gegenüber den Pflegebedürftigen

zwungenen Gebundenseins an einen räumlich begrenzten Ort. Auch die Möglichkeiten der persönlichen und räumlichen Selbstbestimmung sind jeweils stark eingeschränkt. Im Fall der Sicherungsverwahrten ist dies bedingt durch ihre Gefährlichkeit, welche eine Unterbringung erfordert. Die Heimbewohner sind zumeist pflegebedürftig, können sich nicht mehr selbst versorgen und werden auch in pflegerischer Hinsicht nur unzureichend unterstützt. Deshalb sind sie an die Räumlichkeiten und Organisationsabläufe des Pflegeheimes gebunden. Sowohl Heimbewohner als auch Sicherungsverwahrte müssen sich unter die fest vorgegebenen Strukturen und Abläufe ihrer Institution unterordnen. Raum für eine freie Einteilung der Aktivitäten und Verrichtungen des täglichen Lebens bleibt regelmäßig keinem der Betroffenen. Sowohl Pflegeheimbewohner als auch Sicherungsverwahrte vermögen ihre Lebenssituation nicht selbstständig zu verändern; beide sind vollumfänglich auf die Hilfe und Versorgung durch Dritte angewiesen. Ein nachhaltiges und wirksames Eingreifen und Verändern der Lebensumstände kann jeweils nur durch staatliche Organe erfolgen.

(3) Asylbewerberleistungsgesetz

In seinem Urteil zum Asylbewerberleistungsgesetz vom 18. Juli 2012 erklärte das Bundesverfassungsgericht die nach § 3 AsylbLG festgelegte Höhe der Geldleistungen für unvereinbar mit dem Grundgesetz.[630] Der Gesetzgeber habe durch die evident unzureichende Höhe der Geldleistungen an Leistungsbezieher nach dem Asylbewerberleistungsgesetz seine aus Art. 1 Abs. 1 GG in Verbindung mit dem Sozialstaatsgebot aus Art. 20 Abs. 1 GG herrührende Schutzpflicht zur Gewährung eines menschenwürdigen Existenzminimums nicht hinreichend erfüllt. Der verfassungsrechtliche Anspruch auf Gewährleistung eines menschenwürdigen Existenzminimums beinhalte neben der Bereitstellung des gesamten Existenzminimums auch ein Mindestmaß an Teilhabe am gesellschaftlichen, kulturellen und politischen Leben. Der Staat habe also sowohl die physische Existenz des Menschen als auch die Möglichkeit zur Pflege zwischenmenschlicher Beziehungen im Rahmen sozialer Teilhabe zu sichern.[631] Dabei sei der vom Gesetzgeber zu bestimmende Umfang dieses Leistungsanspruchs abhängig von den

---

630 BVerfG, U. v. 18.7.2012 – 1 BvL 10/10 = NVwZ 2012, 1024.
631 Ebda., Abs. 88 ff. = NVwZ 2012, 1024 (1026).

B. Begründung

„gesellschaftlichen Anschauungen über das für ein menschenwürdiges Dasein Erforderliche, der konkreten Lebenssituation der Hilfebedürftigen sowie den jeweiligen wirtschaftlichen und technischen Gegebenheiten"[632]. Sein Spielraum verenge sich in Belangen der physischen Existenz und erweitere sich in Fragen der gesellschaftlichen Teilhabe.[633]

Das Bundesverfassungsgericht gesteht der Legislative im Fall des Asylbewerberleistungsgesetzes einen weiten Gestaltungsspielraum zu und beschränkt sich auf eine zurückhaltende Evidenzkontrolle. Mit der Verfassungswidrigerklärung der Leistungen für Anspruchsberechtigte nach diesem Gesetz hat das Gericht zugleich eine staatliche Schutzpflicht für Asylbewerber anerkannt. Sucht man nach Parallelen zwischen der Lebenssituation von Asylbewerbern und Pflegeheimbewohnern, so ergeben sich diese in erster Linie im Hinblick auf deren Abhängigkeit hinsichtlich ihrer physischen Existenz sowie auf ihre mangelnde Möglichkeit zur sozialen und gesellschaftlichen Teilhabe. Die eklatant unzureichende finanzielle Ausstattung der Asylbewerber macht ihnen den Erhalt der eigenen physischen Existenz beinahe unmöglich. Die physische Existenz der Pflegebedürftigen ist akut gefährdet durch eine unzureichende pflegerische Betreuung sowie durch Gewaltanwendungen der Pflegenden. Das Bundesverfassungsgericht ordnete der physischen Existenz die Bereiche Gesundheit, Ernährung, Hygiene sowie Unterkunft zu. Diese Bereiche sind nachweislich in einem erheblichen Teil der stationären Pflegeeinrichtungen defizitär. Ein alarmierend hoher prozentualer Anteil der Heimbewohner weist eine Unterernährung auf und wird insbesondere im Bereich der Dekubitusprophylaxe und -behandlung medizinisch unzureichend versorgt.[634] Während den Asylbewerbern die Schaffung eines physischen Existenzminimums aufgrund unzureichender Geldleistungen versagt wird, scheitert ein menschenwürdiges Dasein der Pflegebedürftigen hauptsächlich an den gesetzlich vorgegebenen Rahmenbedingungen der stationären Pflege. Hintergrund sind in beiden Fällen finanzielle Motive. Die Ausgaben für die Sozialleistungen für Asylbewerber sollten nach der Intention des Gesetzgebers möglichst gering gehalten und damit die Einreise nach Deutschland zahlenmäßig begrenzt werden.[635] Im Fall der Heimbewohner ist es die Finanzknappheit der Pflege-

---

632 Ebda., Abs. 92 = NVwZ 2012, 1024 (1026).
633 Ebda., Abs. 93 = NVwZ 2012, 1024 (1026).
634 Dies geht aus den Pflegequalitätsberichten des Medizinischen Dienstes des Spitzenverbandes Bund der Krankenkassen hervor, vgl. oben unter B.I.3.e)bb).
635 Vgl. BVerfG, U. v. 18.7.2012 – 1 BvL 10/10, Abs. 3 = NVwZ 2012, 1024 (1024).

kassen und die damit einhergehende unangemessene Vergütung der Pflegeheime, welche zu Einsparungen in der Pflegequalität zwingen. Ähnlich verhält es sich mit dem faktischen Abschneiden beider Gruppen von einem Mindestmaß an sozialer und gesellschaftlicher Teilhabe. Obgleich ein Großteil der Asylbewerber in der Lage wäre, eigenständig aktiv am gesellschaftlichen, kulturellen und politischen Leben teilzunehmen, fehlt es an den finanziellen Mindestvoraussetzungen, die ihnen den Zugang hierzu ermöglichen. Den Pflegebedürftigen in den Heimen bleiben meist nur die Räumlichkeiten des Pflegeheimes oder gar das eigene Zimmer als Lebensraum. Wegen ihrer körperlichen Defizite können sich viele Bewohner nicht mehr selbständig fortbewegen und die Einrichtung verlassen. Die soziale Betreuung in den Pflegeeinrichtungen sowie die persönliche Zuwendung durch die Pflegekräfte sind nachweislich unzureichend.[636]

In beiden Fällen ist die menschenunwürdige Existenz letztlich auf Ursachen zurückzuführen, die in der Sphäre staatlicher Institutionen liegen. Darüber hinaus vermögen weder Asylbewerber noch Pflegeheimbewohner aus eigener Kraft wirkungsvoll auf ihre menschenunwürdige Lebenssituation aufmerksam zu machen und entbehren einer im politischen Prozess einflussreichen Lobby. Beide Bevölkerungsgruppen sind gesellschaftlichen Vorurteilen ausgesetzt, was zusätzlich die Akzeptanz ihrer schlechten Lebensbedingungen fördert. Letztlich kann nur staatliches Handeln die Missstände beseitigen und einen wirkungsvollen Schutz für diese Menschen bewirken. Die Lebenssituation beider Gruppen ist daher sowohl hinsichtlich der tatsächlichen Gegebenheiten als auch ihrer Schutzbedürftigkeit vergleichbar, sodass auch dieses Urteil als weiteres Argument für die Ausweitung staatlicher Schutzpflichten auf Pflegebedürftige herangezogen werden kann. Obgleich das Bundesverfassungsgericht im Fall der Asylbewerber einen zurückhaltenden Prüfungsmaßstab anwendet, stellt es deutlich die Unwürdigkeit ihrer Situation sowie die Anforderungen an ein menschenwürdiges Existenzminimum heraus. Betont hat das Gericht insbesondere die Irrelevanz finanzieller und wirtschaftlicher Motive bei der Festsetzung des Leistungsniveaus.

---

636 Siehe hierzu beispielsweise die Pflegequalitätsberichte oben unter B.I.3.e)bb).

B. Begründung

c) Stellungnahme

Die genannten Urteile und die dort zur Überprüfung stehenden Sachlagen erweisen sich unter verschiedenen Aspekten als vergleichbar mit der Situation der Pflegebedürftigen und untermauern die dogmatische Begründbarkeit des Bestehens staatlicher Schutzpflichten ihnen gegenüber. Unter den derzeit gegebenen Lebensbedingungen in den Pflegeheimen ist eine massive Verletzung der Grundrechte der Heimbewohner zu befürchten oder gar als bereits eingetreten zu erachten. Missstände in der stationären Altenpflege sind weit verbreitet. Dies ist empirisch belegbar. Man muss also davon ausgehen, dass im Grunde jeder Heimbewohner betroffen sein kann. Diese hohe Schädigungswahrscheinlichkeit besteht schon aufgrund der gesetzlichen Rahmenbedingungen, die kaum Raum für eine menschenwürdige Pflege lassen. Sind Heimbewohner von den Missständen betroffen, so sind sie regelmäßig nicht in der Lage, sich selbst zu helfen oder fremde Hilfe zu erlangen. Die Gefahrenschwelle zur Aktivierung staatlicher Schutzpflichten ist daher überschritten.

Die Würde des Menschen sowie das Recht auf Leben und körperliche Unversehrtheit nehmen, wie das Bundesverfassungsgericht in seiner Rechtsprechung wiederholt betont hat, einen Höchstwert innerhalb der grundrechtlichen Wertordnung ein. Bereits deswegen gebührt ihnen ein besonderer Schutz. Hinzu kommt, wie im insoweit vergleichbaren Fall des ungeborenen Lebens, eine besondere Hilflosigkeit und daher Schutzbedürftigkeit, welche auch im Fall der Pflegebedürftigen die Anwendung eines intensivierten Kontrollmaßstabes in Form des Untermaßverbotes nahe legt. Das Bundesverfassungsgericht ist zwar im Laufe seiner Rechtsprechung zu einem weniger intensiven Kontrollmaßstab, der Evidenzkontrolle, übergegangen. Es hat jedoch nie die Figur des Untermaßverbotes für hinfällig erklärt. Vielmehr ist die Entwicklung der Schutzpflichten-Rechtsprechung derart zu deuten, dass das Gericht eine strenge Kontrolle anhand des Untermaßverbotes nur in besonderen Fallkonstellationen als gerechtfertigt erachtet,[637] und um eine solche handelt es sich hier.

Während sich eine Heranziehung der beiden Abtreibungsurteile vor allem hinsichtlich des Überprüfungsmaßstabes anbietet, bietet der Fall der Sicherungsverwahrung Anknüpfungspunkte bei der Konkretisierung der Schutzpflicht. So verlangt das Bundesverfassungsgericht die Herstellung allge-

---

637 Vgl. zum Kontrollmaßstab ausführlich oben unter B.III.3.e).

III. Staatliche Schutzpflichten gegenüber den Pflegebedürftigen

meiner Lebensverhältnisse für die Verwahrten, was insbesondere die Bereitstellung eines ausreichenden Personalschlüssels, eine angemessene psychotherapeutische Betreuung und die Erhaltung des sozialen Umfeldes erfordere. Weiter konkretisiert wurden diese Anforderungen durch das Oberlandesgericht Naumburg. Die gerichtlich festgesetzten Anforderungen für eine längerfristige menschenwürdige Unterbringung können entsprechend auf den Fall der Pflegebedürftigen angewendet werden.

Auch aus dem Urteil zum Asylbewerberleistungsgesetz können angesichts der vergleichbaren Lebenssituation beider Gruppen wichtige Grundsätze auf die Pflegeheimbewohner übertragen werden. Erstens hat das Bundesverfassungsgericht klargestellt, dass sich die Gewährleistung menschenwürdiger Lebensbedingungen nicht in der Sicherstellung der wirtschaftlichen Voraussetzungen einer physischen Existenz erschöpft, sondern auch Aspekte sozialer und gesellschaftlicher Teilhabe mit einbezieht. Besondere Hervorhebung verdient zweitens die Feststellung des Gerichts, dass finanzpolitische Erwägungen bei der Leistungsberechnung ausgeklammert bleiben müssen.[638] Daraus folgt, dass auch im Fall der Pflegebedürftigen der Einwand knapper Haushaltsmittel nicht durchgreift. Zwar besteht kein unbegrenzter Anspruch auf staatliche finanzwirksame Schutzmaßnahmen; diese Relativierung ist aber dann unbeachtlich, wenn die derzeitigen Lebensbedingungen in den Pflegeeinrichtungen das Menschenwürdige unterschreiten. Die Zustände in den Pflegeheimen unterschreiten den gebotenen Mindeststandard an angemessener Pflege so massiv, dass trotz fehlender Finanzressourcen bei den Pflegekassen sowie im Staatshaushalt die mindestens erforderlichen Aufwendungen und Maßnahmen zur Sicherstellung einer menschenwürdigen Pflege aufgebracht und nötigenfalls durch entsprechende Prioritätensetzung umverteilt werden müssen.

Die staatliche Schutzaufgabe besteht im Fall der Pflegebedürftigen darin, in den Pflegeheimen einen angemessenen Mindeststandard hinsichtlich der Lebensumstände und der Versorgung der Heimbewohner sicherzustellen. Zur Herstellung eines solchen Mindeststandards sind die oben aufgezeigten Ursachen mithilfe verschiedener Maßnahmen zu beheben. Neben dem Erlass von Legislativakten sind jedenfalls auch weitere finanzwirksame Leistungen erforderlich.

---

638 Vgl. BVerfG, U. v. 18.7.2012 – 1 BvL 10/10, Abs. 121 = NVwZ 2012, 1024 (1029 f.).

B. Begründung

6. Schutzpflichterfüllung und Prüfungsmaßstab

Das vorangegangene Kapitel hat gezeigt, dass die empirisch belegbaren Missstände in den Pflegeheimen eine Beeinträchtigung der Grundrechte der Pflegebedürftigen darstellen. Als Zwischenfazit ist festzuhalten, dass die Schwelle zur Aktivierung staatlicher Schutzpflichten jedenfalls überschritten ist. Das Bundesverfassungsgericht setzt in seiner Rechtsprechung die Verletzung staatlicher Schutzpflichten mit einer Grundrechtsverletzung gleich.[639] Ob die ergriffenen staatlichen Maßnahmen im konkreten Fall ausreichen, um die Schutzpflicht hinreichend zu erfüllen, hat im Fall einer Klage das Bundesverfassungsgericht zu entscheiden.

Die aus der Menschenwürdegarantie unmittelbar erwachsende Schutzpflicht des Staates verpflichtet ihn zur Sicherstellung menschenwürdiger Bedingungen in der Pflege. Die Würdegarantie ist durch die staatlichen Gewalten als Adressaten sicherzustellen, insbesondere durch die Legislative in Form einfachgesetzlicher Normgebung. Neben der Abwehr bereits eingetretener Gefährdungen hat der Staat zudem vorbeugende Maßnahmen zu treffen, um Grundrechtsbeeinträchtigungen zu verhindern.[640] Entscheidend ist hierbei nicht die Intention des Gesetzgebers, sondern ob sich die erlassenen Normen nach ihrem objektiven Regelungsgehalt zur Verwirklichung der Schutzpflicht eignen.[641]

Der Gesetzgeber hat zwar ein umfassendes normatives Regelwerk zur Organisation der Pflege erlassen. Die Schutzpflichterfüllung erschöpft sich aber nicht im erstmaligen Normerlass. Vielmehr hat sich die Legislative an das Gebot des dynamischen Rechtsgüterschutzes zu halten. Demgemäß muss der Gesetzgeber die weitere Entwicklung der Sachlage beobachten und die geltenden Schutznormen auf ihre Angemessenheit und Wirksamkeit hin überprüfen und gegebenenfalls nachbessern.[642]

---

639 BVerfGE 77, 170 (214); 77, 381 (402 f.); BVerfG, B. v. 5.3.1997 – 1 BvR 1071/95 = NJW 1997, 3085 (3085).
640 *Kunig*, in: v. Münch/Kunig, GG, Art. 1, Rn. 30.
641 *Isensee*, in: HStR IX, § 191, Rn. 285.
642 Ebda., Rn. 286 f.

III. Staatliche Schutzpflichten gegenüber den Pflegebedürftigen

a) Prüfungsmaßstab

Wie der Staat seine Schutzpflicht erfüllt, kann er innerhalb eines weiten Beurteilungs- und Gestaltungsspielraumes selbst entscheiden. Das Bundesverfassungsgericht hat insofern bei der Überprüfung staatlicher Schutzpflichterfüllung Zurückhaltung zu üben. Nach dem zumeist angewandten Kontrollmaßstab der Evidenzformel ist die Schutzpflicht nur dann verletzt, wenn der Staat völlig unzureichende oder ungeeignete Mittel zur Schutzpflichterfüllung heranzieht.[643]

Im vorliegenden Fall ist jedoch aufgrund der Lebensumstände der Menschen in den Pflegeeinrichtungen ein strengerer Kotrollmaßstab angezeigt, wie ihn das Gericht auch schon im zweiten Urteil zum Schwangerschaftsabbruch angelegt hat. Das Untermaßverbot geht in seiner Prüfungsintensität weit über die Evidenzformel hinaus. Es ist verletzt, wenn ein Mindestmaß an effektivem und wirksamem Schutz durch den Staat nicht gewährleistet ist. Die durch den Gesetzgeber getroffenen Maßnahmen müssen dabei auf sorgfältigen Tatsachenermittlungen sowie vertretbaren Einschätzungen beruhen.[644] Das Bundesverfassungsgericht hat zu keinem Zeitpunkt einen der beiden genannten Prüfungsmaßstäbe sowie die zwischenzeitlich angewandte Mischformel aus Untermaßverbot und Evidenzformel für unanwendbar erklärt. Es kann also davon ausgegangen werden, dass das Gericht auf einen strengeren Kontrollmaßstab zurückgreift, sofern die Umstände des Einzelfalls dies erfordern. Angesichts der Missstände in den stationären Pflegeeinrichtungen und den gefährdeten hochrangigen Grundrechtsgütern der Pflegebedürftigen scheint die Reaktivierung des Untermaßverbotes – im Falle einer Klage vor dem Bundesverfassungsgericht – nicht von vornherein ausgeschlossen. Der oben diskutierte Vergleich der Fälle des Schwangerschaftsabbruches und der Situation der Pflegeheimbewohner weisen hinreichende Gemeinsamkeiten auf, die eine Übertragung des strengen Kontrollmaßstabes des Untermaßverbotes auch in dogmatischer Hinsicht erlauben.[645]

---

643 Zum Kontrollmaßstab bei der Schutzpflichterfüllung siehe ausführlich oben unter B.III.3.e)cc).
644 BVerfGE 88, 203 (254).
645 Vgl. oben unter B.III.5.c).

B. Begründung

b) Erfüllung der Schutzpflicht

Der Staat erkannte schon in den 70er-Jahren die Schutzbedürftigkeit älterer und pflegebedürftiger Menschen in den Pflegeheimen. Durch das Heimgesetz nebst seinen Verordnungen wurden spezielle Regelungen für den Betrieb eines Pflegeheimes normiert. Bis zu diesem Zeitpunkt existierten hierfür lediglich Rechtsverordnungen, die auf Grundlage der Gewerbeordnung erlassen wurden.[646] Die Gesetzgebungskompetenz für das Heimrecht ging, was den ordnungsrechtlichen Regelungsbereich betrifft, durch die Föderalismusreform auf die Länder über. Dem Bund verblieb die Kompetenz für die sozialversicherungsrechtliche Gesamtmaterie sowie die bürgerlich-rechtlichen Vorschriften des Heimrechts.[647] Fast alle Bundesländer haben mittlerweile eigene Landesgesetze zum Heimrecht erlassen.[648]

1994 wurde mit der sozialen Pflegeversicherung ein neuer Zweig der Sozialversicherung geschaffen. Ziel war, das Risiko der Pflegebedürftigkeit abzusichern. Das Elfte Buch Sozialgesetzbuch bildet dabei den Kern aller normativen Regelungen zur Pflegebedürftigkeit.[649] Daneben setzt sich der gesetzliche Rahmen aus zahlreichen Einzelbestimmungen und Verordnungen zusammen, die neben dem Verfassungsrecht auch im allgemeinen Sozialrecht, Krankenversicherungsrecht sowie im Strafrecht und zivilen Haftungsrecht zu finden sind.[650]

aa) Elftes Buch Sozialgesetzbuch

Seit Erlass des Pflegeversicherungsgesetzes bildet das Elfte Buch Sozialgesetzbuch die zentrale Rechtsgrundlage der Pflegeversicherung und wurde

---

646 *Igl/Klie*, in: Igl/Klie (Hrsg.), Recht, 17 (30); *Kunz/Butz/Wiedemann*, HeimG, Einf., Rn. 1.
647 Vgl. BT-Drucks. 16/12409, S. 1; *Deinert*, Heimrecht, S. 9 f. Der Bund hat zur Regelung des Heimvertragsrechts mit Erlass des Wohn- und Betreuungsvertragsgesetzes ein Verbraucherschutzgesetz für Ältere und Pflegebedürftige geschaffen. Vgl. auch schon oben Fn. 244 und 307.
648 Thüringen hat als einziges Bundesland noch keine ländereigene Regelung des Heimrechts erlassen. Soweit die Bundesländer keine Verordnungen zu ihren Länder-Heimgesetzen erlassen haben, gelten die Verordnungen zum Heimgesetz weiter (vgl. auch *Tharun/Kähler*, Aufsichtshandeln, S. 10).
649 *Aichele/Schneider*, Menschenrechte, S. 40; sowie schon oben unter B.II.4.b).
650 *Aichele/Schneider*, Menschenrechte, 26 (40); *Klie*, Expertise, S. 13.

III. Staatliche Schutzpflichten gegenüber den Pflegebedürftigen

seither häufig geändert.[651] Anstoß zum Erlass des Gesetzes zur Qualitätssicherung und zur Stärkung des Verbraucherschutzes in der Pflege (9.9.2001) gaben gehäuft beklagte Missstände in der Pflege, insbesondere in stationären Einrichtungen.[652] Das am 14.12.2001 erlassene Gesetz zur Ergänzung der Leistungen bei häuslicher Pflege von Pflegebedürftigen mit erheblichem allgemeinen Betreuungsbedarf bezweckte eine Verbesserung der Versorgungssituation Demenzkranker.[653] Eine erste weiterreichende Reform der Pflegeversicherung wurde mit dem Gesetz zur strukturellen Weiterentwicklung der Pflegeversicherung vom 28.5.2008 bewirkt. Wesentliche Inhalte waren die Erhöhung der Leistungen im ambulanten sowie im stationären Bereich, die Einrichtung einer Pflegeberatung sowie die Schaffung von Regelungen zur Qualitätssicherung.[654] Ferner wurde durch den Erlass des Gesetzes über die Pflegezeit versucht, Anreize für die häusliche Pflege von Pflegebedürftigen durch ihre Angehörigen zu schaffen.[655] Das im Juni 2012 verabschiedete Pflege-Neuausrichtungs-Gesetz bezweckt neben einer Stabilisierung der Finanzlage der Pflegekassen durch eine Beitragsanhebung insbesondere die Verbesserung der Betreuungssituation Demenzkranker sowie die Förderung privater Pflege-Zusatzversicherungen.[656] Das Elfte Buch Sozialgesetzbuch enthält neben einigen Verordnungsermächtigungen in § 17 SGB XI auch die Befugnis des Spitzenverbandes Bund der Pflegekassen zum Richtlinienerlass. Der Spitzenverband Bund der Pflegekassen erließ bislang Pflegebedürftigkeitsrichtlinien sowie Begutachtungs- und Härtefallrichtlinien.[657]

Ohne Frage hat der Gesetzgeber mit dem Elften Buch Sozialgesetzbuch ein umfassendes Regelwerk über die soziale Pflegeversicherung geschaffen,

---

651 *Krahmer*, in: Klie/Krahmer, LPK-SGB XI, Einl., Rn. 5. Änderungen hat das Elfte Buch Sozialgesetzbuch seither durch das Erste Gesetz zur Änderung des Elften Buches Sozialgesetzbuch (14.6.1996), das Gesetz zum Inkrafttreten der 2. Stufe der Pflegeversicherung (31.5.1996), das Zweite Gesetz zur Änderung des Elften Buches Sozialgesetzbuch und anderer Gesetze (29.5.1998), das Dritte Gesetz zur Änderung des Elften Buches Sozialgesetzbuch (5.6.1998) und das Vierte Gesetz zur Änderung des Elften Buches Sozialgesetzbuch (21.7.1999) erfahren.
652 *Fuchs/Preis*, Sozialversicherungsrecht, S. 399; *Krahmer*, in: Klie/Krahmer, LPK-SGB XI, Einl., Rn. 5; *Udsching*, in: Udsching, SGB XI, Einl., Rn. 17 ff.
653 *Fuchs/Preis*, Sozialversicherungsrecht, S. 445; *Igl*, in: v. Maydell/Ruland/Becker, SRH, § 18, Rn. 82 f.
654 *Krahmer*, in: Klie/Krahmer, LPK-SGB XI, Einl, Rn. 5.
655 *Joussen*, NZA 2009, 69 (69).
656 BT-Drucks. 17/9369, S. 1 ff.
657 *Pitz*, in: Hassel/Gurgel/Otto, Sozialrecht, Kap. 14, Rn. 15.

B. Begründung

das sämtliche versicherungs- und leistungsrechtlich relevante Bereiche gesetzlich normiert. Für die Erfüllung staatlicher Schutzpflichten ist jedoch entscheidend, dass die vorgenommenen Maßnahmen im Ergebnis den Anforderungen des Grundgesetzes entsprechen.[658] Dass sich die in § 2 Abs. 1 S. 1 SGB XI niedergelegte Intention des Gesetzgebers, den Pflegebedürftigen mit den Leistungen der Pflegeversicherung ein möglichst selbstständiges und selbstbestimmtes Leben zu führen, das der Würde des Menschen entspricht, in der Realität nicht erfüllt hat, wurde durch die oben beschriebenen und empirisch belegbaren Missstände in den Pflegeeinrichtungen nachgewiesen. Zwar enthält das Elfte Buch Sozialgesetzbuch hinreichend konkrete Regelungen zur Bestimmung des Vorliegens von Pflegebedürftigkeit sowie einen daran angepassten Leistungskatalog zur Versorgung der Pflegebedürftigen. Das Zusammenwirken der Normen und die sich daraus ergebende Systematik des Pflegeversicherungsrechts bewirken in der Pflegepraxis jedoch derart gravierende Missstände, dass von einer angemessenen Versorgung der Pflegebedürftigen in den Pflegeheimen nicht mehr gesprochen werden kann.[659] Neben der chronischen Unterfinanzierung (und deren Folgen für die Höhe der Pflegesätze sowie die Personalausstattung in den Heimen) zählen insbesondere der ungeeignete Pflegebedürftigkeitsbegriff, die fehlende Existenz und Implementierung von Qualitätsstandards und auch die unzureichende Kontrolle der Pflegeeinrichtungen zu den Hauptursachen für die unwürdigen Zustände. Die sich daraus ergebenden Voraussetzungen und Bedingungen für die Pflege kreieren durch die auftretenden Missstände eine grundrechtsverletzende und schlicht untragbare und unwürdige Lebenssituation für die Heimbewohner.

---

658 BVerfG, U. v. 18.7.2012 – 1 BvL 10/10, Abs. 96 = NVwZ 2012, 1024 (1026).
659 Vgl. oben B.II.4. Dort wurden die unmittelbar und mittelbar aus diesem gesetzlichen Rahmen folgenden Auswirkungen auf die Lebenssituation der Heimbewohner ausführlich erläutert.

III. Staatliche Schutzpflichten gegenüber den Pflegebedürftigen

bb) Heimgesetz und Ländergesetzgebung

Das in seinem Inhalt im Wesentlichen unverändert belassene,[660] 1974 in Kraft getretene Heimgesetz nennt als seinen Zweck in § 2 HeimG den Schutz der Heimbewohner vor Beeinträchtigungen, die Bewahrung von Selbstständigkeit und Selbstbestimmung der Bewohner, die Sicherung deren Mitwirkung sowie der Qualität des Wohnens und der Betreuung. Das Heimgesetz intendiert also in erster Linie den Schutz von Würde und Interessen der Pflegebedürftigen und verfügt zur Durchsetzung dieser Ziele über ordnungsrechtliche Instrumentarien, deren Anwendung den Heimaufsichtsbehörden obliegt.[661]

---

660 Eine letzte Neuregelung erfuhr das Heimgesetz 2009 anlässlich der Föderalismusreform, im Rahmen derer die Gesetzgebungskompetenz für ordnungsrechtliche Vorschriften des Heimrechts auf die Länder übertragen wurde (vgl. schon oben B.III.6.b)). Mit Erlass des Wohn- und Betreuungsvertragsgesetzes wurden die §§ 5 bis 9 sowie § 14 HeimG aufgehoben (BT-Drucks. 16/12409, S. 1).
661 *Enquête-Kommission „Situation und Zukunft der Pflege in NRW"*, Abschlussbericht, S. 217 f., abgerufen unter http://www.landtag.nrw.de/portal/WWW/GB_I/I.1/EK/EKALT/13_EK3/Abschlussbericht_gesamt_Teil_2.pdf, am 12.6.2013; *Igl/Klie*, in: Igl/Klie (Hrsg.), Recht, 17 (30). Der Gesetzeszweck, die Heimbewohner zu schützen, wird in § 2 HeimG in verschiedene, nach Ansicht des Gesetzgebers hierfür ausschlaggebende Bereiche unterteilt. Abstrakt wird dabei die Verpflichtung der stationären Pflegeeinrichtungen zum Schutz der Menschenwürde der Pflegebedürftigen sowie die Erhaltung deren Selbstständigkeit und Selbstbestimmung angeordnet (§ 2 Abs. 1 Nr. 1, 2 HeimG). Die Mitwirkung der Heimbewohner in Angelegenheiten des Heimbetriebes soll durch die Einrichtung eines Heimbeirates sichergestellt werden (§ 10 HeimG). Die Mitwirkung der Bewohner wurde näher in der Heimmitwirkungsverordnung ausgestaltet. Welche Anforderungen an den Heimbetrieb zu stellen sind, wird in § 11 HeimG beschrieben. Nochmals wird an dieser Stelle betont, dass die Menschenwürde der Heimbewohner vor Beeinträchtigungen zu schützen ist (§ 11 Abs. 1 Nr. 1 HeimG). Normativ konkretisiert wird in

B. Begründung

Im Wesentlichen haben auch die Länder diese Inhalte in ihre Gesetzgebung zum Heimrecht übernommen.[662] Die wichtigste Aufgabe der Heimaufsichtsbehörden, die Überwachung der Pflegeheime, hat nach § 15 HeimG lediglich einmal jährlich zu erfolgen. Eine jährliche Kontrolle sehen im Grundsatz nunmehr auch die Länderregelungen zum Heimrecht vor. Zahlreiche Ländergesetze lassen jedoch unter bestimmten Voraussetzungen eine noch geringere Prüfhäufigkeit bis zu einer Zeitspanne von 3 Jahren zu.[663] Dies stimmt umso bedenklicher, als schon die jährliche Prüfung der Heime erheblich zu gering und daher ineffizient und wirkungslos im Hinblick auf die Aufdeckung und Sanktionierung bestehender Missstände ist. Die sehr

---

§ 11 Abs. 1 Nr. 2 HeimG die zu bewahrende Selbstständigkeit und Selbstbestimmung der Heimbewohner durch die Durchführung humaner und aktivierender Pflege. Die folgenden Unterpunkte des § 11 Abs. 1 HeimG enthalten verdichtende Aufzählungen über die Anforderungen der Pflege und des Heimbetriebes, vgl. *Kunz/Butz/Wiedemann*, HeimG, § 11, Rn. 3 ff. Zweiter Hauptbestandteil des Heimgesetzes sind Vorschriften über die Kontrolle der Pflegeheime durch die zuständigen Behörden sowie die Beschreibung vorgesehener Instrumentarien und Sanktionsmöglichkeiten bei Verstößen gegen das Heimgesetz.

662 Die Gesetzesziele der Länder-Heimgesetze gleichen im Grunde denen des § 2 HeimG. Darüber hinausgehende Ziele formulieren beispielsweise Hessen und Nordrhein-Westfalen. Sie nennen als Gesetzesziel ausdrücklich auch die Bewahrung der Bewohner vor Beeinträchtigungen der körperlichen und seelischen Gesundheit, das Recht auf gewaltfreie Pflege sowie das Recht auf ein Sterben in Würde (§ 1 Abs. 1 Nr. 2, 5 HGBP [Hessen], § 1 Abs. 2 Nr. 1, 3, 8 WTG [Nordrhein-Westfalen]). Die Wahrung von Würde und Interessen der Bewohner kann für alle Ländergesetze als Leitlinie angeführt werden. Die Mitwirkung der Bewohner soll in den Länderregelungen entweder durch Aufnahme entsprechender Passagen in die Länder-Heimgesetze (Bsp. § 6 HGBP [Hessen], § 8 SächsBewWoG [Sachsen]) oder durch Erlass einer eigenen Verordnung (Bsp. Brandenburg, Mecklenburg-Vorpommern) sichergestellt werden. Die Gesetzesziele wiederholen sich auch in den Länderregelungen regelmäßig in den Anforderungen an den Heimbetrieb und werden dort konkretisiert (Bsp. Art. 3 PfleWoqG [Bayern], § 3 EQG M-V [Mecklenburg-Vorpommern]). Die Überwachung der Heime bildet in den Ländergesetzen einen Hauptbestandteil des Heimrechts.

663 So ist nach dem Bayerischen Pflege- und Wohnqualitätsgesetz ausreichend, ein Heim nur alle drei Jahre zu prüfen, wenn dieses bei der Prüfung durch den Medizinischen Dienst der Krankenversicherung eine gute Bewertung erreicht hat oder die Wirksamkeit der Pflege- und Betreuungsmaßnahmen durch sachverständige Dritte nachgewiesen wurde (Art. 11 Abs. 4 PfleWoqG, ähnlich auch § 21 Abs. 2 LWTG [Rheinland-Pfalz]). Teilweise wird die Prüfung durch die Heimaufsichtsbehörden nur alle zwei Jahre angeordnet, wenn bereits eine Prüfung durch den Medizinischen Dienst der Krankenversicherung erfolgte (Bsp. Sachsen [§ 9 Abs. 4 SächsBeWoG], Sachsen-Anhalt [§ 19 Abs. 6 WTG LSA]).

III. Staatliche Schutzpflichten gegenüber den Pflegebedürftigen

geringe Prüfdichte korreliert mit der schwachen Besetzung der Heimaufsichtsbehörden, welche mit einer häufigeren Prüfung der Pflegeheime in ihrem Zuständigkeitsbereich überfordert wären. Nicht selten ist fraglich, ob die vorgegebene Jahresprüfung aufgrund des Personalmangels überhaupt bewerkstelligt werden kann.[664] Zudem sehen auch viele Länderregelungen nach wie vor angemeldete Kontrollen vor.[665] Aufgrund der fehlenden Kontroll- und Sanktionswirkung der Überwachung durch die Heimaufsichtsbehörden wird zugleich der Gesetzeszweck des Heimgesetzes, der Schutz der Bewohner und die Sicherstellung würdiger und angemessener Lebensbedingungen, verfehlt. Die erstrebte Schutzfunktion des Heimgesetzes kann mangels praktischer Umsetzung und Umsetzbarkeit nicht erreicht werden.

Die Verordnungen zum Heimgesetz zeichnen in Bezug auf ihre Wirksamkeit für den Schutz der Heimbewohner ein identisches Bild. Besonders relevant sind hier die Heimmindestbauverordnung sowie die Heimpersonalverordnung.[666]

(1) Heimmindestbauverordnung und Länderverordnungen

Auf Grundlage der Verordnungsermächtigung in § 3 Abs. 2 Nr. 1 HeimG trat 1983 die Heimmindestbauverordnung in Kraft und wurde zuletzt 2003 geändert. Ziel war die Festschreibung eines baulichen Mindeststandards für stationäre Einrichtungen der Altenpflege.[667] Die Verordnung erlaubt die

---

664 Zur Praxis der Heimaufsicht siehe oben unter B.II.4.d)bb).
665 Berlin, Brandenburg und Mecklenburg-Vorpommern beispielsweise sehen in ihren Heimgesetzen angemeldete oder unangemeldete Kontrollen vor. In anderen Bundesländern sollen die Prüfungen grundsätzlich unangemeldet erfolgen (Bayern, Baden-Württemberg, Hessen). Ausschließlich unangemeldete Prüfungen sind in Nordrhein-Westfalen und Hamburg durchzuführen. Vgl. hierzu schon oben Fn. 359.
666 Daneben gibt es die Heimmitwirkungsverordnung und die Heimsicherungsverordnung.
667 *Kunz/Butz/Wiedemann*, HeimG, § 3, Rn. 5. Hervorzuheben sind dabei die Regelungen über die Mindestwohnfläche in den Bewohnerzimmern sowie die Vorschriften über die sanitäre Ausstattung der Pflegeeinrichtungen Hinsichtlich der sanitären Einrichtungen in den Pflegeheimen schreibt die Verordnung in § 14 Abs. 3 wenigstens einen Waschtisch für Einzel- bzw. Doppelzimmer vor. Der Verordnungsgeber ging also davon aus, dass die Ausstattung jeder Wohneinheit

B. Begründung

Mehrfachbelegung der Bewohnerzimmer. Nur bei einer Belegung mit mehr als zwei Bewohnern bedarf es einer behördlichen Zustimmung. Eine solche Mehrfachbelegung ist dann bis zu einer Vierfachbelegung grundsätzlich erlaubt (§ 14 Abs. 1 S. 2, 3 HeimMindBauV). Daneben stellt die Verordnung Mindestanforderungen an die Raumgröße der Bewohnerzimmer auf. Einzelzimmer müssen nach § 14 Abs. 1 S. 1 HeimMindBauV mindestens über eine Wohnfläche von 12 m² verfügen; bei einer Doppelbelegung erhöht sich die vorgeschriebene Wohnraumgröße auf 18 m².[668]

Viele der bestehenden Länderverordnungen[669] betonen als allgemeinen Grundsatz, dass Bau und Gestaltung von Heimen den Bewohnern ein würdiges und selbstbestimmtes Leben ermöglichen sollen.[670] Sie weichen größtenteils vom Mindeststandard der Heimmindestbauverordnung ab. Eine Doppelbelegung der Zimmer ist zwar nach wie vor überwiegend zulässig. Die Heimbauverordnung des Bundeslandes Baden-Württemberg beispielsweise ordnet aber die Bereitstellung von Einzelzimmern für alle Bewohner an.[671] Die Mindestgröße der Bewohnerzimmer wurde in fast allen Länder-

---

mit einem Badezimmer nicht zwingend erforderlich ist (*Kunz/Butz/Wiedemann*, HeimG, HeimMindBauV, Rn. 34, 54, 72). § 18 Abs. 1 HeimMindBauV ordnet die Ausstattung der Pflegeheime mit einem Spülklosett je acht Bewohner sowie ein Handwaschbecken auf dem gleichen Geschoss an. Die gemeinsame Benutzung einer Badewanne oder einer Dusche ist für bis zu 20 Bewohner zulässig, wobei sich diese im gleichen Gebäude befinden müssen (§ 18 Abs. 2 HeimMindBauV).

668 Die Heimmindestbauverordnung sieht ferner keinen separaten Gemeinschafts- und Speiseraum vor (§ 16 HeimMindBauV). Es muss lediglich eine gemeinsam nutzbare Aufenthaltsfläche für die Bewohner zur Verfügung stehen, die aber zugleich auch als Speiseraum genutzt werden kann (*Kunz/Butz/Wiedemann*, HeimG, HeimMindBauV, Rn. 61 ff.). Mit einer Größe von mindestens 20 m² sowie einer Mindestnutzfläche von 1 m² pro Bewohner ist der vorgeschriebene Raum indes sehr knapp bemessen.

669 Eigene Bauverordnungen haben bislang Baden-Württemberg, Bayern, Brandenburg, Hamburg, Mecklenburg-Vorpommern, Nordrhein-Westfalen und Schleswig-Holstein erlassen.

670 Vgl. nur § 1 Abs. 1 HeimbauVO-BW (Baden-Württemberg), § 1 Abs. 1 SQV (Brandenburg), § 2 Abs. 1 SbStG-DVO (Schleswig-Holstein).

671 Vgl. § 3 Abs. 1 S. 1 LHeimBauVO. Zumeist wird eine ausreichende Zahl an Einzelzimmern verlangt. Schleswig-Holstein beispielsweise legt diese mit einer Quote von 75 % fest (§ 3 Abs. 1 S. 3 SbStG-DVO). Doppelzimmer bleiben auch nach den Länderverordnungen die Regel (vgl. Bayern, Brandenburg, Nordrhein-Westfalen). In Mecklenburg-Vorpommern ist nach Genehmigung durch die zuständigen Behörden sogar noch eine Mehrfachbelegung der Zimmer zulässig (vgl. § 3 Abs. 2 S. 3 EMindBauVO M-V).

III. Staatliche Schutzpflichten gegenüber den Pflegebedürftigen

Bauverordnungen erhöht. Einzelzimmer müssen nunmehr mindestens 14 m² Wohnfläche aufweisen, Doppelzimmer mindestens 20-24 m².[672]

Der tatsächliche derzeitige bauliche Standard und die Ausstattung der stationären Pflegeeinrichtungen werden im Ersten Bericht des Bundesministeriums für Familie, Senioren, Frauen und Jugend über die Situation der Heime und die Betreuung der Bewohnerinnen und Bewohner erfasst.[673] Einen wichtigen Faktor für eine angemessene Wohnqualität in den Pflegeeinrichtungen bildet der Anteil an Einzelzimmern. 2003 waren nur für 50 % aller verfügbaren Pflegeplätze Einzelzimmer vorgesehen. Der Anteil an Zweibettzimmern betrug 47 %. Eine darüber hinaus gehende Belegung war für 2 % aller Heimplätze in Drei-Bett-Zimmern und für 0,3 % in Vier- oder Mehrbettzimmern vorgesehen.[674] Insoweit entsprechen die realen Zustände also den Anforderungen der Heimmindestbauverordnung, gehen allerdings in vielen Fällen nicht darüber hinaus. Hinzu kommt, dass schätzungsweise 100 000 Heimplätze in einem sanierungs- oder renovierungsbedürftigen Zustand sind.[675]

Allerdings dürften die in der Heimmindestbauverordnung vorgegebenen Mindeststandards weder hinsichtlich der sanitären Einrichtungen noch hinsichtlich der Zimmergrößen und Zimmerbelegung den heutigen Standards entsprechen.[676] Dies lässt sich auch aus dem Urteil des Oberlandesgerichts Naumburg über die Anforderungen an die Beschaffenheit der Unterbringung von Sicherungsverwahrten entnehmen. Der Senat hielt eine Raumgröße von mindestens 20 m² zuzüglich einer Nasszelle sowie einer Kochgelegenheit für angemessen.[677] Bezieher von Leistungen nach dem Zweiten Buch Sozi-

---

[672] Die Größenanforderungen an die Doppelzimmer variieren. So verlangen Brandenburg und Nordrhein-Westfalen eine Fläche von 24 m² Wohnraum, während in Bayern und Schleswig-Holstein nur eine Fläche von 20 m² vorgeschrieben ist. Lediglich Mecklenburg-Vorpommern hat die Mindestvoraussetzungen der Heimmindestbauverordnung übernommen. Die Länderverordnungen erhöhen auch die Anforderungen an die sanitäre Ausstattung der Heime. Überwiegend sehen die Verordnungen ein eigenes Bad für jedes Bewohnerzimmer oder eine Nutzung von Sanitärbereichen durch maximal zwei Bewohner vor (vgl. Baden-Württemberg, Hamburg, Schleswig-Holstein). Auch Gemeinschaftsräume sind in den Länderverordnungen teils verpflichtend vorgeschrieben (Bsp. Baden-Württemberg, Bayern, Hamburg).
[673] Siehe hierzu schon oben unter B.I.1.
[674] *BMFSFJ*, 1. Bericht, S. 62 f.
[675] Ebda.
[676] Ebenso: *Kunz/Butz/Wiedemann*, HeimG, HeimmindbauV, Rn. 4.
[677] OLG Naumburg, B. v. 30.11.201 – 1 Ws 64/11 = BeckRS 2011, 27420.

B. Begründung

algesetzbuch haben sogar Anspruch auf die Übernahme der Miete für einen Wohnraum von 45-50 m² für eine Person.[678] Zwar beinhalten die Heimbauverordnungen der Länder überwiegend höhere Anforderungen als die Heimmindestbauverordnung. Sie sind aber weit davon entfernt, die gerichtlich festgelegten Anforderungen zu erfüllen. Die gerichtlich formulierten Standards bestätigen somit die vollkommen unzureichenden gesetzlichen Regelungen über die Wohnstandards in den Pflegeheimen.

(2) Heimpersonalverordnung und Länderverordnungen

Die Heimpersonalverordnung stellt Mindestanforderungen an die Qualifikation der in einem Pflegeheim beschäftigten Personen auf. Der Verordnungsgeber reagierte damit auf die unzureichende Personalausstattung in den stationären Pflegeeinrichtungen, die bis dahin nur durch das Heimgesetz geregelt war.[679] Die Mindestanforderungen der Verordnung sind indes nicht als wünschenswerter Standard und Normalausstattung in den Pflegeeinrichtungen zu verstehen, sondern markieren die unterste Grenze des noch Zulässigen, was die Verordnung selbst in § 1 klarstellt. Grundsätzlich dürfen in den Pflegeheimen gemäß § 4 HeimPersV für die jeweils auszuübende Tätigkeit nur persönlich und fachlich geeignete Personen beschäftigt und betreuende Tätigkeiten ausschließlich durch Pflegefachkräfte vorgenommen werden (§ 5 HeimPersV). Die unterste zulässige Fachkraftquote beträgt in stationären Pflegeeinrichtungen 50 %.[680] Aufgeweicht wird die Regelung für Betreuungstätigkeiten insofern, als die Ausübung dieser Maßnahmen auch durch ausgebildete Hilfskräfte zulässig ist, sofern die ständige Verantwortung der Betreuung der Pflegebedürftigen insgesamt einer Fachkraft obliegt.[681]

Sieben Bundesländer haben bislang eigene Verordnungen über die Personalausstattung in den Heimen erlassen.[682] Die Fachkraftquote der Län-

---

678 *Berlit*, in: Münder, LPK-SGB II, § 22, Rn. 43.
679 BR-Drucks. 204/93, S. 11.
680 *Kunz/Butz/Wiedemann*, HeimG, HeimPersV, Rn. 19. Davon zu unterscheiden ist der Personalschlüssel, also die Anzahl der Beschäftigten in Bezug auf die Betreuungsrelation zu den Pflegebedürftigen, der im Rahmen der Pflegesatzverhandlungen vereinbart wird (siehe dazu oben unter B.II.4.c)).
681 BR-Drucks. 204/93, S. 18.
682 Das sind Bayern, Berlin, Brandenburg, Hamburg, Mecklenburg-Vorpommern, Saarland und Schleswig-Holstein.

III. Staatliche Schutzpflichten gegenüber den Pflegebedürftigen

derverordnungen entspricht weitgehend der der Heimpersonalverordnung. Sowohl die Heimpersonalverordnung als auch die Länderregelungen schreiben vor, dass mindestens eine Pflegefachkraft rund um die Uhr anwesend sein muss.[683] Teilweise werden auch Vorgaben über den insgesamt vorzuhaltenden Personalschlüssel in Heimen gemacht. So sehen die Länder Berlin und Schleswig-Holstein die Vereinbarungen, welche die Heime nach dem Elften Buch Sozialgesetzbuch über die Personalausstattung treffen, als verbindlich und ausreichend an.[684]

Dass die Fachkraftquoten der Heimpersonalverordnung und der Länderverordnungen tatsächlich unzureichend sind, beweist die Pflegepraxis in den stationären Altenpflegeeinrichtungen. Laut dem dritten Pflegequalitätsbericht können nur 50,9 % der Beschäftigten in den überprüften Pflegeheimen die Qualifikation als Pflegefachkraft vorweisen. Die vorgeschriebene Anleitung und Überprüfung von Pflegehilfskräften bei der Durchführung von grundpflegerischen Tätigkeiten durch eine verantwortliche Pflegefachkraft wurde nur zu 65,7 % sichergestellt.[685] Die Festsetzung einer *Fach*kraftquote ist zur Sicherstellung einer angemessenen personellen Ausstattung in den Pflegeheimen allein ohnehin zu kurz gegriffen. Dabei erweist sich die in der Heimpersonalverordnung niedergelegte Fachkraftquote sowohl inhaltlich als auch in ihrer Reichweite als völlig ungenügend. Zum einen ist schon eine nur 50 %-ige Fachkraftquote nicht ausreichend, um eine angemessene Versorgung der Pflegeheimbewohner im Hinblick auf Qualität und medizinische Fachkenntnis zu erreichen.[686] Zum anderen kann eine ausreichende Personalausstattung in den Pflegeeinrichtungen nur mittels eines verbindlichen und gesetzlich normierten Personalschlüssels unter Einbeziehung der Betreuungsrelation durchgesetzt werden.[687] Bundes- und Länderverordnungsgeber haben also nicht nur im Hinblick auf den Regelungsgehalt der Verordnungen, sondern auch unter dem Aspekt genereller Mindestbetreu-

---

683 Vgl. § 5 Abs. 1 S. 3 HeimPersV; sowie auszugsweise § 5 Abs. 2 SQV (Brandenburg), § 8 Abs. 4 WTG-PersV (Berlin).
684 Vgl. § 8 Abs. 2 WTG-PersV (Berlin), § 11 Abs. 1 S. 3 SbStG-DVO (Schleswig-Holstein).
685 *MDS*, 3. Qualitätsbericht, S. 65 f.
686 Dies lässt sich beispielsweise aus der relativ hohen Zahl von Fehlversorgungen im Bereich Wund- und Dekubitusversorgung folgern. Vgl. dazu ausführlich oben unter B.I.3.e)bb).
687 Dass die derzeitige Personalausstattung der Heime nicht ausreicht, um die Pflegebedürftigen angemessen zu versorgen, zeigt die geringe Pflegezeit pro Pflegebedürftigem und die daraus resultierende „Minutenpflege", vgl. oben unter B.I.1.

B. Begründung

ungsverhältnisse augenfällig unzureichende Regelungen erlassen und ihre Schutzpflicht gegenüber den Pflegebedürftigen damit nicht erfüllt.

cc) Stellungnahme

Das System der sozialen Pflegeversicherung wird durch eine Vielzahl von Gesetzen und Verordnungen normativ ausgestaltet. Wie aus den faktisch vorhandenen Missständen und deren oben aufgezeigten Ursachen hervorgeht, vermag dieses Regelwerk jedoch keinen ausreichenden Schutz der Pflegebedürftigen und keine angemessene Pflege in den stationären Einrichtungen zu bewirken. Die Schutzintention der einzelnen Regelungen geht zwar entweder aus den Gesetzgebungsmaterialien oder dem Wortlaut eindeutig hervor. Entscheidend ist jedoch nicht die Schutzabsicht des Gesetzgebers bei Normerlass, sondern der Regelungsgehalt sowie die tatsächliche Wirkung der Legislativakte.[688] Eine Verfassungswidrigkeit einzelner Normen kann nicht festgestellt werden. Allenfalls die Vorschriften zur räumlichen Unterbringung unterschreiten, wie gesehen, verfassungsrechtlich bereits konkretisierte Maßstäbe. Das systemische Zusammenwirken sowie die praktische Umsetzung des Pflegerechts in den Pflegeheimen führen jedoch zu einem Resultat, das die Grenze zu einer menschenwürdigen Existenz insgesamt offensichtlich unterschreitet. Dabei verstärkt gerade auch die Zersplitterung der Gesetzgebungskompetenzen für das Pflegerecht[689] die systemischen Fehlwirkungen. Die Aufteilung der Kompetenzen im Pflegerecht erweist sich in vielerlei Hinsicht als misslich und problematisch.[690] Sie er-

---

688 *Isensee*, in: HStR IX, § 191, Rn. 285.
689 Zu den Auswirkungen der Föderalismusreform siehe oben unter B.III.6.b).
690 Dies zeigt sich konkret am Beispiel der Kontrolle der Pflegeeinrichtungen. Diese ist zum einen im Bundesrecht in § 114 Abs. 1 S. 1 SGB XI geregelt, wird durch den Medizinischen Dienst der Krankenversicherung ausgeführt und konzentriert sich in erster Linie auf die Qualitätskontrolle der Pflegeheime. Zum anderen ermächtigen die Heimgesetze der Länder die Heimaufsichtsbehörden zur Kontrolle der Pflegeeinrichtungen. Aus dieser Doppelzuständigkeit ergeben sich zahlreiche Überschneidungen in den Zuständigkeitsbereichen der Prüforgane, vgl. hierzu ausführlich Kap. B.II.4.d)bb)(1). Der Abschluss der Rahmenverträge nach § 75 SGB XI wiederum spielt sich gänzlich auf Länderebene ab. Vertragsgegenstand sind die Grundsätze für Art, Inhalt und Umfang der pflegerischen Versorgung sowie die Vergütung der Pflegeheime. Diese Vorgaben bewirken die unzureichende Vergütung der Heime sowie deren defizitäre Personalausstattung (vgl. oben unter B.II.4.c)aa)).

schwert insbesondere auch erheblich die Behebung von Missständen in der stationären Altenpflege.

Die Anforderungen an ein menschenwürdiges Dasein sind zwar von Verfassungs wegen nicht exakt definiert und vorgegeben. Die Behandlung, die den Pflegebedürftigen zuteil wird, ist aber unter verschiedenen Aspekten klar als Verstoß gegen die Grundrechte der Heimbewohner zu bewerten. Inhalt der staatlichen Schutzpflicht gegenüber den Pflegebedürftigen ist die Garantie menschenwürdiger und lebenswerter Bedingungen in den Pflegeheimen. Die empirisch nachgewiesenen Missstände, die in ihrer Art und Schwere eine erhebliche Bandbreite aufweisen und die Pflegequalität im Ergebnis als eklatant unzureichend ausweisen, belegen, dass der Staat seiner Verpflichtung nicht in ausreichendem Maße nachgekommen ist.

Die Missstände in den Einrichtungen sind überdies derart schwerwiegend, dass sich selbst bei der Anwendung der weniger intensiven Kontrollmaßstäbe im Ergebnis keine Änderungen ergeben. Die Legislative wurde zwar im Rahmen der normativen Ausgestaltung der Pflegeversicherung umfassend tätig und erlässt in regelmäßigen Abständen Reformgesetze zur Weiterentwicklung der Pflegeversicherung. Jedoch vermögen das bestehende System und das ihm zugrunde liegende Regelwerk nach der derzeitigen Sachlage keinen ausreichenden Standard für die Qualität der Pflege und das Leben der Pflegebedürftigen in den Pflegeeinrichtungen sicherzustellen. Viele Pflegebedürftige werden weder in pflegerischer noch sozialpsychologischer Hinsicht adäquat versorgt. Sie müssen unter menschenunwürdigen Bedingungen ihren Lebensalltag verbringen. Es kann somit sogar von einer evidenten und augenscheinlichen Ungenügendheit gesprochen werden. Damit ist nicht nur dem Maßstab des Untermaßverbotes, sondern sogar jenem der Evidenzkontrolle nicht genügt.

Sowohl die Zustände in den Pflegeheimen als auch der dringende und grundlegende Reformbedarf der sozialen Pflegeversicherung sind dem Gesetzgeber positiv bekannt. Neben den Pflegequalitätsberichten hat die Regierung selbst zahlreiche Gutachten und Studien in Auftrag gegeben, welche die untragbare Pflege- und Lebensqualität in den stationären Einrichtungen der Altenpflege dokumentieren.[691] Dass auch die Regierung selbst um die Reformbedürftigkeit weiß, geht unter anderem aus ihrer Initiative zur Schaf-

---

[691] Hierzu zählen u.a. der Bericht der Bundesregierung über die Heimzustände (*BMFSFJ*, 1. Bericht, insb. S. 59 ff.), der 6. Altenbericht der Bundesregierung (BT-Drucks. 17/3815, S. 182 ff.) und der Bericht der Bundesregierung über die Entwicklung der Pflegeversicherung (*BMG*, Entwicklung, S. 49 ff.).

B. Begründung

fung der Kommission zur Neuformulierung des Pflegebedürftigkeitsbegriffs hervor.[692] Die bislang durchgeführten Reformen reichten in ihrer gesetzgeberischen Intention und Wirkung nicht weiter, als den aktuellen Standard der Pflegeversicherung aufrecht zu erhalten und enthielten lediglich geringfügige Anhebungen der Leistungen sowie Maßnahmen zur Stabilisierung der Finanzsituation.[693] Andere Initiativen, wie die Einsetzung des „Runden Tisches Pflege", der unter Ausarbeitung einer Charta der Rechte hilfe- und pflegebedürftiger Menschen einen Katalog mit Handlungsempfehlungen an stationäre Pflegeeinrichtungen ausarbeitete,[694] blieben (auch mangels rechtlicher Verbindlichkeit) ohne spürbare Auswirkungen auf die Pflege- und Lebensqualität in den Heimen. Selbst wenn man mit dem Medizinischen Dienst des Spitzenverbandes Bund der Krankenkassen, wie aus dem aktuellen Pflegequalitätsbericht hervorgeht, eine leichte Verbesserung der Pflegequalität in den Pflegeheimen annimmt, befreit dies den Staat nicht von seinen weitergehenden Pflichten. Hierzu zählen sowohl kontinuierliche Beobachtungspflichten als auch die Pflicht zur weiteren Verbesserung der Zustände. Denn die derzeitige Situation in den stationären Pflegeeinrichtungen ist weit von einem als angemessen zu bezeichnenden Standard entfernt.

Gerade die besondere Schutzbedürftigkeit der Pflegebedürftigen und ihr fehlendes Eigenvermögen, auf ihre Lage aufmerksam zu machen oder sich aktiv zur Wehr zu setzen, erfordern in besonderem Maße die Ergreifung entsprechender Maßnahmen durch die verantwortlichen staatlichen Institutionen. Die weitgehende Untätigkeit des Staates in Kenntnis der vorherrschenden Zustände verfehlt die Forderung nach der Bereitstellung eines effektiven und wirksamen Schutzes völlig. Die sich auf das legislative Regelwerk beschränkenden Maßnahmen der Legislative erweisen sich als evident unzureichend und vollends ungeeignet. Das Unterlassen weitergehender Handlungen zur Verbesserung der Situation der Pflegeheimbewohner stellt somit eine Schutzpflichtverletzung dar. Diese Verletzung der Schutzpflich-

---

692 Im Entwurf zum Pflege-Neuausrichtungs-Gesetz wird angeführt, dass die Umsetzung des neuen Pflegebedürftigkeitsbegriffs dringend erforderlich, die Realisierung indes aufgrund „umfassender Umsetzungsfragen" derzeit nicht zu bewerkstelligen sei (BT-Drucks. 17/9369, S. 1). Siehe hierzu schon Fn. 266 sowie zum Pflegebedürftigkeitsbegriff ausführlich oben unter B.II.4.a).
693 Vgl. oben unter B.III.6.b)aa).
694 http://www.bmfsfj.de/BMFSFJ/aeltere-menschen,did=16378.html, abgerufen am 12.6.2013.

ten gegenüber den Pflegebedürftigen steht einer staatlichen Grundrechtsverletzung gleich.

IV. Vorgehen vor dem Bundesverfassungsgericht

Die Missstände in den stationären Einrichtungen der Altenpflege sind den staatlichen Akteuren seit Jahren bekannt. Trotz positiven Wissens um diese untragbaren und menschenunwürdigen Zustände verletzt der Staat seine Schutzpflicht gegenüber den pflegebedürftigen Menschen durch seine weitgehende Untätigkeit. Grundlegende Reformen oder andere Maßnahmen, die in absehbarer Zeit eine spürbare Besserung der Lebensbedingungen in den Pflegeheimen erwarten lassen, sind derzeit von Seiten der Legislative und Exekutive nicht zu erwarten. Die Suche nach einer anderweitigen Möglichkeit, Abhilfe zu schaffen – auch für den einzelnen Betroffenen –, lenkt den Fokus auf ein gerichtliches Vorgehen vor dem Bundesverfassungsgericht.

Zunächst sind hierzu die Handlungsmöglichkeiten des Bundesverfassungsgerichts im Allgemeinen zu beleuchten (1.). In diesem Zusammenhang ist sodann einzugehen auf die Rolle des Gerichts im Verfassungsgefüge und die Folgerungen, die sich hieraus für die Grenzen der Verfassungsgerichtsbarkeit ergeben (2.). Zuletzt werden prozessrechtliche Fragen über die Justiziabilität dieser Zustände und die Umsetzbarkeit eines Vorgehens im konkreten Fall der Pflegebedürftigen vor dem Bundesverfassungsgericht behandelt (3.).

1. Handlungsmöglichkeiten des Bundesverfassungsgerichts

Ob ein Vorgehen vor dem Bundesverfassungsgericht gegen die staatliche Schutzpflichtverletzung im Fall der Pflegebedürftigen zielführend wäre, hängt maßgeblich davon ab, welche Handlungsmöglichkeiten das Gericht in Bezug auf zulässige Entscheidungsaussprüche und deren Folgen hat. Das Bundesverfassungsgerichtsgesetz ordnet die Entscheidungsaussprüche in Abhängigkeit von der jeweiligen Verfahrensart an. Inhaltlich ist der Ausspruch einer Entscheidung jedoch nicht primär durch die Verfahrensart festgelegt, sondern bestimmt sich in erster Linie durch den Kontrollgegenstand

B. Begründung

und das Entscheidungsziel.[695] Das Bundesverfassungsgericht hat im Laufe seiner Rechtsprechung auch eigene Rechtsfolgenanordnungen entwickelt, die von der gesetzlich vorgesehenen Rechtsfolge der Nichtigkeit abweichen.

a) Nichtigerklärung verfassungswidriger Normen

aa) Ex-tunc Nichtigkeit

Im Rahmen von Normenkontrollen sehen die §§ 78 S. 1, 82 Abs. 1 und 95 Abs. 3 S. 1 BVerfGG bei der Feststellung der Verfassungswidrigkeit eines Gesetzes dessen Nichtigerklärung vor, mit der Folge einer ex-tunc Unwirksamkeit der betreffenden Norm.[696] Eine Verfassungswidrigkeit der gesamten Regelung ist anzunehmen, wenn sich der Verfassungsverstoß auf ihren gesamten Inhalt als Einheit erstreckt. Sind nur Teile des Gesetzes verfassungswidrig, erfolgt eine Nichtigerklärung nur, wenn die verbleibenden Bestimmungen keinen eigenständigen Bedeutungsgehalt aufweisen.[697]

bb) Teilnichtigkeit

Bei Ausspruch einer Teilnichtigkeit werden einzelne Bestimmungen einer Norm für nichtig erklärt, die Regelung ansonsten aber aufrechterhalten.[698] Mithilfe dieser sog. quantitativen Teilnichtigerklärung soll eine Nichtigerklärung der gesamten Norm vermieden und so der gesetzgeberische Wille soweit wie möglich bewahrt werden.[699] Die quantitative Teilnichtigerklärung von Gesetzen bedeutet mithin deren Normtextreduzierung.[700] Eine explizite Regelung der Teilnichtigerklärung findet sich im Bundesverfassungsgerichtsgesetz nicht. Eine normative Stütze lässt sich aber dem Umkehrschluss aus § 78 S. 2 BVerfGG entnehmen, welcher den Gegenstand der

---

695 *Heun*, Schranken, S. 19; *Schlaich/Korioth*, BVerfG, Rn. 370.
696 *Schlaich/Korioth*, BVerfG, Rn. 378 ff.
697 *Bethge*, in: Maunz et al., BVerfGG, § 78, Rn. 30 ff.
698 *Heun*, Schranken, S. 20; *Sachs*, DVBl 1979, 389 (390*)*; *Schlaich/Korioth*, BVerfG, Rn. 384 f.
699 *Moench*, Gesetz, S. 32. Als unproblematisch zulässig erachten die quantitative Teilnichtigerklärung auch *Heun*, Schranken, S. 20 f. und *Skouris*, Teilnichtigkeit, S. 90 f.
700 *Sachs*, DVBl 1979, 389 (390); *Schlaich/Korioth*, BVerfG, Rn. 384.

Nichtigerklärung auf weitere Bestimmungen des gleichen Gesetzes ausdehnt.[701]

Spricht das Bundesverfassungsgericht die sog. qualitative Teilnichtigerklärung aus, erklärt es nicht den Wortlaut einer Norm für verfassungswidrig, sondern ihre Anwendung auf bestimmte, eigentlich unter die Norm fallende Konstellationen.[702] Als Rechtsfolge werden also einzelne Anwendungsfälle herausgenommen, auf die die Norm ihrem Wortlaut nach zutraf.[703]

b) Unvereinbarerklärung einer verfassungswidrigen Norm

Eine zusätzliche, nicht im Bundesverfassungsgerichtsgesetz vorgesehene Entscheidungsart schuf das Bundesverfassungsgericht mit der Unvereinbarerklärung. Eine gesetzliche Stütze findet dieser Entscheidungsausspruch als solcher nicht. Lediglich hinsichtlich seiner Rechtsfolgen kann eine Regelung in § 31 Abs. 2 und § 79 Abs. 1 BVerfGG erblickt werden, welche der Unvereinbarerklärung Gesetzeskraft beimessen.[704] Mit der Unvereinbarerklärung verzichtet das Gericht auf eine Nichtigerklärung. Dies tut das Gericht in Fällen, in denen dem Gesetzgeber eine verfassungskonforme Ausgestal-

---

701 *Sachs*, DVBl 1979, 389 (389). An der quantitativen Teilnichtigerklärung wird vereinzelt insofern Kritik geübt, als eine Normtextreduzierung die Frage nach der weiteren Anwendbarkeit der nunmehr lückenhaften Norm aufwerfe. Ferner werde durch die Reduktion des Normtextes und damit die Aufteilung der Norm quasi eine neue Regelung durch das Bundesverfassungsgericht geschaffen, was hinsichtlich der funktionellen Grenzen der Verfassungsrechtsprechung fragwürdig erscheine, vgl. *Ipsen*, Rechtsfolgen, S. 99; *Schlaich/Korioth*, BVerfG, Rn. 388.
702 *Bethge*, in: Maunz et al., BVerfGG, § 78, Rn. 34; *Schlaich/Korioth*, BVerfG, Rn. 386.
703 *Schlaich/Korioth*, BVerfG, Rn. 386; *Stern*, in: BK-GG, Art. 93, Rn. 305. Die Teilnichtigerklärung ohne Normtextreduzierung wird in der Literatur überwiegend kritisiert, da sie die Problematik, die mit der Teilnichtigerklärung an sich schon einhergeht, noch verschärfe und eine unzulässige Überschreitung von Grenzen und Kompetenzen des Bundesverfassungsgerichts in den Bereich der Legislative darstelle (*Sachs*, DVBl 1979, 389 [391]; *Schlaich/Korioth*, BVerfG, Rn. 388; *Stern*, in: BK-GG, Art. 93, Rn. 305). Zudem sei die Trennlinie zwischen einer qualitativen Teilnichtigerklärung und dem Institut der verfassungskonformen Auslegung, das seinerseits heftiger Kritik ausgesetzt ist, fließend und berge Abgrenzungs- und Verständnisschwierigkeiten, vgl. *Skouris*, Teilnichtigkeit, S. 109; *Schlaich/Korioth*, BVerfG, Rn. 389.
704 *Bethge*, in: Maunz et al., BVerfGG, § 78, Rn. 58; *Heußner*, NJW 1982, 257 (257); *Schlaich*, JuS 1982, 437 (439); *ders./Korioth*, BVerfG, Rn. 397.

B. Begründung

tung der Regelung durch verschiedene Varianten möglich ist.[705] Hauptanwendungsbereich der Unvereinbarkeitserklärung ist der willkürliche Begünstigungsausschluss, also Konstellationen, in denen die Verfassungswidrigkeit der betroffenen Norm auf einer verfassungswidrigen Ungleichbehandlung bestimmter Personengruppen im Rahmen der Gewährung staatlicher Leistungen beruht.[706] Als Rechtsfolge der Unvereinbarerklärung tritt im Gegensatz zur Nichtigerklärung nicht die rückwirkende Nichtigkeit der Norm ein, sondern der Gesetzgeber wird mit Wirkung für die Zukunft verpflichtet, verfassungskonforme Zustände herzustellen.[707] Unabhängig von einer ausdrücklichen Anordnung im Urteil ergibt sich diese Verpflichtung als Folge der festgestellten Verfassungswidrigkeit.[708] Bis der Gesetzgeber dem Appell zur Neuregelung nachkommt, soll die fragliche Norm nach Auffassung des Bundesverfassungsgerichts einer Anwendungssperre unterliegen.[709] Von dieser Sperre ausgenommen sind diejenigen Teile der Regelung, deren Weitergeltung nach Ansicht des Gerichts gerade eine Regelungslücke, die bei einer Nichtigerklärung eingetreten wäre, verhindern soll.[710] Der Ausspruch der Unvereinbarerklärung führt zum Entstehen einer Übergangsregelung, die dem Gesetzgeber unter Aufrechterhaltung der bestehenden, verfassungswidrigen Norm die Möglichkeit einer Nachbesserung eröffnet.[711] Das Gericht begründet den Verzicht auf eine Nichtigerklä-

---

705 *Hein*, Unvereinbarerklärung, S. 51 f.; *Heun*, Schranken, S. 21; *Ipsen*, Rechtsfolgen, S. 110.
706 *Hein*, Unvereinbarerklärung, S. 39; *Heun*, Schranken, S. 21; *Maurer*, in: FS Weber, 345 (348 f.); *Mayer*, Nachbesserungspflicht, S. 65; *Sachs*, DÖV 1982, 23 (27); *Schlaich/Korioth*, BVerfG, Rn. 401. Darüber hinaus fand die Unvereinbarerklärung auch Anwendung in über den gleichheitswidrigen Begünstigungsausschluss hinausgehenden Konstellationen, so bei Verstößen gegen Freiheitsrechte. Die Ausweitung der Unvereinbarerklärung, die seitens des Bundesverfassungsgerichts mit der Wahrung der gesetzgeberischen Gestaltungsfreiheit gerechtfertigt wurde, stieß in der Literatur auf heftigen Widerstand und wurde inzwischen wieder zurückgenommen: *Schlaich/Korioth*, BVerfG, Rn. 404; *Zeidler*, EuGRZ 1988, 207 (214).
707 Vgl. BVerfGE 37, 217 (262 f.); 55, 100 (110); sowie *Heußner*, NJW 1982, 257 (257 f.).
708 *Korioth*, Der Staat 30 (1991), 549 (569 f.); *Maurer*, in: FS Weber, 345 (347).
709 Vgl. BVerfGE 37, 217 (261); 55, 100 (110); 61, 319 (356); 73, 40 (101); siehe auch *Hein*, Unvereinbarerklärung, S. 123; *Heußner*, NJW 1982, 257 (258); *Maunz*, BayVBl 1980, 513 (518); *Mayer*, Nachbesserungspflicht, S. 70; *Moench*, Gesetz, S. 46; *Schlaich*, JuS 1982, 437 (440); *Schlaich/Korioth*, BVerfG, Rn. 396.
710 *Heußner*, NJW 1982, 257 (259); *Schlaich*, JuS 1982, 437 (440).
711 *Maunz*, BayVBl 1980, 513 (517); *Sachs*, DÖV 1982, 23 (27).

rung mit der zu respektierenden gesetzgeberischen Gestaltungsfreiheit.[712] Ferner solle damit auf der Rechtsfolgenseite die Rechtsunsicherheit vermieden werden, die ansonsten bei Nichtigkeit der betreffenden Norm eintreten würde.[713]

c) Verfassungswidrigerklärung gesetzgeberischen Unterlassens

Die Option einer Nichtigerklärung besteht auch in Konstellationen nicht, in denen eine Regelungslücke in der Rechtsordnung aufgrund der Nichterfüllung eindeutiger oder konkludenter Verfassungsaufträge verfassungswidrig ist.[714] Auf die Nichtigerklärung muss dann denknotwendig verzichtet werden, zumal ein gesetzgeberisches Unterlassen nicht auf eine dafür vorausgesetzte Norm gestützt werden kann.[715] Dem Gericht bleibt also nur die

---

[712] BVerfGE 22, 349 (362); vgl. auch *Hein*, Unvereinbarerklärung, S. 43; *Mayer*, Nachbesserungspflicht, S. 65; *Moench*, Gesetz, S. 47; *Sachs*, DÖV 1982, 23 (27); *Skouris*, Teilnichtigkeit, S. 52.

[713] BVerfGE 8, 1 (19); sowie *Bachof*, in: Bachof et al. (Hrsg.), Rechtsstaat, 344 (349); *ders.*, in: Gernhuber (Hrsg.), Tradition, 177 (185); *Hein*, Unvereinbarerklärung, S. 118; *Moench*, Gesetz, S. 39; *Schlaich*, JuS 1982, 437 (439). Die Unvereinbarerklärung wird im Fall des gleichheitswidrigen Begünstigungsausschlusses überwiegend für zulässig und notwendig erachtet, vgl. *Ipsen*, Rechtsfolgen, S. 213 f.; *Maurer*, in: FS Weber, 345 (352 ff.); *Pohle*, Verfassungswidrigerklärung, S. 82 f. Bedenken bestehen primär im Hinblick auf funktionell-rechtliche Aspekte. Das Bundesverfassungsgericht appelliere mit der Erklärung der Unvereinbarkeit einer Norm gleichzeitig an den Gesetzgeber, verfassungskonforme Zustände herzustellen (*Heun*, Schranken, S. 22 f.; *Kleuker*, Gesetzgebungsaufträge, S. 32). Dabei würde aber die Nichtigerklärung dem Gesetzgeber im Hinblick auf eine Neuregelung ein höheres Maß an Gestaltungsfreiheit einräumen, zumal ihm durch den Appell zumindest eine Tendenz hinsichtlich der Art und Weise der Umsetzung des einzuhaltenden Mindeststandards vorgegeben werde (*Gerontas*, DVBl 1982, 486 [490]; *Sachs*, DÖV 1982, 23 [27]). Letztendlich müsse in die Entscheidung zwischen dem Ausspruch einer Nichtigkeits- oder Unvereinbarerklärung die Abwägung der jeweils zu erwartenden konkreten Folgen miteinbezogen werden. Das Fortbestehen einer verfassungswidrigen Norm könne im Einzelfall die vorzugswürdige Lösung darstellen, wenn ansonsten durch die Nichtigerklärung ein immenses Regelungsdefizit zu erwarten wäre (*Gerontas*, DVBl 1982, 486 [490]; *Moench*, Gesetz, S. 42 f.; *Schmidt/Lange*, in: FS Mühl, 595 [601 f.]).

[714] *Hein*, Unvereinbarerklärung, S. 56; *Kreutzberger*, Entscheidungsvarianten, S. 149; *Schlaich/Korioth*, BVerfG, Rn. 409.

[715] *Hein*, Unvereinbarerklärung, S. 56; *Maurer*, in: FS Weber, 345 (347 f.); *Mayer*, Nachbesserungspflicht, S. 62 f.; *Schlaich/Korioth*, BVerfG, Rn. 409.

B. Begründung

Möglichkeit, das Vorliegen eines verfassungswidrigen gesetzgeberischen Unterlassens festzustellen.

Bei der Begriffsbestimmung wird unterschieden zwischen echtem und unechtem Unterlassen.[716] Ein echtes Unterlassen nimmt das Gericht nur an, „wenn sich der Beschwerdeführer auf einen ausdrücklichen Auftrag des Grundgesetzes berufen kann, der Inhalt und Umfang der Gesetzgebungspflicht im Wesentlichen bestimmt"[717]. Es muss also eine objektive staatliche Schutzpflicht sowie eine damit einhergehende, hinreichend individualisierbare subjektive Rechtsposition bestehen, welche erstmalig ein Tätigwerden der Legislative erfordert.[718] Das Vorliegen eines echten Unterlassens wird daher nur selten anzunehmen sein.[719] Anknüpfend an bestehende, aufgrund von grundrechtlichen Schutzaufträgen erlassene Normen ist ein unechtes Unterlassen anzunehmen, wenn der Gesetzgeber diesen Schutzauftrag nicht hinreichend erfüllt oder das Untermaßverbot verletzt hat.[720] In Bezug auf die Verfassungsbeschwerde hat das Bundesverfassungsgericht die Möglichkeit eines Vorgehens gegen gesetzgeberisches Unterlassen im Zusammenhang mit der Erfüllung staatlicher Schutzpflichten unter engen Voraussetzungen zugelassen.[721] In einer unterlassenen Nachbesserung sei aber erst dann ein Verfassungsverstoß zu sehen, „wenn evident ist, dass eine ursprünglich rechtmäßige Regelung wegen zwischenzeitlicher Änderung der Verhältnisse verfassungsrechtlich untragbar geworden ist, und wenn der Gesetzgeber gleichwohl weiterhin untätig geblieben ist oder offensichtlich fehlsame Nachbesserungsmaßnahmen getroffen hat".[722] Konsequenterweise müsste das Bundesverfassungsgericht diese Kriterien entsprechend an-

---

716 *Bethge*, in: Maunz et al., BVerfGG, § 78, Rn. 128; *Hillgruber/Goos*, Verfassungsprozessrecht, Rn. 150; *Schlaich/Korioth*, BVerfG, Rn. 409. Pestalozza differenziert in Bezug auf gesetzgeberisches Unterlassen zwischen vertretbaren und unvertretbaren Verfassungsaufträgen (*Pestalozza*, in: FS BVerfG I/1, 519 [526]).
717 BVerfGE 56, 54 (70); sowie zuvor BVerfGE 6, 257 (264); vgl. auch *Laufer*, Verfassungsgerichtsbarkeit, S. 372; *Schlaich/Korioth*, BVerfG, Rn. 409; *Zuck*, Verfassungsbeschwerde, Rn. 605.
718 *Bethge*, in: Maunz et al., BVerfGG, § 78, Rn. 139 f.
719 *Hein*, Unvereinbarerklärung, S. 56; *Schlaich/Korioth*, BVerfG, Rn. 409.
720 *Bethge*, in: Maunz et al., BVerfGG, § 78, Rn. 133.
721 Vgl. BVerfGE 56, 54 (72); 77, 170 (214); siehe auch BVerfG, U. v. 26.5.1998 – 1 BvR 180/88, Abs. 21 = NJW 1998, 3264 (3265) sowie ausführlich unten unter B.IV.3.f)cc). Es hat eine Verfassungsbeschwerde gegen gesetzgeberisches Unterlassen jedenfalls explizit bei exekutivem Unterlassen in der C-Waffen-Entscheidung für zulässig erachtet (vgl. BVerfGE 77, 170 [214]).
722 BVerfGE 56, 54 (81); vgl. ferner *Schlaich/Korioth*, BVerfG, Rn. 229 f.

passen, wenn es den Kontrollmaßstab des Untermaßverbotes anwendet. Ein verfassungsrechtlicher Verstoß aufgrund gesetzgeberischen Unterlassens läge demgemäß schon vor, wenn durch die getroffenen (Nachbesserungs-) Maßnahmen kein wirksamer Schutz für die gefährdeten Rechtsgüter gewährleistet ist.

Das Unterlassen kann allein durch eine positive Regelung seitens des Gesetzgebers behoben werden, nicht aber durch eine Nichtigerklärung durch das Bundesverfassungsgericht.[723] Aus der Verfassungswidrigkeit des Unterlassens lässt sich daher zugleich eine Verpflichtung des Gesetzgebers zum Normerlass ableiten.[724] Der Ausspruch einer Verfassungswidrigerklärung in Verbindung mit einem Appell an den Gesetzgeber zum Normerlass wird in der Literatur überwiegend für zulässig erachtet, sofern eine verfassungsrechtliche Gesetzgebungspflicht besteht. In diesem Fall sei die Pflicht des Gesetzgebers zum Handeln gerade die Voraussetzung für die Verfassungswidrigkeit gesetzgeberischen Unterlassens und rechtfertige damit eine Rechtsetzungsdirektive an den Gesetzgeber.[725]

d) Vereinbarerklärung bei noch verfassungsgemäßer Rechtslage

Sofern das Bundesverfassungsgericht zu dem Ergebnis kommt, dass die zur Überprüfung gestellte Norm mit höherrangigem Recht vereinbar ist, folgt die Vereinbarerklärung bzw. Normbestätigung.[726] Eine Variante der Vereinbarerklärung ist die Feststellung einer noch verfassungsmäßigen Rechtslage. Bezeichnet wird damit ein Zustand, der zwar zum gegenwärtigen Zeitpunkt als verfassungskonform zu beurteilen ist, jedoch bereits eine Tendenz zur Wandlung in die Verfassungswidrigkeit erkennen lässt.[727] Weil sich der Eintritt der Verfassungswidrigkeit prognostizieren lässt, hat das Bundesverfassungsgericht den Ausspruch der Vereinbarerklärung wiederholt mit ei-

---

723 *Moench*, Gesetz, S. 62.
724 *Kleuker*, Gesetzgebungsaufträge, S. 28.
725 *Bethge*, in: Maunz et al., BVerfGG, § 78, Rn. 134; *Kleuker*, Gesetzgebungsaufträge, S. 30.
726 *Lechner/Zuck*, BVerfGG, § 78, Rn. 14; *Stern*, in: BK-GG, Art. 93, Rn. 307.
727 *Pestalozza*, in: FS BVerfG I/1, 519 (540). Diese Tendenz kann begründet sein in einer Änderung der tatsächlichen Verhältnisse, die in Zusammenhang mit der betreffenden Norm stehen und durch den Gesetzgeber eigenständig angepasst und weiterentwickelt werden müssen (BVerfGE 59, 119 [127]; sowie *Gerber*, DÖV 1989, 698 [701]).

B. Begründung

nem Appell an den Gesetzgeber verknüpft, durch das Ergreifen geeigneter Maßnahmen dieser Entwicklung entgegenzuwirken.[728]

e) Verfassungskonforme Auslegung

Die Methode der verfassungskonformen Auslegung von Gesetzen wird von Teilen der Literatur als Ausprägung richterlicher Selbstbeschränkung interpretiert,[729] anderenorts unter dem Aspekt funktionell-rechtlicher Grenzüberschreitung als problematisch gesehen.[730] Von der Figur der verfassungskonformen Auslegung macht das Bundesverfassungsgericht in ständiger Rechtsprechung Gebrauch.[731] Eine verfassungskonforme Auslegung kommt immer dann in Betracht, wenn der Wortlaut einer Norm verschiedene Möglichkeiten der Auslegung bietet, wobei nur bestimmte Arten der Auslegung für verfassungskonform zu befinden sind. Das Bundesverfassungsgericht zeigt dabei auf, wie das Gesetz in verfassungskonformer Weise aus-

---

[728] BVerfGE 15, 337 (351 f.); 16, 130 (141 f.); 21, 12 (41 f.); vgl. auch *Pestalozza*, in: FS BVerfG I/1, 519 (540); *Rupp-v. Brünneck*, in: FS Müller, 355 (355 ff.); *Schlaich/Korioth*, BVerfG, Rn. 438; *Stern*, in: BK-GG, Art. 93, Rn. 319. Kritik hat diese Entscheidungspraxis durch Stimmen in der Literatur dahingehend erfahren, als das Gericht weder die Kompetenz noch die erforderlichen Fähigkeiten zur Aufstellung von Prognosen über den Eintritt der Verfassungswidrigkeit besitze, vgl. *Gusy*, Gesetzgeber, S. 212 f.; *Klein*, AöR 108 (1983), 410 (434); *Schulte*, DVBl 1988, 1200 (1205).

[729] Als Akt richterlicher Selbstbeschränkung könne die Methode der verfassungskonformen Auslegung gewertet werden, wenn man dabei die Intention zugrunde lege, hierdurch die Legislative vor weiterreichenden Eingriffen zu bewahren und die Nichtigerklärung von Gesetzen möglichst zu vermeiden, vgl. *Hesse*, Grundzüge, S. 32; *Laufer*, Verfassungsgerichtsbarkeit, S. 365; *Rupp-v. Brünneck*, AöR 102 (1977), 1 (19); *Sodan*, Staat, S. 56; *Stern*, Rechtsstaat, S. 18; *ders.*, Verfassungsgerichtsbarkeit, S. 28.

[730] Das Problem der verfassungskonformen Gesetzesauslegung sehen Teile der Literatur darin, dass das Bundesverfassungsgericht eine Auslegungsart wählt, die möglicherweise im Widerspruch zum gesetzgeberischen Willen steht und somit zu einer Bevormundung von Regierung und Parlament führt, und dass das Gericht mithin unter Verletzung des Gewaltenteilungsgrundsatzes in den Zuständigkeitsbereich der Legislative eingreift, vgl. *Hesse*, in: FS Huber, 261 (268); *Krey*, JR 1995, 221 (222 f.); *Schuppert*, Grenzen, S. 6 f.; *Sodan*, Staat, S. 49 ff.; *Spanner*, AöR 91 (1966), 503 (505); *Stern*, NJW 1958, 1435 (1435).

[731] *Schlaich*, JuS 1982, 437 (441); *ders./Korioth*, BVerfG, Rn. 440; *Spanner*, AöR 91 (1966), 503 (503 f.).

gelegt werden kann.⁷³² Diese Entscheidungsform genießt in der Rechtsprechung des Bundesverfassungsgerichts Vorrang vor der Nichtigerklärung, sofern eine verfassungskonforme Auslegung des vorgelegten Gesetzes möglich erscheint. Das Gericht begründet dies mit der grundsätzlichen Vermutung der Verfassungskonformität einer Norm, die zugleich im Zweifelsfalle eine verfassungskonforme Auslegung gebiete.⁷³³ Zweck der verfassungskonformen Auslegung ist es, eine Nichtigerklärung zu vermeiden und die Norm zu erhalten. Sie kann also als eine Form der Normbestätigung eingeordnet werden.⁷³⁴ Ihre Grenze findet die verfassungskonforme Auslegung dort, wo die inhaltliche Wiedererkennbarkeit der Norm nach der Auslegung für den Gesetzgeber nicht mehr gegeben ist.⁷³⁵

---

732 *Bachof*, in: Häberle (Hrsg.), Verfassungsgerichtsbarkeit, 285 (292); *Bender*, MDR 1959, 441 (447); *Sodan*, Staat, S. 56; *Schlaich*, JuS 1982, 437 (441); *ders./Korioth*, BVerfG, Rn. 442; *Simon*, EuGRZ 1974, 85 (86).
733 BVerfGE 2, 266 (282); 83, 201 (214 f.); ferner auch *Schlaich/Korioth*, BVerfG, Rn. 443; *Sodan*, Staat, S. 56; *Spanner*, AöR 91 (1966), 503 (504); *Stern*, in: BK-GG, Art. 93, Rn. 321.
734 *Bachof*, in: Häberle (Hrsg.), Verfassungsgerichtsbarkeit, 285 (293); *Bethge*, in: Maunz et al., BVerfGG, § 78, Rn. 95; *Graßhof*, NJW 1995, 3085 (3086). Wegen des Ausschlusses anderer als der für verfassungskonform befundenen Auslegungsart wird die verfassungskonforme Auslegung ihrer Wirkung nach oftmals als qualitative Teilnichtigkeit ohne Normtextreduzierung eingestuft, vgl. *Bethge*, in: Maunz et al., BVerfGG, § 78, Rn. 104; *Schlaich/Korioth*, BVerfG, Rn. 446; *Stern*, in: BK-GG, Art. 93, Rn. 322. Teilweise wird daher vertreten, der Ausspruch der Teilnichtigkeit sei einer verfassungskonformen Auslegung im Hinblick auf die Wahrung der gesetzgeberischen Entscheidungsfreiheit vorzuziehen (*Eckardt*, Gesetzesauslegung, S. 57 ff.; *Friesenhahn*, in: MPI [Hrsg.], Verfassungsgerichtsbarkeit, 89 [153 f.]; *Schlaich/Korioth*, BVerfG, Rn. 451; *Strickrodt*, DB 1959, 103 [104]). Zur Problematik der Abgrenzbarkeit beider Entscheidungsaussprüche siehe oben unter Fn. 703.
735 BVerfGE 8, 71 (78 f.); 35, 263 (280); vgl. auch *Heußner*, NJW 1982, 257 (262); *Steiner*, in: FS Leisner, 569 (573). Das Bundesverfassungsgericht setzt sich bei der Anwendung der verfassungskonformen Auslegung dahingehend selbst Grenzen, dass „im Wege der Auslegung einem nach Wortlaut und Sinn eindeutigen Gesetz nicht ein entgegengesetzter Sinn verliehen, der normative Gehalt der auszulegenden Norm nicht grundlegend neu bestimmt, das gesetzgeberische Ziel nicht in einem wesentlichen Punkt verfehlt werden [darf]" (BVerfGE 54, 277 [299 f.]; vgl. auch BVerfGE 8, 28 [34]; 8, 210 [220 f.]; 9, 83 [87]; 18, 97 [111]; 33, 52 [69]; 35, 263 [280]).

B. Begründung

f) Appellentscheidung

Appelle werden in Verbindung mit verschiedenen Entscheidungsarten ausgesprochen. Sie fordern den Gesetzgeber auf, tätig zu werden und enthalten zugleich Bestimmungen über Inhalt und Umfang der aufgetragenen Neuregelung.[736] Schulte versucht eine Systematisierung der Appellentscheidung in drei Fallgruppen. So könnten Appellentscheidungen aus Anlass gewandelter Realitäten oder Verfassungsinterpretation, aufgrund unerfüllter Gesetzgebungsaufträge sowie bei fehlender Evidenz des Verfassungsverstoßes ausgesprochen werden.[737] Hauptanwendungsbereich der Appellentscheidung ist ihr Ausspruch in Kombination mit der Feststellung der Verfassungsmäßigkeit einer Norm, die jedoch eine erkennbare Tendenz zur Verfassungswidrigkeit aufweist.[738] Das Bundesverfassungsgericht stellt in diesen Fallkonstellationen ferner klar, dass es, sofern der Gesetzgeber keine Maßnahmen zur Neuregelung ergreift, die Rechtslage zu einem späteren Zeitpunkt als verfassungswidrig einstufen wird.[739] Daneben wurden Appellentscheidungen wiederholt in Verbindung mit der Verfassungswidrigerklärung einer Norm ausgesprochen, um den Gesetzgeber zur Beseitigung des Verfassungsverstoßes durch eine Neuregelung aufzufordern.[740] Die Verpflichtung des Gesetzgebers zum Tätigwerden ergibt sich dabei quasi denknotwendig aus der Feststellung der Verfassungswidrigkeit der Norm und wird durch die Formulierung eines Appells nur bekräftigt und konkretisiert.[741] Die Kombination von Verfassungswidrigerklärung und Appell kommt insbesondere auch bei der unzureichenden Erfüllung staatlicher

---

736 *Gerontas*, DVBl 1982, 486 (486); *Kreutzberger*, Entscheidungsvarianten, S. 213 f.; *Schlaich/Korioth*, BVerfG, Rn. 431; *Stettner*, DVBl 1989, 1123 (1127).
737 *Schulte*, DVBl 1988, 1200 (1201); ähnlich *Moench*, Gesetz, S. 69 ff., die allerdings beide zutreffend die nur bedingte Systematisierbarkeit von Appellentscheidungen erkennen.
738 BVerfGE 16, 130 (141 ff.); 21, 12 (41 f.); vgl. auch *Hein*, Unvereinbarerklärung, S. 15 f.; *Heun*, Schranken, S. 24; *Ipsen*, Rechtsfolgen, S. 132 f.; *Kleuker*, Gesetzgebungsaufträge, S. 41 f.; *Mayer*, Nachbesserungspflicht, S. 73; *Moench*, Gesetz, S. 70; *Pestalozza*, in: FS BVerfG I/1, 519 (540); *Pohle*, Verfassungswidrigerklärung, S. 48; *Rupp-v. Brünneck*, in: FS Müller, 355 (355 ff.).
739 *Ipsen*, Rechtsfolgen, S. 133; *Pestalozza*, in: FS BVerfG I/1, 519 (556); *Zeidler*, EuGRZ 1988, 207 (210 f.).
740 BVerfGE 40, 296 (328 f.); 87, 114 (135 ff.); 92, 158 (186 f.); sowie *Betghe*, in: Maunz et al., BVerfGG, § 78, Rn. 82; *Bryde*, Verfassungsentwicklung, S. 397.
741 *Bethge*, in: Maunz et al., BVerfGG, § 78, Rn. 82; *Korioth*, Der Staat 30 (1991), 549 (570); *Kleuker*, Gesetzgebungsaufträge, S. 32.

IV. Vorgehen vor dem Bundesverfassungsgericht

Schutzpflichten in Betracht.[742] In diesem Fall können vor allem veränderte tatsächliche Umstände bereits erlassene Regelungen unzureichend werden lassen und so eine Handlungspflicht des Gesetzgebers auslösen.[743]

Die Praxis der Appellentscheidungen wird in der Literatur durchaus kontrovers diskutiert. Einerseits wird schon die Zulässigkeit solcher Appelle generell in Frage gestellt. Dem Bundesverfassungsgericht wird vorgeworfen, es überschreite mit der Aufforderung des Gesetzgebers zum Tätigwerden funktionell-rechtliche Grenzen, indem es sich zum Ersatzgesetzgeber aufschwinge und sich an die Stelle des parlamentarischen Gesetzgebers setze.[744] Zudem entbehre der Appell an die Legislative als Entscheidungsform jeglicher gesetzlichen Grundlage.[745] Dem wird entgegengehalten, dass die Appellentscheidung als Ausdruck richterlicher Selbstbeschränkung gerade zur Bewahrung des gesetzgeberischen Spielraumes beitrage, indem sie (bei Ausspruch einer Vereinbarerklärung) die Nichtigerklärung einer Norm vermeide und dem Gesetzgeber damit einen zeitlichen Anpassungsspielraum verschaffe.[746] Jedenfalls muss dem Argument beigepflichtet werden, die Appellentscheidung trage infolge der darin formulierten Anweisungen an den Gesetzgeber zur Vermeidung künftiger Verfassungsverstöße und Verfassungsstreitigkeiten und somit zur Prozessökonomie bei.[747] Der Appell kann überdies als Ausprägung des Kooperationsverhältnisses zwischen Gesetzgeber und Bundesverfassungsgericht gesehen werden, in dem beide aufgrund ihrer gemeinsamen Aufgabe der Verfassungskonkretisierung stehen.[748]

---

[742] BVerfGE 39, 1 (44); 88, 203 (254); vgl. auch *Bethge*, in: Maunz et al., BVerfGG, § 78, Rn. 83.

[743] *Schlaich/Korioth*, BVerfG, Rn. 438; *Stettner, DVBl 1989*, 1123 (1126).

[744] *Gusy*, Gesetzgeber, S. 211 f.; *Heun*, Schranken, S. 26 f.; *Kreutzberger*, Entscheidungsvarianten, S. 215; *Schulte*, DVBl 1988, 1200 (1204).

[745] *Klein*, AöR 108 (1983), 410 (434); *Moench*, Gesetz, S. 71; *Schulte*, DVBl 1988, 1200 (1204); *Stern*, Staatsrecht III/1, S. 1314.

[746] *Rupp-v. Brünneck*, AöR 102 (1977), 1 (20); *dies.*, in: FS Müller, 355 (369 f.). Den Vorwurf der Überschreitung von Kompetenzgrenzen durch das Gericht vermag diese Begründung indes nicht zu widerlegen, vgl. *Bryde*, Verfassungsentwicklung, S. 398; *Schulte*, DVBl 1988, 1200 (1204).

[747] *Kreutzberger*, Entscheidungsvarianten, S. 219; *Pestalozza*, in: FS BVerfG I/1, 519 (556); *Rupp-v. Brünneck*, in: FS Müller, 355 (367).

[748] So auch *Ossenbühl*, in: FS BVerfG II/1, 33 (35); *Yang*, Appellentscheidungen, S. 291 f., sieht die Konkretisierungsaufgabe auf beide Gewalten verteilt, wobei die Legislative durch den Normerlass zum Erst- und das Bundesverfassungsgericht zum Zweitinterpreten des Grundgesetzes wird.

B. Begründung

Neben der Frage nach der grundsätzlichen Berechtigung von Appellentscheidungen wird diskutiert, inwieweit diese inhaltlich durch das Bundesverfassungsgericht ausgestaltet sein dürfen, geht man von deren prinzipieller Zulässigkeit aus. Inhaltlich variiert die Intensität der Anordnung durch das Gericht stark. Sie reicht von einem bloßen Hinweis an den Gesetzgeber auf seine spätestens mit der verfassungsgerichtlichen Entscheidung entstandene Verantwortung über den Vorschlag konkreter Regelungsmöglichkeiten bis hin zu einer Fristsetzung für den Normerlass.[749] Das Bundesverfassungsgericht hat in seiner zweiten Entscheidung zum Schwangerschaftsabbruch sowie im Urteil zur Sicherungsverwahrung zwar den Gestaltungsspielraum des Gesetzgebers betont, gleichzeitig jedoch die Eckpunkte einer zu erlassenden Neuregelung mit inhaltlich sehr konkreten Vorgaben aufgezeigt. Dabei sah das Gericht die in Frage stehenden Regelungsbereiche jeweils besonderen verfassungsrechtlichen Anforderungen unterliegen.[750]

Teilweise werden diese Rechtsetzungsdirektiven als unzulässiger Eingriff in die Gestaltungsfreiheit des Gesetzgebers und somit als Verstoß gegen das Prinzip der Gewaltentrennung erachtet.[751] So sei insbesondere die Aufstellung inhaltlich detaillierter Anweisungen für die Neuregelung bedenklich, da sie die Handlungsfreiheit der Legislative einschränke.[752] Die Konkretisierung verfassungsrechtlicher Rahmenbedingungen falle in den Kompetenz- und Verantwortungsbereich des Gesetzgebers, der dabei nicht verfassungsgerichtlichen Anweisungen unterworfen sei.[753] Zwar mag der Gesetzgeber nicht unmittelbar zur Übernahme der mit dem Appell ausgespro-

---

749 *Maunz*, BayVBl 1980, 513 (518); *Ossenbühl*, in: FS Lerche, 75 (77); *Pestalozza*, in: FS BVerfG I/1, 519 (555); *Stern*, Staatsrecht III/1, S. 1314; *Yang*, Appellentscheidungen, S. 286 ff.
750 BVerfGE 88, 203 (252 ff.); BVerfG, U. v. 4.5.2011 – 2 BvR 2365/09, Abs. 110 ff. = NJW 2011, 1931 (1938 f.). Siehe zum Inhalt der Urteile ausführlich oben unter B.III.5.b)cc)(1) und (2).
751 *Achterberg*, DÖV 1977, 649 (655); *Heun*, Schranken, S. 26; *Jekewitz*, Der Staat 19 (1980), 535 (546 ff.).
752 *Jekewitz*, Der Staat 19 (1980), 535 (546 f.); *Kleuker*, Gesetzgebungsaufträge, S. 57 ff.; *Kreutzberger*, Entscheidungsvarianten, S. 220; *Ossenbühl*, in: FS Lerche, 75 (79), sieht in der Generierung konkreter Vorgaben ein Aufschwingen des Bundesverfassungsgerichts zum praeceptor legislatoris. *Pestalozza*, in: FS BVerfG I/1, 519 (556), erblickt darin zumindest die Ausübung moralischen Drucks auf den Gesetzgeber (in Bezug auf in Verbindung mit Vereinbarerklärungen ausgesprochene Appelle).
753 *Bryde*, Verfassungsentwicklung, S. 398; *Kleuker*, Gesetzgebungsaufträge, S. 58; *Schulte*, DVBl 1988, 1200 (1204).

IV. Vorgehen vor dem Bundesverfassungsgericht

chenen Regelungsvorschläge gezwungen sein; er wird jedoch zumindest – zur Vermeidung weiterer Verfassungsverstöße – geneigt sein, diese zu übernehmen.[754] Sofern das Gericht in seinem Appell mehrere verfassungsmäßige Vorschläge einer Neuregelung darbietet, sei dies – mangels Verbindlichkeit der einzelnen Alternativen – im Hinblick auf die Wahrung der Handlungsfreiheit der Legislative unproblematisch.[755] Für die Zulässigkeit solcher Regelungsalternativen spricht, dass dem Gesetzgeber ein verfassungskonformer Rahmen an Möglichkeiten zur Neuregelung aufgezeigt wird und er hierdurch Unterstützung im Hinblick auf den Normerlass erfährt.[756] Appelle sind also zumindest dann zulässig, wenn sich das Gericht im Zusammenhang mit Vereinbarerklärungen nicht auf nur eine als verfassungskonform beurteilte Alternative beschränkt.[757] Unterbreitet das Bundesverfassungsgericht dem Gesetzgeber inhaltlich konkrete Vorgaben für eine Neuregelung, begegnet dies verfassungsrechtlichen Bedenken.[758]

Letztendlich lassen sich die Grenzen des verfassungsrechtlich noch Zulässigen nur in Ansehung der Umstände im Einzelfall beurteilen. Inhaltlich konkrete und weitreichende Appelle scheinen jedenfalls dann gerechtfertigt und auch erforderlich, wenn besonders schützenswerte und hochrangige Rechtsgüter in Frage stehen. Die Kritik an den Appellentscheidungen des Bundesverfassungsgerichts mündet in die Frage nach den Kompetenzen und Grenzen der Verfassungsgerichtsbarkeit, die sich unter dem Problemkreis Recht und Politik zusammenfassen lassen.

2. Das Bundesverfassungsgericht zwischen Recht und Politik

Dem Bundesverfassungsgericht als oberstem Gericht und Verfassungsorgan kommen insbesondere im Rahmen der Normenkontrolle weitreichende Kontrollbefugnisse zu. Ihm wurde und wird häufig der Vorwurf gemacht, durch die Entscheidung politischer Fragen die Grenzziehung der staatlichen Gewalten zu missachten und die Handlungsfreiheit des Gesetzgebers zu be-

---

754 *Bryde*, Verfassungsentwicklung, S. 398; *Schulte,* DVBl 1988, 1200 (1204).
755 *Kleuker*, Gesetzgebungsaufträge, S. 61 f.
756 *Pestalozza*, in: FS BVerfG I/1, 519 (556*);* *Rupp-v. Brünneck*, in: FS Müller, 355 (367).
757 *Kleuker*, Gesetzgebungsaufträge, S. 61 f.; *Kreutzberger*, Entscheidungsvarianten, S. 222 f.; *Yang*, Appellentscheidungen, S. 347.
758 *Kleuker*, Gesetzgebungsaufträge, S. 61; *Yang*, Appellentscheidungen, S. 349.

B. Begründung

schneiden.⁷⁵⁹ Im Mittelpunkt der am Bundesverfassungsgericht geübten Kritik steht die Rüge der aktiven Einmischung und Mitgestaltung politischer Entscheidungen und Prozesse, verbunden mit der Forderung nach einer Beschränkung der Aufgaben und Funktionen des Gerichts auf das Recht in Abgrenzung zur Politik.⁷⁶⁰ Die Frage, an welcher Stelle und mit welchen Mitteln die Grenzen der Verfassungsgerichtsbarkeit definiert werden können, wird in der Literatur schon seit den Anfängen der bundesverfassungsgerichtlichen Rechtsprechung kontrovers diskutiert, was sich in der Entwicklung zahlreicher Abgrenzungsansätze manifestiert.

a) Recht und Politik

Die Abgrenzung zwischen Recht und Politik gehört zu den klassischen Themen der Staatstheorie.⁷⁶¹ In der juristischen Literatur wurde demgemäß schon früh der Versuch unternommen, durch eine Bestimmung der Begrifflichkeiten Recht und Politik eine Abgrenzung auch der Zuständigkeiten der Verfassungsgerichtsbarkeit zu erreichen. Eine rein politische Streitigkeit zeichne sich demnach dadurch aus, dass sie auf die Schaffung neuen Rechts gerichtet sei, sodass diese einen Streit „um das Recht und nicht nach dem Recht"⁷⁶² darstelle.⁷⁶³ Politik beinhalte die „Verteidigung bestehender Rechtslagen, meist aber Schaffung neuen Rechts, also Rechtsänderung"⁷⁶⁴. Die Rechtsprechung hingegen dürfe „stets nur bereits gegebenes Recht fin-

---

759 *Häberle*, Politische Kraft, 54 (59 f.); *Knies*, in: FS Stern, 1155 (1155 ff.); *Schlaich/Korioth*, BVerfG, Rn. 503; *Schmitt*, Hüter, S. 22 (in Bezug auf den Staatsgerichtshof unter der Weimarer Verfassung).
760 *Bertrams*, in: FS Stern, 1027 (1027 f.); *Delbrück*, in: FS Menzel, 83 (83 f.); *Großfeld*, NJW 1995, 1719 (1719 f.); *Häberle*, in: Häberle (Hrsg.), Verfassungsgerichtsbarkeit, 1 (2); *Leibholz*, Strukturprobleme, S. 175 f.; *Böckenförde*, Grundrechtsdogmatik, S. 22; *Ossenbühl*, in: FS Lerche, 75 (75 f.); *Schlaich/Korioth*, BVerfG, Rn. 504 f.
761 Schon Montesquieu behandelte diese Thematik in seiner Gewaltenteilungslehre. Er sieht den Richter lediglich als „Mund, der den Wortlaut des Gesetzes spricht, Wesen ohne Seele gleichsam, die weder die Stärke noch die Strenge des Gesetzes mäßigen können" (*Montesquieu*, Gesetze, S. 225).
762 *Leibholz*, JöR 6 (1957), 109 (125); *ders.*, PVS 1962, 13 (16).
763 *Grimm*, JZ 1976, 697 (697); *Dolzer*, Verfassungskonkretisierung, S. 16; *Haltern*, Verfassungsgerichtsbarkeit, S. 218.
764 *Scheuner*, in: FS Smend, 253 (274).

den, nicht aber politisch gestaltend entscheiden"[765]. Die Abgrenzung des Begriffspaares Recht und Politik wird also durch die Entgegensetzung von Rechtsetzung und Rechtsanwendung vorgenommen, wobei erstere dem Gesetzgeber und letzere der Gerichtsbarkeit obliege.[766] Bezogen auf die Zuständigkeit der Verfassungsgerichtsbarkeit wird die Unterscheidung zwischen Recht und Politik von dem Vorhandensein einer justiziablen Norm abhängig gemacht. Eine Rechtsstreitigkeit sei dann gegeben, wenn sie nach Rechtsregeln entschieden werden könne, ihr mithin eine Norm zugrunde liege, welche einer näheren rechtlichen Auslegung zugänglich sei.[767] Aus dieser Abhängigkeit ergebe sich eine klare Ausweisung auch des Bundesverfassungsgerichts als Rechtsprechungsorgan.[768]

Allerdings besteht in der Literatur weitestgehend Einigkeit darin, dass speziell der Materie des Verfassungsrechts und somit den Entscheidungen des Bundesverfassungsgerichts zwangsläufig auch eine politische Komponente anhaftet.[769] Das Bundesverfassungsgericht sei mit einer besonderen Art von Rechtsstreitigkeiten befasst, welche jedenfalls aufgrund der politischen Relevanz der Streitgegenstände als „politische Rechtsstreitigkeiten"[770] bezeichnet werden könnten.[771]

Eine Sonderstellung der Verfassungsgerichtsbarkeit lässt sich überdies mit der Eigenart des Verfassungsrechts erklären, das naturgemäß von einem

---

[765] Ebda., S. 275.
[766] *Haltern*, Verfassungsgerichtsbarkeit, S. 217 f.
[767] *Kaufmann*, in: Häberle (Hrsg.), Verfassungsgerichtsbarkeit, 143 (146); *Leibholz*, JöR 6 (1957), 109 (125); *ders.*, PVS 1962, 13 (16); *Scheuner*, in: FS Smend, 253 (295); *Wintrich*, in: Häberle (Hrsg.), Verfassungsgerichtsbarkeit, 214 (220).
[768] *Knöpfle*, in: Starck/Stern (Hrsg.), Landesverfassungsgerichtsbarkeit, 231 (234).
[769] *Grimm*, in: FS Benda, 91 (100); *Häberle*, in: Häberle (Hrsg.), Verfassungsgerichtsbarkeit, 1 (4); *Ipsen*, in: Starck (Hrsg.), Fortschritte, 45 (47); *Leibholz*, JöR 6 (1957), 109 (111 f.); *Schenke*, NJW 1979, 1321 (1322); *Scheuner*, in: Häberle (Hrsg.), Verfassungsgerichtsbarkeit, 194 (204); *Schuppert*, Kontrolle, S. 128; *Triepel*, VVDStRL 5 (1929), 2 (8).
[770] *Leibholz*, in: BVerfG (Hrsg.), BVerfG, 61 (64); *ders.*, JöR 6 (1957), 109 (121); *ders.*, PVS 1962, 13 (14). *Friesenhahn*, in: Häberle (Hrsg.), Verfassungsgerichtsbarkeit, 355 (357), geht davon aus, dass es sich bei den Entscheidungen des Bundesverfassungsgerichts um Rechtsstreitigkeiten handelt, die im politischen Bereich entstanden sind und wendet sich daher strikt gegen den Vorwurf des „Politik Treibens".
[771] *Höpker-Aschoff*, JöR 6 (1957), 144 (144 f.); *Schuppert,* Kontrolle, S. 121 f., vertritt die Ansicht, dass jedwedes Recht stets politisches Recht sei, da die Politik auf die Schaffung von Recht angelegt und eine Definition von Politik nicht ohne Rückgriff auf das Recht möglich sei.

B. Begründung

prinzipiellen Charakter geprägt ist und daher in besonderem Maße einer Konkretisierung und Interpretation bedarf.[772] Das Bundesverfassungsgericht entscheidet letztverbindlich über die Verfassungsmäßigkeit der ihm vorgelegten Streitgegenstände und verfügt aufgrund dieser Bestellung als Hüter der Verfassung über eine erhebliche Macht- und Kompetenzfülle.[773] Dabei wird weithin davon ausgegangen, dass aufgrund dieser Stellung eine strikte Trennung der Gewalten im Verfassungsgefüge nicht zu bewerkstelligen sei. Die Kompetenzen des Gerichts implizierten gerade eine Übertretung der Grenzen zum Zwecke eines stabilisierenden Funktionengleichgewichts durch gegenseitige Gewaltenkontrolle und -hemmung.[774] Wegen der engen Verknüpfung des Politischen mit den von der Verfassungsgerichtsbarkeit zu beurteilenden Streitigkeiten und deren politischen Auswirkungen hätten die Verfassungsrichter stets auch diese Folgen mit in ihre Entscheidung einzubeziehen.[775] Es sei daher Besonderheit und Charakteristikum der Verfassungsrechtsprechung, dass sie zugleich schöpferische und wertende Elemente beinhalte und sich deswegen grundlegend von den anderen Gerichtsbarkeiten unterscheide.[776] Teilweise wird dem Bundesverfassungsgericht sogar eine aktive politische und rechtserzeugende Funktion zugeschrieben, welche sich durch die Ausgestaltung des konkretisierungsbedürf-

---

772 *Grimm*, in: FS Benda, 91 (100).
773 *Piazolo*, in: Piazolo (Hrsg.), BVerfG, 243 (243); *Geiger*, EuGRZ 1985, 401 (402); *Sodan*, Staat, S. 36 f.
774 *Hahn*, JöR 14 (1965), 438 (447 ff.); *Forsthoff*, Industriegesellschaft, S. 134; *Häberle*, in: Häberle (Hrsg.), Verfassungsgerichtsbarkeit, 1 (12); *Klein*, Staatsraison, S. 41; *Piazolo*, in: Piazolo (Hrsg.), BVerfG, 243 (243); *Müller*, in: Häberle (Hrsg.), Verfassungsgerichtsbarkeit, 398 (399).
775 *Bachof*, in: Häberle (Hrsg.), Verfassungsgerichtsbarkeit, 285 (287); *Leibholz*, PVS 1962, 13 (17); *Rupp-v. Brünneck*, in: FS Müller, 355 (365); *Säcker*, in: Piazolo (Hrsg.), BVerfG, 189 (196). Anderer Ansicht ist *Friesenhahn*, in: Häberle (Hrsg.), Verfassungsgerichtsbarkeit, 355 (361), der die Reichweite einer Entscheidung allein auf Rechtsfragen beschränkt sieht und eine politische Verantwortung der Verfassungsrichter verneint.
776 *Dichgans*, in: FS Geiger, 945 (947); *Drath*, in: Häberle (Hrsg.), Verfassungsgerichtsbarkeit, 161 (168 f.); *Hesse*, in: ebda., 367 (369); *Massing*, in: Schäfer/Nedelmann (Hrsg.), CDU-Staat, 123 (124 ff.); *Wintrich*, in: Häberle (Hrsg.), Verfassungsgerichtsbarkeit, 214 (216 f.).

IV. Vorgehen vor dem Bundesverfassungsgericht

tigen verfassungsrechtlichen Rahmens fast zwangsweise ergebe und damit weit über eine bloße Kontrolltätigkeit hinausgehe.[777]

Angesichts des dargestellten Meinungsstandes kann es als gesichert gelten, dass ein Hinüberreichen der verfassungsgerichtlichen Rechtsprechung in den Bereich des Politischen unvermeidbar ist. Das Gericht kann sich aufgrund der Eigenart verfassungsrechtlicher Streitigkeiten nicht allein auf die Anwendung bestehenden Rechts beschränken, sondern muss bei der Urteilsfindung oftmals auch gestaltend und wertend tätig werden.

b) Aufgaben und Grenzen der Verfassungsgerichtsbarkeit

Der Versuch einer Abgrenzung rechtlicher von politischen Streitigkeiten ist gerade in Bezug auf die Kompetenzbestimmung der Verfassungsgerichtsbarkeit wenig ergiebig.[778] Auch manche Verfassungsrichter selbst gehen explizit von der Untauglichkeit der Abgrenzung von Recht und Politik aus, um die Kompetenzen des Gerichts zu bestimmen.[779] Die Frage nach Grenzen und Funktion der Verfassungsgerichtsbarkeit wird anhand verschiedener Theorien zu beantworten versucht, die im Folgenden näher dargestellt werden. Im Mittelpunkt steht dabei der funktionell-rechtliche Ansatz.[780]

Unproblematisch und eindeutig festlegbar sind zunächst die institutionellen Grenzen der Verfassungsgerichtsbarkeit. Die rechtliche Zuständigkeit des Bundesverfassungsgerichts lässt sich den Regelungen des Bundesverfassungsgerichtsgesetzes und dessen Zuständigkeitsregelungen sowie der Organisation des Gerichts entnehmen.[781] Insbesondere kann das Bundesverfassungsgericht nur auf Antrag tätig werden und hat sich gemäß dem Enumerationsprinzip strikt an die abschließend im Grundgesetz aufgeführten Verfahren zu halten.[782] Einigkeit besteht ferner dahingehend, dass eine

---

777 *Achterberg*, DÖV 1977, 649 (650); *Bachof*, in: Häberle (Hrsg.), Verfassungsgerichtsbarkeit, 285 (289 f.); *Drath*, in: ebda., 161 (168 ff.). *Geiger*, EuGRZ 1985, 401 (402), sieht das Bundesverfassungsgericht aufgrund seiner weitreichenden Entscheidungen sogar als staatsleitendes Verfassungsorgan an.
778 *Burchardt*, Grenzen, S. 27; *Häberle*, Politische Kraft, 54 (64); *Haltern*, Verfassungsgerichtsbarkeit, S. 219; *Laufer*, in: Tohidipur (Hrsg.), Verfassung, 92 (94 f.).
779 *Burchardt*, Grenzen, S. 23; *Limbach*, Machtfaktor, S. 18.
780 Vgl. unten unter B.IV.2.b)ee).
781 *Hesse*, in: FS Huber, 261 (262).
782 *Isensee*, in: Piazolo (Hrsg.), BVerfG, 49 (53 f.); *Knies*, in: FS Stern, 1155 (1160); *Laufer*, in: Tohidipur (Hrsg.), Verfassung, 92 (95).

B. Begründung

Bestimmung der Grenzen der Verfassungsgerichtsbarkeit allein durch das Vorliegen justiziabler Normen nicht ausreichend ist.[783] Niedergeschriebene und verbindliche Normen hinsichtlich der funktionellen Zuständigkeit des Bundesverfassungsgerichts existieren indes nicht.

aa) Judicial self-restraint

Im Bewusstsein dieser Spannungslage erlegte sich das Bundesverfassungsgericht selbst auf, keine „»Politik zu treiben««, d.h. [nicht] in den von der Verfassung geschaffenen und begrenzten Raum freier politischer Gestaltung einzugreifen"[784]. Namentlich erwähnt wurde die Forderung nach einem judicial self-restraint erstmals im Sondervotum zum ersten Urteil zum Schwangerschaftsabbruch unter dem deutschen Begriff des Gebots der richterlichen Selbstbeschränkung.[785] Richterliche Zurückhaltung sei insbesondere dann geboten, wenn „es sich nicht um die Abwehr von Übergriffen der staatlichen Gewalt handelt, sondern wenn dem Volk unmittelbar legitimierten Gesetzgeber im Wege der verfassungsgerichtlichen Kontrolle Vorschriften für die positive Gestaltung der Sozialordnung gemacht werden sollen. Hier darf das Bundesverfassungsgericht nicht der Versuchung erliegen, selbst die Funktion des zu kontrollierenden Organs zu übernehmen [...]"[786].

Die Figur des judicial self-restraint wurde aus der amerikanischen Rechtsprechung übernommen und durch die deutsche Literatur nur vage konkretisiert.[787] Originär beinhaltet diese Theorie nach dem amerikanischen Verständnis nicht allein die Maxime richterlicher Zurückhaltung. Sie geht in-

---

783 Hesse, in: FS Huber 261 (262); *Schuppert*, Kontrolle, S. 130 f.
784 BVerfGE 36, 1 (14). Dazu auch *Ossenbühl*, in: FS Lerche, 75 (86); *Sodan*, Staat, S. 39 f.; *Stern*, in: Sodan (Hrsg.), Verfassungsrechtsprechung, 17 (28 f.). Nach der Auffassung von *Leibholz*, VVDStRL 20 (1963), S. 119, ist der Ansatz des judicial self-restraint das „Lebenselexier" der verfassungsgerichtlichen Rechtsprechung. *Limbach*, Machtfaktor, S. 20 f., erkennt zwar die fehlenden Inhaltskriterien des judicial self-restraint, sieht in der Figur aber die Umschreibung eines Reflektionshorizonts für die Verfassungsgerichtsbarkeit.
785 BVerfGE 39, 1 (69); vgl. auch *Chryssogonos*, Verfassungsgerichtsbarkeit, S. 172.
786 BVerfGE 39, 1 (69 f.).
787 *Burchardt*, Grenzen, S. 63; *Chryssogonos*, Verfassungsgerichtsbarkeit, S. 174 f.; *Leibholz*, JöR 6 (1957), 109 (126 f.); *Seifert*, in: Tohidipur (Hrsg.), Verfassung, 116 (117).

IV. Vorgehen vor dem Bundesverfassungsgericht

haltlich weit darüber hinaus, indem das Gericht angehalten wird, teilweise auf die ihm zur Verfügung stehenden Interpretationsmethoden zu verzichten.[788] Eine direkte Rezeption des judicial self-restraint in das deutsche Rechtssystem scheidet nach überwiegender Ansicht aufgrund seiner inhaltlichen Unbestimmtheit und der verschiedenartigen Ausgestaltung des amerikanischen Supreme Courts und des Bundesverfassungsgerichts aus.[789] Das Bundesverfassungsgericht nehme im deutschen Verfassungsgefüge als oberster Hüter der Verfassung mit entsprechender Machtfülle eine herausragende Stellung als Verfassungsorgan ein. Im Gegensatz hierzu sei der Supreme Court auf die Überprüfung verfassungsrechtlicher Streitigkeiten ohne die Möglichkeit der Normverwerfung beschränkt.[790]

Mit welchen Inhalten der Grundsatz des judicial self-restraint sich in das deutsche Recht implementieren lässt, ist bis dato in der Literatur nicht geklärt. Richterliche Selbstbeschränkung, also das Gebot, richterliche Kompetenzen nicht zu überdehnen, erfordere die Anwendung von Interpretationsmethoden unter Berücksichtigung der eigenständigen Kompetenzen und Verantwortungsbereiche der anderen Verfassungsorgane.[791] Verhindert werden soll ein Übergreifen des Staates in die gesellschaftliche Sphäre.[792] Auswirkungen zeige die Anwendung des judicial self-restraints insbesondere bei der Begrenzung des Kontrollmaßstabes im Rahmen der Anwendung materiellen Rechts dergestalt, dass keine Zweckmäßigkeitsprüfung durchgeführt werden dürfe.[793] Das Zurückhaltungsgebot umfasse ferner die Pflicht der Richter, politische Auswirkungen und Folgen ihrer Entscheidung mit zu bedenken und die Entscheidungsart entsprechend zu wählen.[794] Der

---

788 *Burchardt*, Grenzen, S. 63; *Dolzer*, Verfassungskonkretisierung, S. 21.
789 Vgl. nur *Blumenwitz*, DVBl 1976, 464 (464 f.); *Chryssogonos*, Verfassungsgerichtsbarkeit, S. 174; *Haltern*, Verfassungsgerichtsbarkeit, S. 216; *Hesse*, in: FS Huber, 261 (263 f.); *Kriele*, NJW 1976, 777 (777); *Rinken*, in: AK-GG, vor Art. 93, Rn. 92; *Schlaich/Korioth*, BVerfG, Rn. 505.
790 *Blumenwitz*, DVBl 1976, 464 (465); *Murswiek*, DÖV 1982, 529 (532); *Zuck*, JZ 1974, 361 (366).
791 *Chryssogonos*, Verfassungsgerichtsbarkeit, S. 171 f.; *Dolzer*, Verfassungskonkretisierung, S. 22 f.; *Murswiek*, DÖV 1982, 529 (532); *Säcker*, BayVBl 1979, 193 (195); *Schauer*, Eigenart, S. 62 f.
792 *Achterberg*, DÖV 1977, 649 (649).
793 *Chryssogonos*, Verfassungsgerichtsbarkeit, S. 172; *Laufer*, in: Tohidipur (Hrsg.), Verfassung, 92 (103 f.); *Murswiek*, DÖV 1982, 529 (533); *Wittig*, Der Staat 8 (1969), 137 (145 f.).
794 *Achterberg*, DÖV 1977, 649 (649); *Säcker*, BayVBl 1979, 193 (195); *Schenke*, NJW 1979, 1321 (1325 f.).

B. Begründung

Grad richterlicher Zurückhaltung wird auch davon abhängig gemacht, ob das Gericht über Fragen der Auswärtigen Gewalt und der Außenpolitik zu befinden hat, wobei insoweit dem Gesetzgeber ein erheblich weiterer Spielraum einzuräumen sei.[795]

Da mit der Figur des judicial self-restraint keine konkreten Abgrenzungsinstrumente formuliert werden können und sie sich auch nicht zur Bestimmung von Kompetenz- und Aufgabenbereich des Bundesverfassungsgerichts eignet, wird dieser Ansatz in der Literatur zu Recht überwiegend abgelehnt.[796] Die Grenzen der Verfassungsgerichtsbarkeit könnten nicht dem Selbstverständnis der Verfassungsrichter überlassen werden, zumal diese in der Verfassung selbst angelegt seien.[797] Ferner sei eine strikt geübte Zurückhaltung im Rahmen der verfassungsgerichtlichen Rechtsprechung weder wünschenswert noch zielführend. Im Hinblick auf die dem Bundesverfassungsgericht übertragene Aufgabe des obersten Verfassungshüters könne mitunter sogar ein aktives und nachdrückliches Eingreifen des Gerichts erforderlich und begründet sein, um die Grundrechte zu schützen und die Qualität der Demokratie zu erhöhen.[798] Durch die enge Verwobenheit von Recht und Politik würde eine konsequent durchgehaltene richterliche Zurückhaltung einen Verzicht des Gerichts auf Gebrauchmachung von seinen Kompetenzen zur Folge haben.[799] Der Ansatz richterlicher Zurückhaltung kann daher allenfalls sehr eingeschränkt Geltung für die deutsche Verfas-

---

[795] *Kriele*, NJW 1976, 777 (780); *Laufer*, in: Tohidipur (Hrsg.), Verfassung, 92 (103 f.); *Piazolo*, in: Piazolo (Hrsg.), BVerfG, 243 (249 ff.); *Schuppert*, Kontrolle, S. 157 f. Auch aus der Rechtsprechung des Bundesverfassungsgerichts geht eine deutliche Zurückhaltung bei der Entscheidung außenpolitischer Angelegenheiten hervor, vgl. BVerfGE 4, 157 (175); 35, 257 (261 f.); 36, 1 (14 f.).

[796] *Böckenförde*, Der Staat 29 (1990), 1 (26); *Heun*, Schranken, S. 11 f.; *Schuppert*, DVBl 1988, 1191 (1191); *Stern*, Gesetzgeber, S. 18; *ders.*, in: Sodan (Hrsg.), Verfassungsrechtsprechung, 17 (29). Eine Zusammenfassung der Kritik an der Theorie des judicial self-restraint findet sich bei *Haltern*, Verfassungsgerichtsbarkeit, S. 216 f.

[797] *Burchardt*, Grenzen, S. 65; *Hesse*, in: FS Huber, 261 (263 f.); vgl. auch *Schuppert*, DVBl 1988, 1191 (1191).

[798] *Heidenhain*, JZ 1969, 508 (509); *Hesse*, in: FS Huber, 261 (264); *Kneip*, PVS 36 (2006), 259 (260); *Schlaich/Korioth*, BVerfG, Rn. 505.

[799] *Kriele*, NJW 1976, 777 (777); *Schauer*, Eigenart, S. 64. *Murswiek*, DÖV 1982, 529 (532), hebt hervor, dass das Bundesverfassungsgericht zu einem Verzicht auf seine Kompetenzen gar nicht befugt sei.

sungsgerichtsbarkeit beanspruchen, soweit er den volitiven Aspekt bezogen auf die Person des Verfassungsrichters anspricht.[800]

bb) Political question-Doktrin

Als wenig zielführend und daher für die Bestimmung der Grenzen verfassungsgerichtlicher Kompetenzen überwiegend ungeeignet angesehen wird auch die aus der amerikanischen Judikatur stammende political question-Doktrin.[801] Die political question-Doktrin ist eine selbst auferlegte Restriktion der Kompetenzen des Supreme Courts, die eine Entscheidung des Gerichts über Sachverhalte verbietet, welche durch die Verfassung inhaltlich dem Verantwortungsbereich eines politischen Organs zugeordnet sind.[802] Dem liegt die Intention zugrunde, dass die Entscheidung politischer Sachverhalte inhaltlich nicht dem Gericht, sondern den spezifisch dafür zuständigen Organen obliegen soll, da das Gericht hierfür nicht die Verantwortung übernehmen kann.[803] Weitere Anwendungsbereiche der Doktrin sind fehlende Sachkompetenz und Erkenntnismittel des Gerichts für eine richtige Entscheidung in der Sache sowie der Bereich der Außenpolitik.[804] Die Anwendungsfelder der Doktrin durch den Supreme Court sowie deren Bedeutung für das amerikanische Recht wurden bis dato nicht einheitlich und verbindlich dogmatisch festgelegt; ein klares Anwendungsschema ist nicht er-

---

800 *Hesse*, in: FS Huber, 261 (264); *Schauer*, Eigenart, S. 64.
801 *Burchardt*, Grenzen, S. 50; *Haltern*, Verfassungsgerichtsbarkeit, S. 214; *Schenke*, NJW 1979, 1321 (1325); *Schlaich/Korioth*, BVerfG, Rn. 505; *Stern*, in: Sodan (Hrsg.), Verfassungsrechtsprechung, 17 (28); *Wittig*, Der Staat 8 (1969), 137 (144). Als einer der wenigen wirbt *Ehmke*, VVDStRL 20 (1963), 53 (73 ff.), für die Übernahme der Doktrin. *Landfried*, BVerfG, S. 155, spricht sich für eine implizite Anwendung aus. Ausführlich zur political question-Doktrin: *Scharpf*, Grenzen, insb. S. 389 ff.
802 *Chryssogonos*, Verfassungsgerichtsbarkeit, S. 176 f.; *Dolzer*, Stellung, S. 102 f.; ders., Verfassungskonkretisierung, S. 27 f.; *Haltern*, Verfassungsgerichtsbarkeit, S. 213; *Scharpf*, Grenzen, S. 389 ff.
803 *Dolzer*, Stellung, S. 102 f.; *Landfried*, BVerfG, S. 151.
804 *Dolzer*, Stellung, S. 104 f.; *Schauer*, Eigenart, S. 65 f.; *Scharpf*, Grenzen, S. 413.

B. Begründung

kennbar.[805] Allen diskutierten Fällen ist jedenfalls gemein, dass sie von der Aufgabenverteilung der verschiedenen Gewalten handeln.[806]

Kritik wird daran insofern geübt, als die Entscheidung über das Vorliegen einer „political question" letztendlich schon selbst das Ergebnis einer Verfassungsinterpretation durch das Gericht darstellt.[807] Das Gericht betreibe also schon dadurch Politik, dass es der Streitigkeit politischen Charakter zuweist und eine Entscheidung in der Sache ablehnt.[808] Eine Übertragbarkeit auf das deutsche Recht scheide insbesondere aufgrund der Rechtsfolgen der political question-Doktrin aus. Sofern eine justiziable Norm vorliegt und die Zulässigkeit der Klage zu bejahen ist, steht dem Bundesverfassungsgericht selbst bei Vorliegen einer „political question" nicht die Möglichkeit zur Ablehnung einer Entscheidung offen. Vielmehr ist es dann zu einer Urteilsfindung in der Sache verpflichtet.[809] Eine Entmachtung und Entpolitisierung des Bundesverfassungsgerichts erscheint weder erstrebenswert noch vorteilhaft. Das Gericht ist aufgrund seiner verfassungsrechtlichen Stellung und im Rahmen der ihm übertragenen Kompetenzen gerade auch für die Entscheidung politischer Streitigkeiten zuständig.[810]

cc) Gewaltenteilung

Der Grundsatz der Gewaltenteilung wurde in der Literatur zum Teil als Kriterium und Ausgangspunkt für die Markierung von Grenzen und Kompetenzen des Bundesverfassungsgerichts herangezogen, und zwar unter dem Gedanken einer sinnvollen Verteilung staatlicher Aufgaben auf die unter-

---

805 *Dolzer*, Verfassungskonkretisierung, S. 27; *Stern*, Verfassungsgerichtsbarkeit, S. 31; *Zuck*, JZ 1974, 361 (364).
806 *Haltern*, Verfassungsgerichtsbarkeit, S. 214. Eine detaillierte Darstellung der Ausprägungen der political question-Doktrin findet sich bei *Burchardt*, Grenzen, S. 42 ff.
807 *Scharpf*, Grenzen, S. 390; *Zuck*, JZ 1974, 361 (367).
808 *Sodan*, Staat, S. 40; *Stern*, Rechtsstaat, S. 20 f.; *ders.*, Verfassungsgerichtsbarkeit, S. 31 f.
809 *Friesenhahn*, in: Häberle (Hrsg.), Verfassungsgerichtsbarkeit, 355 (364); *v. d. Heydte*, in: FS Geiger, 909 (922); *Limbach*, Machtfaktor, S. 20; *Rinken*, in: AK-GG, vor Art. 93, Rn. 91; *Säcker*, BayVBl 1979, 193 (194); *Sodan*, Staat, S. 40; *Stern*, Verfassungsgerichtsbarkeit, S. 32.
810 *Burchardt*, Grenzen, S. 50; *Piazolo*, in: Piazolo (Hrsg.), BVerfG, 243 (256); *Zuck*, JZ 1974, 361 (364).

schiedlich spezialisierten Funktionsträger.[811] Die Bedeutung der Gewaltenteilung für die funktionsrechtliche Bestimmung sei in der verfassungsrechtlich intendierten Gewaltenverschränkung und dem Zusammenwirken der Staatsgewalten zu sehen. Das deutsche System unterliege im Hinblick auf den Gewaltenteilungsgrundsatz keiner strikten Trennung der Gewalten. Vielmehr werde durch deren Übergreifen eine gegenseitige Kontrolle und Hemmung der Gewalten erreicht.[812] Erforderlich sei die stützende oder ergänzende Abstimmung der eigenen Arbeit auf die der anderen Organe, wobei sich die Grenze verfassungsgerichtlichen Handelns aus der Respektierung des Aufgabenbereichs der anderen Gewalten ergebe.[813]

Letztendlich reicht der Grundsatz der Gewaltenteilung nicht weiter als der Abgrenzungsaspekt der Gerichtsförmigkeit des Bundesverfassungsgerichts.[814] Auch Hesse vermag keine greifbare Abgrenzung aus dem Gewaltenteilungsgedanken abzuleiten, sondern bezeichnet die Grenzziehung als fließend und flexibel.[815] Stichhaltige Anhaltspunkte für eine Bestimmung von Funktion und Grenzen der Verfassungsgerichtsbarkeit sind diesem Ansatz daher nicht zu entnehmen.[816]

dd) Demokratieprinzip

Ein weiterer Ansatz versucht, die Rolle der Verfassungsrechtsprechung unter Rückgriff auf das Demokratieprinzip zu konkretisieren. Kernaussage des Demokratieprinzips ist die Betonung der demokratischen Legitimation von Regierung und Parlament sowie deren Unterwerfung unter Kritik und Kon-

---

811 *Bryde*, Verfassungsentwicklung, S. 334; *Häberle*, in: Häberle (Hrsg.), Verfassungsgerichtsbarkeit, 1 (12 f.); *Hesse*, Grundzüge, S. 209; *Limbach*, Machtfaktor, S. 21; *Piazolo*, in: Piazolo (Hrsg.), BVerfG, 243 (247); *Schlaich/Korioth*, BVerfG, Rn. 513; *Schwarz*, Kontrolle, S. 54.
812 *Forsthoff*, Industriegesellschaft, S. 134; *Limbach*, Machtfaktor, S. 21; *Schwarz*, Kontrolle, S. 55. *Häberle*, in: Häberle (Hrsg.), Verfassungsgerichtsbarkeit, 1 (12), sieht die Verfassungsgerichtsbarkeit nicht als Durchbrechung des Gewaltenteilungsgrundsatzes, sondern das Bundesverfassungsgericht als Beschränker staatlicher Macht und damit selbst als Machtträger.
813 *Hesse*, in: FS Huber, 261 (265 f.).
814 *Schlaich/Korioth*, BVerfG, Rn. 513.
815 *Hesse*, in: FS Huber, 261 (266).
816 *Bryde*, Verfassungsentwicklung, S. 334; *Haltern*, Verfassungsgerichtsbarkeit, S. 211.

B. Begründung

trolle, wobei das Element der Kontrolle inhaltlich unbestimmt bleibt.[817] Im Mittelpunkt steht die demokratische Verankerung des politischen Prozesses, der auf eine möglichst breite Basis politischer Willensbildung gestellt werden soll.[818] Gleichzeitig bedarf der ungebündelte Volkswille der Herausformung eines Mehrheitswillens durch die politische Führung.[819] Dem Bundesverfassungsgericht obliegt dabei die Aufgabe, die Repräsentativorgane zu kontrollieren und die im Grundgesetz aufgestellten normativen Bedingungen der Demokratie durchzusetzen.[820] Bezogen auf Funktion und Kompetenzen des Bundesverfassungsgerichts unterstreicht das Demokatieprinzip die höherwertige Legitimation des Parlaments in Bezug auf die Entscheidung politischer Fragestellungen im Vergleich zur Verfassungsgerichtsbarkeit. Daraus wird zuweilen ein Zurückhaltungsgebot der Verfassungsrichter abgeleitet.[821] So fordert Zuck angesichts der gebotenen Zurückhaltung, dass das Bundesverfassungsgericht bei der Entscheidung hochpolitischer Fragen die öffentliche Meinung mit einfließen lassen müsse.[822] Auf der anderen Seite verneint Friesenhahn eine Überschreitung verfassungsgerichtlicher Grenzen und damit einen Verstoß gegen das Demokratieprinzip, wenn sich das Bundesverfassungsgericht bei der Kontrolle des Parlaments, das seinerseits ebenso im Rahmen der verfassungsmäßigen Schranken zu agieren habe, mit der Einhaltung dieser Grenzen befasse und damit die Wahrung der normativen Grundordnung garantiere.[823]

Der Erkenntnisgewinn des Rückgriffs auf das Demokratieprinzip beschränkt sich in diesem Zusammenhang darauf, die Notwendigkeit handhabbarer Instrumentarien zur Bestimmung verfassungsgerichtlicher Kom-

---

817 *Bryde*, Verfassungsentwicklung, S. 342 f.; *Meyn*, Kontrolle, S. 160; *Schlaich/Korioth*, BVerfG, Rn. 514.
818 *Limbach*, Machtfaktor, S. 23; *Meyn*, Kontrolle, S. 160 f.
819 *Bryde*, Verfassungsentwicklung, S. 342 f.; *Hesse*, Grundzüge, S. 61 f.; *ders.*, VVDStRL 17 (1959), 11 (21); *Meyn*, Kontrolle, S. 161.
820 *Grimm*, JZ 1976, 697 (699 f.); sowie *ders.*, in: Hoffmann-Riem (Hrsg.), Sozialwissenschaften, 83 (97), misst der verfassungsgerichtlichen Kontrolle den Effekt zusätzlicher Stärkung und Legitimation des demokratischen Systems bei.
821 *Ipsen*, VVDStRL 20 (1963), S. 120; *Bryde*, Verfassungsentwicklung, S. 344, folgert aus dem Demokratieprinzip ein richterliches Zurückhaltungsgebot, das die Auseinandersetzung um die bestmögliche Realisierung des Allgemeinwohls in erster Linie im politischen Diskurs belassen soll. Ähnlich argumentiert *Limbach*, Machtfaktor, S. 23 f.
822 *Zuck*, JZ 1974, 361 (368).
823 *Friesenhahn*, ZfSR 73 (1954), 129 (155).

petenzgrenzen aufzuzeigen. Einen weitergehenden Beitrag hierzu leistet es nicht.[824]

ee) Funktionell-rechtlicher Ansatz

Eine Abgrenzung von Aufgaben und Kompetenzen der Verfassungsgerichtsbarkeit scheint am ehesten durch den funktionell-rechtlichen Ansatz gelingen zu können.[825] Der funktionell-rechtliche Ansatz will eine sachgemäße Rollenverteilung zwischen den Staatsorganen anhand einer Untersuchung ihrer unterschiedlichen Funktionen und Fähigkeiten erreichen. Auf diese Weise soll ein „Gesamtzusammenhang zwischen Funktion, Kompetenz, Legitimation und Verantwortung"[826] erschlossen werden, der zugleich Rückschlüsse auf die Stellung des Bundesverfassungsgerichts im Staatsgefüge zulässt.[827] Die hieraus gewonnenen normativen Grundsätze sollen dann neben die institutionellen Grenzen der Verfassungsgerichtsbarkeit treten.[828]

Grundlegende kompetenzabgrenzende Kriterien sind zum einen die Gerichtsförmigkeit der Verfassungsgerichtsbarkeit sowie das Gewaltenteilungsprinzip.[829] Eine genaue Kompetenzabgrenzung lässt sich mit den genannten Kriterien aber nicht erreichen.[830] Es bedarf folglich weiterer Gesichtspunkte, die eine exaktere Bestimmung der funktionellen Grenzen der Verfassungsgerichtsbarkeit erlauben. Das Bundesverfassungsgericht hat in seiner Rechtsprechung selbst Anhaltspunkte zur Grenzmarkierung zwischen Verfassungsgerichtsbarkeit und Gesetzgeber herausgearbeitet, namentlich durch die Anwendung abgestufter Kontrollmaßstäbe, die verfassungskonforme Auslegung von Normen, die Folgenverantwortung der Richter sowie die der Rechtsprechung zum Gleichheitssatz zugrunde liegenden Überle-

---

824 *Meyn*, Kontrolle, S. 160; *Schlaich/Korioth*, BVerfG, Rn. 514.
825 *Grimm*, JZ 1976, 697 (700); *Haltern*, Verfassungsgerichtsbarkeit, S. 220; *Schneider*, NJW 1980, 2103 (2104); *Schuppert*, DVBl 1988, 1191 (1191); *Schwarz*, Kontrolle, S. 52.
826 *Haltern*, Verfassungsgerichtsbarkeit, S. 220.
827 Ebda.; *Schlaich/Korioth*, BVerfG, Rn. 507; *Schwarz*, Kontrolle, S. 53.
828 *Hesse*, in: FS Huber, 261 (265).
829 Ebda.; *Heun*, Schranken, S. 12 f.; *Schlaich/Korioth*, BVerfG, Rn. 512 f. Zur Gerichtsförmigkeit und zum Gewaltenteilungsprinzip siehe schon oben unter B.IV. 2.b) und B.IV.2.b)cc).
830 *Heun*, Schranken, S. 14; *Schlaich/Korioth*, BVerfG, Rn. 513.

B. Begründung

gungen.[831] Ausgehend von der Annahme, dass die Abstufung des Kontrollmaßstabes zugleich eine funktionelle Zuordnung der Rollen von Verfassungsgerichtsbarkeit und Gesetzgeber bewirkt, hat Schuppert den funktionell-rechtlichen Ansatz weiterentwickelt. Er formuliert konkrete Kriterien, wie die verfassungsgerichtliche Kontrolldichte im Einzelfall zu bestimmen ist.[832] Erstens müsse der Prüfungsmaßstab an die Gestaltungsfreiheit des Gesetzgebers angepasst werden. Diese variiere je nach Art der zu regelnden Materie.[833] Dabei hat die Kontrolle des Bundesverfassungsgerichts umso zurückhaltender auszufallen, je weiter der Gestaltungsspielraum des Gesetzgebers im Einzelfall ist. Zweitens sei für die Wahl des Kontrollmaßstabes entscheidend, welche Intensität der gesetzgeberische Eingriff aufweist. Die Anforderungen an die Rechtfertigung und damit die anzuwendende Sorgfalt im gesetzgeberischen Verfahren seien umso höher, je schwerwiegender der Eingriff ausfalle. Die Kontrolldichte richte sich drittens nach der Fundamentalität des betroffenen Rechtsgutes. Eine erhöhte Kontrolldichte sei immer dann angezeigt, wenn hochrangige Grundrechtsgüter berührt sind oder die Schutzgüter einen personalen Bezug aufweisen. Schließlich seien viertens besondere Entscheidungssituationen und -strukturen wie Prognose- und Abwägungsentscheidungen für den anzuwendenden Kontrollmaßstab mitbestimmend.

Kritiker des funktionell-rechtlichen Ansatzes wollen die Grenzen der Verfassungsgerichtsbarkeit nicht aus funktionell-rechtlichen Sätzen, sondern anhand materiell-rechtlicher Gesichtspunkte bestimmen.[834] Grundgedanke und Ausgangspunkt bilde dabei die Prämisse, dass sich das Bundesverfassungsgericht bei seiner Tätigkeit im Rahmen der ihm von Verfassungs wegen aufgetragenen Funktionen bewegen muss.[835] Zwar sei die Abstufung der Kontrollmaßstäbe Ausdruck einer funktionell-rechtlichen Zuordnung von Verfassungsgerichtsbarkeit und Gesetzgeber. Die Wahl des Kontroll-

---

831 *Hesse*, Grundzüge, S. 31 f.; *ders.*, in: FS Huber, 261 (266 ff.); *Murswiek*, DÖV 1982, 529 (533 f.); *Schneider*, NJW 1980, 2103 (2105 ff.); *Schuppert*, DVBl 1988, 1191 (1192); *ders.*, Grenzen, S. 2 f.
832 *Schuppert*, DVBl 1988, 1991 (1192 ff.).
833 Als Beispiel für einen weiten gesetzgeberischen Gestaltungsspielraum führt Schuppert wirtschaftslenkende Maßnahmen an; der Spielraum verenge sich hingegen im Bereich der Steuergesetzgebung.
834 *Hesse*, in: FS Huber, 261 (270); *Heun*, Schranken, S. 37; *Schlaich/Korioth*, BVerfG, Rn. 527; vgl. auch *Haltern*, Verfassungsgerichtsbarkeit, S. 223.
835 *Hesse*, in: FS Huber, 261 (265); *Heun*, Schranken, S. 13; *Schlaich/Korioth*, BVerfG, Rn. 506.

maßstabes orientiere sich aber allein an materiell-rechtlichen Erwägungen. Die Grenzen der Verfassungsgerichtsbarkeit seien in der Interpretation materiellen Verfassungsrechts zu suchen und die Instrumente zu einer Grenzziehung entsprechend auch daraus herauszuarbeiten.[836] Folglich falle die Kontrolle des Gerichts also streng oder, wenn sich aus der Verfassung keine rechtlichen Maßstäbe entnehmen lassen, entsprechend zurückhaltend aus.[837] Die Verfassung bilde die Rahmenordnung für den Gesetzgeber, die dieser selbstverantwortlich auszufüllen hat. Die Kontrolle durch das Bundesverfassungsgericht habe sich darauf zu konzentrieren, ob dieser Rahmen vom Gesetzgeber eingehalten wurde.[838]

ff) Stellungnahme

Richtig am zuvor zum funktionell-rechtlichen Ansatz Gesagten ist, dass das Bundesverfassungsgericht bei der Ermittlung der gebotenen Kontrollintensität im Einzelfall nicht völlig frei ist, sondern sich insoweit an den Vorgaben des Grundgesetzes und der etablierten Verfassungsdogmatik orientiert. Dies ist jedoch keine absolute Bindung. Vielmehr beinhaltet auch die Bestimmung der Kontrollintensität ein wertendes und gestaltendes Element, und genau dies ist das Einfallstor für eine Anwendung des Ansatzes von Schuppert.

Das Bundesverfassungsgericht machte die Kontrolldichte, die es bislang in seiner Rechtsprechung angewandt hat, von der Intensität der Grundrechtsbetroffenheit sowie der Wertigkeit des in Frage stehenden Grundrechts abhängig.[839] Ein strengerer Kontrollmaßstab wurde dann angelegt, wenn Grundrechte höchsten Ranges bedroht waren. Bezeichnend für die betroffenen Grundrechtsträger war deren gesellschaftliche Situation. Sie verfügten jeweils weder über eine einflussreiche Interessenvertretung im politischen Prozess noch waren sie in der Lage, sich selbst zu schützen oder ihre Bedürfnisse durchzusetzen. Dies hat das Bundesverfassungsgericht auch in seinen Urteilen zum Schwangerschaftsabbruch für das Ungeborene erkannt und dementsprechend das Untermaßverbot entwickelt. Es verpflich-

---

836 Hesse, in: FS Huber, 261 (270); *Heun*, Schranken, S. 37; *Schlaich/Korioth*, BVerfG, Rn. 527.
837 *Schlaich*, VVDStRL 39 (1981), 99 (112); *Schlaich/Korioth*, BVerfG, Rn. 527.
838 *Korinek*, VVDStRL 39 (1981), 7 (40 f.); *Hesse*, in: FS Huber, 261 (270).
839 Vgl. dazu oben Kap. B.III.3.e)cc).

B. Begründung

tete den Gesetzgeber, einen effektiven und wirksamen Schutz zu gewährleisten. Das zweite Abtreibungsurteil beinhaltet konkrete Vorgaben an die Legislative, wie eine verfassungsmäßige Schutzpflichterfüllung auszugestalten ist.

Letztendlich kann also nicht pauschal eine Kompetenzüberschreitung des Bundesverfassungsgerichts angenommen werden, wenn das Gericht die Verletzung staatlicher Schutzpflichten feststellt und im Rahmen von Appellentscheidungen konkrete Regelungsanweisungen formuliert. Das Augenmerk muss vielmehr auf die Situation der jeweils Schutzbedürftigen und deren bedrohte grundrechtliche Schutzgüter gerichtet werden. Die funktionell-rechtlichen Grenzen der Verfassungsgerichtsbarkeit sind nicht starr definierbar, sondern verlaufen fließend und flexibel. Eine Bestimmung kann nur im Einzelfall anhand der jeweiligen konkreten Bedingungen erfolgen. Unter bestimmten Umständen kann also ein entschlossenes Eingreifen des Bundesverfassungsgerichts in Form eines konkret formulierten Appells gerade geboten sein, um die staatliche Schutzverpflichtung durchzusetzen.

3. Entscheidung des Bundesverfassungsgerichts im Fall der Pflegebedürftigen

Die Erfolgsaussichten, die ein Vorgehen vor dem Bundesverfassungsgericht gegen die staatliche Schutzpflichtverletzung im Fall der Pflegebedürftigen birgt, bestimmen sich maßgeblich danach, welchen Entscheidungsausspruch es anwenden würde und was die Rechtsfolgen wären. Zur Klärung dieser Fragen ist zunächst zu diskutieren, welchen Kontrollmaßstab (a.) und welche Entscheidungsart (b.) das Gericht wählen würde, bevor auf die denkbare inhaltliche Ausgestaltung eines Appells (c.) sowie auf funktionell-rechtliche Aspekte (d.) eingegangen wird. Sodann wird behandelt, wie die Anordnungen des Bundesverfassungsgerichts durchgesetzt werden können (e.), um abschließend prozessuale Überlegungen zur tatsächlichen Umsetzbarkeit eines solchen Vorgehens anzustellen (f.).

a) Kontrollmaßstab

Wie oben festgestellt, lässt sich eine einheitliche Spruchpraxis des Bundesverfassungsgerichts in Bezug auf staatliche Schutzpflichtverletzungen nicht ersehen.[840] Vielmehr passt das Gericht Umfang und Strenge seines Kontrollmaßstabes den Gegebenheiten des Einzelfalls an und schreitet bei schwerwiegenden Gefährdungen besonders schutzbedürftiger und hochrangiger Schutzgüter bestimmt ein. Insbesondere scheint nicht ausgeschlossen, dass das Gericht zum Schutz der Pflegebedürftigen erneut den strengen Maßstab des Untermaßverbotes zur Überprüfung der Schutzpflichterfüllung heranzieht. Die Situation der Pflegebedürftigen in den stationären Pflegeeinrichtungen ist augenscheinlich menschenunwürdig, sodass die zur Schutzpflichterfüllung ergriffenen Maßnahmen als evident unzureichend zu qualifizieren sind.[841] Damit ist das Ergebnis der Kontrolle im gegebenen Kontext also unabhängig vom anzuwendenden Kontrollmaßstab.

b) Entscheidungsart

Die menschenunwürdigen Zustände in den Pflegeeinrichtungen sind nicht auf die Verfassungswidrigkeit einzelner Normen zurückzuführen. Die Ursachen für die Missstände sind vielmehr das Produkt des Zusammenwirkens einer Vielzahl an systemischen Fehlsteuerungen, die zumindest mittelbar aus dem gesetzlichen Regelwerk der Pflege hervorgehen.[842] Da der Gesetzgeber die Organisation der Pflege umfassend normativ geregelt hat, scheidet ein echtes Unterlassen aus.[843] Der geschaffene normative Rahmen reicht jedoch nicht aus, um die Schutzpflichten gegenüber den Pflegebedürftigen zu erfüllen. Die Missstände in der stationären Altenpflege sind seit langem weithin bekannt, ohne dass der Staat gezielte und wirksame Maßnahmen zum Schutz der Pflegebedürftigen ergriffen hätte. Er ist also seinem grundrechtlichen Schutzauftrag nicht in ausreichender Weise gerecht geworden. Dieses Unterlassen ist als unechtes gesetzgeberisches Unterlassen einzuordnen.[844]

Das Bundesverfassungsgericht hat bislang zwar nur in sehr wenigen Fällen ein gesetzgeberisches Unterlassen für verfassungswidrig erklärt, zumal

---

840 Vgl. hierzu ausführlich oben unter B.III.3.e)cc).
841 Zur Schutzpflichtverletzung gegenüber den Pflegebedürftigen siehe oben unter B.III.6.b)cc).
842 Siehe hierzu ausführlich oben unter B.II.4.
843 Zur Abgrenzung von echtem und unechtem gesetzgeberischem Unterlassen vgl. oben unter B.IV.1.c).
844 Vgl. *Bethge*, in: Maunz et al., BVerfGG, § 78, Rn. 133.

B. Begründung

einem Vorgehen gegen ein Unterlassen der Legislative in verfassungsprozessualer Hinsicht hohe Zulässigkeitshürden entgegenstehen.[845] Doch wird eine Verfassungswidrigerklärung gesetzgeberischen Unterlassens im Rahmen staatlicher Schutzpflichterfüllung, ausgehend von der Annahme subjektiver individueller Rechte auf legislatives Tätigwerden, jedenfalls in Fällen evident unzureichender Maßnahmen für möglich erachtet.[846] Stellt das Gericht ein solches Unterlassen fest und erklärt dieses für verfassungswidrig, formuliert es einen Appell an den Gesetzgeber, um diesen zu einem Tätigwerden anzuhalten.[847] Eine verfassungsrechtliche Pflicht der Legislative zum Normerlass ergibt sich dabei aus der allgemeinen Verfassungsbindung aus Art. 20 Abs. 3 GG oder den grundrechtlichen Schutzpflichten.[848]

Dass die Zustände in den Pflegeheimen hinsichtlich ihrer Schwere ein Niveau erreichen, das die Maßnahmen, die der Gesetzgeber bislang zum Schutz der Pflegebedürftigen getroffen hat, als evident unzureichend erscheinen lassen, wurde bereits zuvor konstatiert.[849] Insofern ist damit zu rechnen, dass das Bundesverfassungsgericht im Falle eines entsprechenden Verfahrens die Feststellung eines verfassungswidrigen Unterlassens durch die Legislative treffen würde. Für die betroffenen Grundrechte der Heimbewohner wird dabei von entscheidender Bedeutung sein, welche inhaltliche Reichweite ein mit dieser Feststellung verbundener Appell des Bundesverfassungsgerichts an den Gesetzgeber aufweisen dürfte.

---

845 Vgl. ebda., Rn. 128; *Klein*, in: Starck (Hrsg.), Fortschritte, 143 (152); *Kleuker*, Gesetzgebungsaufträge, S. 30; *Schlaich/Korioth*, BVerfG, Rn. 229.
846 BVerfGE 56, 54 (81); 77, 170 (214); vgl. auch *Badura*, in: FS Eichenberger, 481 (487 f.); *Schlaich/Korioth*, BVerfG, Rn. 229; *Wahl/Masing*, JZ 1990, 553 (562 f.). Das Bundesverfassungsgericht hat in seiner Fluglärm-Entscheidung eine Schutzpflichtverletzung durch Unterlassen mangels Evidenz verneint, obgleich es sodann eine Verpflichtung des Gesetzgebers zur Nachbesserung ausgesprochen hat (BVerfGE 56, 54 [80]; sowie auch *Kleuker*, Gesetzgebungsaufträge, S. 29 f.).
847 *Bethge*, in: Maunz et al., BVerfGG, § 78, Rn. 83, 134. Vgl. hierzu schon oben unter B.IV.1.c).
848 *Kleuker*, Gesetzgebungsaufträge, S. 87; *Mayer*, Nachbesserungspflicht, S. 44 f.; *Yang*, Appellentscheidungen, S. 224. Vgl. auch oben unter B.IV.1.f).
849 Siehe dazu ausführlich oben unter B.III.6.b)cc).

IV. Vorgehen vor dem Bundesverfassungsgericht

c) Inhaltliche Ausgestaltung eines Appells

Wie ein Appell an die Legislative im Fall der Pflegebedürftigen ausgestaltet sein könnte, ist anhand der oben als mit der Situation der Heimbewohner vergleichbar eingeordneten Rechtsprechung zu untersuchen. Die Anordnungen des Bundesverfassungsgerichts im zweiten Urteil zum Schwangerschaftsabbruch[850] weisen eine hohe Vorgabendichte auf. Die Entscheidung beinhaltet konkrete Anweisungen für eine zu erlassende Neuregelung über die Strafbarkeit eines Schwangerschaftsabbruchs und gestaltet speziell das Beratungskonzept derart ausführlich und detailliert aus, dass der Gesetzgeber faktisch alternativlos zu einer Übernahme dieser Direktiven gezwungen war.[851] Der einem Diktat gleichkommende Appell des Gerichts lässt sich erklären mit dem hochgradig gefährdeten und hochrangigen Rechtsgut Leben des Ungeborenen sowie dessen völliger Abhängigkeit von der Entscheidung der Mutter. Mit dem Leben des Ungeborenen steht ein Schutzgut in Frage, das einen Höchstwert in der grundrechtlichen Wertordnung einnimmt.[852] Im Falle einer Straffreiheit des Schwangerschaftsabbruchs wäre das Leben des Ungeborenen stark gefährdet, da es rechtlich völlig schutzlos gestellt wäre. Die Entscheidung über einen Abbruch und damit das Lebensrecht des Ungeborenen obläge allein der Mutter und dem Einfluss Dritter. Das Ungeborene selbst könnte auf diese Entscheidung weder Einfluss nehmen noch sich dagegen wehren. Ähnlich verhält es sich mit der Lebenssituation der Pflegeheimbewohner.[853] Durch die gravierenden Missstände in der Pflege sind hochrangige Grundrechte der Pflegebedürftigen unmittelbar gefährdet oder gar verletzt. Wie die empirische Untersuchung belegen konnte,[854] sind die Pflegemissstände derart weit verbreitet, dass im Grunde jeder Heimbewohner hiervon betroffen sein kann. Wie das Ungeborene sind auch die Pflegebedürftigen ihrer Situation weitestgehend hilflos ausgeliefert. Sie können sich regelmäßig weder selbst helfen noch Hilfe von außen herbeirufen. Aufgrund dieser Ähnlichkeiten ist auch im Fall der Pflegebedürftigen ein energisches Einschreiten des Bundesverfassungsgerichts in Form einer Anordnung konkreter, durch den Gesetzgeber umzusetzender Maßnahmen

---

850 BVerfGE 88, 203.
851 Ebda., S. 270 ff.; *Kreutzberger*, Entscheidungsvarianten, S. 208; *Schneider*, NJW 1994, 2590 (2590 f.).
852 Vgl. BVerfGE 39, 1 (42).
853 Siehe hierzu auch oben unter B.III.5.b)cc)(1).
854 Vgl. oben unter B.I.3.

B. Begründung

naheliegend. Der Appell dürfte daher ähnlich konkret ausfallen, ohne dass dadurch funktionell-rechtliche Grenzen überschritten würden. Auch die Beobachtungspflicht, die dem Gesetzgeber im zweiten Urteil zum Schwangerschaftsabbruch auferlegt wurde, bietet sich für eine Übertragung auf einen möglicherweise ergehenden Appell im angesprochenen Kontext an. Das Gericht ordnete an, dass der Gesetzgeber in angemessenen zeitlichen Abständen in geeigneter Weise prüfen müsse, ob das Gesetz die erwarteten Schutzwirkungen tatsächlich entfaltet oder sich Mängel im Konzept oder bei der Durchführbarkeit zeigen. Diese Beobachtung habe mithilfe von verlässlichen, aussagekräftigen Statistiken auf der Grundlage planmäßig erhobener und ausgewerteter Daten zu erfolgen.[855] Wie sich oben[856] gezeigt hat, bedarf das gegenwärtig im Bereich der Pflege praktizierte Berichtswesen noch einer Verbesserung, um diesen Anforderungen zu genügen.

Aufschlussreich ist in diesem Zusammenhang auch die Entscheidung des Bundesverfassungsgerichts zur Sicherungsverwahrung.[857] Das Gericht ordnet nach einer Unvereinbarerklärung der Vorschriften über die Sicherungsverwahrung eine Neuregelung derselben an und fordert die Errichtung eines umfassenden Gesamtkonzepts. Die Mindestinhalte dieses Konzepts gibt es konkret ausgestaltet für sämtliche Lebensbereiche der Sicherungsverwahrten vor. Neben der Anordnung eines stringenten Rechtsschutz- und Kontrollgebotes stehen Aspekte der Lebensbedingungen der Verwahrten im Mittelpunkt. Die Prämisse bildet dabei die Anpassung des Maßregelvollzugs an die allgemeinen Lebensverhältnisse. So muss den Verwahrten ein intensives psychiatrisches sowie psycho- und sozialtherapeutisches Behandlungs- und Betreuungsangebot bereit stehen, das nach Möglichkeit eine realistische Entlassungsperspektive eröffnet. Zu diesem Zweck muss sichergestellt werden, dass das entsprechend benötigte Personal in ausreichender Zahl zur Verfügung steht. Das Bundesverfassungsgericht erachtete für die Umsetzung der formulierten Vorgaben eine Frist von zwei Jahren für erforderlich und ordnete für die Übergangszeit die Weitergeltung der bestehenden Regelungen unter den im Urteil ausgeführten Maßgaben an.[858] In einer ähnlichen Situation wie die Sicherungsverwahrten befinden sich auch die Heimbewohner. Auch sie sind für einen längeren Zeitraum weitestgehend auf ei-

---

855 BVerfGE 88, 203 (310).
856 Zur Kritik an den Pflegequalitätsberichten siehe oben unter B.I.4.
857 Siehe hierzu schon oben unter B.III.5.b)cc)(2).
858 BVerfG, U. v. 4.5.2011 – 2 BvR 2365/09, Abs. 111 ff., 167 ff. = NJW 2011, 1931 (1938 f., 1945 f.).

IV. Vorgehen vor dem Bundesverfassungsgericht

nen Ort, nämlich die Räumlichkeiten des Pflegeheimes, beschränkt. Eine angemessene psychosoziale Betreuung, wie sie das Bundesverfassungsgericht für die Sicherungsverwahrten verlangt, erhält der Großteil der Pflegebedürftigen nicht. Zum einen beschränkt sich die persönliche Zuwendung durch die Pflegekräfte aufgrund des Personalmangels und der Zeitnot auf ein Minimum.[859] Zum anderen sind die angebotenen sozialen Aktivitäten oft nicht auf die Bewohner abgestimmt.[860] Die Ähnlichkeiten beider Gruppen legen nahe, dass das Gericht auch im Fall der Pflegebedürftigen konkrete Anordnungen über die räumlichen und wohnlichen Erfordernisse von Pflegeheimen trifft. Speziell die Anforderungen, welche das Gericht daran stellt, nach Möglichkeit allgemeine Lebensverhältnisse herzustellen, eignen sich für eine Übertragung.

d) Funktionell-rechtlicher Aspekt

Bis dato hat das Gericht weder die Existenz staatlicher Schutzpflichten gegenüber Pflegebedürftigen bejaht noch Anforderungen an deren Erfüllung aufgestellt. Eine Überschreitung funktionell-rechtlicher Grenzen steht insbesondere bei einer Abweichung von der bisherigen Schutzpflichten-Rechtsprechung des Bundesverfassungsgerichts zu befürchten.

Die dogmatische Rechtfertigung der Annahme staatlicher Schutzpflichten gegenüber Pflegebedürftigen gründet sich zum einen darauf, dass durch die gegenwärtigen Pflegemissstände hochrangige Grundrechte der Pflegebedürftigen verletzt oder ernsthaft gefährdet werden und zum anderen die Betroffenen nicht zum Selbstschutz fähig sind.[861] Die angesprochene denkbare Appellentscheidung könnte aufgrund ihrer stark wertenden und schöpferischen Elemente an die funktionell-rechtlichen Grenzen der Verfassungsgerichtsbarkeit stoßen. Unstreitig würden die aufgeführten Maßnahmen im Bereich der sozialen Pflegeversicherung hochpolitische Entscheidungsgegenstände darstellen.[862] Gerade im Bereich grundrechtlicher Schutzpflich-

---

859 Vgl. oben unter B.I.1.
860 Das geht unter anderem aus den Pflegequalitätsberichten hervor, siehe oben unter B.I.3.e)bb).
861 Zur Begründung staatlicher Schutzpflichten gegenüber Pflegebedürftigen ausführlich oben unter B.III.5.
862 Vgl. zu den funktionell-rechtlichen Grenzen der Verfassungsgerichtsbarkeit oben unter B.IV.2.b)ee) und ff).

B. Begründung

ten ist dem Gesetzgeber wegen ihrer inhaltlichen Unbestimmtheit ein weiter Einschätzungs- und Gestaltungsspielraum zuzubilligen.[863] Spricht das Bundesverfassungsgericht konkrete Rechtsetzungs- und Handlungsdirektiven im Rahmen einer Appellentscheidung aus, so bedarf dies einer gesonderten dogmatischen Begründung und Rechtfertigung. Dies muss vor allem dann gelten, wenn die Anweisungen an den Gesetzgeber derart detailliert formuliert werden, dass sie als einzige verfassungskonforme Handlungsalternative zu verstehen sind.[864]

Das Bundesverfassungsgericht hat in seiner Schutzpflichten-Rechtsprechung die Kontrolldichte erhöht, wenn eine konkrete Gefährdungslage für Schutzgüter höchsten Ranges bestand.[865] Diese Argumentation beansprucht umso mehr dann Geltung, wenn Grundrechte besonders schutzbedürftiger Bevölkerungsgruppen schweren Gefahren ausgesetzt sind oder bereits eine Verletzung grundrechtlicher Schutzgüter eingetreten ist. Das besondere Bedürfnis dieser Menschen nach staatlicher Fürsorge und ihr eigenes Unvermögen zum Selbstschutz können bei staatlicher Untätigkeit mitunter ein nachdrückliches Durchgreifen des Bundesverfassungsgerichts erfordern. Der Schutz individueller Rechte kann speziell bei Angehörigen von gefahranfälligen und schutzbedürftigen Bevölkerungsgruppen ein von der Rechtsprechungspraxis abweichendes Vorgehen verlangen und ein vermeintliches Eingreifen in eigentlich der Legislative obliegende Regelungsbereiche rechtfertigen. Darin liegt nicht zwingend eine Überschreitung funktionellrechtlicher Grenzen. Vielmehr sind die zulässigen Handlungsoptionen des Bundesverfassungsgerichts nicht abstrakt, sondern in Ansehung der Umstände im konkreten Einzelfall zu beurteilen. Die Situation der Pflegebedürftigen in den stationären Pflegeeinrichtungen ist menschenunwürdig. Gegenwärtig sind keine Anzeichen ersichtlich, dass staatliche Akteure baldige Abhilfe schaffen. Der Ausspruch eines Appells mit der Formulierung teils sofort umzusetzender Handlungsaufträge ist daher verfassungsdogmatisch gerechtfertigt und zum Schutz der Grundrechte der Pflegebedürftigen erforderlich.

---

863 Zum Inhalt staatlicher Schutzpflichten siehe oben unter B.III.3.c).
864 Vgl. hierzu näher oben unter B.IV.1.f).
865 Zum Kontrollmaßstab bei der Überprüfung staatlicher Schutzpflichterfüllung siehe oben unter B.III.3.e)cc).

e) Durchsetzbarkeit

Die Appellentscheidung entbehrt einer expliziten normativen Grundlage.[866] Es stellt sich daher die Frage, inwiefern sie für den Gesetzgeber rechtlich verbindlich ist und welche Möglichkeiten das Bundesverfassungsgericht hat, um seine Anordnungen durchzusetzen. Die Literatur misst dem verfassungsgerichtlichen Appell überwiegend den Charakter einer unverbindlichen Empfehlung an den Gesetzgeber bei. Lediglich bei Ausspruch einer Unvereinbar- oder Nichtigerklärung soll sich eine unbedingte Verpflichtung des Gesetzgebers ergeben.[867] Die rechtliche Verbindlichkeit des Appells erwachse in Fällen bereits eingetretener Verfassungswidrigkeit allerdings nicht aus dem Auftrag des Bundesverfassungsgerichts, sondern direkt aus der Verfassung selbst. Die Pflicht zum Normerlass finde in der Appellentscheidung lediglich ihre Feststellung und Konkretisierung.[868] Die von der Rechtskraft zu unterscheidende Bindungswirkung solcher Anordnungen sieht Mayer nach § 31 Abs. 1 BVerfGG unproblematisch gegeben, sofern das Bundesverfassungsgericht die Verfassungswidrigkeit des Unterlassens im Tenor feststellt.[869]

Für die Vollstreckung seiner Urteile ermächtigt § 35 BVerfGG seinem Wortlaut nach das Bundesverfassungsgericht zur Bestimmung eines Vollstreckungsorgans sowie des Vorgehens im Einzelfall. Das Gericht selbst entnimmt der wenig konkreten Norm weitreichende Befugnisse, die ihm alle nötige Kompetenz zur Durchsetzung seiner Entscheidungen einräume.[870] In Abweichung vom zivilprozessrechtlichen Vollstreckungsbegriff steckt das Bundesverfassungsgericht diesen im Verfassungsprozessrecht weiter und

---

866 Siehe zur Appellentscheidung schon oben unter B.IV.1.f).
867 *Kleuker*, Gesetzgebungsaufträge, S. 84 f.; *Schlaich/Korioth*, BVerfG, Rn. 439; *Yang*, Appellentscheidungen, S. 244 ff., verneint generell die Rechtskraft von Appellen, da diese – selbst bei Aufnahme in die Entscheidungsformel – nicht unmittelbar den Verfahrensgegenstand betreffen. A.A. *Pestalozza*, in: FS BVerfG I/1, 519 (560).
868 *Bernd*, Prognosen, S. 139; *Kleuker*, Gesetzgebungsaufträge, S. 85; *Bethge*, in: Maunz et al., BVerfGG, § 78, Rn. 82.
869 *Mayer*, Nachbesserungspflicht, S. 78; vgl. auch *Bethge*, in: Maunz et al., BVerfGG, § 31, Rn. 87. A.A. hingegen *Yang*, Appellentscheidungen, S. 256 ff., der eine Bindungswirkung für alle Arten von Appellentscheidungen ablehnt.
870 BVerfGE 39, 1 (68); 88, 203 (208 ff.); vgl. auch *Schlaich/Korioth*, BVerfG, Rn. 473; *Schneider*, NJW 1994, 2590 (2592).

B. Begründung

befindet auch Feststellungsurteile für vollstreckbar.[871] Daran anschließend gehen auch einige Stimmen in der Literatur von einer umfassenden Vollstreckungsbefugnis des Bundesverfassungsgerichts aus. § 35 BVerfGG gestatte dem Gericht, alle notwendigen Maßnahmen zu ergreifen, um umgehend und wirksam verfassungskonforme Zustände herbeizuführen.[872] Die Interpretation des § 35 BVerfGG als derart weitreichende Ermächtigungsnorm ist aber überwiegend auf Kritik gestoßen und erfuhr den Versuch einer Eingrenzung. Bedenken bestehen insbesondere unter dem Aspekt funktionell-rechtlicher Grenzen der Verfassungsgerichtsbarkeit.[873] Die im Rahmen von Appellentscheidungen ausgesprochenen Handlungsaufträge ermächtigen das Gericht zur Vornahme von Vollstreckungsmaßnahmen auf der Grundlage des § 35 BVerfGG, wenngleich auch der Appell selbst keine vollstreckungsfähige Maßnahme darstellt.[874] Formuliert das Bundesverfassungsgericht mit Ausspruch eines Appells normvertretendes Übergangsrecht, so kann dies zur Sicherung der Verfassungsstaatlichkeit im Einzelfall geboten sein, bedarf jedoch einer besonderen legitimierenden Begründung.[875] So wäre im Fall der Pflegebedürftigen denkbar, dass das Gericht sofort umzusetzende Mindeststandards für die Lebensbedingungen der Heimbewohner in den Einrichtungen formuliert, die bis zum Inkrafttreten der legislativen Nachbesserungsmaßnahmen gelten.[876] Klar definierte Richtlinien oder Grenzen lassen sich weder der generalklauselartigen Re-

---

[871] BVerfGE 6, 300 (303); sowie *Achterberg*, DÖV 1977, 649 (657); *Herzog*, Der Staat 4 (1965), 37 (39 f.); *Bethge*, in: Maunz et al., BVerfGG, § 35, Rn. 6; *Mayer*, Nachbesserungspflicht, S. 206.

[872] *Klein*, Staatsraison, S. 35 f.; *Roellecke*, in: Umbach/Clemens/Dollinger, BVerfGG, § 35, Rn. 13.

[873] *Bethge*, in: Maunz et al., BVerfGG, § 35, Rn. 3, 23 f.; *Schneider*, NJW 1994, 2590 (2593). Heftig kritisiert wurde in diesem Zusammenhang das zweite Urteil des Bundesverfassungsgerichts zum Schwangerschaftsabbruch. Neben der Anordnung einer auf § 35 BVerfGG gestützten Übergangsregelung formulierte das Gericht detailliert die Anforderungen an das neu zu gestaltende Beratungskonzept, vgl. *Ipsen*, Rechtsfolgen, S. 241 ff.; *Pestalozza*, Verfassungsprozessrecht, S. 267; *Schlaich/Korioth*, BVerfG, Rn. 474; sowie ausführlich zum Urteil schon oben unter B.III.5.b)cc)(1).

[874] *Bethge*, in: Maunz et al., BVerfGG, § 35, Rn. 56.

[875] Ebda., Rn. 29; ebenso *Cremer*, Freiheitsrechte, S. 343 f., der zwar die Möglichkeit einer analogen Anwendung des § 35 BVerfGG gegeben sieht, sich aber für die analoge Heranziehung von § 95 Abs. 3 S. 1 BVerfGG als Grundlage für die Anordnung von Übergangsregeln ausspricht.

[876] Zum Inhalt möglicher Übergangsregelungen im Fall der Pflegebedürftigen siehe unten unter B.IV.3.f)cc)(2).

gelung des § 35 BVerfGG entnehmen noch können diese als generelle Richtschnur Geltung erlangen, zumal die Gegebenheiten des Einzelfalls erhebliche Abweichungen erforderlich machen können.[877] Schneider spricht sich für eine analoge Anwendung der Voraussetzungen des § 32 Abs. 1 BVerfGG als funktionelle Schranken für die Vollstreckungskompetenz nach § 35 BVerfGG aus.[878] Diese Überlegung scheint insofern praktikabel und zustimmenswert, als diese Kriterien eine Richtschnur zur Beurteilung der Erforderlichkeit eines weitreichenden Eingreifens des Bundesverfassungsgerichts im Einzelfall zur Sicherung der Verfassungsstaatlichkeit bilden können. Angesichts der unwürdigen Lebensbedingungen in den stationären Pflegeeinrichtungen ist auch die Anordnung von Übergangsregelungen durch das Bundesverfassungsgericht gestützt auf § 35 BVerfGG als Ermächtigungsnorm denkbar und gerechtfertigt.

f) Prozessuale Überlegungen

Abschließend stellt sich die Frage, auf welche Weise ein Vorgehen vor dem Bundesverfassungsgericht gegen die Zustände in den Pflegeheimen und mithin die Verletzung der staatlichen Schutzpflicht gegenüber den Pflegebedürftigen realisiert werden kann. Zur gerichtlichen Geltendmachung legislativer Schutzpflichtverletzungen sind grundsätzlich die Verfahren der konkreten und abstrakten Normenkontrolle sowie der Verfassungsbeschwerde denkbar.[879] Die Zulässigkeitsvoraussetzungen der verschiedenen Klagearten werden von einigen Stimmen in der Literatur davon abhängig gemacht, ob ein echtes oder unechtes Unterlassen, also das Nichtgenügen bestehender Maßnahmen zur Schutzpflichterfüllung, gerügt wird.[880]

---

877 *Bethge*, in: Maunz et al., BVerfGG, § 35, Rn. 14 f.
878 *Schneider*, NJW 1994, 2590 (2593). § 32 Abs. 1 BVerfGG ermögliche eine vorläufige Regelung durch einstweilige Anordnung, „wenn dies zur Abwehr schwerer Nachteile, zur Verhinderung drohender Gewalt oder aus einem anderen wichtigen Grund zum gemeinen Wohl dringend geboten ist" (ebda.).
879 *Cremer*, Freiheitsgrundrechte, S. 324.
880 *Berkemann*, EuGRZ 1985, 137 (139 f.); *Cremer*, Freiheitsgrundrechte, S. 324 f.; *Detterbeck*, DÖV 1990, 858 (860 ff.); *Möstl*, DÖV 1998, 1029 (1030).

B. Begründung

aa) Abstrakte Normenkontrolle

Umstritten ist, ob mithilfe des Verfahrens der abstrakten Normenkontrolle ein legislatives Unterlassen zur verfassungsgerichtlichen Überprüfung gestellt werden kann. Während die Tauglichkeit eines Unterlassens als Verfahrensgegenstand teilweise abgelehnt wird,[881] bejahen dies andere Stimmen in der Literatur im Wege der grammatikalischen und historischen Auslegung.[882]

Zu einem Vorgehen gegen die Schutzpflichtverletzung mittels abstrakter Normenkontrolle im Fall der Heimbewohner kommen als taugliche Antragsteller die Bundesregierung, eine Landesregierung sowie ein Viertel der Mitglieder des Bundestages (§ 76 Abs. 1 BVerfGG) in Betracht. Ein Antrag auf abstrakte Normenkontrolle durch einen Zusammenschluss aus Abgeordneten der Oppositionsparteien oder einzelner Landesregierungen erscheint im Fall der Pflegebedürftigen als durchaus denkbar, zumal auch die restlichen Zulässigkeitsvoraussetzungen erfüllt wären.

bb) Konkrete Normenkontrolle

Divergierende Ansichten bestehen auch über die Vorlagemöglichkeit eines gesetzgeberischen Unterlassens im Verfahren der konkreten Normenkontrolle nach Art. 100 Abs. 1 GG.[883] Das Bundesverfassungsgericht hält eine konkrete Normenkontrolle gegen unechtes Unterlassen für zulässig.[884] Jedenfalls ist ein unmittelbarer Rechtsweg zur Fachgerichtsbarkeit gegen gesetzgeberisches Unterlassen nicht eröffnet und allenfalls über den Umweg

---

881 *Pestalozza*, Verfassungsprozessrecht, S. 125, hält nur ein Vorgehen gegen ein Teilunterlassen im Wege der abstrakten Normenkontrolle für möglich.
882 *Cremer*, Freiheitsgrundrechte, S. 356; *Schenke*, VerwArch 82 (1991), 307 (315). *Graßhof*, in: Umbach/Clemens/Dollinger, BVerfGG, § 76, Rn. 20, bejaht die Möglichkeit eines Vorgehens gegen gesetzgeberisches Unterlassen mittels abstrakter Normenkontrolle und lehnt dabei die Unterscheidung zwischen echtem und unechtem Unterlassen ab.
883 *Cremer*, Freiheitsgrundrechte, S. 326. *Di Fabio*, DÖV 1995, 1 (7); sowie *Hermes*, Grundrecht, S. 272 f., bejahen die Tauglichkeit gesetzgeberischen Unterlassens als Vorlagegegenstand im Rahmen einer konkreter Normenkontrolle. Anderer Ansicht sind hingegen *Schenke*, VerwArch 82 (1991), 307 (320 ff.) und *Möstl*, DÖV 1998, 1029 (1033 f.), in Bezug auf die Vorlage eines echten Unterlassens.
884 Vgl. BVerfG, B. v. 16.1.2013 – 1 BvR 2004/10 = BeckRS 2013, 47220; sowie BVerfGE 112, 74; 117, 316; 127, 263.

IV. Vorgehen vor dem Bundesverfassungsgericht

eines gerichtlichen Begehrens einer Verwaltungsmaßnahme oder Geltendmachung eines zivilrechtlichen Anspruchs vorstellbar.[885] Fraglich ist zudem, ob man in Bezug auf ein gesetzgeberisches Unterlassen eine Entscheidungserheblichkeit bejahen kann. Im Regelfall wird nämlich die Entscheidung des Bundesverfassungsgerichts keinen Einfluss auf die Ausgangsentscheidung haben.[886]

Für die hier in Frage stehende Fallkonstellation scheint der Streit wenig relevant, zumal sich ein Vorgehen gegen die Zustände in den Pflegeheimen vor den Fachgerichten als kaum umsetzbar darstellt. Wird ein solches Verfahren angestrengt, so müsste eine einzelne, dem Klageantrag zugrundeliegende Norm einen Aspekt bilden, der bei Neuregelung die Schutzpflichtverletzung zu beseitigen vermag.[887] Die Situation der Pflegebedürftigen in den stationären Pflegeeinrichtungen kann aber nicht auf eine oder wenige Ursachen zurückgeführt werden, sondern ist Produkt des Zusammenwirkens einer Vielzahl von gesetzessystematischen Fehlwirkungen.[888]

cc) Verfassungsbeschwerde

Das Bundesverfassungsgericht hat in seiner Rechtsprechung verschiedene Zulässigkeitsvoraussetzungen für die Verfassungsbeschwerde gegen gesetzgeberisches Unterlassen aufgestellt, die im Folgenden näher betrachtet werden sollen.

(1) Subsidiarität der Verfassungsbeschwerde

Das Bundesverfassungsgericht knüpft die Überprüfung gesetzgeberischen unechten Unterlassens im Rahmen einer Verfassungsbeschwerde in seiner Fluglärm-Entscheidung an die Bedingung, dass der Beschwerdeführer dagegen „in erster Linie unmittelbar im Rahmen der Anfechtung eines Vollziehungsaktes oder – sofern die entsprechenden Voraussetzungen vorliegen – unmittelbar mit einer Verfassungsbeschwerde, die innerhalb der in § 93 Abs. 2 BVerfGG im Interesse der Rechtssicherheit vorgeschriebenen Jah-

---
885 *Cremer*, Freiheitsgrundrechte, S. 327.
886 Vgl. *Benda/Klein*, Verfassungsprozessrecht, Rn. 791.
887 *Cremer*, Freiheitsgrundrechte, S. 329.
888 Dazu ausführlich oben unter B.II.4.

B. Begründung

resfrist [vorgehen muss]. Nach Ablauf dieser Frist und außerhalb der Anfechtung konkreter Vollziehungsakte kann eine Verfassungsbeschwerde wegen Unterlassung allenfalls noch unter dem besonderen [...] Gesichtspunkt in Betracht gezogen werden, der Gesetzgeber habe durch seine Untätigkeit eine verfassungsrechtliche Pflicht zur Nachbesserung einer ursprünglich als verfassungskonform angesehenen Regelung verletzt."[889]

Das Bundesverfassungsgericht verweist mit der Forderung nach Herbeiführung eines Vollzugsaktes auf den in ständiger Rechtsprechung bestätigten Grundsatz der Subsidiarität der Verfassungsbeschwerde. Danach muss der Beschwerdeführer neben der Erschöpfung des Rechtsweges „alle nach Lage der Sache zur Verfügung stehenden prozessualen Möglichkeiten ergreifen, um die geltend gemachte Grundrechtsverletzung in dem unmittelbar mit ihr zusammenhängenden sachnächsten Verfahren zu verhindern oder zu beseitigen"[890]. Der Grundsatz der Subsidiarität der Verfassungsbeschwerde beansprucht neben dem Gebot der Rechtswegerschöpfung nach § 90 Abs. 2 S. 1 BVerfGG, das im Falle einer Verfassungsbeschwerde gegen gesetzgeberisches Unterlassen mangels Eröffnung eines Rechtsweges zur einfachen Gerichtsbarkeit hinfällig ist,[891] grundsätzlich eigenständige Geltung.[892]

Auf die zunächst verlangte Anfechtung eines Vollziehungsaktes verzichtete das Bundesverfassungsgericht später. In seiner C-Waffen-Entscheidung stellte es fest, dass eine Schutzpflichtverletzung einer Grundrechtsverletzung gleichzusetzen sei, gegen die sich der Betroffene mit Hilfe der Verfassungsbeschwerde zur Wehr setzen kann.[893] Daraus lässt sich folgern, dass eine Verfassungsbeschwerde gegen legislative Schutzpflichtverletzungen auch ohne vorherige Anfechtung von Vollzugsakten zulässig ist. Cremer ist zuzustimmen, wenn er ein vorausgehendes Vorgehen vor den Fachgerichten gegen gesetzgeberische Schutzpflichtverletzungen aus strukturellen Grün-

---

889 BVerfGE 56, 54 (71 f.).
890 BVerfGE 68, 384 (388 f.); 77, 381 (401); 81, 97 (102); 107, 395 (414); 112, 50 (60); 114, 1 (32); vgl. ferner *Schlaich/Korioth*, BVerfG, Rn. 244.
891 Vgl. auch *Schlaich/Korioth*, BVerfG, Rn. 252 f.
892 *Cremer*, Freiheitsgrundrechte, S. 338 f.; *Szczekalla*, Schutzpflichten, S. 205 f.; *Zuck*, Verfassungsbeschwerde, Rn. 795.
893 BVerfGE 77, 170 (214); sowie auch *Schlaich/Korioth*, BVerfG, Rn. 229; *Steinberg*, NJW 1984, 457 (460).

den für unzumutbar befindet.⁸⁹⁴ Wollte man nämlich im hier diskutierten Fall der Pflegebedürftigen einen Vollzugsakt herbeiführen, käme die Anzeige der Missstände in den Pflegeheimen bei den Heimaufsichtsbehörden oder dem Medizinischen Dienst der Krankenversicherung in Betracht. Da diese jedoch nur über sehr eingeschränkte Handlungs- und Sanktionsmöglichkeiten verfügen, könnte allenfalls eine kurzfristige Verbesserung der Pflege in dem jeweils angezeigten Heim erreicht werden.⁸⁹⁵ Eine Strafanzeige bei der Polizei aufgrund der Gewaltausübung gegenüber den Pflegebedürftigen hätte ebenfalls keine weiterreichenden Konsequenzen für die Pflegepraxis in den stationären Pflegeeinrichtungen.

(2) Adressat der verletzten Schutzpflicht

Die Missstände in der stationären Altenpflege sind, wie oben gesehen, auf eine Vielzahl verschiedener Ursachen zurückzuführen. Insbesondere die Spaltung der Gesetzgebungskompetenzen für das Pflegerecht infolge der Föderalismusreform verstärkte die systemischen Missstände weiter.⁸⁹⁶ Die Versäumnisse in der stationären Altenpflege sind daher sowohl dem Bundesgesetzgeber als auch den Ländern anzulasten. Ein einzelner Adressat der verletzten Schutzpflicht kann jedenfalls nicht benannt werden. Anderenfalls müsste man dem der Schutzpflichtverletzung bezichtigten Akteur die Verfehlungen des jeweils anderen vorwerfen.

Andererseits kann der grundrechtlich verbürgte Schutzanspruch des Einzelnen nicht von der Gesetzgebungszuständigkeit der staatlichen Akteure abhängig sein. Denn das Grundgesetz adressiert seine Schutzverpflichtungen an die staatliche Gewalt als Ganze.⁸⁹⁷ Erst recht darf dieser grundgesetzliche Schutz nicht durch eine gespaltene Kompetenzzuordnung verkürzt werden. Jedenfalls erwächst aus der Nichtnennung eines Adressaten im

---

894 *Cremer*, Freiheitsgrundrechte, S. 339. *Bethge*, in: Maunz et al., BVerfGG, § 90, Rn. 410, lehnt die Anwendbarkeit des Subsidiaritätsgrundsatzes bei der gegen legislatives Unterlassen gerichteten Verfassungsbeschwerde zu Recht generell ab, zumal dieser überhaupt nur bei Vorliegen eines positiven gesetzgeberischen Aktes einschlägig sei.
895 Vgl. zur Kontrollpraxis der Medizinischen Dienste der Krankenversicherung oben unter B.II.4.d)bb) sowie zur Heimaufsicht unter B.III.6.b)bb).
896 Siehe oben unter B.III.6.b)cc).
897 Vgl. *Bethge*, in: Maunz et al., BVerfGG, § 90, Rn. 175 c; *Schlaich/Korioth*, BVerfG, Rn. 213.

B. Begründung

Verfahren der Verfassungsbeschwerde gegen gesetzgeberisches Unterlassen kein prozessuales Problem, zumal die Verfassungsbeschwerde kein kontradiktorisches Verfahren darstellt.[898] Ein Antragsgegner muss vom Beschwerdeführer also gar nicht benannt werden. Die Grundrechte verpflichten die öffentliche Gewalt als solche. Entscheidend ist daher nicht, „was 'öffentliche Gewalt' ist"[899], sondern vielmehr die materiell-rechtliche Frage „wann öffentliche Gewalt 'verletzt'"[900]. Überdies können sowohl Bund als auch die Länder am Verfahren vor dem Bundesverfassungsgericht beteiligt werden.[901] Kommt das Gericht zu dem Ergebnis, dass eine Schutzpflichtverletzung vorliegt, so ist eine Feststellung über eine alleinige Verantwortlichkeit eines Akteurs entbehrlich. Ausreichend ist insofern, wenn das Gericht feststellt, dass beide gemeinsam durch den grundrechtlichen Schutzauftrag verpflichtet sind und diese Verpflichtung nicht in ausreichendem Maß erfüllt haben. So verhielt es sich auch im Urteil des Bundesverfassungsgerichts zur Sicherungsverwahrung. Die Situation ist der vorliegenden insofern vergleichbar, als im Zuge der Föderalismusreform die Gesetzgebungskompetenz für den Strafvollzug auf die Länder überging. Dem Bund verblieb lediglich die Gesetzgebungskompetenz für die Gesamtmaterie des Strafrechts aus Art. 74 Abs. 1 Nr. 1 GG.[902] Obgleich der Bund seiner Gesetzgebungskompetenz im Rahmen der Föderalismusreform verlustig ging, hielt ihn das Gericht dennoch in der Verantwortung, „wesentliche Leitlinien eines Gesamtkonzepts" aufzustellen und, darüber hinaus, sicherzustellen, dass diese „nicht durch landesrechtliche Regelungen unterlaufen werden [können]"[903]. Es sah „Bundes- und Landesgesetzgeber […] gemeinsam in der Pflicht, ein normatives Regelungskonzept zu schaffen"[904], wobei das verfassungsrechtliche Kompetenzgefüge zu beachten sei. Während der Bund zuvörderst für die Festsetzung von Leitlinien zuständig sei, liege die Aufgabe der Länder vor allem darin, sicherzustellen, dass die ausgearbeite-

---

898 Vgl. *Bethge*, in: Maunz et al., BVerfGG, § 90, Rn. 175 c.
899 *Pestalozza*, Verfassungsprozessrecht, S. 173.
900 Ebda.
901 Eine Beteiligung am Verfahren kann durch Anhörung oder Beitritt erfolgen (§ 94 Abs. 1, 5 S. 1 BVerfGG), vgl. auch *Hömig*, in: Maunz et al., BVerfGG, § 94, Rn. 2 ff.
902 BVerfG, U. v. 4.5.2011 – 2 BvR 2365/09, Abs. 129 = NJW 2011, 1931 (1941).
903 Ebda.
904 Ebda., Abs. 130 = NJW 2011, 1931 (1941).

ten Grundsätze „nicht durch die Gewährung zu weiter Spielräume in der Praxis umgangen werden können"[905].

Für die Erhebung der Verfassungsbeschwerde ist daher nicht erforderlich, die Schutzpflichtverletzung einem spezifischen Verpflichtungsadressaten zuzuordnen.

(3) Schlüssige Darlegung der Schutzpflichtverletzung

Die Anforderungen an die Zulässigkeit einer Verfassungsbeschwerde konkretisiert das Gericht in seinem C-Waffen-Beschluss weiter. Will der Beschwerdeführer mittels einer Verfassungsbeschwerde gegen die Verletzung grundrechtlicher Schutzpflichten vorgehen, müsse er „schlüssig dartun, dass die öffentliche Gewalt Schutzvorkehrungen entweder überhaupt nicht getroffen hat oder dass offensichtlich die getroffenen Regelungen und Maßnahmen gänzlich ungeeignet oder völlig unzulänglich sind, das Schutzziel zu erreichen. Will der Beschwerdeführer geltend machen, dass die öffentliche Gewalt ihrer Schutzpflicht allein dadurch genügen kann, dass sie eine ganz bestimmte Maßnahme ergreift, muss er auch dies und die Art der zu ergreifenden Maßnahme schlüssig darlegen."[906] Das Bundesverfassungsgericht verlangt also vom Beschwerdeführer die konkrete Benennung seines Begehrs, indem es explizit differenziert zwischen Verfassungsbeschwerden gerichtet auf die bloße Feststellung einer Schutzpflichtverletzung und solchen mit dem Ziel des Erlasses bestimmter Maßnahmen zur Behebung der Schutzpflichtverletzung.[907]

Dass und wie der Staat seine Schutzpflichten gegenüber den Pflegebedürftigen durch seine weitgehende Untätigkeit verletzt, wurde oben schon erörtert.[908] Im Fall der Pflegebedürftigen ist aber auch denkbar, dass das Bundesverfassungsgericht konkrete Handlungsanweisungen an den Gesetzgeber ausspricht. Die hierzu vom Beschwerdeführer zu benennenden konkreten Maßnahmen orientieren sich an den systemischen Ursachen der Pflegemissstände. Daran anknüpfend wäre eine erste zentrale Forderung, einheitliche und verbindliche Personalschlüssel in der stationären Altenpflege normativ festzusetzen. Der Personalmangel in den Pflegeheimen ist bedingt

---

905 Ebda.
906 BVerfGE 77, 170 (215).
907 *Cremer*, Freiheitsgrundrechte, S. 335.
908 Vgl. Kapitel B.III.6.b).

B. Begründung

durch die Berechnung unzureichender Personalschlüssel in den Pflegesatzverhandlungen und, daraus resultierend, die zu geringe Vergütung der Einrichtungsträger.[909] Ferner verschärfen Einsparungen seitens der Heimbetreiber sowie schlechte Arbeitsbedingungen in der stationären Altenpflege die defizitäre Personaldecke. Infolge der chronischen Unterbesetzung der Heime steht für die Pflege des Einzelnen nur ein völlig unzureichendes Zeitkontingent zur Verfügung, das nicht einmal die notwendigen körperlichen Bedürfnisse abzudecken vermag. Die normative Festsetzung ausreichend bemessener Betreuungsschlüssel muss und kann daher unverzüglich bewerkstelligt werden. Bis der Gesetzgeber ein geeignetes Verfahren zur Berechnung des Personalbedarfs in der stationären Altenpflege gefunden hat, kann etwa auf die Pflegepraxis im europäischen Ausland zurückgegriffen werden. Demnach wäre für die Übergangszeit ein Betreuungsverhältnis von 1:2 (Pflegekraft : Pflegebedürftiger) anzusetzen.[910] Die Rekrutierung qualifizierter Pflegekräfte zur Deckung dieses Mehraufwandes lässt sich voraussichtlich nicht ad hoc realisieren. Übergangsweise können in den stationären Pflegeeinrichtungen daher nötigenfalls ungelernte Mitarbeiter beschäftigt werden, deren Einsatz sich auf die Ausführung von Hilfstätigkeiten wie Hilfen bei der Nahrungsaufnahme oder Hilfen zur Ermöglichung sozialer Teilhabe zu beschränken hat. Der Gesetzgeber hat schnellstmöglich ein Ausbildungskonzept für Pflegefachkräfte derart neu zu gestalten, dass die benötigte Zahl an Fachkräften ihrer Qualifikation und Anzahl nach mittelfristig garantiert werden kann. Bei der Neukonzipierung muss besonderes Gewicht darauf gelegt werden, dass das Berufsbild des Altenpflegers an Attraktivität gewinnt und geeignete Persönlichkeiten für die Berufsausübung gewonnen werden.

Daneben hat der Gesetzgeber durch geeignete Regelungsinstrumentarien sicherzustellen, dass die Heimbetreiber nicht zu Zwecken der Wirtschaftlichkeit Personal einsparen können. Die Mehrkosten für das zusätzlich benötigte Personal haben die Pflegekassen durch eine angemessene Vergütung der Pflegeleistungen abzudecken. Die Berechnung der Pflegesätze muss dabei auf eine neu zu entwickelnde Berechnungsgrundlage gestellt werden. Hierbei müssen der tatsächliche Pflegebedarf der Bewohner und vor allem besondere Beaufsichtigungs- und Betreuungsbedarfe, die einen erheblichen

---

909 Siehe hierzu ausführlich oben unter B.II.4.c).
910 Das Verhältnis von Pflegekraft zu Pflegebedürftigen beträgt in der stationären Altenpflege in Dänemark 1:2, in Norwegen sogar 1:1-1,5, vgl. *Kruse*, ProAlter 2010, 20 (23); *Skuban*, Pflegeversicherung, S. 194.

zeitlichen Mehraufwand der Pflege begründen, berücksichtigt werden. Der bis dato maßgebliche verrichtungsbezogene Pflegebedürftigkeitsbegriff ist zugunsten eines neuen, an ganzheitlichen Pflegekonzepten angelehnten Verfahrens zur Feststellung der Pflegebedürftigkeit abzulösen.

Der Gewaltausübung gegen die Pflegebedürftigen hat der Gesetzgeber durch entsprechende Präventionskonzepte entgegenzuwirken, die auf Erkenntnissen der Ursachenforschung über die Gewaltentstehung beruhen. Dies erfordert neben der Verbesserung der Arbeitsbedingungen in der stationären Altenpflege auch eine angemessene Vergütung der Pflegekräfte und die Reduzierung der Arbeitszeiten in Bezug auf Überstunden sowie Wochenend- und Schichtarbeit.

Menschenwürdige Pflege beinhaltet insbesondere auch psychosoziale Aspekte. Der Staat hat daher sicherzustellen, dass den Pflegebedürftigen ein Mindestmaß an sozialer Teilhabe ermöglicht wird. Für die Pflegebedürftigen müssen speziell auf sie abgestimmte Betreuungskonzepte erarbeitet werden. Insbesondere sind geeignete Angebote an psychologischer und psychosozialer Betreuung bereitzustellen, die auf die Belange und Defizite dementiell erkrankter Heimbewohner eingehen und ihnen eine angemessene Lebensqualität ermöglichen. Zu fordern ist weiterhin, den Pflegebedürftigen uneingeschränkt Zugang zu medizinischer Versorgung und rehabilitativen Maßnahmen zu gewähren. Der Fokus ihrer Pflege ist auf die Erhaltung oder Wiedererlangung ihrer Fähigkeiten durch die Durchführung aktivierender Pflege zu richten. Der Staat hat die bestehenden systemischen Fehlanreize zu beseitigen, Instrumente zur Umsetzung dieser Pflegeziele normativ festzusetzen und in der Praxis durchzusetzen. Ferner muss eine lückenlose und unmittelbar verfügbare ärztliche und therapeutische Versorgung der Menschen in den Pflegeheimen sichergestellt werden. Denkbar wäre in diesem Zusammenhang die dauerhafte Beschäftigung von Physio- und Ergotherapeuten sowie Ärzten in den Pflegeheimen.

Eine weitere Forderung liegt in der Durchführung von Qualitätssicherungsmaßnahmen, um eine angemessene Qualität der Pflege der Heimbewohner zu garantieren. Dazu sind die bereits ausgearbeiteten und implementierten Qualitätsstandards um weitere zu ergänzen und einer ständigen Kontrolle zu unterziehen. Um sofort menschenwürdige Zustände in den Pflegeeinrichtungen sicherzustellen, muss der (Landes-) Gesetzgeber das bislang bestehende Kontrollkonzept verbessern. Die Doppelzuständigkeit des Medizinischen Dienstes der Krankenversicherung (ausführend für die Pflegekassen) und der Heimaufsichtsbehörden muss besser strukturiert und koordiniert werden. Daneben muss die evident unzureichende jährliche

B. Begründung

Kontrollfrequenz auf eine beispielsweise vierteljährliche Prüfung aller stationären Pflegeeinrichtungen angehoben werden. Außerdem müssen die Prüfkriterien verschärft werden. Es muss sichergestellt sein, dass die Pflegeheime in allen für die Lebensqualität der Heimbewohner relevanten Bereichen intensiv überwacht werden. Hierzu sind die Kontrollen ausschließlich unangemeldet durchzuführen. Diese dürfen auch nicht auf eine bestimmte Dauer oder Tageszeit beschränkt sein. Sofern Missstände im Rahmen der Überwachung festgestellt werden, sind unmittelbar Sanktionen zu verhängen, deren Schwere die Einrichtungsträger zur Sicherstellung menschenwürdiger Pflege anzuhalten vermögen. Insbesondere kann der Grundsatz des Vorrangs der Beratung in diesen Fällen keine Geltung mehr beanspruchen. Vielmehr hat die Beratung der Pflegeeinrichtungen laufend und unabhängig von den Kontrollen durch die zuständigen Behörden zu erfolgen. Der Aufbau eines derartig ausgestalteten Kontrollsystems erfordert zwangsläufig eine deutliche Erhöhung der personellen Kapazitäten bei den Kontrollorganen. Obgleich die Schaffung einer ausreichenden Personaldecke wohl nicht sofort realisierbar ist, muss die zwingend erforderliche Einführung dieses verschärften Kontrollkonzepts sofort eingeleitet werden.

(4) Beschwerdebefugnis

Beschwerdebefugt ist, wer qualifiziert von der Schutzpflichtverletzung betroffen ist,[911] wobei sich die unmittelbare Betroffenheit im Falle eines legislativen Unterlassens daraus ergibt, dass die Untätigkeit der Legislative ein schutzrechtliches Handeln von Exekutive und Judikative verhindert.[912] Eine qualifizierte Betroffenheit ist für alle potentiell klageerhebenden Heimbewohner unproblematisch gegeben. Durch die unwürdigen Zustände in vielen Heimen sind sie selbst und gegenwärtig Betroffene der faktischen Auswirkungen der unzureichenden Schutzpflichterfüllung. Mangels entsprechender normativer Grundlage sind Judikative und Exekutive nur sehr eingeschränkt in der Lage, wirksame Maßnahmen zum Schutz der Pflegebedürftigen zu ergreifen. Daneben stellt sich die Frage nach einer generellen Beschwerdebefugnis und mithin dem Ausreichen einer potentiellen zukünf-

---

911 Qualifizierte Betroffenheit setzt voraus, dass „der Beschwerdeführer durch die angegriffene Norm selbst, gegenwärtig und unmittelbar in Grundrechten betroffen ist" (BVerfGE 109, 279 [305]; vgl. auch BVerfGE 1, 97 [101 ff.]; 100, 313 [354]).
912 *Cremer*, Freiheitsgrundrechte, S. 333.

tigen Betroffenheit. Denn Pflegebedürftigkeit kann jeden auch ganz plötzlich treffen und einen Umzug in ein Pflegeheim erforderlich machen. Liegen dort tatsächlich Pflegemissstände vor, ist es den Betroffenen aufgrund ihrer Pflege- und Hilfebedürftigkeit regelmäßig nicht mehr möglich, Rechtsschutz zu suchen.

Der Einzug in eine Pflegeeinrichtung bei Pflegebedürftigkeit mag zwar ein nicht unwahrscheinliches Szenario darstellen, begründet an sich allerdings noch keine gegenwärtige und unmittelbare Betroffenheit. Auch kann nicht jeder stationären Pflegeeinrichtung in Deutschland pauschal unmenschliche Pflege und ein Pflegenotstand unterstellt werden. Realiter ist der Eintritt der Pflegebedürftigkeit nicht für alle Bürger gleich wahrscheinlich, sondern lässt durchaus eine differenziertere Prognose zu. Abhängig von den individuellen familiären und finanziellen Verhältnissen sowie dem Gesundheitszustand ist die Wahrscheinlichkeit eines Eintritts in ein Pflegeheim im Alter bzw. bei Eintritt der Pflegebedürftigkeit unterschiedlich hoch einzuschätzen. Das Risiko, ein Pflegefall zu werden, und das Bedürfnis nach der Inanspruchnahme professioneller stationärer Pflegeleistungen liegen bei den Bevölkerungsgruppen der chronisch Kranken sowie den Kinderlosen sicherlich um einiges höher als bei der restlichen Bevölkerung. Eine differenzierte Betrachtungsweise bietet sich auch in Hinblick auf das finanzielle Leistungsvermögen des Einzelnen an. Dieses variiert innerhalb der Bevölkerungsschichten stark. Leistungsstandard und Qualität der Pflegeheime stehen zumeist in unmittelbarem Zusammenhang mit den hierfür zu entrichtenden Entgelten, sodass finanziell Privilegierte tendenziell eher in der Lage sind, eine hochwertige Pflege zu finanzieren und auch eine angemessene Pflege und Lebensbedingungen vorzufinden.

Allgemeingültigkeit vermögen diese Erwägungen indes nicht für sich zu beanspruchen. So kann weder ex ante ausgeschlossen werden, dass Pflegemissstände auch in hochpreisigen Pflegeheimen auftreten, noch kann uneingeschränkt angenommen werden, dass jeder Wohlhabende hochwertige Pflege erhält, zumal die Entscheidung über den Heimeintritt und die Auswahl einer Pflegeeinrichtung erheblich von den Angehörigen des Pflegebedürftigen beeinflusst oder gänzlich übernommen wird. Zudem ist gerade angesichts des Wandels der familiären Verhältnisse und der mittlerweile überwiegenden Berufstätigkeit von Frauen die Übernahme der häuslichen Pflege durch die Kinder eines pflegebedürftigen Elternteils nicht einmal mehr als wahrscheinlich einzustufen. Hinzu kommt, dass der demografische Wandel die potentielle Betroffenheit aller Bürger erhöht. Aufgrund der steigenden Lebenserwartung ist mit einem signifikanten Anstieg von Pflegebe-

B. Begründung

dürftigen zu rechnen. Da zugleich professionelle Pflegeleistungen schon jetzt vermehrt nachgefragt werden, ist für die Zukunft noch eine Verschärfung des Pflegenotstandes zu erwarten. Auch wenn Pflegmissstände nicht generalisierend für alle deutschen Pflegeheime angenommen werden dürfen, so ist andererseits niemand mit hinreichender Sicherheit davor gewahrt, in einer solchen Einrichtung unwürdige Pflege zu erfahren. Niemand vermag vorherzusehen, wie sich sein Gesundheitszustand in der näheren Zukunft oder im Alter entwickeln wird. Pflegebedürftigkeit kann unabhängig von sozialem Status, Alter und Familienstand jeden Einzelnen plötzlich treffen und einen Eintritt in eine stationäre Pflegeeinrichtung erzwingen.

Die Annahme einer solchen generellen Beschwerdebefugnis scheint der Rechtsprechung des Bundesverfassungsgerichts zur Beschwerdebefugnis auf den ersten Blick zu widersprechen. Denn das Gericht stellt an das Erfordernis der Beschwerdebefugnis grundsätzlich hohe Anforderungen. So meine die gegenwärtige Betroffenheit kein virtuelles, zukünftiges Betroffensein, sondern erfordere, dass der Beschwerdeführer schon und noch betroffen ist.[913] Allerdings lockerte das Bundesverfassungsgericht diese Anforderungen für besonders gelagerte Fälle, in denen schon eine ernsthaft zu besorgende Grundrechtsgefährdung als ausreichend erachtet wurde.[914] In seinen Entscheidungen zur Überwachung der Telekommunikation sah das Gericht die Voraussetzung der eigenen und gegenwärtigen Betroffenheit als erfüllt an, „wenn der Beschwerdeführer darlegt, dass er mit einiger Wahrscheinlichkeit durch die auf den angegriffenen Rechtsnormen beruhenden Maßnahmen in seinen Grundrechten berührt wird"[915]. Inhaltlich handelte das Urteil zum sog. Großen Lauschangriff von einer Wohnraumüberwachung, die bei Verdacht auf bestimmte Straftaten in den Wohnräumen des Beschuldigten zu Zwecken der Strafverfolgung durchgeführt werden kann. Im Zuge dieser Überwachung werden neben den tatsächlich Verdächtigen in erheblichem Umfang unbeteiligte Personen erfasst. Das können neben Gesprächspartnern des Beschuldigten auch Personen sein, die sich in dessen Wohnung aufhalten sowie Betroffene von Überwachungsaktionen in Büro- und Geschäftsräumen.[916] Die Maßnahmen weisen eine derart große Streu-

---

913 BVerfGE 102, 197 (207); sowie *Hillgruber/Goos*, Verfassungsprozessrecht, Rn. 192; *Schlaich/Korioth*, BVerfG, Rn. 234.
914 BVerfGE 49, 89 (141); 51, 324 (346 f.); vgl. auch *Schlaich/Korioth*, BVerfG, Rn. 236.
915 BVerfGE 109, 279 (307 f.); siehe auch BVerfGE 67, 157 (170); 100, 313 (354).
916 Vgl. BVerfGE 109, 279 (353).

IV. Vorgehen vor dem Bundesverfassungsgericht

breite auf, dass quasi jedermann von einer Wohnraumüberwachung betroffen sein kann. Da die Betroffenen von der Überwachung weder vorher noch nachher Kenntnis erlangen, können sie gerichtlichen Rechtsschutz nicht in Anspruch nehmen.[917] Das Bundesverfassungsgericht modifizierte daher die Anforderungen an die Betroffenheit und führte näher aus: „Der geforderte Grad der Wahrscheinlichkeit wird davon beeinflusst, welche Möglichkeit der Beschwerdeführer hat, seine Betroffenheit darzulegen. So ist bedeutsam, ob die Maßnahme auf einen tatbestandlich eng umgrenzten Personenkreis zielt […] oder ob sie eine große Streubreite hat und Dritte auch zufällig erfassen kann."[918] Eine potentiell zukünftige Betroffenheit müsse insbesondere dann ausreichend sein, wenn der Betroffene von der Grundrechtsbeeinträchtigung erst im Nachhinein erfährt und somit nicht rechtzeitig fachgerichtlichen Rechtsschutz in Anspruch nehmen kann.[919] Das Bundesverfassungsgericht bekräftigte diese Ausführungen erneut in einer vergleichbaren Konstellation, dem Urteil zur Antiterrordatei.[920] Die Antiterrordatei ist eine Verbunddatei von Polizeibehörden und Nachrichtendiensten des Bundes und der Länder, die einen Informationsaustausch zum Zwecke der Terrorismusbekämpfung zwischen den Behörden erleichtern soll. Gespeichert werden unter anderem persönliche Daten von Personen, die Terroristenvereinigungen oder -gruppierungen angehören oder in besonderer Nähe zu ihnen stehen. Neben solchen konkret Verdächtigen werden auch Kontaktpersonen erfasst, von denen Hinweise zu Terrorbekämpfung zu erwarten sind.[921] Zu befürchten steht daher, dass eine erhebliche Anzahl unbeteiligter Personen auch bei legalem Verhalten registriert wird, beispielsweise aufgrund eines anonymen Hinweises oder auch wenn die Kontaktperson von der Verstrickung des Verdächtigen in den Terrorismus nichts weiß.[922]

Die Konstellation gleicht der im Urteil zum Großen Lauschangriff insofern, als auch die Datenspeicherung in der Antiterrordatei schon bei ungesicherten Anhaltspunkten durchgeführt werden kann und so einen großen Kreis unbescholtener Personen erfasst.[923] Die Antiterrordatei hat also eine

---

917 Vgl. ebda., S. 307 f.
918 Ebda., S. 308.
919 Ebda., S. 307.
920 BVerfG, U. v. 24.4.2013 – 1 BvR 1215/07 = NJW 2013, 1499.
921 Ebda., Abs. 3 ff. = NJW 2013, 1499 (1499).
922 Ebda., Abs. 43 = NJW 2013, 1499 (1499).
923 Namentlich durch die Speicherung persönlicher Kontaktdaten vermeintlicher Kontaktpersonen, vgl. ebda., Abs. 43 ff. = NJW 2013, 1499 (1499).

B. Begründung

derart große Streubreite, dass eine Speicherung persönlicher Daten von unbeteiligten Dritten als nicht unwahrscheinlich gelten muss. Hinzu kommt, dass die Betroffenen über die Aufnahme ihrer Daten in die Datei nicht informiert werden. Zwar kann eine Auskunft über die Speicherung persönlicher Daten verlangt werden. Diese bezieht sich aber lediglich auf einen bestimmten Zeitpunkt. Der Einzelne kann hingegen nicht gerichtlich dagegen vorgehen, dass seine Daten jederzeit ohne sein Wissen und ohne nachträgliche Unterrichtung gespeichert werden können.[924] Das Bundesverfassungsgericht wiederholte im Urteil zur Antiterrordatei seine schon zuvor formulierten modifizierten Anforderungen an die Betroffenheit. Es statuierte, dass eine „spezifische Wahrscheinlichkeit, von der Speicherung betroffen zu werden"[925] zwar nur begrenzt aufgezeigt werden könne. Jedoch sei dies „angesichts der großen Streubreite der von der Speicherung in der Antiterrordatei möglicherweise erfassten Personen [...] noch ausreichend"[926].

Obgleich es sich in diesen Verfahren um gegen Legislativakte gerichtete Verfassungsbeschwerden handelte, lässt sich die Argumentation doch im Grundsatz extrahieren und auf die vorliegende Fragestellung übertragen. Vergleichbar der großen Streubreite von Wohnraumüberwachung und Antiterrordatei kann auch Pflegebedürftigkeit jeden unvorhergesehen treffen. Angesichts der prognostizierten gesellschaftlichen Entwicklung ist zumindest die Pflegebedürftigkeit im Alter für den Einzelnen durchaus wahrscheinlich, ebenso wie ein in diesem Fall womöglich erforderlicher Umzug in ein Pflegeheim. Eine Betroffenheit ist jedoch weder sicher vorherzusehen noch darlegbar. Zugleich können diese Menschen, sofern sie im Pflegeheim konkret von Pflegemissständen betroffen sind, aufgrund ihrer Hilflosigkeit nicht selbstständig Rechtsschutz suchen. Demnach dürfte auch hier die Klagebefugnis nicht voraussetzen, dass der Antragsteller bereits in einem Pflegeheim lebt und dort Grundrechtsverletzungen erfährt. Vielmehr muss, um einen effektiven Rechtsschutz zu gewährleisten, ein präventives verfassungsgerichtliches Vorgehen gegen die unwürdigen Lebensbedingungen in den Pflegeheimen möglich sein. Eine potentielle zukünftige Betroffenheit kann dabei wohl für nahezu alle Grundrechtsberechtigten angenommen werden.

Es steht gleichwohl zu vermuten, dass das Bundesverfassungsgericht den Kreis der Beschwerdebefugten enger ziehen würde. Eine spezifische Be-

---

924 Vgl. ebda., Abs. 84 = NJW 2013, 1499 (1500).
925 Ebda., Abs. 87 = NJW 2013, 1499 (1500).
926 Ebda.

troffenheit im Sinne der verfassungsgerichtlichen Rechtsprechung kann in diesem Fall jedenfalls für alle Personen aufgezeigt werden, für die eine spätere Pflegebedürftigkeit und ein Heimeinzug wahrscheinlicher ist als für die restliche Bevölkerung. Gemeint ist, wie oben erläutert, die Gruppe der weniger wohlhabenden, chronisch kranken und kinderlosen Menschen. Eine gegenwärtige Betroffenheit ist also angesichts der bisherigen Rechtsprechung im hier diskutierten Fall jedenfalls nicht erforderlich.

(5) Erfolgsaussichten einer Verfassungsbeschwerde

Eine solche Verfassungsbeschwerde wäre also zulässig und hätte aufgrund der evidenten Schutzpflichtverletzung Aussicht auf Erfolg. Der Personenkreis der möglichen Beschwerdeführer ist dabei nicht auf die schon derzeit im Pflegeheim lebenden Menschen beschränkt, sondern umfasst – unter Annahme einer generellen Beschwerdebefugnis – auch alle potentiell später Pflegebedürftigen.

C. Schlussbemerkung

Die Zukunft der Pflegeversicherung und der sie begleitenden Gesetze gestaltet sich als Grundsatzentscheidung über den Wert und die Wertschätzung der Alten in unserer Gesellschaft. „Eine Gesellschaft sollte nicht danach beurteilt werden, wie sie mit ihren besten Mitgliedern umgeht, sondern wie sie ihre schlechtesten Mitglieder behandelt." Angesichts dieses Wortes Leo Tolstois ist es besonders beklemmend, dass eine der reichsten und höchstentwickelten Industrienationen der Welt ihre in besonderem Maße auf staatlichen Schutz angewiesenen Pflegebedürftigen seit Jahren menschenunwürdigen Lebensbedingungen ausgesetzt lässt. Der verbreiteten Praxis des „Abschiebens" hochbetagter pflegebedürftiger Menschen in Pflegeheime liegt wohl auch eine tiefere Angst vor Krankheit und Tod zugrunde. Diese mag in einer langfristigen gesellschaftlichen Entwicklung begründet sein, im Rahmen derer das Sterben im Laufe des 19. Jahrhunderts als gesellschaftliches Tabu immer weiter aus der Wahrnehmung der Menschen gedrängt wurde.[927]

Die Untersuchung hat gezeigt, dass die derzeitigen Missstände in den stationären Pflegeeinrichtungen nur mit tiefgreifenden Reformen und einer erheblichen finanziellen Zusatzbelastung für die Pflegekassen behoben werden können. Letztendlich sind diese von den sozialversicherungspflichtigen Beitragszahlern, teils womöglich auch von den Steuerzahlern im Allgemeinen, zu tragen. Entscheidend wird daher auch die gesamtgesellschaftliche Akzeptanz sein, Einschränkungen zugunsten der Pflegebedürftigen hinzunehmen und die Sicherstellung eines menschenwürdigen und lebenswerten Daseins für diese Menschen als kollektive Aufgabe und Verantwortung zu akzeptieren und wahrzunehmen.

Die Situation der Pflegebedürftigen in den Pflegeheimen und die Untätigkeit der Politik unterstreichen die Notwendigkeit einer mächtigen, mit weitreichenden Kompetenzen ausgestatteten Verfassungsgerichtsbarkeit, wenngleich diese Machtfülle unter funktionell-rechtlichen Aspekten Bedenken begegnen mag. Gerade für die besonders schutzbedürftigen Mitglieder unserer Gesellschaft ist das Bundesverfassungsgericht eine unver-

---

927 *Benjamin*, Illuminationen, S. 420; ähnlich argumentiert *Kruse*, in: Igl/Naegele/Hamdorf (Hrsg.), Reform, 6 (6 f.).

zichtbare Instanz, um ihren Grundrechten zur Durchsetzung zu verhelfen. Durch das Institut der Verfassungsbeschwerde erfährt der Einzelne „an einer möglicherweise auch ihn einmal treffenden sehr konkreten Lage, dass er nicht nur ein Sandkorn in einer anonymen Massengesellschaft, sondern eine ganz persönlich in ihrer Würde grundgesetzlich geschützte Person ist"[928]. Der soziale Rechtsstaat sollte es als seine oberste Pflicht und Aufgabe begreifen, seinen schutzbedürftigsten Mitgliedern ein Minimum an Würde und Lebensqualität zu garantieren und diese Maxime auch einer Reform der Pflegeversicherung zugrunde legen.

---

928 *Smend*, in: Häberle (Hrsg.), Verfassungsgerichtsbarkeit, 329 (336).

Literaturverzeichnis

Achterberg, Norbert, Bundesverfassungsgericht und Zurückhaltungsgebote, Judicial, political, theoretical self-restraints, in: Die Öffentliche Verwaltung 1977, S. 649-659.

Afentakis, Anja; Maier, Tobias, Projektionen des Personalbedarfs und -angebots in Pflegeberufen bis 2025, in: Wirtschaft und Statistik 2010, S. 990-1002.

Aichele, Valentin; Schneider, Jakob, Soziale Menschenrechte älterer Personen in Pflege, 2., überarbeitete Auflage, Berlin 2006 (zitiert: *Aichele/Schneider*, Menschenrechte).

Alexy, Robert, Grundrechte als subjektive Recht und als objektive Normen, in: Der Staat 29 (1990), S. 49-68.

Alexy, Robert, Theorie der Grundrechte, Frankfurt am Main 2006 (zitiert: *Alexy*, Theorie).

Aries-Kiener, Marianne; Zuppiger Ritter, Isabelle, Burnout, Eine quantitative Längsschnittuntersuchung und eine qualitative Vertiefungsstudie beim Pflegepersonal, Bern 1999 (zitiert: *Aries-Kiener/Zuppiger Ritter*, Burnout).

Arndt, Hans-Joachim, Ministerium für Arbeit, Soziales, Gesundheit und Verbraucherschutz des Landes Schleswig-Holstein, Ergebnisse und Perspektiven der Anwendung des Verfahrens PLAISIR©, Die Anwendung des Verfahrens PLAISIR© in Schleswig-Holstein, abgerufen unter http://www.nibis.de/nli1/allgemein/pflegeleitstelle/inhalt/downloads/plaisir.pdf am 12.6.2013 (zitiert: *MASGV-SW*, Plaisir).

Bachof, Otto, Der Richter als Gesetzgeber?, in: Bachof, Otto; Fröhler, Ludwig; Göldner, Detlef; Kisker, Gunter; Pietzcker, Jost; Rupp, Hans Heinrich; Scheuing, Dieter H. (Hrsg.), Wege zum Rechtsstaat, Ausgewählte Studien zum öffentlichen Recht, Mit einem bibliographischen Anhang, Königstein 1979, S. 344-358 (zitiert: *Bachof*, in: Bachof et al. (Hrsg.), Rechtsstaat).

Bachof, Otto, Der Richter als Gesetzgeber?, in: Gernhuber, Joachim (Hrsg.), Tradition und Fortschritt im Recht, Festschrift gewidmet der Tübinger Juristenfakultät zu ihrem 500jährigen Bestehen 1977, Tübingen 1977, S. 177-192 (zitiert: *Bachof*, in: Gernhuber (Hrsg.), Tradition).

Bachof, Otto, Der Verfassungsrichter zwischen Recht und Politik, in: Häberle, Peter (Hrsg.), Verfassungsgerichtsbarkeit, Darmstadt 1976, S. 285-303 (zitiert: *Bachof*, in: Häberle (Hrsg.), Verfassungsgerichtsbarkeit).

Backes, Gertrud M., Pflegende Frauen: Zwischen traditioneller Solidaritätsnorm und modernen Lebensformen – Chance für die Humanisierung von Pflege?, in: Braun, Helmut; Klie, Thomas; Kohnert, Monika; Lüders, Inge (Hrsg.), Zukunft der Pflege, Beiträge zur Pflegediskussion in Altenarbeit und Gerontologie, Dokumentation der Tagung des Fachbereichs IV – Soziale Gerontologie und Altenarbeit – in der Deutschen Gesellschaft für Gerontologie und Geriatrie vom 7.-9. Oktober in Hamburg, Melsungen 1994, S. 137-164 (zitiert: *Backes*, in: Braun et al. (Hrsg.), Zukunft).

Literaturverzeichnis

Badura, Peter, Die verfassungsrechtliche Pflicht des gesetzgebenden Parlaments zur „Nachbesserung" von Gesetzen, in: Müller, Georg; Rhinow, René A.; Schmid, Gerhard; Wildhaber, Luzius (Hrsg.), Staatsorganisation und Staatsfunktionen im Wandel, Festschrift für Kurt Eichenberger zum 60. Geburtstag, Basel, Frankfurt am Main 1982, S. 481-492 (zitiert: *Badura*, in: FS Eichenberger).

Bauer, Annemarie; Prinzl-Wimmer, Doris, Angst und Macht in der Krankenpflege, in: Schmidbauer, Wolfgang (Hrsg.), Pflegenotstand – das Ende der Menschlichkeit, Vom Versagen der staatlichen Fürsorge, Hamburg 1992, S. 119-130 (zitiert: *Bauer/Prinzl-Wimmer*, in: Schmidbauer (Hrsg.), Pflegenotstand).

Bauer, Axel; Klie, Thomas; Lütgens, Kay (Hrsg.), Heidelberger Kommentar zum Betreuungs- und Unterbringungsrecht, HK-BUR, Ordner 3, Stand: 91. Aktualisierung Februar 2013, Heidelberg, München, Landsberg, Frechen, Hamburg 2013 (zitiert: *Bearbeiter*, in: Bauer/Klie/Lütgens, HK-BUR).

Baumeister, Peter, Pflegebedürftigkeit und allgemeiner Gleichheitssatz, in: Vierteljahresschrift für Sozialrecht 2000, S. 399-452.

Bayerisches Staatministerium für Arbeit und Sozialordnung, Familie und Frauen, Verantwortungsvoller Umgang mit freiheitsentziehenden Maßnahmen in der Pflege, Leitfaden des Bayerischen Landespflegeausschusses, November 2006, abgerufen unter http://www.verwaltung.bayern.de/egov-portlets/xview/Anlage/3361591/VerantwortungsvollerUmgangmitfreiheitsentziehendenManahmeninderPflege.pdf am 12.6.2013 (zitiert: *BayMASFF*, Maßnahmen).

Becker, Ulrich; Kingreen, Thorsten (Hrsg.), SGB V, Gesetzliche Krankenversicherung, Kommentar, 3., neu bearbeitete Auflage, München 2012 (zitiert: *Bearbeiter*, in: Becker/Kingreen, SGB V).

Becker, Wolfgang; Meifort, Barbara, Altenpflege – eine Arbeit wie jede andere?, Ein Beruf fürs Leben?, Dokumentation einer Längsschnittuntersuchung zu Berufseinmündung und Berufsverbleib von Altenpflegekräften, Bielefeld 1997 (zitiert: *Becker/Meifort*, Altenpflege).

Benda, Ernst; Klein, Eckart; Klein, Oliver, Verfassungsprozessrecht, Ein Lehr- und Handbuch, 3., völlig neu bearbeitete Auflage, Heidelberg, München, Landsberg, Frechen, Hamburg 2012 (zitiert: *Benda/Klein*, Verfassungsprozessrecht).

Bender, Bernd, Inhalt und Grenzen des Gebots der verfassungskonformen Gesetzesauslegung, in: Monatsschrift für Deutsches Recht 1959, S. 441-447.

Benjamin, Walter, Illuminationen, Ausgewählte Schriften, Frankfurt am Main 1969 (zitiert: *Benjamin*, Illuminationen).

Berkemann, Jörg, Realitätsfremde Steuergesetzgebung und gesetzgeberisches Unterlassen, in: Europäische Grundrechte-Zeitschrift 1985, S. 137-144.

Bernd, Werner, Legislative Prognosen und Nachbesserungspflichten, Mainz 1989 (zitiert: *Bernd*, Prognosen).

Bertrams, Michael, Verfassungsgerichtliche Grenzüberschreitungen, in: Burmeister, Joachim (Hrsg.), Verfassungsstaatlichkeit, Festschrift für Klaus Stern zum 65. Geburtstag, München 1997, S. 1027-1039 (zitiert: *Bertrams*, in: FS Stern).

Besche, Andreas, Die Pflegeversicherung, Textausgabe mit einer ausführlichen Einführung, 3. erweiterte und aktualisierte Auflage, Köln 2000 (zitiert: *Besche,* Pflegeversicherung).

Bethge, Herbert, Aktuelle Fragen der Grundrechtsdogmatik, in: Der Staat 24 (1985), S. 351-382.

Bieback, Karl-Jürgen, Fünf Jahre SGB XI und die Besonderheiten der Pflegeversicherung, in: Vierteljahresschrift für Sozialrecht 1999, S. 251-274.

Bienstein, Christel, Ganzheitliche Pflege – was ist das, was kann sie leisten?, in: Krankenpflege 44 (1990), S. 152-155.

Bienwald, Werner; Sonnenfeld, Susanne; Hoffmann, Birgit; Bienwald, Christa, Betreuungsrecht, Kommentar, 5., neu bearbeitete Auflage, Bielefeld 2011 (zitiert: *Bearbeiter,* in: Bienwald/Sonnenfeld/Hoffmann, Betreuungsrecht).

Bischoff, Claudia, Ganzheitlichkeit in der Pflege, Anmerkungen zu einem strapazierten Begriff, in: Dr. med. Mabuse 91 (1994), S. 37-41.

Bischoff, Claudia, Zum Ganzheitsbegriff in der Pflege, in: Krüger, Helga; Piechotta, Gudrun; Remmers, Hartmut (Hrsg.), Innovation der Pflege durch Wissenschaft, Perspektiven und Positionen, Bremen 1996, S. 103-128 (zitiert: *Bischoff,* in: Krüger/ Piechotta/Remmers (Hrsg.), Innovation).

BKK, BKK Positionen zu einer Reform der Pflegeversicherung, in: Die BKK, Zeitschrift der betrieblichen Krankenversicherung 2011, S. 589-593.

Bleckmann, Albert, Staatsrecht II, Allgemeine Grundrechtslehren, 2., neubearbeitete und erweiterte Auflage, Köln, Berlin, Bonn, München 1985 (zitiert: *Bleckmann,* Staatsrecht).

Blumenwitz, Dieter, Judicial self-restraint und die verfassungsgerichtliche Überprüfung von Akten der Auswärtigen Gewalt, Zur Rezeption eines amerikanischen Rechtsbegriffs durch das Bundesverfassungsgericht, in: Deutsches Verwaltungsblatt 1976, S. 464-469.

Böckenförde, Ernst-Wolfgang, Grundrechte als Grundsatznormen, Zur gegenwärtigen Lage der Grundrechtsdogmatik, in: Der Staat 29 (1990), S. 1-31.

Böckenförde, Ernst-Wolfgang, Grundrechtstheorie und Grundrechtsinterpretation, in: Neue Juristische Wochenschrift 1974, S. 1529-1538.

Böckenförde, Ernst-Wolfgang, Zur Lage der Grundrechtsdogmatik nach 40 Jahren Grundgesetz, Erweiterte Fassung eines Vortrages gehalten in der Carl-Friedrich-von-Siemens-Stiftung am 19. Oktober 1989, München 1990 (zitiert: *Böckenförde,* Grundrechtsdogmatik).

Borowski, Martin, Grundrechte als Prinzipien, 2. Auflage, Baden-Baden 2007 (zitiert: *Borowski,* Grundrechte).

Brandl, Katharina, Möglichkeiten zur Gewaltprävention in der Altenpflege, Eine Herausforderung für die Ausbildung, Bonner Schriftenreihe „Gewalt im Alter", Band 12, Frankfurt am Main 2005 (zitiert: *Brandl,* Gewaltprävention).

Breuer, Rüdiger, Gefahrenabwehr und Risikovorsorge im Atomrecht, Zugleich ein Beitrag zum Streit um die Berstsicherung für Druckwasserreaktoren, in: Deutsches Verwaltungsblatt 1978, S. 829-839.

Literaturverzeichnis

Breuer, Rüdiger, Grundrechte als Anspruchsnormen, in: Bachof, Otto; Heigl, Ludwig; Redeker, Konrad (Hrsg.), Verwaltungsrecht zwischen Freiheit, Teilhabe und Bindung, Festgabe aus Anlass des 25jährigen Bestehens des Bundesverwaltungsgerichts, München 1978, S. 89-119 (zitiert: *Breuer*, in: FS BVerwG).

Bröcheler, Thomas, Grenzen der Vereinbarung prospektiver Entgelte, Kalkulationsgrundlagen und rechtliche Aspekte – die Verhandlungsseite, in: Sozialrecht aktuell 2002, S. 17-20.

Brune, Monika; Werle, Markus; Hippler, Hans-J., Probleme bei der Befragung älterer Menschen, Methodische Erfahrungen aus einer schriftlichen Befragung zu Tätigkeitsformen im Ruhestand, in: ZUMA Nachrichten Nr. 28 (Mai 1991), S. 73-91.

Brüning, Christoph, Voraussetzungen und Inhalt eines grundrechtlichen Schutzanspruchs – BVerwG, NVwZ 1999, 1234, in: Juristische Schulung 2000, S. 955-959.

Brüning, Christoph; Helios, Marcus, Die verfassungsprozessuale Durchsetzung grundrechtlicher Schutzpflichten am Beispiel des Internets, in: Juristische Ausbildung 2001, S. 155-162.

Brünner, Frank, Vergütungsvereinbarungen für Pflegeeinrichtungen nach SGB XI, Baden-Baden 2001 (zitiert: *Brünner*, Vergütungsvereinbarungen).

Bryde, Brun-Otto, Verfassungsentwicklung, Stabilität und Dynamik im Verfassungsrecht der Bundesrepublik Deutschland, Baden-Baden 1982 (zitiert: *Bryde*, Verfassungsentwicklung).

Buchinger, Sascha, Gewalt in stationären Einrichtungen der Altenhilfe, Ansätze sozialpädagogischer Prävention und Intervention, Bonner Schriftenreihe „Gewalt im Alter", Band 11, Bonn 2004 (zitiert: *Buchinger*, Gewalt).

Bundesministerium für Familie, Senioren, Frauen und Jugend (Hrsg.), Handbuch zur Praxis der Heimaufsicht, Projektleitung: Dr. Eckart Schnabel, Bearbeitung: Dipl. Soz.-Geront. Martina Getta, M.A., Klaus Schmitz, Berlin 2004, abgerufen unter http://www.bmfsfj.de/RedaktionBMFSFJ/Abteilung3/Pdf-Anlagen/handbuch-heimaufsicht-zusammenfassung,property=pdf,bereich=bmfsfj,sprache=de,rwb=true.pdf am 12.6.2013 (zitiert: *BMFSFJ*, Heimaufsicht).

Bundesministerium für Familie, Senioren, Frauen und Jugend, Erster Bericht des Bundesministeriums für Familie, Senioren, Frauen und Jugend über die Situation der Heime und die Betreuung der Bewohnerinnen und Bewohner (Stand: 15.8.2006), abgerufen unter http://www.bmfsfj.de/Publikationen/heimbericht/01-Redaktion/PDF-Anlagen/gesamtdokument,property=pdf,bereich=heimbericht,sprache=de,rwb=true.pdf am 12.6.2013 (zitiert: *BMFSFJ*, 1. Bericht).

Bundesministerium für Gesundheit (Hrsg.), Bericht des Beirats zur Überprüfung des Pflegebedürftigkeitsbegriffs, Berlin 2009, abgerufen unter https://www.bundes-gesundheitsministerium.de/uploads/publications/Neuer-Pflegebeduertigkeitsbegr.pdf am 12.6.2013 (zitiert: *BMG*, Überprüfung).

Bundesministerium für Gesundheit, Bericht der Bundesregierung über die Entwicklung der Pflegeversicherung und den Stand der pflegerischen Versorgung in der Bundesrepublik Deutschland, Stand 2011, abgerufen unter http://www.bmg.bund.de/fileadm in/dateien/Publikationen/Pflege/Berichte/Bericht_der_Bundesregierung_ueber_die_ Entwicklung_der_Pflegeversicherung_und_den_Stand_der_pflegerischen_Versorgu ng_in_der_Bundesrepublik_Deutschland.pdf am 12.6.2013 (zitiert: *BMG*, Entwicklung).

Burchardt, Daniel O., Grenzen verfassungsgerichtlicher Erkenntnis, Zur Prozeduralität der Verfassungsnormativität, Berlin 2004 (zitiert: *Burchardt*, Grenzen).

Burger, Stephan; Fleckenstein, Julia, Populäre Irrtümer und Gegenthesen – Strategisches Versorgungsmanagement, in: Die Krankenversicherung 2010, S. 272-275.

Burisch, Matthias, Das Burnout-Syndrom, Theorie der inneren Erschöpfung, 4., aktualisierte Auflage, Berlin, Heidelberg 2010 (zitiert: *Burisch*, Burnout).

Calliess, Christian, Die grundrechtliche Schutzpflicht im mehrpoligen Verfassungsrechtsverhältnis, in: Juristenzeitung 2006, S. 321-330.

Calliess, Christian, Die Leistungsfähigkeit des Untermaßverbots als Kontrollmaßstab grundrechtlicher Schutzpflichten, in: Grote, Rainer; Härtel, Ines; Hain, Karl-E.; Schmidt, Thorsten Ingo; Schmitz, Thomas; Schuppert, Gunnar Folke; Winterhoff, Christian (Hrsg.), Die Ordnung der Freiheit, Festschrift für Christian Starck zum siebzigsten Geburtstag, Tübingen 2007, S. 201-218 (zitiert: *Calliess*, in: FS Starck).

Calliess, Christian, Rechtsstaat und Umweltstaat, Zugleich ein Beitrag zur Grundrechtsdogmatik im Rahmen mehrpoliger Verfassungsrechtsverhältnisse, Tübingen 2001 (zitiert: *Calliess*, Rechtsstaat).

Canaris, Claus-Wilhelm, Grundrechte und Privatrecht, in: Archiv der civilistischen Praxis 184 (1984), S. 201-246.

Canaris, Claus-Wilhelm, Grundrechtswirkungen und Verhältnismäßigkeitsprinzip in der richterlichen Anwendung und Fortbildung des Privatrechts, in: Juristische Schulung 1989, S. 161-172.

Chryssogonos, Kostas, Verfassungsgerichtsbarkeit und Gesetzgebung, Zur Methode der Verfassungsinterpretation bei der Normenkontrolle, Berlin 1987 (zitiert: *Chryssogonos*, Verfassungsgerichtsbarkeit).

Cremer, Wolfram, Freiheitsgrundrechte, Funktionen und Strukturen, Tübingen 2003 (zitiert: *Cremer*, Freiheitsgrundrechte).

Damrau; Jürgen; Zimmermann, Walter, Betreuungsrecht, Kommentar zum materiellen und formellen Recht, erläutert von Dr. Walter Zimmermann, 4., neu bearbeitete Auflage, Stuttgart 2011 (zitiert: *Damrau/Zimmermann*, Betreuungsrecht).

Dane, Thomas, Auswirkungen der Pflegeversicherung auf die Personalbemessung, in: Schmidt, Roland; Thiele, Albert (Hrsg.), Konturen der neuen Pflegelandschaft, Positionen, Widersprüche, Konsequenzen, Regensburg 1998, S. 193-200 (zitiert: *Dane*, in: Schmidt/Thiele (Hrsg.), Konturen).

De Vries, Bodo, Gewalt, Zwang und Misshandlungsformen, in: de Vries, Bodo; Telaar Klemens (Hrsg.), Gewalt im höheren Lebensalter, Castrop-Rauxel 1998, S. 19-42 (zitiert: *de Vries*, in: de Vries/Telaar (Hrsg.), Gewalt.

Literaturverzeichnis

Degener, Theresia, Das ambulante Pflegerechtsverhältnis als Modell eines Sozialrechtsverhältnisses, Frankfurt am Main 1994 (zitiert: *Degener*, Pflegerechtsverhältnis).

Deinert, Horst, Textsammlung Heimrecht, Bundes- und landesrechtliche Vorschriften, Köln 2012 (zitiert: *Deinert*, Heimrecht).

Delbrück, Jost, Quo vadis Bundesverfassungsgericht? Überlegungen zur verfassungsrechtlichen und verfassungsfunktionalen Stellung des Bundesverfassungsgerichts, in: Delbrück, Jost; Ipsen, Knut; Rauschning, Dieter (Hrsg.), Recht im Dienst des Friedens, Festschrift für Eberhard Menzel zum 65. Geburtstag am 21. Januar 1976, Berlin 1975, S. 83-105 (zitiert: *Delbrück*, in: FS Menzel).

Denninger, Erhard, Vom Elend des Gesetzgebers zwischen Übermaßverbot und Untermaßverbot, in: Däubler-Gmelin, Herta; Kinkel, Klaus; Meyer, Hans; Simon, Helmut (Hrsg.), Gegenrede, Aufklärung – Kritik – Öffentlichkeit, Festschrift für Ernst Gottfried Mahrenholz, Baden-Baden 1994, S. 561-572 (zitiert: *Denninger*, in: FS Mahrenholz).

Denninger, Erhard; Hoffmann-Riem, Wolfgang; Schneider, Hans-Peter; Stein, Ekkehart (Hrsg.), Kommentar zum Grundgesetz für die Bundesrepublik Deutschland, Reihe Alternativkommentare, 3. Auflage, Neuwied, Kriftel 2001 (zitiert: *Bearbeiter* in: AK-GG).

Detterbeck, Steffen, Subsidiarität der Verfassungsbeschwerde nach Art. 93 Abs. 1 Nr. 4a GG auch bei normativem Unterlassen?, in: Die Öffentliche Verwaltung 1990, S. 858-864.

Deutscher Gewerkschaftsbund, Fachkräftemangel in der Pflegebranche ist hausgemacht, in: Arbeitsmarkt aktuell, Januar 2011, S. 1-6, abgerufen unter http://www.dgb.de/themen/++co++af783440-1cab-11e0-50c0-00188b4dc422 am 12.6.2013 (zitiert: *DGB*, Arbeitsmarkt).

Deutsches Netzwerk für Qualitätsentwicklung in der Pflege (Hrsg.), Methodisches Vorgehen zur Entwicklung, Einführung und Aktualisierung von Expertenstandards in der Pflege, Stand März 2011, Osnabrück 2011, abgerufen unter http://www.wiso.hs-osnabrueck.de/fileadmin/groups/607/DNQP_Methodenpapier.pdf am 12.6.2013 (zitiert: *DNQP*, Expertenstandards).

DGB-Bundesvorstand, Gute Leistungen – gerecht finanziert, Anforderungen des DGB an die Reform der Pflegeversicherung, in: Soziale Sicherheit 2011, S. 103-109.

Di Bella, Marco, Entwurf eines Gesetzes zur Neuausrichtung der Pflegeversicherung, in: Rechtsdepesche für das Gesundheitswesen 2012, S. 142-143.

Di Fabio, Udo, Rechtsfragen zu unerkannten Gesundheitsrisiken elektromagnetischer Felder, in: Die Öffentliche Verwaltung 1995, S. 1-9.

Dichgans, Hans, Recht und Politik in der Judikatur des Bundesverfassungsgerichts, in: Leibholz, Gerhard; Faller, Hans Joachim; Mikat, Paul; Reis, Hans (Hrsg.), Menschenwürde und freiheitliche Rechtsordnung, Festschrift für Willi Geiger zum 65. Geburtstag, Tübingen 1974, S. 945-962 (zitiert: *Dichgans*, in: FS Geiger).

Dieck, Margret, Der Begriff der Gewalt gegen ältere Menschen im familiären und häuslichen Kontext, in: Bundesministerium für Familie, Senioren, Frauen und Jugend (Hrsg.), Gewalt gegen Ältere zu Hause, Fachtagung 11. und 12. März 1996 in Bonn, Bonn 1997, S. 34-38 (zitiert: *Dieck*, in: BMFSFJ (Hrsg.), Gewalt).

Dieck, Margret, Gewalt gegen ältere Menschen im familialen Kontext – Ein Thema der Forschung, der Praxis und der öffentlichen Information, in: Zeitschrift für Gerontologie 20 (1987), S. 305-313.

Dießenbacher, Hartmut, Gewalt gegen Alte, Über Vernachlässigungs-, Misshandlungs- und Tötungsrisiken in Einrichtungen der Altenpflege, in: Göckenjan, Gerd; Kondratowitz, Hans-Joachim von (Hrsg.), Alter und Alltag, Frankfurt am Main 1988, S. 372-385 (zitiert: *Dießenbacher* in: Göckenjan/Kondratowitz (Hrsg.), Alter).

Dießenbacher, Hartmut, Wie groß ist das institutionelle Misshandlungsrisiko in der Altenpflege?, in: Theorie und Praxis der sozialen Arbeit 1989, S. 190-194.

Dießenbacher, Hartmut; Schüller, Kirsten, Gewalt im Altenheim, Eine Analyse von Gerichtsakten, Freiburg im Breisgau 1993 (zitiert: *Dießenbacher/Schüller*, Gewalt).

Dietlein, Johannes, Das Untermaßverbot, Bestandsaufnahme und Entwicklungschancen einer neuen Rechtsfigur, in: Zeitschrift für Gesetzgebung 1995, S. 131-141.

Dietlein, Johannes, Die Lehre von den grundrechtlichen Schutzpflichten, Zweite Auflage, Berlin 2006 (zitiert: *Dietlein*, Schutzpflichten).

Dolderer, Michael, Objektive Grundrechtsgehalte, Berlin 2000 (zitiert: *Dolderer*, Grundrechtsgehalte).

Dollard, John; Doob, Leonhard W.; Miller, Neal E.; Sears, Robert, Frustration und Aggression, Deutsche Bearbeitung von Wolfgang Dammschneider und Erhard Mader, Weinheim, Berlin, Basel 1970 (zitiert: *Dollard et al.*, Frustration).

Dolzer, Rudolf, Die staatstheoretische und staatsrechtliche Stellung des Bundesverfassungsgerichts, Berlin 1972 (zitiert: *Dolzer*, Stellung).

Dolzer, Rudolf, Verfassungskonkretisierung durch das Bundesverfassungsgericht und durch politische Verfassungsorgane, Die Geeignetheit des Entscheidungsverfahrens als Kriterium verfassungsgerichtlicher Kompetenz, Heidelberg 1982 (zitiert: *Dolzer*, Verfassungskonkretisierung).

Dolzer, Rudolf; Kahl, Wolfgang; Waldhoff, Christian; Graßhof, Karin (Hrsg.), Bonner Kommentar zum Grundgesetz, Stand: 161. Aktualisierung Mai 2013, Heidelberg 2013 (zitiert: *Bearbeiter*, in: BK-GG).

Drath, Martin, Die Grenzen der Verfassungsgerichtsbarkeit, Mitbericht (Auszug), in: Häberle, Peter (Hrsg.), Verfassungsgerichtsbarkeit, Darmstadt 1976, S. 161-193 (zitiert: *Drath*, in: Häberle (Hrsg.), Verfassungsgerichtsbarkeit).

Dreier, Horst (Hrsg.), Grundgesetz, Kommentar, Band I, Präambel, Artikel 1-19, 2. Auflage, Tübingen 2004 (zitiert: *Bearbeiter*, in: Dreier, GG).

Drerup, Elisabeth, Grund- und Behandlungspflege: zwei Begriffe – in oder out?, in: Pflegen ambulant 1996, S. 32-34.

Eastman, Mervyn, Gewalt gegen alte Menschen, 2. Auflage, Freiburg im Breisgau 1991 (zitiert: *Eastman*, Gewalt).

Eckardt, Wolf-Dieter, Die verfassungskonforme Gesetzesauslegung, Ihre dogmatische Berechtigung und ihre Grenzen im deutschen Recht, Berlin 1964 (zitiert: *Eckardt*, Gesetzesauslegung).

Edelwich, Jerry; Brodsky, A., Ausgebrannt – Das „Burn-out"- Syndrom in den Sozialberufen, Salzburg 1984 (zitiert: *Edelwich/Brodsky*, Ausgebrannt).

Literaturverzeichnis

Ehmke, Horst, Prinzipien der Verfassungsinterpretation, in: Veröffentlichungen der Vereinigung der Deutschen Staatsrechtslehrer 20 (1963), S. 53-102.

Eichhorn, Siegfried, Krankenhausbetriebslehre, Theorie und Praxis des Krankenhausbetriebes, Band I, 3. überarbeitete und erweiterte Auflage, Stuttgart, Berlin, Köln, Mainz 1975 (zitiert: *Eichhorn*, Krankenhausbetriebslehre I).

Enders, Christoph, Neubegründung des öffentlich-rechtlichen Nachbarschutzes aus der grundrechtlichen Schutzpflicht?, Konsequenzen aus dem Gentechnikbeschluss des VGH Kassel vom 6.11.1989, in: Archiv des Öffentlichen Rechts 115 (1990), S. 610-636.

Entzian, Hildegard, Die Pflege alter Menschen und die professionelle Pflege, Pflegewissenschaft und Lebensweltorientierung, in: Klie, Thomas; Schmidt, Roland (Hrsg,), Die neue Pflege alter Menschen, Bern, Göttingen, Toronto, Seattle 1999, S. 93-120 (zitiert: *Entzian*, in: Klie/Schmidt (Hrsg.), Neue Pflege).

Enzmann, Dirk; Kleiber, Dieter, Helfer-Leiden, Stress und Burnout in psychosozialen Berufen, Heidelberg 1989 (zitiert: *Enzmann/Kleiber*, Helfer-Leiden).

Erichsen, Hans-Uwe, Grundrechtliche Schutzpflichten in der Rechtsprechung des Bundesverfassungsgerichts, in: Juristische Ausbildung 1997, S. 85-89.

Erichsen, Hans-Uwe, Staatsrecht und Verfassungsgerichtsbarkeit I, 3., völlig neu bearbeitete Auflage, München 1982 (zitiert: *Erichsen*, Staatsrecht I).

Faber, Angela, Gesundheitliche Gefahren des Tabakrauchens und staatliche Schutzpflichten, in: Deutsches Verwaltungsblatt 1998, S. 745-753.

Fahlbusch, Jonathan, Die Diskussion zur Reform des Pflegeversicherungsrechts, in: Nachrichtendienst des Deutschen Vereins für öffentliche und private Fürsorge 2004, S. 177-181.

Förster, Christine, Gewalt in der institutionellen Altenpflege, Welche biographischen und sozialen Konstellationen wirken fördernd auf die Ausübung von Gewalt in der institutionellen Altenpflege und welche Ressourcen spielen zur Reduktion der Gewalt eine Rolle?, Bonner Schriftenreihe „Gewalt im Alter", Band 16, Bonn 2008 (zitiert: *Förster*, Gewalt).

Forsthoff, Ernst, Der Staat der Industriegesellschaft, Dargestellt am Beispiel der Bundesrepublik Deutschland, 2., unveränderte Auflage, München 1971 (zitiert: *Forsthoff*, Industriegesellschaft).

Forsthoff, Ernst, Zur heutigen Situation einer Verfassungslehre, in: Barion, Hans; Böckenförde, Ernst-Wolfgang; Forsthoff, Ernst; Weber, Werner (Hrsg.), Epirrhosis, Festgabe für Carl Schmitt, Erster Teilband, Berlin 1968, S. 185-211 (zitiert: *Forsthoff*, in: FG Schmitt).

Freud, Sigmund, Gesammelte Werke, Chronologisch geordnet, Siebzehnter Band, Schriften aus dem Nachlass, 8. Auflage Frankfurt am Main 1993 (zitiert: *Freud*, Werke XVII).

Freud, Sigmund, Gesammelte Werke, Chronologisch geordnet, Zehnter Band, Werke aus den Jahren 1913-1917, 8. Auflage, Frankfurt am Main 1991 (zitiert: *Freud*, Werke X).

Friedrich, Ingrid, Altersbilder der Gesellschaft, in: Jansen, Birgit; Friedrich, Ingrid (Hrsg.), Soziale Gerontologie, Ein Herstellungsprozess, Kassel 1995, S. 17-48 (zitiert: *Friedrich*, in: Jansen/Friedrich (Hrsg.), Gerontologie).

Friesenhahn, Ernst, Die Funktion der Verfassungsgerichtsbarkeit im Gesamtgefüge der Verfassung (Auszug), in: Häberle, Peter (Hrsg.), Verfassungsgerichtsbarkeit, Darmstadt 1976, S. 355-397 (zitiert: *Friesenhahn*, in: Häberle (Hrsg.), Verfassungsgerichtsbarkeit).

Friesenhahn, Ernst, Die Verfassungsgerichtsbarkeit in der Bundesrepublik Deutschland, in: Max-Planck-Institut für ausländisches öffentliches Recht und Völkerrecht (Hrsg.), Verfassungsgerichtsbarkeit in der Gegenwart, Länderberichte und Rechtsvergleichung, Internationales Kolloqium, veranstaltet vom Max-Planck-Institut für ausländisches öffentliches Recht und Völkerrecht, Heidelberg 1961, Köln, Berlin 1962, S. 89-197 (zitiert: *Friesenhahn*, in: MPI (Hrsg.), Verfassungsgerichtsbarkeit).

Friesenhahn, Ernst, Wesen und Grenzen der Verfassungsgerichtsbarkeit, in: Zeitschrift für Schweizerisches Recht 73 (1954), S. 129-162.

Fuchs, Harry, Finanzierung der Pflegeversicherung: Was bringt eine ergänzende Kapitaldeckung?, in: Soziale Sicherheit 2011, S. 110-113.

Fuchs, Maximilian; Preis, Ulrich, Sozialversicherungsrecht, Lehrbuch für Studium und Praxis, 2. Auflage, Köln 2009 (zitiert: *Fuchs/Preis*, Sozialversicherungsrecht).

Fussek, Claus, „Ich bin mit meiner Kraft am Ende... Ich kann nicht mehr!", Gewalt in der häuslichen und stationären Pflege: von subtiler Missachtung bis zu brutaler Misshandlung, in: Brunner, Thomas (Hrsg.), Gewalt im Alter, Formen und Ursachen lebenslagenspezifischer Gewaltpotentiale, Grafschaft 1999, S. 37-55 (zitiert: *Fussek*, in: Brunner (Hrsg.), Gewalt).

Galtung, Johan, Friedensforschung in Deutschland: Stagnation oder Erneuerung?, in: Galtung, Johan; Kinkelbur, Dieter; Nieder, Martin (Hrsg.), Gewalt im Alltag und in der Weltpolitik, Friedenswissenschaftliche Stichwörter zur Zeitdiagnose, Münster 1993, S. 41-58 (zitiert: *Galtung*, in: Galtung/Kinkelbur/Nieder (Hrsg.), Gewalt).

Galtung, Johan, Kulturelle Gewalt, Zur direkten und strukturellen Gewalt tritt die kulturelle Gewalt, in: Landeszentrale für politische Bildung Baden-Württemberg (Hrsg.), Aggression und Gewalt, Stuttgart, Berlin, Köln, 1993, S. 52-73 (zitiert: *Galtung*, in: LZpB-BW (Hrsg.), Aggression).

Galtung, Johan, Strukturelle Gewalt, Beiträge zur Friedens- und Konfliktforschung, Hamburg 1975 (zitiert: *Galtung*, Strukturelle Gewalt).

Gansweid, Barbara; Wingenfeld, Klaus; Büscher, Andreas, Definition der Pflegebedürftigkeit, Konzepte und Verfahren zur Neudefinition des Pflegebedürftigkeitsbegriffs im SGB XI und zur Entwicklung eines neuen Begutachtungsverfahrens, in: Sozialer Fortschritt 2010, S. 53-60.

Garms-Homolová, Vjenka; Roth, Günter, Vorkommen, Ursachen und Vermeidung von Pflegemängeln: Forschungsbericht im Auftrag der Enquêtekommission „Situation und Zukunft der Pflege in Nordrhein-Westfalen" des Landtags von Nordrhein-Westfalen, Berlin, Göttingen 2004, abgerufen unter http://www.wernerschell.de/Medizin-Infos/Pflege/Pflegemaengel_NRW.pdf am 12.6.2013 (zitiert: *Garms-Homolova/Roth*, Forschungsbericht).

Literaturverzeichnis

Geiger, Willi, Das Bundesverfassungsgericht im Spannungsfeld zwischen Recht und Politik, in: Europäische Grundrechte-Zeitschrift 1985, S. 401-407.

Gellermann, Martin, Grundrechte in einfachgesetzlichem Gewande, Untersuchung zur normativen Ausgestaltung der Freiheitsrechte, Tübingen 2000 (zitiert: *Gellermann*, Grundrechte).

Gerber, Philippe, Die Rechtssetzungsdirektiven des Bundesverfassungsgerichts, in: Die Öffentliche Verwaltung 1989, S. 698-707.

Gerlinger, Thomas; Röber, Michaela, Die Pflegeversicherung, Bern 2009 (zitiert: *Gerlinger/Röber*, Pflegeversicherung).

Gerontas, Apostolos, Die Appellentscheidungen, Sondervotumsappelle und die bloße Unvereinbarkeitsfeststellung als Ausdruck der funktionellen Grenzen der Verfassungsgerichtsbarkeit, in: Deutsches Verwaltungsblatt 1982, S. 486-491.

Giehl, Christoph, Der fachgesetzliche und der grundrechtliche Schutz des Nachbarn gegenüber Umweltbeeinträchtigungen durch Anlagen, in: Juristische Ausbildung 1989, S. 628-638.

Giese, Dieter, Der Entwurf eines Dritten Gesetzes zur Änderung des Heimgesetzes, Schwerpunkte und kritische Anmerkungen, in: Beiträge zum Recht der sozialen Dienste und Einrichtungen 48 (2001), S. 54-64.

Goffman, Erving, Asyle, Über die soziale Situation psychiatrischer Patienten und anderer Insassen, Frankfurt am Main 1972 (zitiert: *Goffman*, Asyle).

Görgen, Thomas, 'As if I just didn't exist' – elder abuse and neglect in nursing homes, in: Wahdin, Azrini; Cain, Maureen (Hrsg.), Ageing, Crime and Society, Cullompton 2006, S. 173-195 (zitiert: *Görgen*, in: Wahidin/Cain (Hrsg.), Ageing).

Görgen, Thomas, Erscheinungsformen und Bedingungen von Aggression und Gewalt in stationären Pflegeeinrichtungen, in: Brunner, Thomas (Hrsg.), Gewalt im Alter, Formen und Ursachen lebenslagenspezifischer Gewaltpotentiale, Grafschaft 1999, S. 57-108 (zitiert: *Görgen*, in: Brunner (Hrsg.), Gewalt).

Görgen, Thomas, Gewalt gegen alte Menschen in stationären Pflegeeinrichtungen, in: Jakob, Raimund; Fikentscher, Wolfgang (Hrsg.), Korruption, Reziprozität und Recht, Grundlagenwissenschaftliche und rechtsdogmatische Forschungsbeiträge, Bern 2000, S. 157-178 (zitiert: *Görgen*, in: Jakob/Fikentscher (Hrsg.), Korruption).

Görgen, Thomas, Gewalt gegen ältere Menschen im stationären Bereich, abgerufen unter http://www.bibb.de/redaktion/altenpflege_saarland/literatur/pdfs/gewalt_03.pdf am 12.6.2013, S. 1-9 (zitiert: *Görgen*, Stationärer Bereich).

Görgen, Thomas, Stress, conflict, elder abuse and neglect in German nursing homes: A pilot study among professional caregivers, in: Journal of Elder Abuse & Neglect 13 (2001), S. 1-26.

Görgen, Thomas; Kreuzer, Arthur; Nägele, Barbara; Krause, Sabine, Gewalt gegen Ältere im persönlichen Nahraum, Wissenschaftliche Begleitung und Evaluation eines Modellprojekts, Schriftenreihe des Bundesministeriums für Familie, Senioren, Frauen und Jugend, Band 217, Stuttgart 2002 (zitiert: *Görgen et al.*, Nahraum).

Grahmann, Reinhard; Gutwetter, Alfred, Konflikte im Krankenhaus, Ihre Ursachen und ihre Bewältigung im pflegerischen und ärztlichen Bereich, 2., überarbeitete Auflage, Bern, Göttingen, Toronto, Seattle 2002 (zitiert: *Grahmann/Gutwetter*, Konflikte).

Graßhof, Malte, Auswirkungen der neuen Sitzblockade-Entscheidung des BVerfG, Wiederaufnahme aller bisherigen Verfahren oder nur der nach der ersten verfassungsgerichtlichen Entscheidung ergangenen Strafurteile?, in: Neue Juristische Wochenschrift 1995, S. 3085-3090.

Grimm, Dieter, Politik und Recht, in: Klein, Eckart in Verbindung mit Klaus-Eckart Gebauer, Karl Kreuzer, Gerhard Robbers, Hartmut Schiedermair und Albrecht Weber (Hrsg.), Grundrechte, Soziale Ordnung und Verfassungsgerichtsbarkeit, Festschrift für Ernst Benda zum 70. Geburtstag, Heidelberg 1995, S. 91-103 (zitiert: *Grimm*, in: FS Benda).

Grimm, Dieter, Verfassungsgerichtsbarkeit – Funktion und Funktionsgrenzen im demokratischen Staat, in: Hoffmann-Riem, Wolfgang (Hrsg.), Sozialwissenschaften im Studium des Rechts, Band II, Verfassungs- und Verwaltungsrecht, München 1977, S. 83-108 (zitiert: *Grimm*, in: Hoffmann-Riem (Hrsg.), Sozialwissenschaften).

Grimm, Dieter, Verfassungsgerichtsbarkeit im demokratischen System, in: Juristenzeitung 1976, S. 697-703.

Grond, Erich, Altenpflege ohne Gewalt, Hannover 1997 (zitiert: *Grond*, Altenpflege).

Gröning, Katharina, Institutionelle Anomie, Ein modernes Phänomen im Pflegeheim, Analyse der Berichte Belastende Situationen in der Altenpflege/Meine Erfahrungen als Zivildienstleistender in der Altenpflege, in: Henze, Karl-Heinz; Piechotta, Gudrun (Hrsg.), Brennpunkt Pflege, Beschreibung und Analyse von Belastungen des pflegerischen Alltags, Frankfurt am Main 2004, S. 187-206 (zitiert: *Gröning*, in: Henze/Piechotta (Hrsg.), Brennpunkt).

Großfeld, Bernhard, Götterdämmerung?, in: Neue Juristische Wochenschrift 1995, S. 1719-1723.

Gusy, Christoph, Parlamentarischer Gesetzgeber und Bundesverfassungsgericht, Berlin 1985 (zitiert: *Gusy,* Gesetzgeber).

Häberle, Peter, Die Wesensgehaltgarantie des Art. 19 Abs. 2 Grundgesetz, Zugleich ein Beitrag zum institutionellen Verständnis der Grundrechte und zur Lehre vom Gesetzesvorbehalt, 3., stark erweiterte Auflage, Heidelberg 1983 (zitiert: *Häberle*, Wesensgehalt).

Häberle, Peter, Grundprobleme der Verfassungsgerichtsbarkeit, in: Häberle, Peter (Hrsg.), Verfassungsgerichtsbarkeit, Darmstadt 1976, S. 1-45 (zitiert: *Häberle*, in: Häberle (Hrsg.), Verfassungsgerichtsbarkeit).

Häberle, Peter, Verfassungsgerichtsbarkeit als politische Kraft, in: Häberle, Peter, Verfassungsgerichtsbarkeit zwischen Politik und Rechtswissenschaft. Zwei Studien, Königstein 1980, S. 54-79 (zitiert: *Häberle*, Politische Kraft).

Hahn, Hugo J., Über die Gewaltenteilung in der Wertwelt des Grundgesetzes, in: Jahrbuch des öffentlichen Rechts der Gegenwart 14 (1965), S. 438-486.

Hain, Karl-Eberhard, Das Untermaßverbot in der Kontroverse, Eine Antwort auf Dietlein, in: Zeitschrift für Gesetzgebung 1996, S. 75-84.

Hain, Karl-Eberhard, Der Gesetzgeber in der Klemme zwischen Übermaß- und Untermaßverbot?, in: Deutsches Verwaltungsblatt 1993, S. 982-984.

Literaturverzeichnis

Haltern, Ulrich, Verfassungsgerichtsbarkeit, Demokratie und Misstrauen, Das Bundesverfassungsgericht in einer Verfassungstheorie zwischen Populismus und Progressivismus, Berlin 1998 (zitiert: *Haltern*, Verfassungsgerichtsbarkeit).

Hänlein, Andreas; Kruse, Jürgen; Schuler, Rolf (Hrsg.), Sozialgesetzbuch V, Gesetzliche Krankenversicherung, Lehr- und Praxiskommentar, 4. Auflage, Baden-Baden 2012 (zitiert: *Bearbeiter*, in: Hänlein/Kruse/Schuler, LPK-SGB V).

Hartdegen, Karsten, Aggression und Gewalt in der Pflege, Stuttgart, Jena, Lübeck, Ulm 1996 (zitiert: *Hartdegen*, Aggression).

Hasselhorn, Hans-Martin; Tackenberg, Peter; Büscher, Andreas; Stelzig, Stephanie; Kümmerling, Angelika; Müller, Bernd Hans, Intent to leave nursing in Germany, in: Hasselhorn, Hans-Martin; Tackenberg, Peter; Müller, Bernd Hans (Hrsg.), Working conditions and intent to leave the profession among nursing staff in Europe, Stockholm 2003, S. 136-145 (zitiert: *Hasselhorn et al.*, in: Hasselhorn/Tackenberg/Müller (Hrsg.), Working conditions).

Hastedt, Ingrid, Betriebswirtschaftliche Rahmenbedingungen der Implementierung von Leistungsniveaus in vollstationärer Pflege, in: Schmidt, Roland; Entzian, Hildegard; Giercke, Klaus-Ingo; Klie, Thomas (Hrsg.), Die Versorgung pflegebedürftiger alter Menschen in der Kommune, Daseinsvorsorge, Leistungserbringung und bürgerschaftliche Verantwortung in der Modernisierung der Pflege, Frankfurt am Main 1999, S. 91-99 (zitiert: *Hastedt*, in: Schmidt et al. (Hrsg.), Versorgung).

Häussler-Sczepan, Monika, Möglichkeiten und Grenzen einer selbstständigen Lebensführung in Einrichtungen, Integrierter Gesamtbericht zur gleichnamigen Untersuchung, Stuttgart, Berlin, Köln 1998 (zitiert: *Häussler-Sczepan*, Möglichkeiten).

Hedderich, Ingeborg, Burnout, Ursachen, Formen, Auswege, München 2009 (zitiert: *Hedderich*, Burnout).

Heidenhain, Martin, Anmerkung zu BVerfG, Beschluss v. 26.2.1969 – 2 BvL 15/68 und 23/68, in: Juristenzeitung 1969, S. 508-509.

Hein, Peter, E., Die Unvereinbarerklärung verfassungswidriger Gesetze durch das Bundesverfassungsgericht, Grundlagen, Anwendungsbereich, Rechtsfolgen, Baden-Baden 1988 (zitiert: *Hein*, Unvereinbarerklärung).

Heinemann, Evelyn, Aggression, Verstehen und bewältigen, Berlin, Heidelberg 1996 (zitiert: *Heinemann*, Aggression).

Heinrich, Johannes, Aggression und Stress, Entlastung und Entspannung durch Abbau massiver Aggressionsformen, 3. Auflage, Weinheim 1993 (zitiert: *Heinrich*, Aggression).

Heintze, Cornelia, Bewältigung des demografischen Wandels: Hilfs- und Pflegeleistungen für Ältere, Ein deutsch-skandinavischer Vergleich, in: Soziale Sicherheit 2010, S. 263-269.

Heinzelmann, Martin, Das Altenheim – immer noch eine „Totale Institution"?, Eine Untersuchung des Binnenlebens zweier Altenheime, Göttingen 2004 (zitiert: *Heinzelmann*, Altenheim).

Henderson, Virginia, Grundregeln der Krankenpflege, 3. Ausgabe Genf 1977 (zitiert: *Henderson*, Krankenpflege).

Hennecke, Mathias, Erforderlicher Pflegezeit- und Personalbedarf in vollstationären Einrichtungen, in: Kuratorium Deutsche Altershilfe (Hrsg.), Erforderlicher Pflegezeit- und Personalbedarf in vollstationären Einrichtungen, Ergebnisse der Erprobung des Verfahrens PLAISIR© in elf Einrichtungen der Arbeiterwohlfahrt, Dokumentation einer KDA-Fachtagung am 20. Juni 2000 im Ausstellungs- und Veranstaltungszentrum im Logenhaus Berlin, Köln 2000, S. 44-52 (zitiert: *Hennecke*, in: KDA (Hrsg.), Pflegezeitbedarf).

Hermes, Georg, Das Grundrecht auf Schutz von Leben und Gesundheit, Schutzpflicht und Schutzanspruch aus Art. 2 II 1 GG, Heidelberg 1987 (zitiert: *Hermes*, Grundrecht).

Herzog, Roman, Der Verfassungsauftrag zum Schutz des ungeborenen Lebens, in: Juristische Rundschau 1969, S. 441-445.

Herzog, Roman, Die Vollstreckung der Entscheidungen des Bundesverfassungsgerichts, in: Der Staat 4 (1965), S. 37-49.

Hesse, Konrad, Bestand und Bedeutung der Grundrechte in der Bundesrepublik Deutschland, in: Europäische Grundrechte-Zeitschrift 1978, S. 427-438.

Hesse, Konrad, Die verfassungsrechtliche Stellung der politischen Parteien im modernen Staat, in: Veröffentlichungen der Vereinigung der Deutschen Staatsrechtslehrer 17 (1959), S. 11-52.

Hesse, Konrad, Funktionelle Grenzen der Verfassungsgerichtsbarkeit, in: Recht als Prozess und Gefüge, Festschrift für Hans Huber zum 80. Geburtstag, Bern 1981, S. 261-272 (zitiert: *Hesse*, in: FS Huber).

Hesse, Konrad, Grundzüge des Verfassungsrechts der Bundesrepublik Deutschland (Auszug), in: Häberle, Peter (Hrsg.), Verfassungsgerichtsbarkeit, Darmstadt 1976, S. 367-373 (zitiert: *Hesse*, in: Häberle (Hrsg.), Verfassungsgerichtsbarkeit).

Hesse, Konrad, Grundzüge des Verfassungsrechts der Bundesrepublik Deutschland, Neudruck der 20. Auflage, Heidelberg 1999 (zitiert: *Hesse*, Grundzüge).

Hesse, Konrad, Stufen der Entwicklung der deutschen Verfassungsgerichtsbarkeit, in: Jahrbuch des öffentlichen Rechts der Gegenwart 46 (1998), S. 1-23.

Heun, Werner, Funktionell-rechtliche Schranken der Verfassungsgerichtsbarkeit, Reichweite und Grenzen einer dogmatischen Argumentationsfigur, Baden-Baden 1992 (zitiert: *Heun*, Schranken).

Heußner, Hermann, Folgen der Verfassungswidrigkeit eines Gesetzes ohne Nichtigeklärung, in: Neue Juristische Wochenschrift 1982, S. 257-263.

Heydte, Friedrich August Freiherr von der, Judicial self-restraint eines Verfassungsgerichts im freiheitlichen Rechtsstaat?, in: Leibholz, Gerhard; Faller, Hans Joachim; Mikat, Paul; Reis, Hans (Hrsg.), Menschenwürde und freiheitliche Rechtsordnung, Festschrift für Willi Geiger zum 65. Geburtstag, Tübingen 1974, S. 909-924 (zitiert: *v. d. Heydte*, in: FS Geiger).

Hillgruber, Christian, Verfassungsrecht zwischen normativem Anspruch und politischer Wirklichkeit, in: Veröffentlichungen der Vereinigung der Deutschen Staatsrechtslehrer 67 (2008), S. 7-56.

Literaturverzeichnis

Hillgruber, Christian; Goos, Christoph, Verfassungsprozessrecht, 3., neu bearbeitete Auflage, Heidelberg, München, Landsberg, Frechen, Hamburg 2011 (zitiert: *Hillgruber/Goos,* Verfassungsprozessrecht).

Hirrlinger, Walter, Zwischen Teilhabe und Kostendämpfung, in: Die Krankenversicherung 2007, S. 50-55.

Hirsch, R. D.; Erkens, F.; Flötgen, P.; Frießner, K.; Halfen, M.; Vollhardt B., Handeln statt Misshandeln: Rückblick – Entwicklung – Aktivitäten, 1997 – 2002, Bonner Schriftenreihe „Gewalt im Alter", Band 10, Bonn 2002 (zitiert: *Hirsch et al.*, Handeln).

Hirsch, Rolf D., Definition und Abgrenzung von Gewalt und Aggression, in: Hirsch, Rolf D.; Bruder, Jens; Radebold, Hartmut (Hrsg.), Aggression im Alter, Bonner Schriftenreihe „Gewalt im Alter", Band 7, Bonn 2000, S. 15-43 (zitiert: *Hirsch,* in: Hirsch/Bruder/Radebold (Hrsg.), Aggression).

Hirsch, Rolf D., Erfüllen Pflegeheime die Bedürfnisse der Menschen?, in: Forum Sozialstation 2002, S. 16-19.

Hirsch, Rolf D., Gewalt in der gerontopsychiatrischen Klinik, in: Hirsch, Rolf D.; Vollhardt, Bodo R.; Erkens, Fred (Hrsg.), Gewalt gegen alte Menschen, 1. Arbeitsbericht, 2. Auflage, Bonn 1997, S. 33-56 (zitiert: *Hirsch*, in: Hirsch/Vollhardt/Erkens (Hrsg.), Gewalt).

Hirsch, Rolf D., Nahraumgewalt gegen ältere Menschen: Wie ist Vorbeugung möglich? Welche Hilfen benötigen Opfer?, in: Görgen, Thomas; Nägele, Barbara (Hrsg.), Wehrlos im Alter? Strategien gegen Gewalt in engen persönlichen Beziehungen älterer Menschen, Dokumentation einer Fachtagung und eines Expertenforums am 14. und 15.6.2006 in Hannover, S. 56-73, abgerufen unter: http://www.bmfsfj.de/RedaktionBMFSFJ/Abteilung3/Pdf-Anlagen/dokumentation-wehrlos-im-alter,property=pdf,bereich=bmfsfj,sprache=de,rwb=true.pdf am 12.6.2013 (zitiert: *Hirsch,* in: Görgen/Nägele (Hrsg.), Wehrlos).

Hirsch, Rolf D.; Fussek, Claus (Hrsg.), Gewalt gegen pflegebedürftige alte Menschen in Institutionen: Gegen das Schweigen, Berichte von Betroffenen, Bonner Schriftenreihe „Gewalt im Alter", Band 4, 3. Auflage, Bonn 2001 (zitiert: *Hirsch/Fussek,* Berichte).

Hirsch, Rolf D.; Kranzhoff, Erhard U., Gewalt: Aspekte des Begriffs, in: Hirsch, Rolf D.; Vollhardt, Bodo R.; Erkens, Fred (Hrsg.), Gewalt gegen alte Menschen, 1. Arbeitsbericht, Bonn 1997, S. 1-13 (zitiert: *Hirsch/Kranzhoff,* in: Hirsch/Vollhardt/Erkens (Hrsg.), Gewalt).

Hirsch, Rolf Dieter, Gewalt in der Pflege: ein drängendes gesellschaftliches Problem, in: Psychiatrie & Altenhilfe news 2000, S. 5-14.

Hirsch, Rolf Dieter, Workshop A: Alte Menschen in Pflegeeinrichtungen – Qualitätsmerkmale der Pflege, in: Landespräventionsrat Nordrhein-Westfalen (Hrsg.), Alter – ein Risiko?, Ältere Menschen als Opfer von häuslicher und institutioneller Gewalt, Münster 2005, S. 73-112 (zitiert: *Hirsch,* in: LPR-NRW (Hrsg.), Alter).

Hirsch, Rolf Dieter; Kastner, Ulrich, Heimbewohner mit psychischen Störungen, Expertise, Köln 2004 (zitiert: *Hirsch/Kastner,* Heimbewohner).

Hoffmann, Birgit; Klie, Thomas, Freiheitsentziehende Maßnahmen im Betreuungs- und Kindschaftsrecht, Voraussetzungen, Verfahren, Praxis, 2., völlig neu bearbeitete Auflage, Heidelberg, München, Landsberg, Frechen, Hamburg 2012 (zitiert: *Hoffmann/ Klie*, Maßnahmen).

Höfling, Wolfram, Staatliche „Altenpolitik" – der grundrechtsgeprägte Sozialstaat auf dem Rückzug?, in: Landespräventionsrat Nordrhein-Westfalen (Hrsg.), Alter – ein Risiko?, Ältere Menschen als Opfer von häuslicher und institutioneller Gewalt, Münster 2005, S. 43-51 (zitiert: *Höfling*, in: LPR-NRW (Hrsg.), Alter).

Höpker-Aschoff, Hermann, Denkschrift des Bundesverfassungsgerichts, Die Stellung des Bundesverfassungsgerichts, in: Jahrbuch des öffentlichen Rechts der Gegenwart 6 (1957), S. 144-148.

Hopp, Gitta; Nakielski, Hans, Personalsituation in der Altenpflege, in: Kuratorium Deutsche Altershilfe (Hrsg.), Rund ums Alter, Alles Wissenswerte von A bis Z, München 1996, S. 221-227 (zitiert: *Hopp/Nakielski*, in: KDA (Hrsg.), Alter).

Horz, Carl Christian, Rechtliche und praktische Fragen der Einstufung der Pflegebedürftigkeit, in: Vierteljahresschrift für Sozialrecht 1999, S. 275-304.

Igl, Gerhard, § 18 Pflegeversicherung, in: Maydell, Bernd Baron von; Ruland, Franz; Becker, Ulrich (Hrsg.), Sozialrechtshandbuch, SRH, 5. Auflage, Baden-Baden 2012 (zitiert: *Igl*, in: v. Maydell/Ruland/Becker (Hrsg.), SRH).

Igl, Gerhard, Fachliche Standards und Expertenstandards für die Pflege im System der Qualitätsentwicklung nach § 113a und § 113b SGB XI, in: Beiträge zum Recht der sozialen Dienste und Einrichtungen 67 (2008), S. 38-55.

Igl, Gerhard, Grundprobleme des Leistungsprogramms der Pflegeversicherung im ambulanten Bereich, in: Vierteljahresschrift für Sozialrecht 1999, S. 305-325.

Igl, Gerhard, Pflegebedürftigkeit, Pflege und Pflegebedarf im rechtlichen Verständnis, in: Beiträge zum Recht der sozialen Dienste und Einrichtungen 67 (2008), S. 1-26.

Igl, Gerhard, Qualitätsanforderungen in der Langzeitpflege: Wie hat eine rechtliche Rahmenordnung auszusehen?, Eine historische, rechtliche und rechtspolitische Analyse, in: Die Sozialgerichtsbarkeit 2007, S. 381-394.

Igl, Gerhard; Klie, Thomas, § 1 Recht der älteren Menschen, in: Igl, Gerhard; Klie, Thomas (Hrsg.), Das Recht der älteren Menschen, Baden-Baden 2007, S. 17-47 (zitiert: *Igl/Klie*, in: Igl/Klie (Hrsg.), Recht).

Igl, Gerhard; Welti, Felix, Die Leistungsinhalte der häuslichen Krankenpflege und ihre Abgrenzung von den Leistungen bei Pflegebedürftigkeit, in: Vierteljahresschrift für Sozialrecht 1995, S. 117-148.

Ipsen, Hans Peter, Diskussionsbeitrag, in: Veröffentlichungen der Vereinigung der Deutschen Staatsrechtslehrer 20 (1963), S. 120-121.

Ipsen, Jörn, Erledigung politischer Streitfragen durch die Verfassungsgerichtsbarkeit, in: Starck, Christian (Hrsg.), Fortschritte der Verfassungsgerichtsbarkeit in der Welt – Teil II, Deutsch-Japanisches Kolloquium vom 25. bis 30. August 2004 in Göttingen und Osnabrück, Baden-Baden 2006, S. 45-52 (zitiert: *Ipsen*, in: Starck (Hrsg.), Fortschritte).

Literaturverzeichnis

Ipsen, Jörn, Rechtsfolgen der Verfassungswidrigkeit von Norm und Einzelakt, Baden-Baden 1980 (zitiert: *Ipsen*, Rechtsfolgen).

Isensee, Josef, § 191 Das Grundrecht als Abwehrrecht und als staatliche Schutzpflicht, in: Isensee, Josef; Kirchhof, Paul (Hrsg.), Handbuch des Staatsrechts der Bundesrepublik Deutschland, Band IX, Allgemeine Grundrechtslehren, Dritte, völlig neubearbeitete und erweiterte Auflage, Heidelberg 2011 (zitiert: *Isensee*, in: HStrR IX).

Isensee, Josef, Das Grundrecht auf Sicherheit, Zu den Schutzpflichten des freiheitlichen Verfassungsstaates, Vortrag gehalten vor der Berliner Juristischen Gesellschaft am 24. November 1982, Erweiterte Fassung, Berlin, New York 1983 (zitiert: *Isensee*, Grundrecht).

Isensee, Josef, Das staatliche Gewaltmonopol als Grundlage und Grenze der Grundrechte, Der Vorbehalt der Friedlichkeit als Kriterium des Grundrechtstatbestandes und der Schutzpflicht, in: Franßen, Eberhardt; Redeker, Konrad; Schlichter, Otto; Wilke, Dieter (Hrsg.), Bürger – Richter – Staat, Festschrift für Horst Sendler, Präsident des Bundesverwaltungsgerichts, Zum Abschied aus seinem Amt, München 1991, S. 39-63 (zitiert: *Isensee*, in: FS Sendler).

Isensee, Josef, Die Friedenspflicht der Bürger und das Gewaltmonopol des Staates, Zur Legitimationskrise des modernen Staates, in: Müller, Georg; Rhinow, René A.; Schmid, Gerhard; Wildhaber, Luzius (Hrsg.), Staatsorganisation und Staatsfunktionen im Wandel, Festschrift für Kurt Eichenberger zum 60. Geburtstag, Basel, Frankfurt am Main 1982, S. 23-40 (zitiert: *Isensee*, in: FS Eichenberger).

Isensee, Josef, Die Verfassungsgerichtsbarkeit zwischen Recht und Politik, in: Piazolo, Michael (Hrsg.), Das Bundesverfassungsgericht, Ein Gericht im Schnittpunkt von Recht und Politik, Mainz, München 1995, S. 49-59 (zitiert: *Isensee*, in: Piazolo (Hrsg.), Bundesverfassungsgericht).

Jacobs, Klaus, Zur Kohärenz von gesetzlicher Pflegeversicherung und anderen Zweigen der Sozialversicherung, in: Fachinger, Uwe; Rothgang, Heinz (Hrsg.), Die Wirkungen des Pflege-Versicherungsgesetzes, Berlin 1995, S. 245-262 (zitiert: *Jacobs*, in: Fachinger/Rothgang (Hrsg.), Wirkungen).

Jaeckel, Liv, Schutzpflichten im deutschen und europäischen Recht, Eine Untersuchung der deutschen Grundrechte, der Menschenrechte und Grundfreiheiten der EMRK sowie der Grundrechte und Grundfreiheiten der Europäischen Gemeinschaft, Baden-Baden 2001 (zitiert: *Jaeckel*, Schutzpflichten).

Jarass, Hans D., Grundrechte als Wertentscheidungen bzw. objektivrechtliche Prinzipien in der Rechtsprechung des Bundesverfassungsgerichts, in: Archiv des öffentlichen Rechts 110 (1985), S. 363-397.

Jarass, Hans D.; Pieroth, Bodo, Grundgesetz für die Bundesrepublik Deutschland, Kommentar, 12. Auflage, München 2012 (zitiert: *Bearbeiter*, in: Jarass/Pieroth, GG).

Jeand'Heur, Bernd, Grundrechte im Spannungsverhältnis zwischen subjektiven Freiheitsgarantien und objektiven Grundsatznormen, in: Juristenzeitung 1995, S. 161-167.

Jekewitz, Jürgen, Bundesverfassungsgericht und Gesetzgeber, Zu den Vorwirkungen von Existenz und Rechtsprechung des Bundesverfassungsgerichts in den Bereich der Gesetzgebung, in: Der Staat 19 (1980), S. 535-556.

Joussen, Jacob, Streitfragen aus dem Pflegezeitgesetz, in: Neue Zeitschrift für Arbeitsrecht 2009, S. 69-74.

Jurgeleit, Andreas (Hrsg.), Betreuungsrecht, Handkommentar, 2. Auflage, Baden-Baden 2010 (zitiert: *Bearbeiter*, in: Jurgeleit, Betreuungsrecht).

Jürgens, Andreas (Hrsg.), Betreuungsrecht, Kommentar zum materiellen Betreuungsrecht, zum Verfahrensrecht und zum Vormünder- und Betreuervergütungsrecht, 4., völlig überarbeitete Auflage, München 2010 (zitiert: *Bearbeiter*, in: Jürgens, Betreuungsrecht).

Kaiser, Helmut, Zwischen Liebe und Aggression – Zur Ethik pflegerischen Handelns, in: Blonski, Harald (Hrsg.), Ethik in Gerontologie und Altenpflege, Leitfaden für die Praxis, Hagen 1998, S. 151-164 (*Kaiser*, in: Blonski (Hrsg.), Ethik).

Kaufmann, Erich, Die Grenzen der Verfassungsgerichtsbarkeit (Auszug), in: Häberle, Peter (Hrsg.), Verfassungsgerichtsbarkeit, Darmstadt 1976, S. 143-160 (zitiert: *Kaufmann*, in: Häberle (Hrsg.), Verfassungsgerichtsbarkeit).

Kaufmann, Erich, Diskussionsbeitrag, in: Veröffentlichungen der Vereinigung der Deutschen Staatsrechtslehrer 4 (1928), S. 77-82.

Kemper, B.; Lindner, I.; Sauter, M., Besonderheiten burnoutgefährdeter Altenpflegerinnen, welche von einem Angebot zur Burnout-Prophylaxe Gebrauch machten, in: Landau, Kurt (Hrsg.), Arbeitsbedingungen im Krankenhaus und Heim, Bericht über ein Symposium, München 1991, S. 88-103 (zitiert: *Kemper/Lindner/Sauter*, in: Landau (Hrsg.), Arbeitsbedingungen).

Kersting, Karin, Coolout im Pflegealltag, in: Pflege und Gesellschaft 1999, S. 53-59.

Kienzle, Theo; Paul-Ettlinger, Barbara, Aggression in der Pflege, Umgangsstrategien für Pflegebedürftige und Pflegepersonal, 4., aktualisierte Auflage, Stuttgart 2009 (zitiert: *Kienzle/Paul-Ettlinger*, Aggression).

Kimmel, Andrea; Thomas, Stefanie; Wagner, Alexander; Windeler, Jürgen; Reif, Karl; Langer, Ingo; Görres, Stefan, Neues Begutachtungsverfahren zur Feststellung von Pflegebedürftigkeit, in: Soziale Sicherheit 2009, S. 22-26.

Kindhäuser, Urs; Neumann, Ulfrid; Paeffgen, Hans-Ullrich (Hrsg.), Strafgesetzbuch, Band 3, Besonderer Teil, §§ 232-358, 4. Auflage, Baden Baden 2013 (zitiert: *Bearbeiter*, in: Kindhäuser/Neumann/Paeffgen, StGB).

Klein, Eckart, Diplomatischer Schutz und grundrechtliche Schutzpflicht, in: Die Öffentliche Verwaltung 1977, S. 704-710.

Klein, Eckart, Verfassungsprozessrecht – Versuch einer Systematik an Hand der Rechtsprechung des Bundesverfassungsgerichts, in: Archiv des Öffentlichen Rechts 108 (1983), S. 410-444.

Klein, Hans H., Bundesverfassungsgericht und Staatsraison, Über Grenzen normativer Gebundenheit des Bundesverfassungsgerichtes, Frankfurt am Main, Berlin 1968 (zitiert: *Klein*, Staatsraison).

Literaturverzeichnis

Klein, Hans H., Die Bedeutung des besonderen Verfassungsprozessrechts für die Stellung der Verfassungsgerichtsbarkeit im demokratischen Verfassungsstaat, in: Starck, Christian (Hrsg.), Fortschritte der Verfassungsgerichtsbarkeit in der Welt – Teil II, Deutsch-Japanisches Kolloquium vom 25. bis 30. August 2004 in Göttingen und Osnabrück, Baden-Baden 2006, S. 143-156 (zitiert: *Klein*, in: Starck (Hrsg.), Fortschritte).

Klein, Hans, Die grundrechtliche Schutzpflicht, in: Deutsches Verwaltungsblatt 1994, S. 489-497.

Klein, Oliver, Das Untermaßverbot – Über die Justiziabilität grundrechtlicher Schutzpflichterfüllung, in: Juristische Schulung 2006, S. 960-964.

Kleuker, Mathias, Gesetzgebungsaufträge des Bundesverfassungsgerichts, Berlin 1993 (zitiert: *Kleuker*, Gesetzgebungsaufträge).

Klie, Thomas, Expertise zu den rechtlichen und finanziellen Rahmenbedingungen der Pflege, Im Auftrag der Enquête-Kommission „Situation und Zukunft der Pflege in NRW" des Landtages Nordrhein-Westfalen, Freiburg 2003, abgerufen unter http://www.landtag.nrw.de/portal/WWW/GB_I/I.1/EK/EKALT/13_EK3/Gutachten/Finanzielle_und_rechtliche_Rahmenbedingungen.pdf am 12.6.2013 (zitiert: *Klie*, Expertise).

Klie, Thomas, Heimaufsicht als Ritual, Von Kontrolle zu Kooperation, in: Altenheim 1991, S. 420-424.

Klie, Thomas, Heime im normativen Konflikt, in: Brandt, Hans; Dennebaum, Eva-Maria; Rückert, Willi (Hrsg.), Stationäre Altenhilfe, Problemfelder – Rahmenbedingungen – Perspektiven, Freiburg im Breisgau 1987, S. 47-57 (zitiert: *Klie*, in: Brandt/Dennebaum/Rückert (Hrsg.), Altenhilfe).

Klie, Thomas, Zur Verbreitung unterbringungsähnlicher Maßnahmen im Sinne des § 1906 Abs. 4 BGB in bundesdeutschen Pflegeheimen, in: Betreuungsrechtliche Praxis 1998, S. 50-53.

Klie, Thomas; Krahmer, Utz (Hrsg.), Sozialgesetzbuch XI, Soziale Pflegeversicherung, Lehr- und Praxiskommentar, 3. Auflage, Baden-Baden 2009 (zitiert: *Bearbeiter*, in: Klie/Krahmer, LPK-SGB XI).

Klie, Thomas; Lörcher, Uwe, Gefährdete Freiheit, Fixierungspraxis in Pflegeheimen und Heimaufsicht, Freiburg im Breisgau 1994 (zitiert: *Klie/Lörcher*, Freiheit).

Klie, Thomas; Pfundstein, Thomas; Stoffer, Franz Josef (Hrsg.), Pflege ohne Gewalt? Freiheitsentziehende Maßnahmen in Pflegeheimen – Entwicklung von Präventions- und Handlungsmaßnahmen, Ein Theorie-Praxis-Projekt der Robert Bosch Stiftung, Köln 2005 (zitiert: *Klie/Pfundstein/Stoffer*, Pflege).

Kloepfer, Michael, Grundrechte als Entstehenssicherung und Bestandsschutz, München 1970 (zitiert: *Kloepfer*, Grundrechte).

Kloepfer, Michael, Umweltschutz und Verfassungsrecht, Zum Umweltschutz als Staatspflicht, in: Deutsches Verwaltungsblatt 1988, S. 305-316.

Kloepfer, Michael, Zum Grundrecht auf Umweltschutz, Vortrag gehalten vor der Berliner Juristischen Gesellschaft am 18. Januar 1978, Berlin, New York 1978 (zitiert: *Kloepfer*, Umweltschutz).

Kneip, Sascha, Demokratieimmanente Grenzen der Verfassungsgerichtsbarkeit, in: Politische Vierteljahresschrift, Sonderheft 36/2006, S. 259-281.

Knies, Wolfgang, Auf dem Weg in den „verfassungsgerichtlichen Jurisdiktionsstaat"?, Das Bundesverfassungsgericht und die gewaltenteilende Kompetenzordnung des Grundgesetzes, in: Burmeister, Joachim (Hrsg.), Verfassungsstaatlichkeit, Festschrift für Klaus Stern zum 65. Geburtstag, München 1997, S. 1155-1182 (zitiert: *Knies*, in: FS Stern).

Knobling, Cornelia, Konfliktsituationen im Altenheim, Eine Bewährungsprobe für das Pflegepersonal, Freiburg im Breisgau 1985 (zitiert: *Knobling*, Konfliktsituationen).

Knöpfle, Franz, Richterbestellung und Richterbank bei den Landesverfassungsgerichten, in: Starck, Christian; Stern, Klaus (Hrsg.), Landesverfassungsgerichtsbarkeit, Teilband I, Geschichte, Organisation, Rechtsvergleichung, in Gemeinschaft mit Otto Bachof, Wilhelm Karl Geck und Johann Schmidt, Baden-Baden 1983, S. 231-283 (zitiert: *Knöpfle*, in: Starck/Stern (Hrsg.), Landesverfassungsgerichtsbarkeit).

Koch-Straube, Ursula, Fremde Welt Pflegeheim, in: Schmidt, Roland; Entzian, Hildegard; Giercke, Klaus-Ingo; Klie, Thomas (Hrsg.), Die Versorgung pflegebedürftiger alter Menschen in der Kommune, Daseinsvorsorge, Leistungserbringung und bürgerschaftliche Verantwortung in der Modernisierung der Pflege, Frankfurt am Main 1999, S. 254-260 (zitiert: *Koch-Straube*, in: Schmidt et al. (Hrsg.), Versorgung).

Koch-Straube, Ursula, Zur Identität von Frauen in Pflegeberufen, in: Braun, Helmut; Klie, Thomas; Kohnert, Monika; Lüders, Inge (Hrsg.), Zukunft der Pflege, Beiträge zur Pflegediskussion in Altenarbeit und Gerontologie, Dokumentation der Tagung des Fachbereichs IV – Soziale Gerontologie und Altenarbeit – in der Deutschen Gesellschaft für Gerontologie und Geriatrie vom 7.-9. Oktober in Hamburg, Melsungen 1994, S. 217-222 (zitiert: *Koch-Straube*, in: Braun et al. (Hrsg.), Zukunft).

Koller, M., Bewegungseinschränkende Maßnahmen: Keine Alternativen?, in: Hirsch, Rolf D.; Unger, Dorothee (Hrsg.), Lebensqualität in der Pflege: Garantiert durch neue Gesetze?, Bonner Schriftenreihe „Gewalt im Alter", Band 8, Bonn 2002, S. 63-73 (zitiert: *Koller*, in: Hirsch/Unger (Hrsg.), Lebensqualität).

Korinek, Karl, Die Verfassungsgerichtsbarkeit im Gefüge der Staatsfunktionen, in: Veröffentlichungen der Vereinigung der Deutschen Staatsrechtslehrer 39 (1981), S. 7-52.

Korioth, Stefan, Die Bindungswirkung normverwerfender Entscheidungen des Bundesverfassungsgerichts für den Gesetzgeber, in: Der Staat 30 (1991), S. 549-571.

Kornadt, Hans-Joachim, Aggressionsmotiv und Aggressionshemmung, Band 1, Empirische und theoretische Untersuchungen zu einer Motivationstheorie der Aggression und zur Konstruktvalidierung eines Aggressions-TAT, Bern, Stuttgart, Wien 1982 (zitiert: *Kornadt*, Aggressionsmotiv I).

Kornadt, Hans- Joachim, Aggressionsmotiv und Aggressionshemmung, Band 2, Aggressions-TAT und andere aggressionsrelevante Verfahren, Bern, Stuttgart, Wien, 1982 (zitiert: *Kornadt*, Aggressionsmotiv II).

Kornadt, Hans-Joachim, Trends und Lage der gegenwärtigen Aggressionsforschung, in: Kornadt, Hans-Joachim (Hrsg.), Aggression und Frustration als psychologisches Problem, Zwei Bände, Zweiter Band, Darmstadt 1992, S. 513-560 (zitiert: *Kornadt*, in: Kornadt (Hrsg.), Aggression).

Literaturverzeichnis

Körner, Sylvia C., Das Phänomen Burnout am Arbeitsplatz Schule, Ein empirischer Beitrag zur Beschreibung des Burnout-Syndroms und seiner Verbreitung sowie zur Analyse von Zusammenhängen und potentiellen Einflussfaktoren auf das Ausbrennen von Gymnasiallehrern, Berlin 2003 (zitiert: *Körner*, Burnout).

Kranich, Mariana, Aggression und Gewalt im Alter, in: Hirsch, Rolf D.; Bruder, Jens; Radebold, Hartmut (Hrsg.), unter Mitarbeit von Guido Schiffhorst, Aggression im Alter, Bonner Schriftenreihe „Gewalt im Alter", Band 7, Bonn 2000, S. 45-71 (zitiert: *Kranich*, in: Hirsch/Bruder/Radebold (Hrsg.), Aggression).

Kranich, Mariana, Aggressions- und Gewaltphänomene in der Altenarbeit, Bonner Schriftenreihen „Gewalt im Alter", Band 1, Bonn 1998 (zitiert: *Kranich*, Aggressionsphänomene).

Kranzhoff, E.U.; Hirsch, R.D., Problemfeld „Fixierung" in der Gerontopsychiatrie, Stichtagserhebung über Einflussfaktoren bewegungseinschränkender Maßnahmen, in: Zeitschrift für Gerontologie und Geriatrie 30 (1997), S. 321-326.

Kratzmann, Horst, Grundrechte, Rechte auf Leistungen, Bern, Frankfurt am Main 1974 (zitiert: *Kratzmann*, Grundrechte).

Kreikebohm, Ralf; Spellbrink, Wolfgang; Waltermann, Raimund (Hrsg.), Kommentar zum Sozialrecht, VO (EG) Nr. 883/2004, SGB I bis SGB XII, SGG, BAföG, BEEG, Kindergeldrecht (EStG), UnterhaltsvorschussG, WoGG, 3. Auflage, München 2013 (zitiert: *Bearbeiter*, in: Kreikebohm/Spellbrink/Waltermann, KSR).

Kreimer, Reinhard, Altenpflege: menschlich, modern und kreativ, Grundlagen und Modelle einer zeitgemäßen Prävention, Pflege und Rehabilitation, Hannover 2004 (zitiert: *Kreimer*, Altenpflege).

Kreutzberger, Senja, Die gesetzlich nicht geregelten Entscheidungsvarianten des Bundesverfassungsgerichts, Frankfurt am Main 2007 (zitiert: *Kreutzberger*, Entscheidungsvarianten).

Kreuzer, Arthur; Görgen, Thomas, Ältere Menschen als Opfer, in: Egg, Rudolf; Minthe, Eric (Hrsg.), Opfer von Straftaten, Kriminologische, rechtliche und praktische Aspekte, Wiesbaden 2003, S. 173-195 (zitiert: *Kreuzer/Görgen*, in: Egg/Minthe (Hrsg.), Opfer).

Krey, Volker, Das Bundesverfassungsgericht in Karlsruhe – ein Gericht läuft aus dem Ruder, Kritische Anmerkungen anlässlich des Sitzblockaden-Beschlusses des Ersten Senats vom 10.1.1995, in: Juristische Rundschau 1995, S. 221-228.

Kriele, Martin, Recht und Politik in der Verfassungsrechtsprechung, Zum Problem des judicial self-restraint, in: Neue Juristische Wochenschrift 1976, S. 777-783.

Krings, Günter, Grund und Grenzen grundrechtlicher Schutzansprüche, Die subjektiv-rechtliche Rekonstruktion der grundrechtlichen Schutzpflichten und ihre Auswirkung auf die verfassungsrechtliche Fundierung des Verbrauchervertragsrechts, Berlin 2003 (zitiert: *Krings*, Schutzansprüche).

Kruse, Andreas, Gelebte Vielfalt, Internationale Unterschiede in der gesellschaftlichen Wahrnehmung des Alters, in: ProAlter 2010, S. 20-24.

Kruse, Andreas, Pflege als gesellschaftliche und ethische Herausforderung der Seniorenpolitik im Blick auf Menschen mit Pflegebedarf und pflegenden Personen, in: Igl, Gerhard; Naegele, Gerhard; Hamdorf, Silke (Hrsg.), Reform der Pflegeversicherung, Auswirkungen auf die Pflegebedürftigen und die Pflegepersonen, Münster 2007, S. 6-17 (*Kruse*, in: Igl/Naegele/Hamdorf (Hrsg.), Reform).

Kruse, Andreas; Kröhn, Rainer; Langerhans, Gabriele; Schneider, Christel, Konflikt- und Belastungssituationen in stationären Einrichtungen der Altenhilfe und Möglichkeiten ihrer Bewältigung, Studie im Auftrag des Bundesministeriums für Familie und Senioren, Band 2, Stuttgart, Berlin, Köln 1992 (zitiert: *Kruse et al.*, Konfliktsituationen).

Kruse, Andreas; Schmitt, Eric, Konfliktsituationen in Alten- und Altenpflegeheimen, in: Zimber, Andreas; Weyerer, Siegfried (Hrsg.), Arbeitsbelastung in der Altenpflege, Göttingen, Bern, Toronto, Seattle 1999, S. 155-169 (zitiert: *Kruse/Schmitt*, in: Zimber/Weyerer (Hrsg.), Arbeitsbelastung).

Krutzsch, U., Diskrepanz zwischen Motivation, Erwartungen an den Beruf „Altenpfleger", Ausbildungsinhalten und Berufsrealität, in: Landau, Kurt (Hrsg.), Arbeitsbedingungen im Krankenhaus und Heim, Bericht über ein Symposium, München 1991, S. 584-588 (zitiert: *Krutzsch*, in: Landau (Hrsg.), Arbeitsbedingungen).

Kühnert, S.; Schnabel, E., Gegenwärtige Personalsituation und Qualifizierungserfordernisse in der Pflege, in: Zeitschrift für Gerontologie und Geriatrie 29 (1996), S. 411-417.

Kummer, Peter, § 13 Versicherungsfall Pflegebedürftigkeit, in: Schulin, Bertram (Hrsg.), Handbuch des Sozialversicherungsrechts, Band 4, Pflegeversicherungsrecht, München 1997 (zitiert: *Kummer*, in: Schulin (Hrsg.), HS-PV).

Kunz, Eduard; Butz, Manfred; Wiedemann, Edgar, Heimgesetz, Kommentar, 10., neubearbeitete Auflage, München 2004 (zitiert: *Kunz/Butz/Wiedemann*, HeimG).

Küpper-Nybelen, Jutta; Ihle, Peter; Deetjen, Wolfgang; Schubert, Ingrid, Empfehlung rehabilitativer Maßnahmen im Rahmen der Pflegebegutachtung und Umsetzung in der ambulanten Versorgung, in: Zeitschrift für Gerontologie und Geriatrie 39 (2006), S. 100-108.

Küsgens, I., Krankheitsbedingte Fehlzeiten in Altenpflegeberufen – Eine Untersuchung der in Altenpflegeeinrichtungen tätigen AOK-Versicherten 2003, in: Badura, B.; Schellschmidt, H.; Vetter, C. (Hrsg.), Fehlzeiten-Report 2004, Gesundheitsmanagement in Krankenhäusern und Pflegeeinrichtungen, Zahlen, Daten, Analysen aus allen Branchen der Wirtschaft, Berlin, Heidelberg, New York 2005, S. 203-219 (zitiert: *Küsgens*, in: Badura/Schellschmidt/Vetter (Hrsg.), Fehlzeiten).

Landespräventionsrat Nordrhein-Westfalen (Hrsg.), Gefahren für alte Menschen in der Pflege, Basisinformationen und Verhaltenshinweise für Professionelle im Hilfesystem, Angehörige und Betroffene, 2006, abgerufen unter http://www.justiz.nrw.de/JM/praevention/publikationen/pflege.pdf am 12.6.2013 (zitiert: *LPR-NRW*, Gefahren).

Landfried, Christine, Bundesverfassungsgericht und Gesetzgeber, Wirkungen der Verfassungsrechtsprechung auf parlamentarische Willensbildung und soziale Realitäten, Baden-Baden 1984 (zitiert: *Landfried*, BVerfG).

Literaturverzeichnis

Landolt, Hardy, Pflegerecht, Band I, Grundlagen des Pflegerechts, Eine Darstellung der begrifflichen, statistischen und volkswirtschaftlichen Grundlagen und des internationalen Pflegerechts, Bern 2001 (zitiert: *Landolt*, Pflegerecht).

Lang, Armin; Brandt, Franz; Setz, Helga; Schwarz, Theo, ASG-Positionen zur Weiterentwicklung der Pflegeversicherung, in: Soziale Sicherheit 2005, S. 122-129.

Langer, Stefan, Staatshaftung für Waldschäden wegen Verletzung grundrechtlicher Schutzpflichten?, in: Neue Zeitschrift für Verwaltungsrecht 1987, S. 195-200.

Laufer, Heinz, Politische Kontrolle durch Richtermacht, Das Bundesverfassungsgericht als Kontrollorgan der Politik, in: Tohidipur, Mehdi (Hrsg.), Verfassung, Verfassungsgerichtsbarkeit, Politik, Zur verfassungsrechtlichen und politischen Stellung des Bundesverfassungsgerichts, Frankfurt am Main 1976, S. 92-115 (zitiert: *Laufer*, in: Tohidipur (Hrsg.), Verfassung).

Laufer, Heinz, Verfassungsgerichtsbarkeit und politischer Prozess, Studien zum Bundesverfassungsgericht der Bundesrepublik Deutschland, Tübingen 1968 (zitiert: *Laufer*, Verfassungsgerichtsbarkeit).

Lauterbach, Karl W., Stabile Beiträge trotz mehr Leistungen in den nächsten Jahren: Auswirkungen einer Bürgerversicherung in der Pflegeversicherung, in: Soziale Sicherheit 2005, S. 93-101.

Lechner, Hans; Zuck, Rüdiger, Bundesverfassungsgerichtsgesetz, Kommentar, 6. Auflage München 2011 (zitiert: *Bearbeiter*, in: Lechner/Zuck, BVerfGG).

Leibholz, Gerhard, Der Status des Bundesverfassungsgerichts, in: Jahrbuch des Öffentlichen Rechts der Gegenwart 6 (1957), S. 109-137.

Leibholz, Gerhard, Der Status des Bundesverfassungsgerichts, in: Bundesverfassungsgericht (Hrsg.), Das Bundesverfassungsgericht, Karlsruhe 1963, S. 61-86 (zitiert: *Leibholz*, in: BVerfG (Hrsg.), BVerfG).

Leibholz, Gerhard, Die Stellung des Bundesverfassungsgerichts im Rahmen des Bonner Grundgesetzes, in: Politische Vierteljahresschrift 1962, S. 13-25.

Leibholz, Gerhard, Diskussionsbeitrag, in: Veröffentlichungen der Vereinigung der Deutschen Staatsrechtslehrer 20 (1963), S. 117-120.

Leibholz, Gerhard, Strukturprobleme der modernen Demokratie, 3. Auflage, Karlsruhe 1967 (zitiert: *Leibholz*, Strukturprobleme).

Leitherer, Stephan (Hrsg.), Kasseler Kommentar, Sozialversicherungsrecht, Band 1 und 2, Stand der 77. Ergänzungslieferung 1. März 2013, München 2013 (zitiert: *Bearbeiter*, in: KassKomm).

Leitherer, Stephan, § 15 Allgemeines zum Leistungsrecht, in: Schulin, Bertram (Hrsg.), Handbuch des Sozialversicherungsrechts, Band 4, Pflegeversicherungsrecht, München 1997 (zitiert: *Leitherer*, in: Schulin (Hrsg.), HS-PV).

Limbach, Jutta, Das Bundesverfassungsgericht als politischer Machtfaktor, Vortrag anlässlich der Eröffnung des Sommersemester 1995, Speyer 1995 (zitiert: *Limbach*, Machtfaktor).

Loschelder, Wolfgang, Staatliche Regelungsbefugnis und Toleranz im Immissionsschutz zwischen Privaten, Die „Passivraucher"-Kontroverse in der öffentlichen Verwaltung, in: Zeitschrift für Beamtenrecht 1977, S. 337-355.

Maisch, H., Phänomenologie der Serientötung von schwerstkranken älteren Patienten durch Angehörige des Pflegepersonals, in: Zeitschrift für Gerontologie und Geriatrie 29 (1996), S. 201-205.

Mangoldt, Hermann von; Klein, Friedrich; Starck, Christian (Hrsg.), Kommentar zum Grundgesetz, Band 1: Präambel, Artikel 1 bis 19, Sechste, vollständig neu bearbeitete Auflage, München 2010 (zitiert: *Bearbeiter*, in: v. Mangoldt/Klein/Starck, GG).

Marburger, Peter, Rechtliche Grenzen technischer Sicherheitspflichten, in: Wirtschaft und Verwaltung, Vierteljahresbeilage zum Gewerbearchiv 1981, S. 241-258.

Maschmann, Frank, Grundzüge des Leistungsrechts der gesetzlichen Pflegeversicherung nach dem SGB XI, in: Neue Zeitschrift für Sozialrecht 1995, S. 109-124.

Maslach, Christina; Leiter, Michael P., Die Wahrheit über Burnout, Stress am Arbeitsplatz und was Sie dagegen tun können, Wien, New York 2001 (zitiert: *Maslach/Leiter*, Burnout).

Massing, Otwin, Recht als Korrelat der Macht?, Überlegungen zu Status und Funktion der Verfassungsgerichtsbarkeit, in: Schäfer, Gert; Nedelmann, Carl (Hrsg.), Der CDU-Staat, Studien zur Verfassungswirklichkeit der Bundesrepublik, München 1967, S. 123-150 (zitiert: *Massing*, in: Schäfer/Nedelmann (Hrsg.), CDU-Staat).

Maunz, Theodor, Das verfassungswidrige Gesetz, in: Bayerische Verwaltungsblätter 1980, S. 513-518.

Maunz, Theodor; Schmidt-Bleibtreu, Bruno; Klein, Franz; Ulsamer, Gerhard; Bethge, Herbert; Grasshof, Karin; Hömig, Dieter; Mellinghoff, Rudolf; Müller-Terpitz, Ralf; Coelln, Christian von; Rozek, Jochen, Bundesverfassungsgerichtsgesetz, Kommentar, Band 2, Stand: 39. Ergänzungslieferung Dezember 2012, München 2013 (zitiert: *Bearbeiter*, in: Maunz et al., BVerfGG).

Maunz, Theodor; Dürig, Günter; Herzog, Roman; Scholz, Rupert; Herdegen, Matthias; Klein, Hans H. (Hrsg.), Grundgesetz Kommentar, Band I, Texte, Art. 1-5, Band VI, Art. 86-106b, Stand 67. Ergänzungslieferung November 2012, München 2013 (zitiert: *Bearbeiter*, in: Maunz/Dürig, GG).

Maurer, Hartmut, Zur Verfassungswidrigkeit von Gesetzen, in: Schneider, Hans; Götz, Volkmar (Hrsg.), Im Dienst an Recht und Staat, Festschrift für Werner Weber zum 70. Geburtstag, dargebracht von Freunden, Schülern und Kollegen, Berlin 1974, S. 345-368 (zitiert: *Maurer*, in: FS Weber).

Mayer, Christian, Die Nachbesserungspflicht des Gesetzgebers, Baden-Baden 1996 (zitiert: *Mayer*, Nachbesserungspflicht).

Medizinischer Dienst des Spitzenverbandes Bund der Krankenkassen e.V. (Hrsg.), 2. Bericht des MDS nach § 118 Abs. 4 SGB XI, Qualität in der ambulanten und stationären Pflege, Köln 2007, abgerufen unter http://www.mds-ev.de/media/pdf/Zweiter_Bericht_des_MDS.pdf am 12.6.2013 (zitiert: *MDS*, 2. Qualitätsbericht).

Medizinischer Dienst des Spitzenverbandes Bund der Krankenkassen e.V. (Hrsg.), 3. Bericht des MDS nach § 114a Abs. 6 SGB XI, Qualität in der ambulanten und stationären Pflege, Köln 2012, abgerufen unter http://www.mds-ev.de/media/pdf/MDS_Dri-tter_Pflege_Qualitaetsbericht_Endfassung.pdf am 12.6.2013 (zitiert: *MDS*, 3. Qualitätsbericht).

Literaturverzeichnis

Meier-Baumgartner, H.P., Geriatrische Rehabilitation unter ökonomischen Gesichtspunkten, in: Zeitschrift für Gerontologie und Geriatrie 30 (1997), S. 414-418.

Meier-Baumgartner, H.P.; Püschel, K., Alter und Gewalt, in: Zeitschrift für Gerontologie und Geriatrie 29 (1996), S. 167-168.

Meifort, Barbara, Berufsbildung, Beschäftigung und Karrieremöglichkeiten von Frauen in der Altenpflege in der Bundesrepublik Deutschland, Bonn 1997 (zitiert: *Meifort*, Berufsbildung).

Meifort, Barbara; Becker, Wolfgang, Ein Beruf fürs Leben? Gründe für die Berufsflucht aus der Altenpflege, in: Dr. med. Mabuse 111 (1998), S. 41-47.

Menke, Marion, Pflegeausbildung „mangelhaft", Pflegeberuf „gut"?, Studie zu Arbeits- und Ausbildungsbedingungen sowie Pflegekompetenz aus Sicht professioneller Pflegekräfte in ambulanten und stationären Einrichtungen der (Alten-) Pflege, Frankfurt am Main 2005 (zitiert: *Menke*, Pflegeausbildung).

Meyer, Monika, Gewalt gegen alte Menschen in Pflegeeinrichtungen, Bern, Göttingen, Toronto, Seattle 1998 (zitiert: *Meyer*, Gewalt).

Meyn, Karl-Ulrich, Kontrolle als Verfassungsprinzip, Problemstudie zu einer legitimationsorientierten Theorie der politischen Kontrolle in der Verfassungsordnung des Grundgesetzes, Baden-Baden 1982 (zitiert: *Meyn*, Kontrolle).

Michael, Lothar, Die drei Argumentationsstrukturen des Grundsatzes der Verhältnismäßigkeit, Zur Dogmatik des Über- und Untermaßverbotes und der Gleichheitssätze, in: Juristische Schulung 2001, S. 148-155.

Moench, Christoph, Verfassungswidriges Gesetz und Normenkontrolle, Die Problematik der verfassungsgerichtlichen Sanktion, dargestellt anhand der Rechtsprechung des Bundesverfassungsgerichts, Baden-Baden 1977 (zitiert: *Moench*, Gesetz).

Mohsenian, C.; Verhoff, M.A.; Riße M.; Heineman, A.; Püschel, K., Todesfälle im Zusammenhang mit mechanischer Fixierung in Pflegeinstitutionen, Zeitschrift für Gerontologie und Geriatrie 36 (2003), S. 266-273.

Montesquieu, Charles-Louis, Vom Geist der Gesetze, Auswahl, Übersetzung und Einleitung von Kurt Weigand, Stuttgart 2006 (zitiert: *Montesquieu*, Gesetze).

Möstl, Markus, Probleme der verfassungsprozessualen Geltendmachung gesetzgeberischer Schutzpflichten, Die Verfassungsbeschwerde gegen legislatives Unterlassen, in: Die Öffentliche Verwaltung 1998, S. 1029-1039.

Möstl, Markus, Sicherheitsgewährleistung im gewaltenteilenden Rechtsstaat, in: Demel, Michael; Hausotter, Carola; Heibeyn, Claudia; Hendrischke, Oliver; Heselhaus, Sebastian; Karthaus, Arnim; Mayer, Matthias; Neumark, Frank; Schmehl, Arndt; Wallrabenstein, Astrid (Hrsg.), Funktionen und Kontrolle der Gewalten, 40. Tagung der Wissenschaftlichen Mitarbeiterinnen und Mitarbeiter der Fachrichtung „Öffentliches Recht", Gießen 2000, Stuttgart, München, Hannover, Berlin, Weimar, Dresden 2001, S. 53-82 (zitiert: *Möstl*, in: Demel et al. (Hrsg.), Funktionen).

Müller, Gebhard, Die Bedeutung der Verfassungsgerichtsbarkeit für das Verständnis des Grundgesetzes, in: Häberle, Peter (Hrsg.), Verfassungsgerichtsbarkeit, Darmstadt 1976, S. 398-410 (zitiert: *Müller*, in: Häberle (Hrsg.), Verfassungsgerichtsbarkeit).

Müller-Dietz, Heinz, Zur Problematik verfassungsrechtlicher Pönalisierungsgebote, in: Jescheck, Hans-Heinrich; Lüttger, Hans (Hrsg.), Festschrift für Eduard Dreher zum 70. Geburtstag am 29. April 1977, Berlin, New York 1997, S. 97-116 (zitiert: *Müller-Dietz*, in: FS Dreher).

Münch, Ingo von; Kunig, Philip (Hrsg.), Grundgesetz, Kommentar, Band 1: Präambel bis Art. 69, 6., neubearbeitete Auflage, München 2012 (zitiert: *Bearbeiter*, in: v. Münch/Kunig, GG).

Münder, Johannes (Hrsg.), Sozialgesetzbuch II, Grundsicherung für Arbeitsuchende, Lehr- und Praxiskommentar, 4. Auflage, Baden-Baden 2011 (zitiert: *Bearbeiter*, in: Münder, LPK-SGB II).

Murswiek, Dieter, Der Umfang der verfassungsgerichtlichen Kontrolle staatlicher Öffentlichkeitsarbeit, Zum „Grundsatz des judicial self-restraint", in: Die Öffentliche Verwaltung 1982, S. 529-541.

Murswiek, Dietrich, Die staatliche Verantwortung für die Risiken der Technik, Verfassungsrechtliche Grundlagen und immissionsschutzrechtliche Ausformung, Berlin 1985 (zitiert: *Murswiek*, Verantwortung).

Murswiek, Dietrich, Entschädigung für immissionsbedingte Waldschäden, in: Neue Zeitschrift für Verwaltungsrecht 1986, S. 611-615.

Murswiek, Dietrich, Zur Bedeutung der grundrechtlichen Schutzpflichten für den Umweltschutz, in: Wirtschaft und Verwaltung 1986, S. 179-204.

Neumann, Volker, § 22 Pflegevergütung und Investitionsfinanzierung, in: Schulin, Bertram (Hrsg.), Handbuch des Sozialversicherungsrechts, Band 4, Pflegeversicherungsrecht, München 1997 (zitiert: *Neumann*, in: Schulin (Hrsg.), HS-PV).

Neumann, Volker, Die leistungsgerechte, kostendeckende und wirtschaftliche Pflegevergütung, in: Die Sozialgerichtsbarkeit 2001, S. 405-412.

Neumann, Volker; Bieritz-Harder, Renate, Die leistungsgerechte Pflegevergütung, Heimgesetznovelle, Pflege-Qualitätssicherungsgesetz und Grundgesetz, Baden-Baden 2002 (zitiert: *Neumann/Bieritz-Harder*, Pflegevergütung).

Nolting, Hans-Peter, Kein „Erklärungseintopf", Ein Überblick aus psychologischer Sicht, in: Landeszentrale für politische Bildung Baden-Württemberg (Hrsg.), Aggression und Gewalt, Stuttgart, Berlin, Köln 1993, S. 9-23 (zitiert: *Nolting*, in: LZPB-BW (Hrsg.), Aggression).

Ossenbühl, Fritz, Bundesverfassungsgericht und Gesetzgebung, in: Badura, Peter; Dreier, Horst (Hrsg.), Festschrift 50 Jahre Bundesverfassungsgericht, Erster Band, Verfassungsgerichtsbarkeit und Verfassungsprozess, Tübingen 2001, S. 33-53 (zitiert: *Ossenbühl*, in: FS BVerfG II/1).

Ossenbühl, Fritz, Grundrechtsschutz in und durch Verfahrensrecht, in: Müller, Georg; Rhinow, René A.; Schmid, Gerhard; Wildhaber, Luzius (Hrsg.), Staatsorganisation und Staatsfunktionen im Wandel, Festschrift für Kurt Eichenberger zum 60. Geburtstag, Basel, Frankfurt am Main 1982, S. 183-195 (zitiert: *Ossenbühl*, in: FS Eichenberger).

Literaturverzeichnis

Ossenbühl, Fritz, Verfassungsgerichtsbarkeit und Gesetzgebung, in: Badura, Peter; Scholz, Rupert (Hrsg.), Verfassungsgerichtsbarkeit und Gesetzgebung, Symposium aus Anlass des 70. Geburtstages von Peter Lerche, München 1998, S. 75-98 (zitiert: *Ossenbühl*, in: FS Lerche).

Ossenbühl, Fritz, Vorsorge als Rechtsprinzip im Gesundheits-, Arbeits- und Umweltschutz, in: Neue Zeitschrift für Verwaltungsrecht 1986, S. 161-171.

Paquet, Robert, Bunderegierung verabschiedet Skizzen eines Reförmchens – Handlungsdruck bleibt, in: Soziale Sicherheit 2011, S. 384-390.

Pestalozza, Christian, „Noch verfassungsmäßige" und „bloß verfassungswidrige" Rechtslagen, Zur Feststellung und kooperativen Beseitigung verfassungsimperfekter Zustände, in: Starck, Christian (Hrsg.), Bundesverfassungsgericht und Grundgesetz, Festgabe aus Anlass des 25jährigen Bestehens des Bundesverfassungsgerichts, Erster Band, Verfassungsgerichtsbarkeit, Tübingen 1976, S. 520-567 (zitiert: *Pestalozza*, in: FS BVerfG I/1).

Pestalozza, Christian, Verfassungsprozessrecht, Die Verfassungsgerichtsbarkeit des Bundes und der Länder mit einem Anhang zum Internationalen Rechtsschutz, 3., völlig neu bearbeitete Auflage, München 1991 (zitiert: *Pestalozza*, Verfassungsprozessrecht).

Petzold, Hilarion G., Bedrohte Lebenswelten – Überforderung, Burnout und Gewalt in Heimen, in: Petzold, Christa; Petzold, Hilarion G. (Hrsg.), Lebenswelten alter Menschen, Konzepte, Perspektiven, Praxisstrategien, Hannover 1992, S. 248-292 (zitiert: *Petzold*, in: Petzold/Petzold (Hrsg.), Lebenswelten).

Petzold, Hilarion, Die Krankheit der Inhumanität, Über die Entstehung und Vermeidung von Gewalt gegenüber alten Menschen im Heim/Teil I, in: Altenpflege 9 (1990), S. 498-504.

Pfaff, Martin; Stapf-Finé, Heinz, Kernfragen zur Reform der Pflegeversicherung, in: Soziale Sicherheit 2005, S. 110-113.

Piazolo, Michael, Das Bundesverfassungsgericht und die Beurteilung politischer Fragen, Zu den Grenzen verfassungsgerichtlicher Kontrolle, in: Piazolo, Michael (Hrsg.), Das Bundesverfassungsgericht, Gericht im Schnittpunkt von Recht und Politik, Mainz, München 1995, S. 243-257 (zitiert: *Piazolo*, in: Piazolo (Hrsg.), BVerfG).

Picard, Ernst, Der Streit um die Behandlungspflege, Widersprüche in Politik und Praxis, in: Die Ortskrankenkasse 1996, S. 248-252.

Pick, Peter, Was ist Pflegebedürftigkeit? – Die Sicht des MDS, in: Igl, Gerhard; Naegele, Gerhard; Hamdorf, Silke (Hrsg.), Reform der Pflegeversicherung – Auswirkungen auf die Pflegebedürftigen und die Pflegepersonen, Hamburg 2007, S. 62-69 (zitiert: *Pick*, in: Igl/Naegele/Hamdorf (Hrsg.), Reform).

Pietrzak, Alexandra, Die Schutzpflicht im verfassungsrechtlichen Kontext – Überblick und neue Aspekte, in: Juristische Schulung 1994, S. 748-753.

Pitz, Andreas, 14. Kapitel, Die Pflegeversicherung – SGB XI, in: Hassel, Rupert; Gurgel, Detlef; Otto, Sven-Joachim (Hrsg.), Handbuch des Fachanwalts Sozialrecht, 3. Auflage, Köln 2012 (zitiert: *Pitz*, in: Hassel/Gurgel/Otto, Sozialrecht).

Plümpe, Johannes, Altenpflege, Entwurf eines Berufsprofils unter Berücksichtigung des Professionalisierungsprozesses, Hagen 1997 (zitiert: *Plümpe*, Altenpflege).

Literaturverzeichnis

Pohle, Albrecht Peter, Die Verfassungswidrigerklärung von Gesetzen, Eine Untersuchung der Voraussetzungen und Folgen des Verzichts auf die gesetzestechnisch mögliche Nichtigerklärung durch das Bundesverfassungsgericht, Frankfurt am Main 1979 (zitiert: *Pohle*, Verfassungswidrigerklärung).

Popp, Michael, Langfristige finanzielle Auswirkungen des neuen Pflegebedürftigkeitsbegriffs, in: Recht und Politik im Gesundheitswesen 2011, S. 70-75.

Poscher, Ralf, Grundrechte als Abwehrrechte, Reflexive Regelung rechtlich geordneter Freiheit, Tübingen 2003 (zitiert: *Poscher*, Abwehrrechte).

Prütting, Dorothea (Hrsg.), Fachanwaltskommentar Medizinrecht, Köln 2010 (zitiert: *Bearbeiter*, in: Prütting, Medizinrecht).

Rabenstein, E.; Schwarzer, U., Menschenwürde und Alter, Sozialethische Anmerkungen zur Absicherung des Pflegerisikos, in: Zeitschrift für Gerontologie 25 (1992), S. 18-24.

Rademacker, Olaf, Neuordnung der Altenpflegeausbildung, Zur Situation in den Altenpflegeberufen und den Bestrebungen zur Neuordnung der Ausbildung auf bundesgesetzlicher Grundlage, in: Beiträge zum Recht der sozialen Dienste und Einrichtungen 12 (1991), S. 19-48.

Rauschning, Dietrich, Staatsaufgabe Umweltschutz, in: Veröffentlichungen der Vereinigung der Deutschen Staatsrechtslehrer 38 (1990), S. 167-210.

Reiners-Kröncke, Werner; Röhrig, Sindy; Specht, Hanna, Burnout in der Sozialen Arbeit, 2., stark überarbeitete und erweiterte Auflage, Augsburg 2010 (zitiert: *Reiners-Kröncke/Röhrig/Specht*, Burnout).

Reuber, Norbert, Lebens- und Gesundheitsschutz und Gesetzesvorbehalt unter besonderer Berücksichtigung der Gentechnologie, Köln 1993 (zitiert: *Reuber*, Lebensschutz).

Richter, Dirk; Sauter, Dorothea, Patiententötungen und Gewaltakte durch Pflegekräfte, Beweggründe, Hintergründe, Auswege, Eschborn 1997 (zitiert: *Richter/Sauter*, Patiententötungen).

Richter, Ronald, Die Prüflogik des Gesetzgebers: Überschneidungen und Unterschiede zwischen MDK-Prüfungen und heimaufsichtlicher Überwachung, in: Gesundheit und Pflege 2012, S. 56-60.

Risse, Ludger; Beck, Magnus, Medizinische Behandlungspflege in der stationären Altenpflegehilfe, „Serviceleistungen" zum Null-Tarif? abgerufen unter http://pflegen-online.de/download/risse_beck.pdf am 12.6.2013 (zitiert: *Risse/Beck*, Behandlungspflege).

Robausch-Weichhart, Ursula, Altenpflege im sozialen Abseits? Eine qualitative Studie über den Zusammenhang zwischen sozialer Anerkennung und Personalmangel am Beispiel des Seniorenwohn- und Pflegeheimes Netzwerk Pasching, Linz 2006 (zitiert: *Robausch-Weichhart*, Altenpflege).

Robbers, Gerhard, Sicherheit als Menschenrecht, Aspekte der Geschichte, Begründung und Wirkung einer Grundrechtsfunktion, Baden-Baden 1987 (zitiert: *Robbers*, Sicherheit).

Literaturverzeichnis

Roller, Steffen, Pflegebedürftigkeit, Eine Analyse der §§ 14, 15 SGB XI mit ihren rechtlich-systematischen und pflegewissenschaftlichen Bezügen, Baden-Baden 2007 (zitiert: *Roller,* Pflegebedürftigkeit).

Roßnagel, Alexander, Die rechtliche Fassung technischer Risiken, in: Umwelt- und Planungsrecht 1986, S. 46-56.

Roßnagel, Alexander, Grundrechte und Kernkraftwerke, Heidelberg 1979 (zitiert: *Roßnagel,* Grundrechte).

Rothgang, Heinz, Finanzbedarf und Finanzierungsoptionen für eine Reform der Pflegeversicherung, in: Soziale Sicherheit 2005, S. 114-121.

Rothgang, Heinz, Finanzwirtschaftliche und strukturelle Entwicklungen in der Pflegeversicherung bis 2040 und mögliche alternative Konzepte, Endbericht zu einer Expertise für die Enquete-Kommission „Demographischer Wandel" der Deutschen Bundestags, Bremen 2001, abgerufen unter: http://www.zes.uni-bremen.de/homepages/r othgang/downloads/Rothgang-Enquete-Gutachten.pdf am 12.6.2013 (zitiert: *Rothgang,* Entwicklungen).

Rothgang, Heinz; Preuss, Maike, Was können wir über die Finanzierungsprobleme der Pflegeversicherung in der der Zukunft wissen?, in: Igl, Gerhard; Naegele, Gerhard; Hamdorf, Silke (Hrsg.), Reform der Pflegeversicherung – Auswirkungen auf die Pflegebedürftigen und die Pflegepersonen, Hamburg 2007, S. 35-47 (zitiert: *Rothgang/ Preuss,* in: Igl/Naegele/Hamdorf (Hrsg.), Reform).

Ruffert, Matthias, Vorrang der Verfassung und Eigenständigkeit des Privatrechts, Eine verfassungsrechtliche Untersuchung zur Privatrechtswirkung des Grundgesetzes, Tübingen 2001 (zitiert: *Ruffert,* Vorrang).

Rüfner, Wolfgang, Drittwirkung der Grundrechte, Versuch einer Bilanz, in: Selmer, Peter; Münch, Ingo von (Hrsg.), Gedächtnisschrift für Wolfgang Martens, Berlin, New York 1987, S. 215-230 (zitiert: *Rüfner,* in: GS Martens).

Rüfner, Wolfgang, Grundrechtskonflikte, in: Starck, Christian (Hrsg.), Bundesverfassungsgericht und Grundgesetz, Festgabe aus Anlass des 25jährigen Bestehens des Bundesverfassungsgerichts, Zweiter Band, Verfassungsauslegung, Tübingen 1976, S. 453-479 (zitiert: *Rüfner,* in: FS BVerfG I/2).

Rupp-von Brünneck, Wiltraut, Darf das Bundesverfassungsgericht an den Gesetzgeber appellieren?, in: Ritterspach, Theo; Geiger, Willi (Hrsg.), Festschrift für Gebhard Müller, Zum 70. Geburtstag des Präsidenten des Bundesverfassungsgerichts, Tübingen 1970, S. 355-378 (zitiert: *Rupp-v. Brünneck,* in: FS Müller).

Rupp-von Brünneck, Wiltraut, Verfassungsgerichtsbarkeit und gesetzgebende Gewalt, Wechselseitiges Verhältnis zwischen Verfassungsgericht und Parlament, in: Archiv des öffentlichen Rechts 102 (1977), S. 1- 26.

Ruthemann, Ursula, Aggression und Gewalt im Altenheim, Verständnishilfen und Lösungswege für die Praxis, Basel 1993 (zitiert: *Ruthemann,* Aggression).

Ruthemann, Ursula, Mechanismen der Entstehung von Gewalt zwischen Personal und Bewohnern in Altersinstitutionen, in: Huber, F.; Wertheimer, J. (Hrsg.), Vieillesse, agressivité et violence, Alter, Aggressivität und Gewalt, Rapport des séances scientifiques de la session annuelle SSG 1989, Verhandlungsbericht der Jahrestagung SGG 1989, Lausanne-Dorigny, 12-14 octobre, Lausanne-Dorigny, 12.-14. Oktober, Basel 1990, S. 170-179 (zitiert: *Ruthemann,* in: Huber/Wertheimer (Hrsg.), Alter).

Sachs, Michael, Grundgesetz, Kommentar, 6. Auflage, München 2011 (zitiert: *Bearbeiter*, in: Sachs, GG).

Sachs, Michael, Teilnichtigerklärung: Von der Kassation zur Gesetzesneugestaltung durch das Bundesverfassungsgericht, in: Deutsches Verwaltungsblatt 1979, S. 389-393.

Sachs, Michael, Tenorierung bei Normenkontrollentscheidungen des Bundesverfassungsgerichts, in: Die Öffentliche Verwaltung 1982, S. 23-30.

Säcker, Franz Jürgen; Rixecker, Roland (Hrsg.), Münchener Kommentar zum Bürgerlichen Gesetzbuch, Band 1, Allgemeiner Teil, §§ 1-240, ProstG, AGG, 6. Auflage, München 2012 (zitiert: *Bearbeiter*, in: MüKo BGB).

Säcker, Horst, Die Rechtsmacht des Bundesverfassungsgerichts gegenüber dem Gesetzgeber, in: Bayerische Verwaltungsblätter 1979, S. 193-200.

Säcker, Horst, Gesetzgebung durch das BVerfG – Das BVerfG und die Legislative, in: Piazolo, Michael (Hrsg.), Das Bundesverfassungsgericht, Ein Gericht im Schnittpunkt von Recht und Politik, Mainz, München 1995, S. 189-225 (zitiert: *Säcker*, in: Piazolo (Hrsg.), BVerfG).

Sailer, Christian, Subjektives Recht und Umweltschutz, in: Deutsches Verwaltungsblatt 1976, S. 521-532.

Salaske, Ingeborg, Die Befragbarkeit von Bewohnern stationärer Alteneinrichtungen unter besonderer Berücksichtigung des Verweigerungsverhaltens. Eine Analyse mit den Daten des Altenheimsurvey, Kölner Zeitschrift für Soziologie und Sozialpsychologie 49 (1997), S. 291-305.

Scharpf, Fritz Wilhelm, Grenzen der richterlichen Verantwortung, Die political-question-Doktrin in der Rechtsprechung des amerikanischen Supreme Court, Karlsruhe 1965 (zitiert: *Scharpf*, Grenzen).

Schauer, Philipp, Die Eigenart des Staatsorganisationsrechts und der Freiraum der politischen Willensbildung, Bonn 1989 (zitiert: *Schauer*, Eigenart).

Schenke, Wolf-Rüdiger, Der Umfang der bundesverfassungsgerichtlichen Überprüfung, in: Neue Juristische Wochenschrift 1979, S. 1321-1329.

Schenke, Wolf-Rüdiger, Rechtsschutz gegen das Unterlassen von Rechtsnormen, in: Verwaltungsarchiv 82 (1991), S. 307-356.

Scherzberg, Arno, „Objektiver" Grundrechtsschutz und subjektives Grundrecht, Überlegungen zur Neukonzeption des grundrechtlichen Abwehrrechts, in: Deutsches Verwaltungsblatt 1989, S. 1128-1136.

Scheuner, Ulrich, Der Bereich der Regierung, in: Kaufmann, Erich; Scheuner, Ulrich; Weber, Werner (Hrsg.), Rechtsprobleme in Staat und Kirche, Festschrift für Rudolf Smend zum 70. Geburtstag, 15. Januar 1952, dargebracht von Freunden, Schülern und Kollegen, Göttingen 1952, S. 253-301 (zitiert: *Scheuner*, in: FS Smend).

Scheuner, Ulrich, Die Funktion der Grundrechte im Sozialstaat, Die Grundrechte als Richtlinie und Rahmen der Staatstätigkeit, in: Die Öffentliche Verwaltung 1971, S. 505-513.

Scheuner, Ulrich, Probleme und Verantwortungen der Verfassungsgerichtsbarkeit in der Bundesrepublik, in: Häberle, Peter (Hrsg.), Verfassungsgerichtsbarkeit, Darmstadt 1976, S. 194-213 (zitiert: *Scheuner*, in: Häberle (Hrsg.), Verfassungsgerichtsbarkeit).

Literaturverzeichnis

Schlaich, Klaus, Das Bundesverfassungsgericht – Stellung, Verfahren, Entscheidung, in: Juristische Schulung 1982, S. 437-444.

Schlaich, Klaus, Die Verfassungsgerichtsbarkeit im Gefüge der Staatsfunktionen, in: Veröffentlichungen der Vereinigung der Deutschen Staatsrechtslehrer 39 (1981), S. 99-146.

Schlaich, Klaus; Korioth, Stefan, Das Bundesverfassungsgericht, Stellung, Verfahren, Entscheidungen, Ein Studienbuch, 9., neu bearbeitete Auflage 2012 (zitiert: *Schlaich/ Korioth*, BVerfG).

Schlegel, Rainer (Hrsg.), Hauck/Noftz, Sozialgesetzbuch, SGB XI, Soziale Pflegeversicherung, Kommentar, Stand 2013, Berlin 2013 (zitiert: *Bearbeiter*, in: Hauck/Noftz, SGB XI).

Schlink, Bernhard, Freiheit durch Eingriffsabwehr – Rekonstruktion der klassischen Grundrechtsfunktion, in: Europäische Grundrechte-Zeitschrift 1984, S. 457-468.

Schmaus, Herbert, Würde im Sterben, Humane und wirtschaftliche Aspekte des Sterbens, in: Die Ortskrankenkasse 1995, S. 770-776.

Schmidbauer, Wolfgang, Die hilflosen Helfer, Über die seelische Problematik der helfenden Berufe, Reinbeck bei Hamburg 1983 (zitiert: *Schmidbauer*, Helfer).

Schmidt, Johann; Lange, Arnold, Die Sachentscheidung im verwaltungsgerichtlichen Normenkontrollverfahren, in: Damrau, Jürgen; Kraft, Alfons; Fürst, Walther (Hrsg.), Festschrift für Otto Mühl zum 70. Geburtstag, 10. Oktober 1981, S. 595-611 (zitiert: *Schmidt/Lange*, in: FS Mühl).

Schmidt, Waldemar; Schopf, Christine, Beschwerden in der Altenpflege, Eine Analyse ausgewählter Dokumente im Auftrag des Bundesministeriums für Familie, Senioren, Frauen und Jugend, Dortmund 2005, abgerufen unter http://www.bmfsfj.de/Redakti onBMFSFJ/Abteilung3/Pdf-Anlagen/bericht-beschwerden-in-der-altenhilfe,propert y=pdf,bereich=bmfsfj,sprache=de,rwb=true.pdf am 12.6.2013 (zitiert: *Schmidt/ Schopf*, Beschwerden).

Schmidt-Aßmann, Eberhard, Anwendungsprobleme des Art. 2 Abs. 2 GG im Immissionsschutzrecht, in: Archiv des öffentlichen Rechts 106 (1981), S. 205-217.

Schmidt-Bleibtreu, Bruno; Hofmann, Hans; Hopfauf, Axel (Hrsg.), GG, Kommentar zum Grundgesetz, 12. Auflage, Köln 2011 (zitiert: *Bearbeiter*, in: Schmidt-Bleibtreu/ Hofmann/Hopfauf, GG).

Schmitt, Carl, Der Hüter der Verfassung, 2. Auflage, Berlin 1969 (zitiert: *Schmitt*, Hüter).

Schmitz, Klaus; Schnabel, Eckhart, Staatliche Heimaufsicht und Qualität in der stationären Pflege, in: Nachrichtendienst des Deutschen Vereins für Öffentliche und Private Fürsorge 2006, S. 170-178.

Schneekloth, U., Pflegerische Versorgung im Bereich der stationären Altenhilfe, in: Zeitschrift für Gerontologie und Geriatrie 30 (1997), S. 163-172.

Schneekloth, Ulrich; Müller, Udo, Hilfe- und Pflegebedürftige in Heimen, Endbericht zur Repräsentativerhebung im Forschungsprojekt „Möglichkeiten und Grenzen selbstständiger Lebensführung in Einrichtungen", durchgeführt von: Infratest Sozialforschung und Infratest Epidemiologie und Gesundheitsforschung, München, Stuttgart, Berlin, Köln 1997 (zitiert: *Schneekloth/Müller*, Pflegebedürftige).

Schneglberger, Judith, Burnout-Prävention unter psycho-dynamischem Aspekt, Eine Untersuchung von Möglichkeiten der nachhaltigen betrieblichen Gesundheitsförderung, Wiesbaden 2010 (zitiert: *Schneglberger*, Burnout).

Schneider, Cordula, Gewalt in Pflegeeinrichtungen, Erfahrungen von Pflegenden, Hannover 2005 (zitiert: *Schneider*, Gewalt).

Schneider, Hans-Dieter, Empirische Untersuchungen zur Aggression im Alter, in: Hirsch, Rolf D.; Bruder, Jens; Radebold, Hartmut (Hrsg.), unter Mitarbeit von Guido Schiffhorst, Aggression im Alter, Bonner Schriftenreihe „Gewalt im Alter", Band 7, Bonn 2000, S. 139-170 (zitiert: *Schneider*, in: Hirsch/Bruder/Radebold (Hrsg.), Aggression).

Schneider, Hans-Dieter, Psychologie der Aggressivität, in: Huber, F.; Wertheimer, J. (Hrsg.), Vieillesse, agressivité et violence, Alter, Aggressivität und Gewalt, Rapport des séances scientifiques de la session annuelle SSG 1989, Verhandlungsbericht der Jahrestagung SGG 1989, Lausanne-Dorigny, 12-14 octobre, Lausanne-Dorigny, 12.-14. Oktober, Basel 1990, S. 59-72 (zitiert: *Schneider*, in: Huber/Wertheimer (Hrsg.), Alter).

Schneider, Hans-Peter, Die Vollstreckungskompetenz nach § 35 BVerfGG – ein Notverordnungsrecht des Bundesverfassungsgericht?, in: Neue Juristische Wochenschrift 1994, S. 2590-2594.

Schneider, Hans-Peter, Verfassungsgerichtsbarkeit und Gewaltenteilung, Zur Funktionsgerechtigkeit von Kontrollmaßstäben und Kontrolldichte verfassungsgerichtlicher Entscheidung, in: Neue Juristische Wochenschrift 1980, S. 2103-2111.

Schneider, Hans-Peter; Steinberg, Rudolf, Schadensvorsorge im Atomrecht zwischen Genehmigung, Bestandsschutz und staatlicher Aufsicht, Baden-Baden 1991 (zitiert: *Schneider/Steinberg*, Schadensvorsorge).

Schneider, Ralf, Die Suchtfibel, Wie Abhängigkeit entsteht und wie man sich daraus befreit, Informationen für Betroffene, Angehörige und Interessierte, 16., korrigierte Auflage, Baltmannsweiler 2011 (zitiert: *Schneider*, Suchtfibel).

Scholz, Rupert, Instrumentale Beherrschung der Biotechnologie durch die Rechtsordnung, in: Gesellschaft für Rechtspolitik Trier (Hrsg.), Bitburger Gespräche, Jahrbuch 1986/1, S. 59-91.

Scholz, Rupert, Nichtraucher contra Raucher – OVG Berlin, NJW 1975, 2261 und VG Schleswig, JR 1975, 130, in: Juristische Schulung 1976, S. 232-237.

Schreiner, Paul-Werner, Gewalt in der Pflege, in: Pflege und Gesellschaft 2001, S. 51-63.

Schulte, Martin, Appellentscheidungen des Bundesverfassungsgerichts, in: Deutsches Verwaltungsblatt 1988, S. 1200-1206.

Schulz, Peter-Michael, Gewalterfahrungen in der Pflege, Das subjektive Erleben von Gewalt in Pflegebeziehungen, Bonner Schriftenreihe „Gewalt im Alter", Band 13, Frankfurt am Main 2006 (zitiert: *Schulz*, Gewalterfahrungen).

Schuppert, Folke Gunnar, Die verfassungsgerichtliche Kontrolle der Auswärtigen Gewalt, Baden-Baden 1973 (zitiert: S*chuppert*, Kontrolle).

Schuppert, Gunnar Folke, Diskussionsbeitrag, in: Veröffentlichungen der Vereinigung der Deutschen Staatsrechtslehrer 39 (1981), S. 193.

Literaturverzeichnis

Schuppert, Gunnar Folke, Funktionell-rechtliche Grenzen der Verfassungsinterpretation, Königstein 1980 (zitiert: *Schuppert*, Grenzen).

Schuppert, Gunnar Folke, Self-restraints der Rechtsprechung, Überlegungen zur Kontrolldichte in der Verfassungs- und Verwaltungsgerichtsbarkeit, in: Deutsches Verwaltungsblatt 1988, S. 1191-1200.

Schwabe, Jürgen, Grundrechtlich begründete Pflichten des Staates zum Schutz gegen staatliche Bau- und Anlagegenehmigungen? Oder: Schuldet der Staat aktiven Schutz gegen sich selbst?, in: Neue Zeitschrift für Verwaltungsrecht 1983, S. 523-527.

Schwabe, Jürgen, Probleme der Grundrechtsdogmatik, Darmstadt 1977 (zitiert: *Schwabe*, Grundrechtsdogmatik).

Schwarz, Henning, Die verfassungsgerichtliche Kontrolle der Außen- und Sicherheitspolitik, Ein Verfassungsvergleich Deutschland – USA, Berlin 1995 (zitiert: *Schwarz*, Kontrolle).

Schwetzel, Wolfram, Freiheit, Sicherheit, Terror, Das Verhältnis von Freiheit und Sicherheit nach dem 11. September 2001 auf verfassungsrechtlicher und einfachgesetzlicher Ebene, München 2007 (zitiert: *Schwetzel*, Freiheit).

Seewald, Ottfried, Gesundheit als Grundrecht, Grundrechte als Grundlagen von Ansprüchen auf gesundheitsschützende staatliche Leistungen, Königstein 1982 (zitiert: *Seewald*, Gesundheit).

Seidel, Laura, Gewalt an alten Menschen, Entstehungsfaktoren für Gewalt an pflegebedürftigen alten Menschen und Lösungsansätze, Bonner Schriftenreihe „Gewalt im Alter", Band 14, Bonn 2007 (zitiert: *Seidel*, Gewalt).

Seifert, Jürgen, Verfassungsgerichtliche Selbstbeschränkung, in: Tohidipur, Mehdi (Hrsg.), Verfassung, Verfassungsgerichtsbarkeit, Politik, Zur verfassungsrechtlichen und politischen Stellung des Bundesverfassungsgerichts, Frankfurt am Main 1976, S. 116-135 (zitiert: *Seifert*, in: Tohidipur (Hrsg.), Verfassung).

Sendler, Jürgen, Zehn Jahre Pflegeversicherung – Bilanz und Perspektiven: Zukunftsanforderungen an eine wirksame Absicherung bei Pflegebedürftigkeit, in: Soziale Sicherheit 2004, S. 263-269.

Simon, Helmut, Die verfassungskonforme Gesetzesauslegung, in: Europäische Grundrechte-Zeitschrift 1974, S. 85-91.

Simon, Helmut, Grundrechte im demokratischen und sozialen Rechtsstaat, in: Klein, Eckhart (Hrsg.), Grundrechte, soziale Ordnung und Verfassungsgerichtsbarkeit, Festschrift für Ernst Benda zum 70. Geburtstag, Heidelberg 1995, S. 337-352 (zitiert: *Simon*, in: FS Benda).

Skouris, Wassilios, Teilnichtigkeit von Gesetzen, Berlin 1973 (zitiert: *Skouris*, Teilnichtigkeit).

Skuban, Ralph, Pflegeversicherung in Europa, Sozialpolitik im Binnenmarkt, Wiesbaden 2004 (zitiert: *Skuban*, Pflegeversicherung).

Smend, Rudolf, Festvortrag zur Feier des zehnjährigen Bestehens des Bundesverfassungsgerichts am 26. Januar 1962, in: Häberle, Peter (Hrsg.), Verfassungsgerichtsbarkeit, Darmstadt 1976, S. 329-343 (zitiert: *Smend*, in: Häberle (Hrsg.), Verfassungsgerichtsbarkeit).

Sodan, Helge, Der Anspruch auf Rechtsetzung und seine prozessuale Durchsetzbarkeit, in: Neue Zeitschrift für Verwaltungsrecht 2000, S. 601-609.

Sodan, Helge, Staat und Verfassungsgerichtsbarkeit, Paderborn, München, Wien, Zürich 2010 (zitiert: *Sodan,* Staat).

Spanner, Hans, Die verfassungskonforme Auslegung in der Rechtsprechung des Bundesverfassungsgerichts, in: Archiv des öffentlichen Rechts 91 (1966), S. 503-536.

Spickhoff, Andreas (Hrsg.), Medizinrecht, München 2011 (zitiert: *Bearbeiter,* in: Spickhoff, Medizinrecht).

Starck, Christian, Der verfassungsrechtliche Schutz des ungeborenen menschlichen Lebens, in: Juristenzeitung 1993, S. 816-822.

Starck, Christian, Praxis der Verfassungsauslegung, Baden-Baden 1994 (zitiert: *Starck,* Verfassungsauslegung).

Statistisches Bundesamt (Hrsg.), Pflegestatistik 2009, Pflege im Rahmen der Pflegeversicherung, Deutschlandergebnisse, Wiesbaden 2011, abgerufen unter https://www.destatis.de/DE/Publikationen/Thematisch/Gesundheit/Pflege/PflegeDeutschlandergebnisse5224001099004.pdf?__blob=publicationFile am 12.6.2013 (zitiert: *Stat. Bundesamt,* Pflegestatistik).

Steiger, Heinhard, Entwicklung im Grundrechtsverständnis in der Rechtsprechung des Bundesverfassungsgerichts – zur Rechtsprechung des Bundesverfassungsgerichts zu Art. 2 Abs. 2 S. 1 GG, in: Berberich, Thomas; Holl, Wolfgang; Maaß, Kurt-Jürgen (Hrsg.), Neue Entwicklungen im öffentlichen Recht, Beiträge zum Verhältnis von Bürger und Staat aus Völkerrecht, Verfassungsrecht und Verwaltungsrecht, Tagungsbeiträge eines Symposiums der Alexander von Humboldt-Stiftung, Bonn-Bad Godesberg, veranstaltet vom 10. bis 14. Oktober 1978 in Ludwigsburg, Stuttgart, Berlin, Köln, Mainz 1979, S. 255-279 (zitiert: *Steiger,* in: Berberich/Holl/Maaß (Hrsg.), Entwicklungen).

Steiger, Heinhard, Verfassungsrechtliche Grundlagen, in: Salzwedel, Jürgen (Hrsg.), Grundzüge des Umweltrechts, Berlin 1982, S. 21-63 (zitiert: *Steiger,* in: Salzwedel (Hrsg.), Umweltrecht).

Steinberg, Rudolf, Grundfragen des öffentlichen Nachbarrechts, in: Neue Juristische Wochenschrift 1984, S. 457-464.

Steiner, Udo, Zum Entscheidungsausspruch und seinen Folgen bei der verfassungsgerichtlichen Normenkontrolle, in: Isensee, Josef; Lecheler, Helmut (Hrsg.), Freiheit und Eigentum, Festschrift für Walter Leisner zum 70. Geburtstag, Berlin 1999, S. 569-581 (zitiert: *Steiner,* in: FS Leisner).

Stemmer, Renate, Ganzheitlichkeit in der Pflege – unerreicht, da unerreichbar?, in: Pflege und Gesellschaft 1999, S. 86-91.

Stern, Klaus, § 185 Idee und Elemente eines Systems der Grundrechte, in: Isensee, Josef; Kirchhof, Paul (Hrsg.), Handbuch des Staatsrechts der Bundesrepublik Deutschland, Band IX, Allgemeine Grundrechtslehren, Dritte, völlig neubearbeitete und erweiterte Auflage, Heidelberg 2011 (zitiert: *Stern,* in: HStrR IX).

Stern, Klaus, Anmerkung zu BVerfG, Beschl. v. 11.6.1958 – 1 BvL 149/52, Neue Juristische Wochenschrift 1958, S. 1435.

Literaturverzeichnis

Stern, Klaus, Das Staatsrecht der Bundesrepublik Deutschland, Band III, Allgemeine Lehren der Grundrechte, 1. Halbband, Grundlagen und Geschichte, nationaler und internationaler Grundrechtskonstitutionalismus, juristische Bedeutung der Grundrechte, Grundrechtsberechtigte, Grundrechtsverpflichtete, München 1988 (zitiert: *Stern*, Staatsrecht III/1).

Stern, Klaus, Die Schutzpflichtenfunktion der Grundrechte: Eine juristische Entdeckung, in: Die Öffentliche Verwaltung 2010, S. 241-249.

Stern, Klaus, Verfassungsgerichtsbarkeit als staatlicher Integrationsfaktor, in: Sodan, Helge (Hrsg.), Verfassungsrechtsprechung in und für Berlin, Ansprachen anlässlich des Festaktes am 27. Oktober 2004, Köln, Berlin, München 2005, S. 17-31 (zitiert: *Stern*, in: Sodan (Hrsg.), Verfassungsrechtsprechung).

Stern, Klaus, Verfassungsgerichtsbarkeit im sozialen Rechtsstaat, Hannover 1980 (zitiert: *Stern*, Rechtsstaat).

Stern, Klaus, Verfassungsgerichtsbarkeit und Gesetzgeber, Opladen 1997 (zitiert: *Stern*, Gesetzgeber).

Stern, Klaus, Verfassungsgerichtsbarkeit zwischen Recht und Politik, Opladen 1980 (zitiert: *Stern*, Verfassungsgerichtsbarkeit).

Stern, Klaus; Becker, Florian (Hrsg.), Grundrechte-Kommentar, Köln 2010 (zitiert: *Bearbeiter*, in: Stern/Becker, GR).

Stettner, Rupert, Die Verpflichtung des Gesetzgebers zu erneutem Tätigwerden bei fehlerhafter Prognose, in: Deutsches Verwaltungsblatt 1982, S. 1123-1128.

Stiller-Harms, Claudia, Situation der Pflegenden aus Sicht der BGW, in: Igl, Gerhard; Naegele, Gerhard; Hamdorf, Silke (Hrsg.), Reform der Pflegeversicherung – Auswirkungen auf die Pflegebedürftigen und die Pflegepersonen, Hamburg 2007, S. 135-143 (zitiert: *Stiller-Harms*, in: Igl/Naegele/Hamdorf (Hrsg.), Reform).

Stolz, Konrad, Gewalt gegen pflegebedürftige Menschen. Was ist unzulässig, was ist notwendig?, in: Geiger, Helmut (Hrsg.), Die Würde des alten Menschen ist unantastbar, Rechtliche, medizinische, wirtschaftliche und soziale Probleme der letzten Lebensphase, Dokumentation einer Tagung der Evangelischen Akademie Bad Boll, 11. bis 13. Oktober 2002, Bad Boll 2003, S. 68-80 (zitiert: *Stolz*, in: Geiger (Hrsg.), Würde).

Strickrodt, Georg, Verfassungskonforme Auslegung im Kartellrecht (Teil I), in: Der Betrieb 1959, S. 103-106.

Sunder, Ellen; Konrad, Rudolf, Die wesentlichen Neuregelungen durch das Dritte Gesetz zur Änderung des Heimgesetzes zum 1. Januar 2002, in: Nachrichtendienst des Deutschen Vereins für öffentliche und private Fürsorge 2002, S. 52-56.

Szczekalla, Peter, Die sogenannten grundrechtlichen Schutzpflichten im deutschen und europäischen Recht, Inhalt und Reichweite einer „gemeineuropäischen Grundrechtsfunktion", Berlin 2002 (zitiert: *Szczekalla*, Schutzpflichten).

Tharun, Susanne; Kähler, Björn, Kooperatives Aufsichtshandeln in der Pflege?, Hamburg 2012, abgerufen unter http://www.bgw-online.de/internet/generator/Inhalt/OnlineInhalt/Medientypen/bgw_20info/Koop-Aufsichtshandeln-Pflege,property=pdfDownload.pdf am 12.6.2013 (zitiert: *Tharun/Kähler*, Aufsichtshandeln).

Triepel, Heinrich, Wesen und Entwicklung der Staatsgerichtsbarkeit, in: Veröffentlichungen der Vereinigung der Deutschen Staatsrechtslehrer 5 (1929), S. 2-29.

Tzemos, Vasileios, Das Untermaßverbot, Frankfurt am Main 2004 (zitiert: *Tzemos,* Untermaßverbot).

Udsching, Peter, Aktuelle Fragen des Leistungserbringerrechts in der Pflegeversicherung – ein Jahr nach Inkrafttreten des PQsG, in: Die Sozialgerichtsbarkeit 2003, S. 133-139.

Udsching, Peter, Rechtsfragen bei der Bemessung des Pflegebedarfs, in: Vierteljahresschrift für Sozialrecht 1996, S. 271-287.

Udsching, Peter; Schütze, Bernd; Behrend, Nicola; Bassen, Andreas, SGB XI, Soziale Pflegeversicherung, Kommentar, 3. Auflage, München 2010 (zitiert: *Bearbeiter,* in: Udsching, SGB XI).

Umbach, Dieter C.; Clemens, Thomas; Dollinger, Franz-Wilhelm (Hrsg.), Bundesverfassungsgerichtsgesetz, Mitarbeiterkommentar und Handbuch, 2., völlig neu bearbeitete Auflage des in der 1. Auflage von Dr. Thomas Clemens mitverantworteten Werkes, Heidelberg 2005 (zitiert: *Bearbeiter,* in: Umbach/Clemens/Dollinger, BVerfGG).

Unruh, Peter, Zur Dogmatik der grundrechtlichen Schutzpflichten, Berlin 1996 (zitiert: *Unruh,* Dogmatik).

Voges, Wolfgang, Pflege alter Menschen als Beruf, Soziologie eines Tätigkeitsfeldes, Wiesbaden 2002 (zitiert: *Voges,* Pflege).

Wagner, Regine; Knittel, Stefan (Hrsg.), Krauskopf Soziale Krankenversicherung, Pflegeversicherung, Band 1: SGB I, SGB IV, SGB V §§ 1 bis 88 und Band 2: SGB V §§ 89 ff.; RVO, SGB XI, Anhang, Stand Februar 2013, München 2013 (zitiert: *Bearbeiter,* in: Krauskopf, SozKV).

Wahl, Rainer; Masing, Johannes, Schutz durch Eingriff, in: Juristenzeitung 1990, S. 553-563.

Wannagat, Georg; Eichenhofer, Eberhard; Wenner, Ulrich (Hrsg.), Wannagat Sozialgesetzbuch, Kommentar zum Recht des Sozialgesetzbuchs, Gesetzliche Krankenversicherung, Ordner 1, Soziale Pflegeversicherung, Stand 112. Lieferung 2009, Köln, München 2009 (zitiert: *Bearbeiter,* in: Wannagat, SGB).

Wasem, Jürgen, § 2 Sozialpolitische Grundlagen der sozialen Pflegeversicherung, in: Schulin, Bertram (Hrsg.), Handbuch des Sozialversicherungsrechts, Band 4, Pflegeversicherungsrecht, München 1997 (zitiert: *Wasem,* in: Schulin (Hrsg.), HS-PV).

Weissenberger-Leduc, Monique; Weiberg, Anja, Gewalt und Demenz, Ursachen und Lösungsansätze für ein Tabuthema in der Pflege, Wien 2011 (zitiert: *Weissenberger-Leduc/Weiberg,* Gewalt).

Literaturverzeichnis

Wingenfeld, Klaus; Büscher, Andreas; Schaeffer, Doris, Recherche und Analyse von Pflegebedürftigkeitsbegriffen und Einschätzungsinstrumenten, Studie im Rahmen des Modellprogramms nach § 8 Abs. 3 SGB XI im Auftrag der Spitzenverbände der Pflegekassen, Überarbeitete Fassung, Bielefeld 2007, abgerufen unter http://www.liga-rl p.de/fileadmin/LIGA/Internet/Downloads/Dokumente/Dokumente_2009/Recherche _und_Analyse_von_Pflegebeduerftigkeitsbegriffen_11-02-09.pdf am 12.6.2013 (zitiert: *Wingenfeld/Büscher/Schaeffer*, Pflegebedürftigkeitsbegriffe).

Wingenfeld, Klaus, Pflegebedürftigkeit, Pflegebedarf und pflegerische Leistungen, in: Rennen-Allhoff, Beate; Schaeffer, Doris (Hrsg.), Handbuch Pflegewissenschaft, Weinheim, München 2003, S. 339-361 (zitiert: *Wingenfeld*, in: Rennen-Allhoff/ Schaeffer (Hrsg.), Handbuch).

Wingenfeld, Klaus, Qualitative Aspekte des Leistungsgeschehens, in: Landespflegeausschuss Nordrhein-Westfalen (Hrsg.), Pflegebedarf und Leistungsstruktur in vollstationären Pflegeeinrichtungen, Eine Untersuchung im Auftrag des Landespflegeausschusses Nordrhein-Westfalen, Projektbericht, Zusammenfassung der Untersuchungsergebnisse und Bewertung durch den Landespflegeausschuss Nordrhein-Westfalen, Duisburg 2002, S. 84-100 (zitiert: *Wingenfeld*, in: LPA-NRW (Hrsg.), Pflegebedarf II).

Wingenfeld, Klaus, Versorgungsumfang und Struktur des Leistungsgeschehens, in: Landespflegeausschuss Nordrhein-Westfalen (Hrsg.), Pflegebedarf und Leistungsstruktur in vollstationären Pflegeeinrichtungen, Eine Untersuchung im Auftrag des Landespflegeausschusses Nordrhein-Westfalen, Projektbericht, Zusammenfassung der Untersuchungsergebnisse und Bewertung durch den Landespflegeausschuss Nordrhein-Westfalen, Duisburg 2002, S. 61-83 (zitiert: *Wingenfeld*, in: LPA-NRW (Hrsg.), Pflegebedarf I).

Wingenfeld, Klaus; Lademann, Julia, Bewohner mit gerontopsychiatrischen Problemlagen, in: Landespflegeausschuss Nordrhein-Westfalen (Hrsg.), Pflegebedarf und Leistungsstruktur in vollstationären Pflegeeinrichtungen, Eine Untersuchung im Auftrag des Landespflegeausschusses Nordrhein-Westfalen, Projektbericht, Zusammenfassung der Untersuchungsergebnisse und Bewertung durch den Landespflegeausschuss Nordrhein-Westfalen, Duisburg 2002, S. 101-114 (zitiert: *Wingenfeld/Lademann*, in: LPA-NRW (Hrsg.), Pflegebedarf).

Wingenfeld, Klaus; Schnabel, Eckart, Zusammenfassung und Schlussfolgerungen, in: Landespflegeausschuss Nordrhein-Westfalen (Hrsg.), Pflegebedarf und Leistungsstruktur in vollstationären Pflegeeinrichtungen, Eine Untersuchung im Auftrag des Landespflegeausschusses Nordrhein-Westfalen, Projektbericht, Zusammenfassung der Untersuchungsergebnisse und Bewertung durch den Landespflegeausschuss Nordrhein-Westfalen, Duisburg 2002, S. 131-137 (zitiert: *Wingenfeld/Schnabel*, in: LPA-NRW (Hrsg.), Pflegebedarf).

Wintrich, Josef M., Die Verfassungsgerichtsbarkeit im Gesamtgefüge der Verfassung, in: Häberle, Peter (Hrsg.), Verfassungsgerichtsbarkeit, Darmstadt 1976, S. 214-223 (zitiert: *Wintrich*, in: Häberle (Hrsg.), Verfassungsgerichtsbarkeit).

Wintrich, Josef, Über Eigenart und Methode verfassungsgerichtlicher Rechtsprechung, in: Verfassung und Verwaltung in Theorie und Wirklichkeit, Festschrift für Herrn Geheimrat Professor Dr. Wilhelm Laforet anlässlich seines 75. Geburtstages, München 1952, S. 227-249 (zitiert: *Wintrich*, in: FS Laforet).

Wittig, Peter, Politische Rücksichten in der Rechtsprechung des Bundesverfassungsgerichts?, in: Der Staat 8 (1969), S. 137-158.

Wojnar, Jan, Gewalt im Altenpflegeheim, in: Hirsch, Rolf D.; Kranzhoff, Erhard U. (Hrsg.), Prävention von Gewalt gegen alte Menschen: Im häuslichen Bereich und in Einrichtungen, Bonner Schriftenreihe „Gewalt im Alter", Band 3, Bonn 1999, S. 81-89 (zitiert: *Wojnar*, in: Hirsch/Kranzhoff, Prävention).

Yang, Tzu-hui, Die Appellentscheidungen des Bundesverfassungsgerichts, Baden-Baden 2003 (zitiert: *Yang*, Appellentscheidungen).

Zeidler, Wolfgang, Die Verfassungsrechtsprechung im Rahmen der staatlichen Funktionen, Arten, Inhalt und Wirkungen der Entscheidungen über die Verfassungsmäßigkeit von Rechtsnormen, in: Europäische Grundrechte-Zeitschrift 1988, S. 207-217.

Zimber, Andreas; Weyerer, Siegfried, Stress in der stationären Altenpflege, Arbeitsbedingungen und Arbeitsbelastungen in Heimen – Ergebnisse einer Verlaufsstudie, Kuratorium Deutsche Altershilfe, Köln 1998 (zitiert: *Zimber/Weyerer*, Stress).

Zintl-Wiegand, A.; Krumm, B., Werden Demenzkranke bei der Feststellung der Pflegebedürftigkeit nach dem Pflegeversicherungsgesetz benachteiligt? Die Erfassung von kognitiver Einschränkung im Pflegegutachten (MDK) und mit standardisierten Instrumenten, in: Der Nervenarzt 2003, S. 571-580.

Zuck, Rüdiger, Das Recht der Verfassungsbeschwerde, 3., völlig überarbeitete Auflage, München 2006 (zitiert: *Zuck*, Verfassungsbeschwerde).

Zuck, Rüdiger, Political-Question-Doktrin, Judicial-self-restraint und das Bundesverfassungsgericht, in: Juristenzeitung 1974, S. 361-368.